"青春之城"
——中国式现代化的上虞探索

应　锋　著

上海交通大学出版社
SHANGHAI JIAO TONG UNIVERSITY PRESS

内容提要

　　本书从理论、实践和方法论三个层面,系统阐述了浙江省绍兴市上虞区"青春之城"建设与中国式现代化之间的内在逻辑。围绕"青春之城"建设"人、产、城、文、治"的实践进路,深入研究其价值追求、产业引擎、城市活力、文化向度、治理之策,全面提炼了"青春之城"建设的方法论探索,为全国各地的中国式现代化建设提供启示与借鉴。

　　本书既有严谨的学理阐释,又有生动的案例呈现,可供广大理论研究者和实践工作者阅读参考。

图书在版编目(CIP)数据

　　"青春之城":中国式现代化的上虞探索 / 应锋著.
上海:上海交通大学出版社,2024.10(2025.4 重印). -- ISBN 978-7-313-31651-6

　　Ⅰ.D675.54

　　中国国家版本馆 CIP 数据核字第 2024DE9074 号

"青春之城"——中国式现代化的上虞探索
"QINGCHUNZHICHENG"——ZHONGGUOSHI XIANDAIHUA DE SHANGYU TANSUO

著　　者:应　锋

出版发行:上海交通大学出版社　　　　　地　　址:上海市番禺路 951 号
邮政编码:200030　　　　　　　　　　　电　　话:021 - 64071208
印　　刷:上海新华印刷有限公司　　　　经　　销:全国新华书店
开　　本:710mm×1000mm　1/16　　　　印　　张:27.25
字　　数:391 千字
版　　次:2024 年 10 月第 1 版　　　　　印　　次:2025 年 4 月第 2 次印刷
书　　号:ISBN 978 - 7 - 313 - 31651 - 6
定　　价:88.00 元

浙江省新时代文化浙江建设研究智库联盟成果

绍兴市上虞区社科联 2024 年度重大课题成果

绍兴市文化产业研究院智库成果

绍兴市社会科学界联合会资助项目

序一

杜飞进[①]

　　7月中旬的一天，应锋同志带着其课题刚刚被评审通过的喜悦，专程赴京送来了沉甸甸的书稿《"青春之城"——中国式现代化的上虞探索》，让我大有先睹为快之感。差不多是五个月前，我到绍兴市上虞区参观考察时，在与上虞的同志交流中，就曾较为深入地讨论过上虞区正在推进的"青春之城"建设问题。没想到，过了这段并不太长的时间，不仅课题研究完成了，而且"青春之城"建设也在持续高质量推进并收获了满满的成果。作为对此满怀兴趣和期待的我，心中的欣喜自然是毫无疑问的。

　　2023年9月，习近平总书记在浙江考察时强调，要完整准确全面贯彻新发展理念，围绕构建新发展格局、推动高质量发展，聚焦建设共同富裕示范区、打造新时代全面展示中国特色社会主义制度优越性的重要窗口，坚持一张蓝图绘到底，持续推动"八八战略"走深走实，始终干在实处、走在前列、勇立潮头，奋力谱写中国式现代化浙江新篇章。绍兴是一座历史文化名城，人文昌盛，经济发达。习近平总书记在浙江工作期间和到中央工作后，曾先后多次到绍兴考察，强调绍兴要传承和弘扬中华优秀传统文化，"谱写新时代胆剑篇"。作为虞舜文化发源地的上虞，在经过充分的调查研究基础上，从2022年起就明确提出了建设"青春之城"的发展战略，

---

　　① 杜飞进：正高二级，法学博士，曾历任人民日报社副总编辑，光明日报社总编辑，中共北京市委常委、宣传部部长，北京市人大常委会党组副书记、副主任等职务。系中组部、中宣部和原国家人事部确定的"学贯中西、联系实际的理论家"，入选全国宣传文化系统"四个一批"人才，中央实施马克思主义理论研究和建设工程专家组主要成员，享受国务院特殊津贴专家和中央直接联系的专家；作为"哲学社会科学领军人才"，首批入选了国家"万人计划"。

强调立足中国式现代化大场景，从理论、实践、制度等层面，以全生命周期、全年龄段的人、产业、城市的年轻化青春化为核心导向，全面推进"青春之城"建设的县域探索。

作为中国式现代化的县域探索，上虞的"青春之城"建设，不仅有深邃的理论思考，而且有独特的实践创新，已成为一道靓丽的风景线。据我所知，目前国内有很多地方都提出要建设"青年之城"，把"青年友好型城市"作为城市的发展方向。上虞区委区政府在深入研究区情后，没用"青年"而用"青春"一词来给本地的发展战略命名，我认为这是有其深刻考量的。"青春之城"相较于"青年之城"，虽然仅有一字之差，但两者无论在内涵还是外延上都有着重大的差异。

什么叫青春？在我们党的历史上，中国共产党的重要创始人、最早在中国传播马克思主义的李大钊先生，早在一百多年前就提出了一个振聋发聩的观点，主张要打造出一个青春之民族、青春之中国。他在《新青年》上发表的题为《青春》一文中写道："为世界进文明，为人类造幸福，以青春之我，创建青春之家庭，青春之国家，青春之民族，青春之人类，青春之地球，青春之宇宙，资以乐其无涯之生。"由此可见，"青春"与"青年"是两个既有联系又有区别的概念，青年富有青春活力，但青春并非青年人的专利，而是生命的青春，是可以属于全人口、全生命周期的，她是朝气、活力、创新、希望的代名词；而青年则是一个时间的概念，用以指处于一定年龄段的人或者是一个生命个体的特定年龄段。因此，青春既代表青年，但远超过青年，青春是不分年龄的，主要看气质、看状态、看精神。正是从这个意义可以说，上虞用"青春之城"这个概念，既符合党中央关于"以中国式现代化全面推进强国建设、民族复兴伟业"的战略部署，也契合李大钊先生关于以青春之我"资以乐其无涯之生"的光辉思想。

上虞的"青春之城"建设是打造中国式现代化的县域样本,着力从三个维度展开:从目标维度看,建设"青春之城"就是提供浙江省"勇当先行者、谱写新篇章"、绍兴市"谱写新时代胆剑篇"的上虞方案;从理论维度看,建设"青春之城"就是要从县域层面统筹推进中国式现代化建设的理论创新、实践创新、制度创新、文化创新以及其他各方面创新,以"青春之城"建设为抓手,推动"八八战略"走深走实,更好彰显习近平新时代中国特色社会主义思想的强大真理力量和实践伟力;从实践维度看,就是要探索走出一条近百万人口的城市,在都市圈、城市群大发展的背景下,积极破解出生率下降、老龄化加剧以及资源要素制约、发展动能减弱、发展空间受限等新的"成长的烦恼",加快推动产业、科创、人口、城市、文化深度融合发展,年轻态、国际范、未来感、烟火气不断彰显,动力活力持续迸发,共同富裕不断走深走实,人民群众幸福指数越来越高的符合发展规律、具有上虞特色的县域高质量发展之路。从2022年以来的实践看,以上三个维度的推进已证明上虞"青春之城"建设的站位是高的,看的是远的,成色也是足的。所以有理由相信,上虞打造中国式现代化的县域样本,是完全可行的。

习近平总书记指出:"青春孕育无限希望,青年创造美好明天。一个民族只有寄望青春、永葆青春、才能兴旺发达。"建设"青春之城"作为上虞区的城市发展定位,其实同时也是在为我们的民族探路,在为我们的国家探路。因为今天的上虞所面对的一切,机遇也好、挑战也罢,困难也好、矛盾也罢,其实正是全国各地需要面对的,也是以中国式现代化推进强国建设、民族复兴伟业需要面对的。比如当前我们正在面临人口老龄化的挑战,如果我们把老龄人口看成是社会的负担,那么这个社会注定就是没有生气、没有希望的;反之,如果我们通过理论创新、实践创新、制度创新、文化创新以及其他各方面创新,让老龄人口重新焕发青春活力,那么这个社会注定就充满朝气、充满希望。因此，我对上虞"青春之城"建设报以极大的期待，希望上虞充分认识"青春之城"建设的复杂性、艰巨性，紧紧围绕"青春之城"建设的主战略，一任接着一任干，一张蓝图绘到底，真正探索出一条中国式现代化县域高质量发展之路；同时始终保持解放思想、实事求是、与时俱进、求真务实的状态，创变笃行谋发展，不断迭代升级，让老百姓的日子过得更好，让人民城市建设得更加美好。

应锋同志作为我的浙江东阳同乡，是一位善于将理论思考与实践总结有机结合起来的年轻学者。他长期致力于城市文化的研究，被聘为上虞城市发展顾问，一直在观察和研究上虞"青春之城"建设。此刻，呈现在读者面前的《"青春之城"——中国式现代化的上虞探索》一书，就是应锋同志深入调研、系统研究的理论成果。该书视野开阔、理论扎实、逻辑清晰，系统阐述了"青春之城"建设与中国式现代化之间的内在逻辑，围绕"人、产、城、文、治"一体融通的实践进路，以宏阔的时代视野深入研究"青春之城"建设的理论与实践问题，系统提炼了"青春之城"建设的方法论，既有深刻的学理阐释，又有生动的案例评析，是一部理论价值和实践价值兼而有之的难得好书，也是一部对广大理论研究者和实际工作者均有启发借鉴意义的鸿篇巨制。

以上文字，是我在阅读应锋同志的书稿后写下的，算不上什么读后感，聊以为序。

于北京海淀涵虚斋

2024 年 7 月 20 日

序 二

胡　坚[①]

读着《"青春之城"——中国式现代化的上虞探索》，让我很高兴，也很兴奋。高兴的是近年来上虞发展这么快，城市日新月异、产业兴旺发达、文化繁荣兴盛、人民安居乐业、社会欣欣向荣，全方位地取得了丰硕的成绩，而且未来更是让人充满期待。兴奋的是应锋老师以深入的调查研究和精心总结，形成了《"青春之城"——中国式现代化的上虞探索》这样一部值得一读的好书，过去我们总是实践跑在理论前面，总结往往不够，但这部书总结得比较到位，读了让人很过瘾。

上虞以"青春之城"作为自己的城市标识，也作为城市的奋斗目标，更作为团结凝聚各方力量到上虞创业创新创造的一种号召，是十分有意义的。青春出自《楚辞·大招》："青春受谢，白日昭只。"杜甫《闻官军收河南河北》中曾借用这句话写道："白日放歌须纵酒，青春作伴好还乡。"青春不仅仅是代表青年，而且代表一种活力，一种蓬勃向上的朝气，一种奋勇向前的精神状态。

《"青春之城"——中国式现代化的上虞探索》为我们解读了上虞建设"青春之城"的理论思考、实践思路、路径方法与特色样本。从中国式现代化的视域分析了"青春之城"的逻辑思维，深刻阐述了"青春之城"的基本内涵，从价值追求、产业引擎、城市活力、文化向度、治理之策五个维度，深入全面又比较独到地解码了

[①]　胡坚：曾历任中共浙江省委组织部副部长，中共浙江省委宣传部常务副部长，浙江省人大教科文卫委员会副主任等职务。现任浙江省人民政府参事，浙江省人民政府咨询委员会委员，浙江省委党校特聘教授，浙江省钱塘江文化研究会会长，浙江宋韵文化研究传承专家咨询委员会召集人等。

上虞"青春之城"建设的各个方面，最后还以方法论的探索为读者提供了实践的钥匙。特别还值得指出的是，本书还提供了21个上虞"青春之城"建设的案例，从这些鲜活的案例中，我们更加生动地体会到上虞"青春之城"建设是一部写在大地上的著作，是跃动着生命意义的创新与创造。

读了这本书，我感受最深的有以下几点：一是站位比较高。本书不是就上虞谈上虞，而是站在历史发展的维度上深刻把握城市发展的逻辑与规律，提出"青春之城"建设的历史与现实意义。二是落脚比较实。本书不是书斋中的思辨，而是以扎实深入的调查研究来支撑学术观点，提出的思考、论断、途径、方法有理有据，有理论分析，更有实践经验与案例的支撑，让人信服。三是探索比较新。全国关于"青春之城"建设的地方有一些，但是，这样深入地研究与思考的，拿出如此有分量的学术著作的不多见，而且，本书在许多方面都有自己独到的见解，形成了许多创新性的理论认识成果。因此，这是一本比较全面深刻地分析总结"青春之城"建设的难得论著。四是实用性比较强。本书不仅是一本学术著作，更是一部实用的工具书，许多途径与方法直接可以拿来使用，许多案例可以借鉴与引用。所以，不仅是学术界的同仁可以学习思考，实际工作者更可以阅读参考。

当然，上虞"青春之城"建设进行的时间还不太长，许多思想理念在升华提炼中，许多思考还需要在实践中得到更好的检验，许多工作还在不断地完善与提高中。为此，我也相信《"青春之城"——中国式现代化的上虞探索》是一个阶段性的成果，理论思考还会进一步深化，实践探索还会进一步推进，经验方法还会进一步积累，有了现在的总结与思考的基础，上虞"青春之城"建设的步伐一定会更加稳健，探索的影响力一定会更加深远，实践的成果一定会更加丰富。

在世界城市发展面对诸多新挑战与新机遇的今天，在中国的人口老龄化日趋严重的今天，在我们的许多城市发展面对产业如何重构、管理如何有效、服务如何到位、运行如何有序、社会如何和睦等各种难题的时候，我们研究"青春之城"建设一定会有特殊的意义。所以，读这本书不是目的，目的是从这本书中引出我们的一个重要话题：我们的城市如何更好地向前发展？怎样才能为城市创造崭新的未来？

研究未来，才有未来。我们期待着更多城市破题。

是为序。

2024 年 6 月 29 日

目 录

实践探索案例目录

绪 论

"青春之城"建设的时代际遇

　　青年因城市而聚，城市因青年而兴。现代城市是经济社会高度发展和科学文化历史发展积淀的产物，也是人类文明进步的一个重要里程碑。城市活力决定着城市的可发展性，其核心在于人，尤其是代表着存续性动力的青年。随着全球化和信息化时代的到来，城市日益成为人类社会发展的重要载体。在这个过程中，青年人作为城市发展的主力军，其作用和影响日益凸显，越来越受到社会的关注。

一、"青年型城市"的兴起

青春孕育无限希望，青年创造美好明天。一直以来，习近平总书记高度关注青年发展，勉励当代青年要在实现民族复兴的赛道上奋勇争先。党的二十大更是擘画了中国式现代化的建设目标和理想图景，并提出"全党要把青年发展工作作为战略性工作来抓"这一时代命题，必然将青年发展与城市发展共生共荣紧密联系在一起，作为现代城市发展的一种形态，让青年成为中国式现代化宏大场景的关键力量，使党和国家事业薪火相传，后继有人。

青年之于城市而言，无疑是现代化进程中助力经济社会高质量发展的关键力量。伴随着现代化后半程城市人口红利削减，青年已经成为稀缺的人口资源。青年人口大幅减少是当前中国诸多城市面临的发展困境。根据 2020 年第七次全国人口普查数据，我国 14～35 周岁青年人口约为 4.0 亿，占全国总人口的 28.4%。结合历次全国人口普查，2000 年以来青年人口总量逐渐减少，2020 年比 2000 年峰值 4.9 亿减少了 0.9 亿[①]。国家统计局发布数据显示：2023 年全年出生人口为 902 万人，比 2022 年末减少 208 万人。同时 2023 年的死亡人口为 1 110 万人，从新生人口与死亡人口呈现的负增长比例可以看出，我国的人口数量呈现下降趋势。截至 2023 年底，我国 60 岁及以上人口 29 697 万人，占全国人口的 21.3%，比 2022 年底提高了 1.3 个百分点[②]。出生人口断崖式减少和严峻的人口老龄化现象进一步加剧了青年人口资源之于城市竞争的稀缺性。而抵抗现代化后半程城市社会风险，青年无疑是重要阻尼人群。因此，伴随着我国城市人口红利衰减、劳动力供需失衡，国内各个城市之间"抢人大战"愈演愈烈，竞相用"真金白银"吸引青年流入。城市作为承载青年生活和梦想的载体，一方面如

---

① 青年发展统计监测数据［EB/OL］.中国共青团网.https://www.gqt.org.cn/xxgk/qnfz/202209/t20220921_789722.htm.

② 国家统计局:中华人民共和国2023年国民经济和社会发展统计公报［EB/OL］.国家统计局,［2024-02-29］.https://www.stats.gov.cn/sj/zxfb/202402/t20240228_1947915.html.

何立足青年需求，需要在政策上做出调整，另一方面也应从青年视角出发，从空间层面做出响应。加快"青年型城市"成为各级政府和各个城市的重要考量。

2010年，上海世博会以"城市，让生活更美好"（Better City, Better Life）的主题，引发了人们关于"城市与人类"关系问题的讨论与争鸣，正式提出了建设"青年友好型城市"的倡议。2017年4月，中共中央、国务院颁布的《中长期青年发展规划（2016—2025年）》，无疑为我国青年型城市建设指明了方向，目标更为明确、思路更为清晰的城市建设规划被提上了各级党委政府的议事日程，全国各地纷纷结合实际，践行青年优先发展理念，加快推进青年发展型城市建设，出台更多支持青年成长发展的政策举措，将建设打造青年型城市成为我国城市发展的重要目标之一。自2020年以来，青年友好型城市或青年发展型城市建设在地方层面快速开展，得到政府各部门与社会各界的广泛认同，形成统筹推进的发展形势，全面展开针对青年发展的政策设计。2022年，中央宣传部、国家发展改革委、共青团中央等17部门联合印发《关于开展青年发展型城市建设试点的意见》，围绕建功城市高质量发展、让青年在城市更有为方面，从组织动员青年引领城市文明风尚、投身创新创业热潮、立足岗位建功立业、有序参与社会治理、助推生活品质提升五个方面，激发青年担当作为，充分激发广大青年参与建设青年发展型城市的主动性、积极性和创造性，实现青年和城市相互促进的高质量发展目标。

近年来，全国各地纷纷出台各种举措，对推进青年型城市建设进行了实践探索。作为改革开放先行地的浙江，在探索青年型城市建设方面同样先行一步。2018年，浙江正式出台《浙江省中长期青年发展规划（2017—2025年）》，在全国率先提出"青年发展型省份"建设目标。2022年，浙江省将"要更加关心关爱青年，加快建设青年发展型省份"写入第十五次党代会报告，充分体现了省委对青年发展高度重视和党管青年、青年优先发展的鲜明政策导向。浙江省委十五届二次全会《决定》又将"高水平建成青年发展型省份"纳入2035年的总体目标。2022 年 6 月，团中央发布全国青年发展型城市建设试点名单和青年发展型县域建设试点名单，杭州、温州、台州 3 个地市和金华义乌市、台州温岭市、绍兴上虞区、宁波北仑区、嘉兴嘉善县、湖州安吉县 6 个区（市县）入选其中。

二、"青年型城市"的研究现状

关于青年与城市的关系一直是国际组织和各国政府备受关注的一个重要议题，从学理研究上属于一个交叉命题。由于各地所关注的城市发展方向不同，有关青年型城市的称呼也不一，如青年友好型城市、青年发展型城市、青年创业友好型城市等等。但目前学术界的相关研究成果并不多，学术研究明显滞后于地方实践。现有的研究涉及多个学科，通过文献梳理，对"青年型城市"的研究主要集中在以下四个领域。

（一）关于青年型城市的含义研究

青年型城市理念的提出，起源于 20 世纪 90 年代由联合国发起的"儿童友好型"城市（Child-Friendly Cities）倡议，这一理念随后逐渐迁移至青年群体，"青年友好型城市"的概念从此应运而生。2011 年，联合国人居署发布《伊斯坦布尔宣言》指出，城市是能让人类过上有尊严、健康、安全、幸福生活和充满希望的地方[①]。青年友好型城市是一种以人为中心的、注重青年优先发展的城市规划、建设与更新的理念与模式，其概念的提出源自城市规划理论认识的演进与深化，是对现代主义价值观主导下的"城市病"的回应和纠偏，也彰显出国际上及发达国家城市各界对于青年优先发展的战略意义的认知深化[②]。"青年友好型城市"是因青年的发展性特征，在城市政策的话语体系中也

---

① 孙久文,蒋治.高质量建设青年发展型城市的科学内涵与战略构想[J].西安交通大学学报（社会科学版）,2022,4(06):1-9.
② 朱峰,章佳琪,蚁伊妮.发达国家青年友好型城市的兴起之因、评价之策及经验启示[J].青年学报,2019(02):71.

被称之为青年发展型城市。这是一种"以青年发展为核心、旨在促进青年与城市之间良性互动和有机融合的政策体系和发展道路，是一种新型城市发展道路和城市政策框架"①。

有学者提出，青年友好型城市的理论内涵包括结构和行动者两个相互作用的维度，从结构层面来看，城市的制度设计、政策选择以及弹性的城市物质和社会环境能促进青年与城市良性互动；从行动者层面来看，青年能够在城市中通过实践意识促进城市变迁，满足自身需要，与城市互惠共赢。青年友好型城市具有主体性、包容性、参与性、流动性和可持续性的功能特征②。国外对青年型城市的研究也有不少，美国一些知名城市对青年具有强大吸引力，主要是因其全球创新中心地位，加之优美宜居、多元宽容的社会环境，"旧金山湾区之所以能够吸引全世界的人才，是得益于它作为一个充满阳光、'酷'、领先和包容四海的地区的形象"③。加拿大解码咨询公司的青春城市（Youthful Cities）指数表明，更年轻的城市普遍表现为六大特征，即链接的（connected）、活力的（dynamic）、开放的（open）、新奇的（curious）、创造的（inventive）和好玩的（playful）④。这些研究成果为进一步推进青年发展型城市建设、把握时代特征提供了有益的启迪。

（二）关于青年与城市发展的内在关系研究

随着全球化和城市化进程的加速发展，越来越多的学者开始关注青年与城市发展之间的关系。美国学者查理德·利汉在《文学中的城市》一书中提到，并不是只有通过城市的社会经济研究才能找到社会发展的规律，除了讨论城市规划、人口分布等，在城市中漫步，观察

① 朱峰,章佳琪,蚁伊妮.发达国家青年友好型城市的兴起之因、评价之策及经验启示[J].青年学报,2019(02):72.

② 闫臻.青年友好型城市的理论内涵、功能特征及其指标体系建构[J].中国青年研究,2022(05):5-12.

③ [美]阿伦·拉奥.硅谷百年史(1900—2013)[M].第二版.闫景立,等译.北京:人民邮电出版社,2016.

④ 朱峰,章佳琪,蚁伊妮.发达国家青年友好型城市的兴起之因、评价之策及经验启示[J].青年学报,2019(02):76.

这座城市的青年形态，或许可以更好地帮助我们进入城市①。澳大利亚知名城市设计专家德布拉·弗兰德斯·库欣（Debra Flanders Cushing）认为应该"更多地关注物理环境，特别是与安全、自然获取可持续相关的环境"②。日本学者大前研一提出青年与城市融合发展的条件在于青年要在心理上走向成熟，城市要在建设上趋于科学，摆脱低欲望的桎梏③。此外，荷兰的 Fred Sanders、国际期刊《Citis》副主编 John Walter、法国的 Alessio Kolioulis 等知名学者都将城市与青年发展作为重要的研究方向。这些学者研究所取得的理论成果成为青年发展型城市建设有益的探索和借鉴。

对于一座城市而言，如何服务好青年人，提供给青年在城市中安居乐业、扎根创业、建功立业的土壤与环境，直接决定着这座城市和青年人共同的命运。因此，让青年与城市共成长，是城市谋划高质量发展的重要问题。有学者研究表明，城市宏观环境与青年发展密切相关，城市是否"友好"取决于青年在城市生活中获得感的生成。聂伟、蔡培鹏认为，城市社会质量与青年获得感紧密相关④。在他们看来，社会质量包括社会经济保障、社会凝聚力、社会包容和社会赋权等，而且成正相关。换言之，城市青年群体得到的社会经济保障越多，其内在的获得感就会越强；社会凝聚力越高，青年群体获得的社会网络支持就会越多、社会交往的成本就会相应降低，内化为获得感的可能性也会随之增加。城市社会包容度越高，包括公平公正的社会环境让青年的发展权利得到尊重，他们感受到的排斥感和疏离感就会减少，获得感也会不断提高；青年感受到的社会赋权越高，其获得感也将越强。因此，"衡量一座城市是否青年友好，往往可以通过青年人口的比例客观反映出来，只有青年友好的城市才能留住青年、吸引青年。建设青

---

① [美]查理德·利汉.文学中的城市[M].吴子枫,译.上海:上海人民出版社,2021.
② CUSHING D F. Youth master plans as potential roadmaps to creating child-and youth-friendly cities[J].Planning practice & research, 2016(2).
③ [日]大前研一.低欲望社会[M].姜建强,译.上海:上海译文出版社,2018.
④ 聂伟,蔡培鹏.让城市对青年发展更友好:社会质量对青年获得感的影响研究[J].中国青年研究,2021(03):53-60+119.

年友好型城市，必须要将青年友好城市的概念内化为城市的全域共识和集体行动"①。青年发展与城市发展相辅相成、彼此关联，因此，青年的面貌决定了一个城市未来的面貌。这些研究，有利于从青年需求和青年发展视角，更好地推进青年发展型城市建设的创新实践。

（三）关于青年型城市的评价指标体系研究

2007 年，世界卫生组织发布的《青年友好型城市规划指南》提出了建设青年发展型城市的七大原则和五大指标，成为全球范围内推动青年型城市建设的重要参考标准。2014 年，国际标准化组织出台了首套《城市高质量发展评价标准 ISO37120》，并经多次修订，形成了包括人口集聚、经济增长、空间扩张、社会现代化、城际协同发展在内的五维分析框架②。近年来，不少发达国家的政府部门或智库机构已经尝试开展了城市青年友好性的指标体系设计与研究评价工作。目前较具影响力的青年型城市评价指标体系当属美国经济研究所的美国求职/求学目的地指数（Employment/College Destination Index，简称 EDI/CDI）③、加拿大战略咨询专业机构解码公司（Decode Incorparated）罗伯特·巴纳德（Robert Barnard）和桑贾米·奥科维奇（Sonja Miokovic）领导的研发团队共同研发的"青春城市"（Youthful Cities）指数④。这些评价指标体系从一个层面反映了西方发达国家青年型城市的建设方向与基本规律。此外，英联邦秘书处、欧洲青年论坛等均较早开展青年发展方面的评测。澳大利亚一些学者利用"开放街区地图"收集与儿童和青年相关的城市基础设施数据，根据对专门创建的城市要素列表分析，并与政府开放数据进行比较，总结出青年友好型城市

---

① 刘丹丽,魏水芸.加拿大青年友好型城市建设经验及启示[C].人民城市,规划赋能——2022中国城市规划年会论文集(11城乡治理与政策研究),2023.

② 杨锋,邢立强,刘春青,等. ISO 37120城市可持续发展指标体系国际标准解读[J].中国经贸导刊,2014(29):24-27＋38.

③ LIANG,KEMING. The AIER college destinations index[J].Economic education bulletin, 2009.

④ Parks and recreation facilities master plan 2019—2038[EB/OL].City of Toronto, 2017. https://www.toronto.ca/legdocs/mmis/2017/ex/bgrd/backgroundfile-107775.

包含的七大维度，包括教育和照顾、交通流动、娱乐与运动、文化活动、会见与常去场所、安全和数字化连接等①。在亚洲，一些学者也对青年友好型城市维度进行了广泛阐释，将青年友好型城市指标概括为四组重要维度，即生活、娱乐、工作/学校、健康/福利②。这些研究成果值得我们参考和借鉴（见表0-1）。

表0-1　国外部分青年型城市指标体系

指标体系名称	国家/单位	指标体系内容构成
求职（求学）目的地/求职目的地指标体系（Employment/College Destination Index，EDI）	美国经济研究所，2016	针对22～35岁群体（主要面向大学生和研究生等），从人口特征（demographics）、生活质量（quality of life）、经济形势（economic climate）三个维度的9个核心指标，其中人口特征包括高等教育（college education）、多样性（diversity）两个指标，生活质量包括城市可达性（city access）、艺术娱乐（arts and entertainment）、酒吧餐厅（bars and restaurants）两个指标，经济形势包括青年失业率（youth unemployment）、劳动力参与（labor-force participation）、创新（innovation）和租金（rent）4个指标

① HENNIG S. Child-and youth-friendly cities：How does and can crowdmapping support their development?[J].Articulo—revue de sciences humaines，2019.

② DEWANTORO R P，FITRIATI R. Policy formulation analysis of youth friendly city：Policy studies of ministry of youth and sports and the city government of bandung[J].Journal of strategic and global studies，2021.

指标体系名称	国家/单位	指标体系内容构成
"青春城市"指标体系（youthful cities index）	加拿大解码公司，2014	主要针对18～29岁青年人口群体，这一指标体系将对城市与青年关系的评价指标归纳为青年基础设施（youth infrastructure），并通过生活（live）、工作（work）和玩乐（play）三个核心维度的20个二级指标和122个具体指标进行测度，其中生活维度分为数字接入、健康、交通、公民参与、安全、环境和多样性7个二级指标；工作维度包括就业、金融服务、教育、创业、可负担性（物价和房价）5个二级指标；玩乐维度主要包括音乐、电影、创意艺术、流行时尚、运动、饮食与夜生活、旅行、公共空间8个二级指标
全球青年发展指数（Youth Development Index，YDI）	英联邦秘书处，2021	主要针对15～29岁年龄的青年人口群体，指标涉及5个领域：教育水平、健康和福利、就业机会、政治参与度和公民参与度，共27个指标
全球青年进度指数（Youth Progress Index，YPI）	欧洲青年论坛，2021	主要针对15～24岁年龄的青年人口群体，有三级指标体系，包括一级（基本需求、福利基础和机遇）；二级12个领域（营养和基本医疗、水和公共卫生、居住场所、人身安全、获得知识的渠道、获得信息和通信的渠道、健康、环境质量、人权、自由和选择权、包容、接受高等教育的机会）；具体有58个指标
东盟青年发展指数（ASEAN Youth Development Index）	东盟秘书处，2017	主要针对15～34岁年龄的青年人口群体，具体包括教育、健康、就业、幸福感、发展机会、社会参与度和社会接纳度等4个领域和28个指标进行综合评估

我国对青年型城市的研究也在不断推进。中国青少年研究中心等机构组成的联合课题组发布的《国际青年发展指数报告2021》，以跨学科理论研究为基础，基于各国青年普遍关注的青年发展领域，确定了5个一级指标（健康与生活、教育与文化、就业与创业、家庭与社会、公共参与）；17个二级指标[①]。与此同时，国内有关青年型城市评价指标体系的研究随着实践的推进也在不断深入和探索进行中。江苏南通提出了创建青年和人才友好型小镇（园区）的四个维度：行政友好、经济友好、文化友好、生态友好[②]。一些省会城市和中心城市，尤其是"新一线城市"纷纷出台人才新政，包括落户、住房、人才公寓、就业创业、社会保障等多方面优惠政策，以吸引高层次人才及大量青年在城市落户。刘明杨等以珠海市为例，结合国家对青年发展的要求，从就业创业、休闲娱乐、公共服务、生活环境、交通出行、人口活力六大维度构建青年友好型城市的发展评价指标体系，并以珠海市为例进行实证研究[③]。徐振强等研究团队通过对国际国内有关青年型城市指标体系的比较，认为国外的指标从维度共性上看，大多涉及家庭、教育、健康、社会参与和社会融入、就业、犯罪与预防、人口特征、文化8个方面（频次10次及以上）；除此之外，还包括就业、社会保障、政策、维护青少年合法权益4个方面（频次10次以下）；有6个指标维度出现频率仅一次。我国在青年发展方面的国际差距，主要体现在就业、公平、政治和公共参与、教育等[④]。闫臻则运用结构化理论，根据青年友好型城市的理论内涵和功能特征，专门研究设计了针对我国青年发展型城市评价指标的基础框架模型、内容要素模型（见图0-1），

---

① "国际青年发展指数"联合课题组.国际青年发展指数报告2021[J].中国青年研究,2021(12):4-14.

② 朱峰."新一线城市"青年友好型城市政策创新研究[J].中国青年研究,2018(06):78-85.

③ 刘明杨,田向阳,黄千杜.青年友好型城市发展评价指标体系构建与应用——以珠海市为例[C].面向高质量发展的空间治理——2021中国城市规划年会论文集(05城市规划新技术应用),2021:10.

④ 徐振强,汪静如,马效,等.基于国内外经验构建青年发展型城市指标体系[J].中国名城,2022,36(06):3-9.

并在此基础上建立了评价体系①。

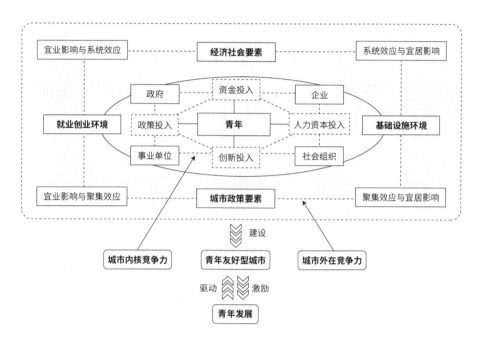

图 0－1　青年友好型城市指标体系体系的内容要素模型

目前国内外学者关于青年型城市建设的评价研究正在逐步深入，但最为关键的难题就是青年发展数据以及与青年关系密切的城市发展数据获取问题，这些数据信息的获取是有效推动面向青年的就业、创业、学习、生活和娱乐的青年友好型城市政策发展完善的基础。随着数字中国战略的推进，以大数据赋能的青年型城市评价体系必将走向成熟。

（四）关于青年型城市建设的路径与政策研究

随着国家《中长期青年发展规划（2016—2025 年）》的深入实施和青年发展型城市建设试点的推进，各地结合实际进行实践探索与特

---

①　闫臻.青年友好型城市的理论内涵、功能特征及其指标体系建构[J].中国青年研究，2022(05)：5-12.

色创新，进一步丰富和完善了青年发展政策体系。国内学者的相关研究也取得了不少进展。邓希泉、李伟娟团队（2022）研究指出，必须充分发挥地方规划的主动性、积极性、创新性，整体推进青年发展型或青年友好型城市建设，制定完善青年流动、青年生育、青年住房等专项政策，强化青年发展理论培训和规划工作培训，加大青年发展规划的文本聚集与分析研究，尽快推出市级和县级规划（实施方案）的范本与操作指导，同时增强级各级青年发展规划（实施方案）的议程管理能力[①]。朱峰认为，由于"城市病"亟待治理之策、城市青年需要特殊政策关照、"新一线城市"自身产业升级形成的强大动力等一系列动因，部分"新一线城市"打造"青年友好型城市"采取的"青年政策创新"具有普惠性青年发展政策特质，涵盖了住房援助、空间友好、户籍制度、就业保护、创业促进、政务服务等诸多方面，是对传统"在城市的治理"的超越，代表一种"让城市回归社会""让治理回归权利"的"属于城市的治理"的后现代城市发展趋势，正是青年友好型城市未来的发展方向[②]。索贵彬等通过分析我国 31 个省（市、自治区）城市青年发展规模、结构、质量、效率、价值内涵和特征，提出了在制定城市发展规划时将青年优先发展理念融入其中；开展青年友好型城市建设，扩大青年规模，提升青年质量；开展青年发展型城市建设，引导青年建功立业等建议[③]。李芬等则从青年友好型城市视角，认为良好的创新创业环境有利于优化创新资源配置，提高创新效率。创新要素引进与发展需要政策层面、空间层面、要素层面的共同协作，尤其是在政策上要采用"引培并举"的策略，营造可持续发展氛围，拓宽人才流动渠道，激发人才创新要素凝聚能力，完善人才培养机制，增强创新要素区域协同发展能力，优化创新要素发展和创新创业环境，

---

① 邓希泉,李伟娟.目标评估与完善策略:中国特色青年发展政策体系研究[J].中国青年社会科学,2022,41(03):46-54.
② 朱峰."新一线城市"青年友好型城市政策创新研究[J].中国青年研究,2018(06):78-85.
③ 索贵彬,孟晓萱,李佳荟.城市青年发展指数评价及空间特征分析[J].北京城市学院学报,2022(04):18-24.

助力青年友好型城市建设①（见图0-2）。徐振强等以深圳、上海等7个首批试点城市规划、实践的案例为基础，提出了完善青年发展体制机制、优化青年人才成长环境、健全青年就业创业生态、坚持规划引领发展创新、创新青年志愿服务机制、优化青年服务保障体系等8条促进青年发展的实施路径②。

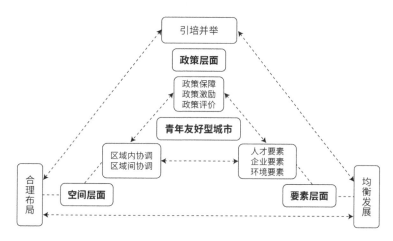

图0-2 青年友好型城市视角下创新要素发展与引进策略系统

综上所述，目前国内外研究初步厘清了青年发展（友好）型城市的定义与特征，分析了青年群体与城市发展的内在关系，构建了青年发展（友好）型城市的评价指标体系，梳理了青年发展（友好）型城市的建设路径和政策环境。然而，已有的研究均是囿于青年发展、青年与城市之间的双向互动等视角，缺乏从中国式现代化视角去探讨，特别是缺乏从青年发展向全龄段友好社会跨越的实践样本和理论研究。根据信息检索，青岛、宁波、武汉、淄博等提出建设青年友好型城市，深圳、汕尾、温州等提出建设青年发展型城市，广州提出建设青年创新型城市。珠海把"青春之城 活力之都"作为城市名片，并提出2025

① 李芬,高向东.青年友好型城市视角下创新要素发展与引进策略[J].就业与保障,2023(10):27-30.

② 徐振强,房伯南,刘景,等.青年发展型城市试点实施路径研究[J].中国名城,2022,36(03):8-15.

年初步建成青年友好型城市。理论是对实践的总结，学界需要关注在中国大地开展的中国式现代化实践，而上虞提出"青春之城"建设恰好为研究提供了一个鲜活生动的样本，也为观察全龄段友好社会提供了一个独特的视角。

三、从"青年型城市"到"青春之城"

哈佛大学教授爱德华·格莱泽（Glaeser）在其《城市的胜利》一书中有句名言："城市是人类最伟大的发明。"20世纪90年代以来，国际社会组织和一些国家开始关注青少年、儿童、老人等群体的基本权益，积极回应城市现代化建设过程中带来的一系列病症，回应和纠偏青年在城市发展中的功能作用，逐步走向青年发展与城市全面进步的多维协同和良性循环[①]。

青年型城市最早源于城市规划理论认识的演进与深化，其核心与本质上就是贯彻青年优先发展的理念，实现青年与城市良性互动和高质量发展。2022年6月，我国开始青年发展型城市建设首批试点工作，青年型城市从理论变为实践，各地在实践中不断探索创新，初步形成了具有各自特色的有效经验。因此，青年型城市是指扎实推进以人为核心的新型城镇化战略，积极践行青年优先发展理念，更好满足青年多样化、多层次发展需求的政策环境和社会环境，不断优化青年创新创造活力与城市创新创造活力相互激荡、青年高质量发展和城市高质量发展相互促进的城市发展方式。

在全国推进青年发展型城市建设试点的县域实践中，上虞是一个值得关注的个案，创造性地把"青春之城"建设作为县域发展主战略的城市，实现了从"青年发展型城市"到全面建设"青春之城"的跨越。2022年下半年，在全国青年发展型县域试点的基础上，上虞经过深入调研和科学决策，跳出时间和年龄意义上的青年范畴，提出建设朝气蓬勃、近悦远来的"青春之城"主战略。上虞"青春之城"建设

---

① 谢素军.青年与城市高质量发展的实践路径探索[J].北京青年研究,2023(2):106-112.

坚持以全生命周期和全年龄段的人、产业、城市的年轻化青春化为核心导向，以"一江两岸三城多片区"为主平台，以"五个十大"为主抓手，实施青春产业、青春人才、青春社会、青春文化、青春环境、青春党建"六大工程"，坚持面向未来城市的发展模式，大力推进年轻化、时尚化、运动化、国际化、便捷化、品质化、数字化、组织化发展，着力建设创新、活力、有为、开放、舒适、有爱的青年发展型、全龄友好型、生态宜居型、文化包容型"青春之城"，全力打造中国最具幸福感城市和中国式现代化的县域样本。

"青春之城"从理念提出到全面实施，是一个逐步演进的过程。通过前期的先行探索和后续的迭代升级，不断被赋予新的时代内涵，不仅是基于上虞这座千年县城的独特基因、改革开放的创业精神、新时代城市发展的价值定位等综合因素的战略考量，更是上虞在推进中国式现代化这一宏阔场景和伟大征程中的县域探索和创新实践。"青春之城"通过人、产、城、文的结构和形象的重塑，使之成为一座具有青春朝气的、充满活力的、近悦远来的、人人向往的城市，这是对青年发展型城市的一种升华和超越，成为青年与城市发展共生共荣的一个经典案例。

四、"青春之城"的研究价值

2023年9月，习近平总书记在浙江考察时强调，要完整准确全面贯彻新发展理念，围绕构建新发展格局、推动高质量发展，聚焦建设共同富裕示范区、打造新时代全面展示中国特色社会主义制度优越性的重要窗口，坚持一张蓝图绘到底，持续推动"八八战略"走深走实，始终干在实处、走在前列、勇立潮头，奋力谱写中国式现代化浙江新篇章[①]。

"青春之城"孕育于习近平总书记在浙江工作期间提出的"八八战略"中蕴含的优势论，体现了现代化的科学内涵和发展逻辑。上虞着眼于"勇当先行者、谱写新篇章"，开展"青春之城"建设是从县域层

---

① 新华社.习近平在浙江考察时强调 始终干在实处走在前列勇立潮头 奋力谱写中国式现代化浙江新篇章 返京途中在山东枣庄考察[EB/OL].新华网，[2023-09-25].http://www.news.cn/politics/leaders/2023-09/25/c_1129884094.htm.

面贯彻习近平总书记考察浙江重要讲话精神，推动中国式现代化建设的探索。这不仅需要实践探索的总结，更需要理论范式的提升。

本书对"青春之城"建设的研究主要是基于理论、实践和方法论等三个层面展开。

首先，开展"青春之城"建设的理论研究。从中国式现代化的视域，研究"青春之城"建设的历史逻辑、理论逻辑、实践逻辑；深入研究"青春之城"的丰富意蕴、具象表现、哲学审视和总体布局。

其次，进行"青春之城"建设的实践研究。遵循全生命周期、全年龄段的人、产业、城市的年轻化青春化的核心导向，以"人、产、城、文、治"为逻辑理路，开展"青春之城"建设的价值追求、产业引擎、城市活力、文化向度和治理之策等实践与理论研究，展示"青春之城"创新实践的独特做法。

最后，开展"青春之城"建设的方法论探索研究。这种探索对全国各地的中国式现代化建设具有借鉴作用。"青春之城"建设的方法论集中体现系统观念、问题导向、守正创新等维度，具体表现为确立多向高维的现代化目标、树立有解优解的现代化思维、打造创变笃行的现代化图景。

上虞"青春之城"建设从理论付诸实践、实践形成制度、制度再上升到理论，形成螺旋式不断深化、演进和迭代升级的过程。本书从以下四个方面对上虞"青春之城"建设进行了系统研究，期望带来一定的理论创新价值和实践指导意义。

（一）建构"青春之城"建设的逻辑与理论体系

在研究"青春之城"的丰富意蕴和具象表现基础上，认为"青春之城"既蕴含中国式现代化县域实践的世界观，又彰显中国式现代化县域实践的方法论，更展现中国式现代化县域实践的新形态。"青春之城"建设是一种青年发展型城市建设的新形态，是一种传承发展中华优秀传统文化的新形态，是一种人与自然和谐共生的新形态，进一步拓展丰富和完善城市发展的理论谱系。

（二）提供新质生产力和人文经济学研究的鲜活样本

"青春之城"建设初步勾勒了新质生产力发展的上虞路径，主要包括"科创＋产业""科创即产业"、着力构建"雨林式"创新体系、全面布局战略性新兴产业和未来产业、构建"四链融合"产业发展生态。同时，"青春之城"建设也为新时代人文经济学研究提供了上虞样本，如精神力量驱动经济社会发展、优秀传统文化催生发展动能、人文环境优化营商环境、经济品牌闪耀人文标识。

（三）提出"青春之城"建设的新思路与新观点

"青春之城"建设既需要从实践升华为理论，更需要致力于用理论反哺上虞实践。本书提出以新时代上虞精神"明德尚贤、创变笃行"为统领，形塑"虞舜孝德、东山雅集、瓷源翠色、白马春晖"四大文化标识，在建设中华民族现代文明上积极探索。建议打造"上善虞治"的县域善治品牌，运用"上善治水"的治理理念，激活虞舜"德治"和王充"法治"的文化基因，以"善者治理"为主体、"善意治理"为目的、"善态治理"为结果、"善于治理"为方式。此外，还以前瞻性的视野展望上虞未来乡村和"未来城市"建设的美好图景。

（四）提炼"青春之城"建设的实践路径与方法论

进入高质量发展新阶段，浙江面临资源要素缺乏、发展动能减弱、发展空间受限、发展不平衡不充分等新"成长的烦恼"，绍兴市上虞区如何以"青春之城"建设蹚出一条高质量发展的新路？面对人口老龄和人才流失的挑战，如何打造近悦远来的人才高地？本书对这些问题进行了回应，并通过穿插"青春之城"建设的实践探索案例，在全方位展示"青春之城"建设的创新实践路径基础上，提炼"青春之城"县域探索的上虞方法论，以此推动理论与实践融合共进，为全国各地中国式现代化县域实践提供"先行者的方法论"。

第一章

中国式现代化视域下的"青春之城"建设

"时代是出卷人，我们是答卷人，人民是阅卷人。"党的二十大提出："从现在起，中国共产党的中心任务就是团结带领全国各族人民全面建成社会主义现代化强国、实现第二个百年奋斗目标，以中国式现代化全面推进中华民族伟大复兴。"[①]党的二十届三中全会指出，中国式现代化是在改革开放中不断推进的，也必将在改革开放中开辟广阔前景[②]。面对新的赶考之路，上虞以"勇当先行者"的魄力，全面建设朝气蓬勃、近悦远来的"青春之城"，谱写中国式现代化的新篇章。

① 习近平.高举中国特色社会主义伟大旗帜 为全面建设社会主义现代化国家而团结奋斗——在中国共产党第二十次全国代表大会上的报告[M].北京：人民出版社，2022.

② 中国共产党第二十届中央委员会第三次全体会议公报[EB/OL].新华网，[2024-07-18].http://www.news.cn/politics/leaders/20240718/a41ada3016874e358d5064bba05eba98/c.html.

第一节 "青春之城"建设的逻辑理路

"青春之城"建设的构想孕育于"八八战略"蕴含的系统论、优势论、重点论,体现了中国式现代化的科学内涵和发展逻辑,其实质是推进中国式现代化的区县实践版。面对世界百年未有之大变局和中华民族伟大复兴战略全局相互叠加的大场景,上虞在全国率先提出"青春之城"建设的主战略,既有其内在的逻辑理路,也是城市发展战略的迭代升级,有着深刻的历史逻辑、理论逻辑和实践逻辑。作为区县版的中国式现代化新探索,"青春之城"建设对于推进中国式现代化进程具有重要的理论价值和实践意义。

一、"青春之城"建设的历史逻辑

以史为鉴,可以知兴替。人类社会发展的历史证明,无论遇到什么样的曲折,历史总是按照自己的规律向前发展,没有任何力量能够阻挡历史前进的车轮。上虞建设"青春之城"并非无源之水、无本之木,而是有其源远流长的历史脉络以及自身演化的文化基因,主要体现在上虞的历史传承性以及所蕴含的人文价值观。

(一)独特的历史地理孕育"青春之城"奋斗基因

从文明起源看,上虞作为一方滋衍中华文明序章的灵秀沃土,属河姆渡文化圈、良渚文化圈,是虞舜文化发祥地之一。据考证,公元前5500年新石器时代的上虞先民已在此繁衍生息,托举起文明的星星火种。上虞是浙江省建县最早的县之一,秦王嬴政二十五年(公元前222年)设县,距今已有2200多年建县历史。上虞之名,历史悠久。《晋太康地记》载:"舜避丹朱于此,故以名县。百官从之,故县北有百官桥。"明万历《新修上虞县志》又说"虞为舜封地""由帝舜封支庶得名"。《晋太康地记》载:"亦云:禹与诸侯会事迄,因相虞乐,故曰上虞。"① 后据郭沫若先生考证，在殷商甲骨文中已有"上虞"地名。

从地理环境看，上虞拥江而立、向湾而兴，地形南高北低，呈"山—原—海"台阶式地貌特征。"山"是会稽山、四明山，"原"即虞绍平原，"海"即杭州湾，古称后海。南山北海、一江穿城的地理风物，孕育了上虞与时俱进的青春活力。上虞城市发展，先后经历了后海时代、运河时代、龙山时代、曹娥江时代，而今正阔步挺进杭州湾时代，从大海走来，又奔赴大海。

公元前 222—589 年为后海时代：县治在舜江畔的今百官，历时 560 年左右。秦王嬴政二十五年（前 222）置上虞县，隋开皇九年（589）废上虞、始宁入会稽县。当时受杭州湾大潮水肆虐，朝不保夕，无法建城。

785—1954 年为运河时代：贞元元年（785），复置上虞。长庆元年（821）并入余姚，次年复置，县城设在今丰惠。2022 年 12 月开展了"千年虞城·盛世绽放"上虞复县建城（丰惠）1200 周年纪念活动。

1954—1992 年为龙山时代：1954 年上虞县治从丰惠迁至百官龙山路。县城蜗居在龙山脚下一个不足 4 平方公里的区域内，城市规模基本没有扩张。1992 年 10 月，上虞举行撤县设市庆祝活动。

1992—2018 年为曹娥江时代：1992 年撤县设市后提出曹娥经济开发区建设，2004 年提出加快城北新区建设，2012 年制定曹娥江"一江两岸"整体城市设计规划和加快开发建设政策意见，2013 年大刀阔斧开发建设总部经济产业带，梁祝大道、虞舜大道、长海线等城市基础设施建设项目，高档写字楼、现代化高档居住小区相继建成并纷纷入住，滨江新城、高铁新城、e 游小镇和一江两岸工程等重大工程相继建成投用。城北新区和"一江两岸"成为展示上虞规划建设水平的核心景观带，成为浙东乃至浙江省的亮点。

2019 年至今为杭州湾时代：2018 年 11 月长江三角洲区域一体化

---

① 郦道元著,陈桥驿校证.水经注校证[M].北京:中华书局,2013.

发展上升为国家战略，2019年1月上虞区委区政府发文实施《上虞区融杭联甬接沪行动计划》，开启长三角杭州湾时代。城市南拓北进、东连西扩，建成区面积扩大到24平方公里。2022年8月，上虞区委二届二次全委（扩大）会议提出"拥江而立、向湾而兴"。上虞地处长三角区域一体化发展的核心区域，杭州湾大湾区的"金南翼"，位于杭州和宁波的几何中心，拥有突出的区位优势。上虞坚定不移实施"接轨大上海、融入长三角"，加快人产城"融圈进群"，共同谱写新时代长三角一体化高质量发展新篇章。

秦朝以降，历朝历代中的上虞，或单独成县，或并入当时的会稽、越州、绍兴等地。无论如何变化，上虞一直是繁盛之地，历史文化绵延不绝。1992年10月上虞撤县设市，2013年10月上虞撤市设区，设立绍兴市上虞区。作为古老的县、年轻的区，上虞从历史深处走来，向着美好未来奔去，从来不缺敢于造梦追梦圆梦的青春气息和通江达海勇立时代潮头的奋斗基因。

（二）丰厚的人文底蕴绘就"青春之城"亮丽底色

《史记·五帝本纪》载："天下明德，皆自舜帝始。"舜帝被奉为"道德始祖""文明之元"。上虞也因此文明早披、人伦卓异、鸿儒巨匠、史不绝书。金庸先生曾题写《上虞赋》："上虞名郡，溯自大舜。后妃淑德，娥皇女英。汉有大儒，王充论衡。晋则谢安，东山大隐。曹娥至孝，英台情深。史推实斋，文称丏尊。迄至今世，马竺谢晋。文物大邦，千古扬名。"虞山舜水孕育了一代又一代才俊硕彦，以《论衡》被尊为思想先驱的王充，以奇书《周易参同契》成为"万古丹经王"的魏伯阳，"竹林七贤"之一的嵇康，创造"东山再起"传奇的东晋名相谢安，山水诗鼻祖谢灵运，十四岁投江救父的"千古孝女"曹娥等。上虞历代名人辈出，近现代尤甚，杰出的名贤更是灿若星辰，如章学诚、杜亚泉、经亨颐、竺可桢、夏丏尊、马一浮、罗振玉、胡愈之、吴觉农、谢晋、经叔平、何振梁等。由古及今汇聚的名人形成独具魅力的名人文化，是窥探上虞城市精神风貌的独特视角，为"青春之城"建设增添了人文力量。

历史上的上虞曾出现"舜会百官""东山雅聚""白马春晖"三次名人大聚会。 第一次是"舜会百官"。传说在舜帝时期,与舜同朝为官的文武百官因看不惯丹朱的骄奢淫逸,更思念舜的为人与作为,结伴来到上虞,敦请舜执掌朝纲。"舜会百官"饱含着"天将降大任于斯人也"砥砺前行的创业精神,开启了中国古代以德治国的典范时代。第二次是"东山雅聚"。东晋时期,谢安与王羲之等名士在上虞东山聚会,游览山水吟诗谈文,话论治国安邦。处江湖之远,思庙堂之高,既展示了林泉隐逸的闲情逸致,更彰显了胸怀天下的家国情怀。谢安之后,东山不仅成为中国山水诗的发源地,更化为一个天人合一、天下为公、智慧担当的精神地标。第三次是"白马春晖"。朱自清、丰子恺、李叔同、夏丏尊、朱光潜、叶圣陶等一大批平均年龄还不到 30 岁的青年才俊,齐聚白马湖畔,或任教或讲学,留下了"与时俱进"的校训,形成了文坛上颇有影响力的"白马湖作家群",在当时享有"北南开、南春晖"美誉。1982 年,中国著名教育家、哲学家、春晖中学老校长范寿康先生对春晖后学提出了殷切希望:"青年今后的理想在于为建设社会主义的新中国作出最大的贡献,亦即在于为实现国家四个现代化竭尽毕生的心力。"激励青年人心怀国家,为梦想奋斗拼搏。春晖日新为上虞"青春之城"建设注入了人文基因和青春气息。

上虞是中国孝德文化之乡。 上虞是中华孝德文化的发源地。学术界一般认为,三皇五帝的尧舜时期是中华文明的初始时期,也是孝德文化的始倡时期。传统二十四孝故事中,男孝首篇"孝感动天"的舜帝、女孝首篇"投江寻父"的曹娥均出自上虞。自虞舜以来,上虞孝德人物故事弦歌不辍,上至士大夫,下至黎民百姓,孝贤人物群星璀璨。上虞现留存有曹娥庙、朱娥庙、孝闻岭、孝子碑等 18 处孝德文化实物、遗址和遗迹,其中,全国重点文物保护单位 1 处,浙江省重点文物保护单位 1 处，上虞区重点文物保护单位 3 处①。

上虞是"梁祝"传说的重要发生地。新中国第一部彩色戏曲电影《梁山伯与祝英台》的首句唱词，"上虞县，祝家庄，玉水河边有一个祝英台"。这句越剧里的经典台词，穿越千年的时光，仍然萦绕在人们的心头。中国文联、中国民间艺术家协会因此命名上虞为"中国英台之乡"。这个青春爱情故事从东晋至今已经流传了 1700 多年，被周恩来总理称为"东方罗密欧与朱丽叶"。"梁祝"坚贞不渝的爱情故事感人至深，充分展示了人性中最光辉的方面，为"青春之城"注入温度、提供真情。

上虞是"浙东唐诗之路"发祥地。上虞坐拥浙江四条"诗路文化带"中的两条——"浙东唐诗之路""大运河诗路"。李白、杜甫等一批唐诗名家游览虞山舜水，朝圣谢安、谢灵运和东山、称山、曹娥江等，留下诸多佳篇名作。诗路文化带建设体现上虞山水特色，彰显上虞历史文化内涵，为"诗画浙江"大花园建设增添亮丽的人文底色，为今天建设"青春之城"提供文心文脉。

上虞还是越窑青瓷发源地。瓷器是中国劳动人民的一个重要创造。古越地区是越瓷贡品"秘色瓷"的主要产地。作为中国最早的成熟瓷器，越窑青瓷被称为"母亲瓷"。"舜避丹朱至此，作陶灶制陶"是关于上虞陶瓷生产的最早记载。上虞制瓷业自东汉始，一直延续到北宋，从未间断。唐朝陆龟蒙曾诗赞："九秋风露越窑开，夺得千峰翠色来。"上虞早在 2000 多年前就开创了当时"先进制造业"的制瓷烧造，各类官窑"龙窑"遍布娥江两岸。瓷制造业盛况，表明古代上虞商品流通的发达和科技制造的发展，为今天建设"青春之城"提供了产业兴盛的技术基因。

文化是一个国家和民族生生不息的动力来源，也赋予一座城市发展的生命力、创造力和凝聚力。从名人文化与历史文化事件看，深厚

---

① 中国伦理学会慈孝文化专业委员会.新时代孝德文化传承之"上虞经验"[N].中国社会科学报，2020-8-28.

的人文底蕴构成了上虞文化兴盛、灿烂厚重的过往，也将共筑"青春之城"建设的亮丽底色。站在新的历史节点，坚持创造性转化和创新性发展，进一步保护、传承、利用好本土文化资源，把文化资源转变为"青春之城"建设的动力源泉，使地域文化与时代精神相适应，使优秀传统文化跨越时空，为提升"青春之城"软实力提供强大的文化动能。

（三）不朽的精神风骨赓续"青春之城"血脉动能

上虞是一座英雄之城，自古以来就有光荣的革命传统，历史上曾有多次为反抗外来侵略、阶级压迫和民族压迫进行不屈不挠的斗争。明清以来，上虞历经抗倭、抗日等反抗外来侵略战争，留下大量可歌可泣的光辉史迹。进入改革开放新时期，上虞人民敢为人先、创业创新，百姓安居乐业，城市发展欣欣向荣。

新民主主义革命时期，上虞孕育了鲜亮的红色文化。1921 年，在萧山衙前农民运动影响下，上虞曹娥、蒿坝等地农民奋起与地主进行斗争。1921 年春，《共产党宣言》首个中文全译本传入上虞，促进了上虞先进青年从民主主义者转变为马克思主义者。1922 年，时任中共中央执行委员会书记的陈独秀在写给共产国际的报告中，专门提及上虞农民反抗地主的斗争。1925 年，中共绍兴党团特支派中共党员崔振民、何步云等来上虞开展革命活动。1926 年，叶天底等在上虞谢家桥成立了中共上虞独立支部，开始领导上虞人民开展反帝反封建的斗争。在这一时期，上虞涌现了许多赫赫有名的英烈，军中翘楚王一飞、大道先行者叶天底、战地儒将何云、铁军风骨陈树谷、浙东模范干部观杰等一大批革命志士，为共和国的诞生奉献了他们的伟大青春。抗日战争时期，上虞是浙东抗日根据地的重要组成部分，上虞人民在与日、伪、顽敌斗争中，写下了许多永垂史册的光辉篇章。1949 年 5 月 22 日上虞解放，翻开了上虞历史的崭新一页。上虞红色资源丰富，目前上虞境内有 1 座烈士陵园、7 座烈士纪念碑和 35 座散葬烈士墓，几乎每个乡镇街道均有分布。据不完全统计，有具体事迹记载的上虞烈士就有 330 多位。丰富的红色资源和红色文化阵地，彰显了上虞红色文化的历史根脉和深厚底蕴，成为不断教育一代又一代人的红色光荣传统，也是上虞"青春之城"建设的血脉之根。

社会主义革命和建设时期，上虞彰显了"团结拼搏、不折不挠"的精神风貌。1949 年 6 月，中共上虞县委、县人民政府在丰惠成立。1954 年 10 月，上虞县委、县政府迁址到百官，这是上虞城市格局调整的重大变化。从 1969 年 12 月 14 日上虞人在寒风中挑土筑塘决战六九丘围涂工程起，英勇的上虞人民打响了一场长达 48 年之久的治江围涂战争。昔日的曹娥江入海处，受涌潮顶托形成大片滩涂，潮水不停冲刷着两岸，威胁着老百姓的生命安全。上虞百万围垦者在广袤的虞北海涂上，付出了常人难以想象的努力，从人拉肩扛的人海大战到机械化的专业围垦，从高滩地围垦向深海造田，史诗般地历经近半个世纪，最终围成海涂 15 丘，拓展土地空间 34 万亩，为上虞经济社会发展拓展了巨大宝贵空间。沧海桑田的上虞海涂，是一代又一代上虞人民的辛勤创造；幅员广袤的上虞海涂，更是承载着上虞新时代发展崛起的希望。昔日海涂崛起的杭州湾上虞经济技术开发区，如今已成为"万亩千亿"产业大平台，是上虞经济发展最具活力的增长极。更难能可贵的是，数十年治江围涂实践，几代人的奋斗，凝结成了"尊重科学、艰苦奋斗、团结拼搏、不折不挠"的"围涂精神"。上虞在社会主义革命和建设时期形成了团结拼搏、不折不挠的奋斗精神，为上虞"青春之城"建设积累了宝贵的精神财富。

改革开放和社会主义现代化建设新时期，上虞锤炼了"敢为人先、务实创新"的优秀品质。改革开放初期，上虞乡镇企业的一批农民企业家吃苦耐劳加聪敏能干，接受上海辐射引入"星期天工程师"模式发展企业，邀请上海相关电机厂的总工程师，利用周末时间来上虞帮助本土企业破解产业技术壁垒难题，有效加速了上虞机械制造产业的发展腾飞。上虞乡镇企业借势异军突起，"五虎争雄"成为业界翘楚。作为建筑之乡，上虞 10 万建筑大军"一把泥刀闯天下"，闯荡上海滩，深度参与见证了上海国际大都市建设进程。"九五"期间，上虞高度注重科技对产业活力度的贡献，实施"星火计划"，培育壮大了一批小型巨人企业，为后来众多上市企业的涌现打下基础。1999 年，上虞便民服务中心成立，成为全国第一家规范意义上的政府集中服务机构，从"满城跑"到"一窗办"，是打造服务之城的典范。进入新世纪，上虞推出"青年创业信用卡"金融服务，加强对青年创业创新的支持，获得了时任国务院副总理批示肯定。曹娥江城防景观带从 2001 年开始动工至 2012 年建成开放，"河畅水清、岸绿景美、人水和谐"的生态画卷在上虞"一江两岸"缓缓铺开。上虞在这一时期取得的成绩，无不显示上虞人敢闯敢拼、奋发图强的豪情本色，可以说永不满足、追求进步、奋发进取是上虞人血脉中与生俱来的基因密码，为上虞"青春之城"建设奠定了坚实的物质基础和精神基础。

进入中国特色社会主义新时代，凝练了"明德尚贤、创变笃行"的上虞精神。2016 年 12 月上虞区第一次党代会提出建设"创新之区、品质之城"，大力实施"产业集群、创新驱动、融合提质、开放带动、绿色发展、民生优先"六大战略。2022 年 1 月上虞区第二次党代会提出锻造集群智造、创新驱动、品质共享、文化赋能、红色堡垒"五张高质量发展金名片"，奋力谱写现代化共同富裕美好社会新篇章。2023 年 1 月上虞区委二届三次全体（扩大）会议暨区委经济工作会议，提出"青春之城"的主战略，吹响了"青春之城"建设的集结号。"青春之城"是一项承前启后、统揽全局、引领未来的系统工程、改革工程、发展工程、人文工程。"青春之城"建设与"四个上虞""创新之区、品质之城"等重大战略一脉相承、迭代升华，也是锻造上虞高质量发展金名片的战略深化和策略细化。

面对新时代新形势新任务，上虞精神被赋予了新的使命内涵和时代元素，凝练出"明德尚贤、创变笃行"的城市精神。"明德尚贤"是历史文化传统的凝练升华，是上虞城市发展的精神根基；"创变笃行"是中国式现代化的发展要求，是上虞笃定前行的时代召唤。当前的上虞，正在全面建设朝气蓬勃近悦远来的"青春之城"，向着"勇当先行者、谱写新篇章"的使命要求勇毅前行。涵养"明德尚贤、创变笃行"

的城市精神,上虞将不断提升城市形象辨识度和传播力,推动城市功能布局加快优化,促进城市综合实力快速提升;也将更好地彰显上虞城市特色、展现文化内涵,真正让上虞好故事声名远播,让上虞新形象走向全国、走向世界。

二、"青春之城"建设的理论逻辑

中国式现代化是共性与个性相融合的现代化。因为现代化是人类历史发展的一种共性取向和追求,而中国式无疑是对体现共性发展取向的现代化的时空限定,体现了现代化发展的个性特色。从这个意义上说,中国式现代化符合世界历史发展的普遍性逻辑,符合中国共产党百年奋斗的历史性逻辑,坚持用历史唯物主义建构起社会主义现代化发展理论,彰显了中国特色社会主义的强大生命力和巨大优越性[①]。上虞"青春之城"建设不仅仅是切实可行的实践要求,更是高远宏大的理想构想,有着缜密的理论逻辑,既符合世界现代化本质追求,也体现了中国式现代化的中国逻辑。

(一)党的创始人的青春论述为"青春之城"建设提供了理论索引

青年是党和人民事业薪火相传的根脉。列宁指出:"我们是未来的党,而未来是属于青年的。我们是革新者的党,而总是青年更乐于跟着革新者走。我们是跟腐朽的旧事物进行忘我斗争的党,而总是青年首先投身到忘我斗争中去。"[②] 他还强调:"真正建立共产主义社会的任务正是要由青年来担负。"[③] 为此,他号召青年要自觉充当共产主义事业的带头人,吸引广大青年一起参与国家建设,推动共产主义事业不断向前发展。历史和现实证明,中国共产党是始终保持青春特质的党,是永远值得青年人信赖和追随的党。这实际上也为"青春之城"建设理论索引拉开了序章。

---

① 郑敏,刘凡熙.中国式现代化的逻辑理路及经验启示[J].理论探讨,2023(01):102-107.
② 列宁全集:第十四卷[M].北京:人民出版社,1988.
③ 列宁选集:第四卷[M].北京:人民出版社,1995.

1915 年《新青年》杂志创刊初期，陈独秀发表了题为《敬告青年》的文章，将青年和"青春"推上历史舞台。文章指出："彼陈腐朽败之分子，一听其天然之淘汰，雅不愿以如流之岁月，与之说短道长，希冀其脱胎换骨也。予所欲涕泣陈词者，惟属望于新鲜活泼之青年，有以自觉而奋斗耳！"他认为青年应成为"自主的而非奴隶的""进步的而非保守的""进取的而非退隐的""世界的而非锁国的""实利的而非虚文的"和"科学的而非想象的""新鲜活泼而适于今世之争存"而不"为陈腐朽败分子所同化"的新一代青年①。1916 年，27 岁的李大钊在《新青年》发表了一篇名为《青春》的文章，里面提出了建设"青春中华"的梦想，要"以我之青春，创造青春之中国，创造青春之民族"。文章中还提出"青年者，国家之魂"，而此"青年""非由年龄而言，乃由精神而言"。他的这个青年是"青春"精神的承载者，是永葆青春活力人们，只要始终保持朝气活力，始终为社会、为民族拼搏奋斗，不管年龄多少，都是"青春"的人，其目的是唤起四万万同胞的青春活力，共同奋起抗争、救亡图存，建设新中国。1920 年 8 月，李大钊在北大图书馆办公室成立了"共产党"小组，为中国共产党的成立奠定了基础。"世界是你们的，也是我们的，但是归根结底是你们的。你们青年人朝气蓬勃，正在兴旺时期，好像早晨八九点钟的太阳。希望寄托在你们身上。"② 1957 年，毛泽东在莫斯科对中国青年留学生们说的这句话，对整整一代中国人来说，都激起过强烈共鸣，产生过深远影响。

列宁和中国共产党的创始人关于青春的论述为中国共产党百年奋斗史标注了青春符号。青春是一个永恒的话题，不分年龄，既代表青年，但又远超过青年。青春更是一种气质、状态和精神气象。在百年党史上，王一飞、叶天底等一大批上虞籍革命烈士在其青春年华之际牺牲就义，为上虞建设中国式现代化镌刻青春之魂。今天，党的事业

---

① 倪延年.《新青年》杂志三次转变与共产党新闻事业起源标志[J].现代传播（中国传媒大学学报），2021,43(08):29-35+61.

② 毛泽东年谱（1949—1976）：第三卷[M].北京:中央文献出版社,2013.

"百年恰是风华正茂"，时代呼唤有志青年"以中立不倚之精神，肩兹砥柱中流之责任"，以青春之我建设更加蓬勃的青春中国。中国式现代化是面向未来的事业，需要一代又一代有志青年接续奋斗。青年兴则国家兴，青年强则国家强。上虞"青春之城"建设体现了一种挺膺担当精神状态和强国有我的家国情怀。

（二）习近平总书记关于青年和现代化的重要论述为"青春之城"建设提供了理论指引

党的十八大以来，习近平总书记围绕党的青年工作发表一系列重要论述，为做好新时代党的青年工作提供了根本遵循。在庆祝中国共产主义青年团成立100周年大会讲话中，习近平总书记指出："青春孕育无限希望，青年创造美好明天。一个民族只有寄望青春、永葆青春、才能兴旺发达。"① 他还指出，中华民族是历史悠久、饱经沧桑的古老民族，更是自强不息、朝气蓬勃的青春民族。千百年来，青春的力量，青春的涌动，青春的创造，始终是推动中华民族勇毅前行、屹立于世界民族之林的磅礴力量。今天上虞开启的"青春之城"建设，正是建设青春之中国、青春之民族的先行探索和具体实践。

党的二十大报告从中国式现代化的本质特征、总体战略安排和总体目标等方面进行了全面论述，这为"青春之城"建设指明了方向。中国式现代化既有路线图，又有时间表。贯彻落实党的二十大精神要有计划、有部署，在把握总目标、总方向、总要求的前提下，对各项目标和任务进行细化，有针对性地拿出落实的具体方案，制定明确的时间表、施工图，扎扎实实向前推进。中国式现代化在人类历史上没有先例可循，必须坚持正确的方法论实践探索推进。习近平总书记指出，科学的世界观和方法论是我们党研究问题、解决问题的"总钥

---

① 习近平.在庆祝中国共产主义青年团成立100周年大会上的讲话[EB/OL].新华网，[2022-05-10]. http://www.xinhuanet.com/politics/2022-05/10/c_1128636343.htm.

匙"①。我们要运用其科学的世界观和方法论解决中国的问题，并着眼解决新时代改革开放和社会主义现代化建设的实际问题，不断回答中国之问、世界之问、人民之问和时代之问，并正确作出符合中国实际和时代要求的回答。

中国式现代化的时间表已经明确，路线图清晰可见，任务书具体可行。上虞通过"青春之城"建设，深入学习好、领会好、把握好习近平新时代中国特色社会主义思想的世界观和方法论，坚持好、运用好贯穿其中的立场观点方法。上虞把"青春之城"建设放到中国式现代化宏大场景中谋划推动，打造中国式现代化的区县样本，提供浙江省"勇当先行者、谱写新篇章"、绍兴市"谱写新时代胆剑篇"的上虞方案。通过"青春之城"建设，进一步明晰上虞在推进中国式现代化进程中的政治站位、历史方位、职责定位，以探路先行者、时代弄潮儿的姿态主动担当、主动变革、主动作为，把真理伟力转化为磅礴力量和生动实践。

（三）"八八战略"的科学内涵为"青春之城"建设提供了理论支撑

"八八战略"是习近平新时代中国特色社会主义思想在浙江萌发与实践的集中体现。2003 年，时任浙江省委书记的习近平就聚焦"发挥优势，补齐短板"两个关键问题，以浙江经济社会发展转型升级为基础，全面系统阐释了浙江发展的八个优势、扩大优势的八项举措，这一决策部署成为引领浙江发展的总纲领、总方略，简称"八八战略"。20 多年来，浙江在"八八战略"的指引下发生了全方位、系统性、重塑性的精彩蝶变，在省域层面率先开启了中国式现代化和共同富裕的先行探索。党的二十大提出并深入阐述的中国式现代化是科学社会主义的最新理论成果，是中国共产党百年来不懈求索的重大理论创新。这一理论源自马克思主义中国化时代化的创造性发展，源自中国共产

---

① 习近平.在二十届中央政治局第一次集体学习时的讲话[EB/OL].中国政府网，[2023-01-15]. http://www.gov.cn/xinwen/2023/01/15/content_5737079.htm.

党人在认识上不断深化、理论上不断创新、战略上不断完善、实践上不断丰富的历史经验。在"八八战略"指引下，浙江 20 多年来实现的发展蜕变和取得的显著成就是中国式现代化发展的生动缩影。"八八战略"作为指导地方治理实践的理论产物，与中国式现代化理论在精神上高度契合、逻辑上一脉相承、布局上协调统一，由此构成了对中国式现代化理论的先行探索①。

习近平总书记在浙江工作期间，曾于 2003 年 2 月、2003 年 5 月、2005 年 11 月三次到上虞实地考察调研，分别就上虞先进制造业基地建设、科技创新、基础设施建设、新农村建设与城乡统筹发展、基层组织建设、文化和教育等作出了一系列重要指示。这些重要指示，为上虞推动"八八战略"在区县层面创造性落实提供了根本指引。上虞历届党委牢记嘱托，坚持一张蓝图绘到底，一任接着一任干，将"八八战略"与上虞具体实际相结合，先后作出了"深入实施'工业立市、开放兴市、合力建市'战略""在更高起点上推进'工业立市、开放兴市、商贸活市、文化强市、生态靓市'战略""推进产业重构、提升城市能级""合力打造创新上虞、精致上虞、人文上虞、幸福上虞""建设'创新之区、品质之城'""全面建设高水平'创新强区、品质名城'""锻造集群智造、创新驱动、品质共享、文化赋能、红色堡垒'五张高质量发展金名片'"以及"全面建设'青春之城'"等一系列事关全局的重大决策部署，推动上虞发展发生了全方位、深层次、系统性的精彩蜕变，实现了从资源小市到经济强区、从总体小康到高水平全面小康的历史性飞跃。2002 年至 2023 年，上虞全区地区生产总值从 154.1 亿元增加到 1 317.72 亿元，年均增长 10.76%；人均生产总值从 1.99 万元增加到 18.5 万元，年均增长 11.2%；一般公共预算收入从 4.5 亿元增加到 97.67 亿元，年均增长 15.78%；城乡居民人均可支配收入分别从 1.13 万元和 0.59 万元，增加到 8.14 万元和 4.76 万

---

① 代玉启,刘妍.“八八战略”:中国式现代化理论的先行探索[J].浙江社会科学,2023(06):4-11＋156.

元，年均分别增长 9.86% 和 10.45%；综合实力跃居全国百强区第
29 位。

作为中国式现代化的省域先行实践样本，"八八战略"实践为理解
中国式现代化生成逻辑、演进轨迹和制度创新逻辑，提供了一个重要
的窗口[①]。新征程上，要始终坚持"八八战略"管根本、管全局、管长
远的统领地位，坚定持续推动"八八战略"走深走实的战略方向、战
略定力，坚持创造性贯彻落实、创新性转化发展。当前，浙江省委提
出以创新深化、改革攻坚、开放提升推进中国式现代化省域实践的战
略路径，构建以三个"一号工程"突破带动的战略格局，形成了忠实
践行"八八战略"的新体系、新机制、新举措。上虞"青春之城"建
设孕育于习近平总书记在浙江工作期间提出的"八八战略"中蕴含的
系统论、优势论、重点论，体现了现代化的目标要求和发展逻辑。"青
春之城"建设坚持以"八八战略"为统领，把理论创新、实践创新、
制度创新和文化创新结合起来，进一步增强走好创新深化、改革攻坚、
开放提升之路的行动自觉，坚定不移打创新牌、吃改革饭、走开放路，
加快打造高水平创新型城市、高质高效改革先行区和高能级开放强区。

三、"青春之城"建设的实践逻辑

2023 年 9 月，习近平总书记考察浙江，赋予浙江"中国式现代化
的先行者"新定位和"奋力谱写中国式现代化浙江新篇章"新使命，
赋予绍兴"谱写新时代胆剑篇"新使命。上虞提出"全面建设'青春
之城'，走深走实中国式现代化上虞高质量发展之路"，深学笃行习近
平总书记考察浙江重要讲话和考察绍兴重要指示精神，与全面推进中
国式现代化、浙江省"勇当先行者、谱写新篇章"、绍兴市"谱写新时
代胆剑篇"的目标是一脉相承的，也是新时代上虞高质量发展的现实
需要。

（一）"青春之城"建设是上虞"勇当先行者、谱写新篇章"的自

---

① 魏涛,何显明."八八战略"：中国式现代化的省域先行实践[J].浙江学刊,2023(04):5-15.

觉担当

浙江省委十五届四次全会发出了沿着总书记指引的道路奋勇前进、在奋力推进中国式现代化新征程上"勇当先行者、谱写新篇章"的全面号召，对浙江省上下牢记嘱托、感恩奋进、实干争先，持续推动"八八战略"走深走实，在推进共同富裕和中国式现代化建设中发挥示范引领作用，进行深入部署和全面动员，提出了"十方面作示范、五方面工作要求"。上虞区委二届五次全体（扩大）会议，动员上虞上下牢记嘱托、感恩奋进、实干争先，持续推动"八八战略"走深走实，以建设"青春之城"的实干实效，坚决扛起"谱写新时代胆剑篇"历史使命，为浙江省"勇当先行者、谱写新篇章"作出更大贡献。

增强感恩奋进、紧跟追随的政治自觉。习近平总书记在浙江工作期间和到党中央后，先后 29 次到绍兴考察调研，其中有三次到上虞考察，作出了一系列重要指示批示，为上虞各项工作提供了全方位指引。特别是 2023 年 9 月，总书记再次到绍兴考察调研，又点到了上虞有关情况，为上虞提供了源源不断的精神动力。上虞满怀对习近平总书记的感恩之心、拥戴之情、捍卫之志，把持续推动"八八战略"走深走实作为坚定拥护"两个确立"、坚决做到"两个维护"的具体举措，通过"青春之城"建设一步一个脚印把总书记擘画的宏伟蓝图变成美好现实。

增强服务大局、勇开新局的使命自觉。习近平总书记赋予浙江"中国式现代化的先行者"新定位和"奋力谱写中国式现代化浙江新篇章"新使命，赋予绍兴"谱写新时代胆剑篇"新使命。上虞提出"全面建设'青春之城'，走深走实中国式现代化上虞高质量发展之路"，与总书记重要讲话蕴含的求新、求进、求变的内在要求高度契合。上虞主动对标新定位新使命，把推进中国式现代化作为最大的政治，凝心聚力把"青春之城"建设好，在区县实践中不断拓展中国式现代化的广度和深度。

增强攻坚突破、示范引领的行动自觉。习近平总书记从"在以科技创新塑造发展新优势上走在前列，在推进共同富裕中先行示范，在深化改革、扩大开放上续写新篇，在建设中华民族现代文明上积极探索"四个方面，对浙江发展提出了重要要求①。在考察绍兴期间，对坚持和发展新时代"枫桥经验"，传承发展中华优秀传统文化也提出了明确要求。上虞用心领悟、深刻把握、坚决贯彻总书记的指引指导，通过"青春之城"建设坚定不移打"创新牌"、吃"改革饭"、走"开放路"，在实践中回答好"根本出路如何打通、鲜明标识如何擦亮、推进动力如何激发、底蕴精髓如何彰显"等重大问题，以率先闯关突围的发展成效为绍兴、浙江大局多作贡献。

（二）"青春之城"建设是上虞争当"五创图强、四进争先"排头兵的重要抓手

绍兴市委九届四次全会提出"五创图强、四进争先"，这是绍兴勇闯中国式现代化市域实践新路子的重要抓手。"五创图强"与"四进争先"，两者有机统一，"五创图强"是工作载体，"四进争先"是工作目标，共同引领绍兴向更高目标攀登。上虞以"青春之城"建设为主战略，齐心协力谱写新时代胆剑篇，争当"五创图强、四进争先"排头兵。

以"青春之城"建设拓宽现代化建设的基本路径，在一体推进创新改革开放上探路先行。推进中国式现代化，创新是第一动力、改革是关键一招、开放是必由之路。坚定"创新改革开放"三大法宝不动摇，做深一体推进文章，聚焦增强科技创新能力，整体推进高能级科创平台打造、高水平应用型大学建强、高层次人才培育集聚，全面提升曹娥江实验室和在虞高校研究院建设质效，发挥企业创新主体作用，协同实施三个"一号工程"，打造各类人才向往的科创新高地，全面提升开放型经济发展水平。

---

① 习近平在浙江考察时强调　始终干在实处走在前列勇立潮头　奋力谱写中国式现代化浙江新篇章　返京途中在山东枣庄考察［EB/OL］.新华网，［2023-09-25］. http://www.gov.cn/yaowen/liebiao/202309/content_6906217.htm.

以"青春之城"建设夯实现代化建设的基础支撑，在持续唱响工业强区产业兴区"主旋律"上积极进取。坚定不移实施"工业强区、产业兴区"战略，扎实推进新型工业化，为上虞现代化建设提供强大的物质技术支撑。联动实施先进制造业强区"1215"专项行动、服务业"1855"高质量发展行动、"三农"高质量发展"1366"工程，培育壮大新材料、高端装备两大千亿级主导产业和"4＋4"新兴产业未来产业，着力锻造以新质生产力为核心的现代化产业体系。深挖内生项目潜力，大力推动传统优势产业转型升级，让"老树发新芽""小树变大树""独木变森林"。要坚持"高大上＋链群配"，大力引育"链主型"企业、专精特新和"小巨人"企业，多向发力壮大资本市场"上虞板块"。

以"青春之城"建设彰显现代化建设的底蕴气质，在建设中华民族现代文明上守正创新。上虞有深厚的文化底蕴、文旅资源，有基础有条件在建设中华民族现代文明上探索新经验、展现新作为。大力推进孝德、瓷源、东山、春晖四大地域特色文化创造性转化、创新性发展，重塑城市文化体系，让文化擦亮"青春之城"的独特气质和魅力。要全域践行新时代上虞精神，实施"浙里新风·虞尚十礼"文明实践专项行动，打造一批新时代文化地标，加快建设"书香上虞"，让人民群众在潜移默化中提升文明素养、提高精神境界。要联动推进文创产业发展、文艺作品攀峰、文旅深度融合，打响"上虞文旅"新品牌，提升文化传播力。

以"青春之城"建设擦亮现代化建设的标识底色，在扎实推进共同富裕上示范引领。中国式现代化是全体人民共同富裕的现代化。上虞积极破解发展不平衡不充分问题，打造更多具有上虞辨识度的共同富裕标志性成果。推动高水平融合，深化区内"山海协作"，加快破除制约城乡一体的深层次体制机制障碍，推进以人为核心的新型城镇化建设。要聚焦高品质生活、高效能治理，切实解决"一老一小"、教育就医等急难愁盼问题，积极探索基层治理范式变革，建设更高水平的平安上虞法治上虞。

（三）"青春之城"建设是上虞持续推进高质量发展的内在需要

未来城市的竞争是人口的竞争，是人才的竞争，更是产业活力和科技实力的竞争。上虞近年来综合竞争能力显著提升，高质量发展走在省市前列，也要清醒地看到正处于"爬坡过坎、赶超跃升"的关键时期，人口红利、用地能耗、环境容量等核心资源对发展的制约日益凸显，区域竞争也日趋激烈，不进则退。上虞准确把握"时"与"势"，认清"危"与"机"，谋实"计"与"策"，在大抓落实中全面推动"青春之城"建设落地见效，在走好中国式现代化上虞高质量发展之路的新征程中争先领跑、行稳致远。

在危中抢机中推动"青春之城"建设行稳致远。省域、市域经济版图正在重构，拼科创、拼产业、拼人才、拼高质量项目日趋激烈，上虞发展面临新的"成长的烦恼"，正处于"爬坡过坎、跃升进位"的关键时期。上虞切实增强机遇意识，把国家战略、时代变革与"青春之城"建设贯通起来，以前所未有的决心和力度，抓住用好新机遇，落细落实"五个十大"主抓手，在项目投资增长、市场主体成长、新兴产业未来产业培育等方面下好"先手棋"，勇闯"新赛道"，昂首站在现代化建设最前沿。

在"二次创业"中推动"青春之城"建设固本求新。在激烈的区域竞争中，上虞要追赶"前方标兵"，甩开"后方追兵"，超越"左右强兵"，在全国综合实力百强区中持续晋位，必须吹响"二次创业"集结号，全面建设"青春之城"。坚持"换道超车""换车超车"，更大力度培育发展新产业、新项目、新主体、新业态，让更多在虞和来虞的创二代、新生代企业家们脱颖而出，让干部敢为、地方敢闯、企业敢干、群众敢首创成为上虞的鲜明标识。大力弘扬新时代上虞精神和"四千"精神，以"二次创业"的进带动高质量发展的"进"，塑造新动能新优势的"立"，夯实内生动力增强的"稳"，推动上虞再攀高峰、再展雄风。

在挺膺担当中推动"青春之城"建设破圈出彩。"青春之城"建设正处于从开局起势迈向突破成势的关键阶段。上虞建立健全大抓落实的目标任务、执行推进、政策保障、评估考核的闭环体系，以提升干部执行力为重点，构建执行力问责体系，坚决整治"把说了当干了、把干了当干好了""机械式执行、选择性执行、象征性执行、应付性执行"等突出问题，注重在项目招引建设、创新改革开放、急难险重任务一线考察识别选用干部，打好能上能下、容错纠错、澄清正名、回访教育、关心关爱"组合拳"，以扎实举措和务实行动激发干部干事创业激情，用一流的工作标准和过硬的工作作风，推动"青春之城"建设破圈出彩。

第二节 "青春之城"建设的意蕴审视

上虞"青春之城"建设是一个原创性的实践探索，从理论付诸实践、实践形成制度、制度再上升到理论，形成螺旋式不断深化、演进和迭代升级的过程。实践探索，需要具备独特的内涵和明显的特征，这样才能提供普遍的价值和推广的意义，也为后续的理论与实践研究框定范围。

一、"青春之城"的丰富意蕴

上虞"青春之城"是指以全生命周期、全年龄段的人、产业、城市的年轻化青春化为核心导向，以"一江两岸三城多片区"为主平台，以"六大青春工程"为主载体，以"五个十大"为主抓手，坚持面向"未来城市"的发展模式，大力推进年轻化、时尚化、运动化、国际化、便捷化、品质化、数字化、组织化发展，着力建设创新、活力、有为、开放、舒适、有爱的青年发展型、全龄友好型、生态宜居型、文化包容型"青春之城"（见图 1-1）。

上虞"青春之城"建设，高举习近平新时代中国特色社会主义思想伟大旗帜，深入学习贯彻党的二十大精神，对标"勇当先行者、谱写新篇章"定位使命，紧扣"五创图强、四进争先"主题主线，全力

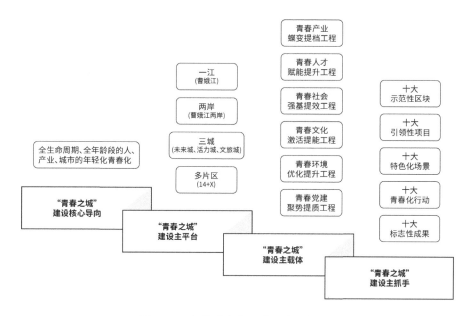

图1-1 上虞"青春之城"建设框架图

锻造"五张高质量发展金名片",打造中国最具幸福感城市,奋力走好中国式现代化上虞高质量发展之路。

创新、活力、有为构成了"青春之城"建设的基本要素。创新激发人的活力,带动产业活力,而通过人的创新有为又能提升产业质量、推动城市发展,形成以产业聚人才、以人才兴产业的良性互动格局。开放、舒适、有爱构成了"青春之城"建设的支撑因素。城市开放、环境舒适、社会有爱,涵养人才流入、科创和产业发展的良好生态,为城市发展持续赋能,形成朝气蓬勃、近悦远来的城市发展态势。因此,"青春之城"是多维度的青春态,不单纯指"青年聚集型"城市,更是要彰显"创新、活力、有为、开放、舒适、有爱"城市独特气质和城市新形态。

二、"青春之城"的具象表现

青春,不仅指年龄的青春,更是指气质的青春。上虞"青春之城"建设,不同于一般的青年发展型城市建设,而是注重突出全生命周期、全年龄段的"人、产、城"的年轻化、青春化，显现出上虞创新向前、友好向上、时尚活力、大爱有为的青春气质，汇聚为一首磅礴宏大的青春乐章。在上虞，既有都市繁华，也有山水诗画；既有辉煌事业，也有舒坦生活；既有时尚潮流，也有烟火气息；既有大城路网，也有小城通达；既有小家和睦，也有大爱无疆。"青春之城"全面提升上虞城市能级品质和活力魅力，形成创客城市、宜居城市、时尚城市、大爱城市四个城市的具象表现。

（一）创业最便利与创新最友好的"创客城市"

创客城市在形。2023 年，上虞成功入选浙江省首批创新深化试点，率先推动教育科技人才"三位一体"高质量示范区建设，致力于培养活跃的创新主体和充沛的创新因子。上虞不断扩大创新企业矩阵，截至 2023 年末已拥有 25 家国家级专精特新"小巨人"企业、536 家国家高新技术企业，市场竞争力大幅跃升。

同时，上虞大力构建以"曹娥江实验室＋在虞高校及高校研究院＋企业研究院＋创新联合体"为主体的区域创新体系，进一步打通科技成果产业化"高速路"。此外，上虞还积极举办海创人才大赛、全球创业大赛，构筑创新、创业、创投、创客"四创"联动的生态链。丰富的创新资源、优越的创新生态和生生不息的创新动力全方位构成了创客城市的形。

创客城市在魂。上虞牢树"人才是第一资源"的理念，加快构建人人皆可成才、人人尽展其才的生动格局，为创客提供最佳舞台、最优政策、最好服务，真正打造一个最懂年轻人、最懂人才的城市。同时，在敢想、敢试、敢闯、敢拼的创客气质基础上，上虞正在培养塑造与之相契合的开放、创新、青春、拼搏的城市血脉基因，努力形成让创客敢想、让创意发芽、让创业不孤独、让创新有生态的城市魂魄理念，以此送政策、优服务，助创客成长无忧。

创客城市在品牌。上虞加快布局"全链式"创客空间体系，积极构筑一个虞创带、两大虞创谷、多个虞创集聚区的"1＋2＋N"虞创空间体系，集聚涵盖科创、数创、商创、农创、文创，打造"零元创业"的创客空间样板，形成青年集聚的"百人楼""千人园"。同时，上虞还通过聘请创业导师成立创业帮扶团和虞创联盟，定期举办青年沙龙、创客论坛等交流活动，让创客走得更远，以扎实举措和有力行动打响"今在上虞·遇见未来"创客城市品牌。

（二）生活最舒适与幸福最有感的"宜居城市"

"青春之城"围绕教育、医疗、婚育、就业、社保、医保、居住、养老、治理等重点领域，全链式、全方位、全员化布局，打造中国最具幸福感城市，使上虞成为人们心生向往、情感归属的"宜居城市"。

大气魄拉开城市框架。城市建设，规划先行。上虞科学规划统领全局，将全域1 362.4平方公里作为一个整体进行规划，提出了"一江两岸"、滨江新城、高铁新城、滨海新城、曹娥江旅游度假区五大区块城乡统筹发展的格局，同时加快拥江西进，融入大绍兴，推进"融杭联甬接沪"发展战略，实现从曹娥江时代向杭州湾时代的精彩跨越。

大手笔建设"宜居城市"。绿水青山，诗意家园。上虞大手笔推进重大项目，建设宜居城市。不断加强城市基础设施建设，目前已完成高铁绍兴东站、道墟高速出入口、蒿坝高速出入口、小越高速出入口、东关高速出入口五大门户建设。同时，积极打造曹娥江"一江两岸"上虞城市形象"金名片"，做好亮化工程，实现城市滨水环境生态功能、防洪排涝和市民休闲运动三位一体的和谐状态。与此同时，上虞以美丽乡村示范县创建为契机，深入实施"千万工程"，依托美丽乡村精品线、美丽乡村升级版及"三改一拆""五水共治""五星达标、3A争创""四季仙果之旅"品牌建设，积极推进乡村振兴战略在上虞落地生根。

大投入保障民生实事。城市建设，民生优先。上虞开展了一系列"顺应群众期盼、符合群众需求、获得群众认可"的民生实事工程。紧抓老旧小区改造提质提档，加快实施城市排涝能力提升工程。全面贯通沿江截污系统，彻底解决污水直排问题，全面提升城市污水处理率。

与此同时，上虞深入推进城镇住房保障和征迁改造工作，不断推进住房保障、加强城市管理，坚持走以人为本、"四化同步"、优化布局、生态文明、文化传承为一体的区域一体化建设与城市可持续发展之路。

（三）业态最年轻与潮流最前沿的"时尚城市"

上虞全面建设朝气蓬勃近悦远来的"青春之城"其中一个重要的举措就是打造中国潮、国际范、年轻态、烟火气交融共生的时尚城市，吸引年轻人。纵观全球一流城市发展实践，时尚是城市不可或缺的重要功能、典型标志及亮丽名片。上虞打造"时尚城市"的宏伟目标，突出科技赋能、价值提升、生态支撑，打造业态最年轻与潮流最前沿的"时尚城市"。

沉淀优势发展时尚产业。时尚产业是面向人民的消费者行业，是兼具经济、科技、社会、文化等功能的都市型、有温度的幸福产业。发展时尚产业不仅有利于直接满足人民日益增长的美好生活需要，而且有利于吸引年轻人的集聚。上虞发挥承接杭州湾经济技术开发区产业溢出的区位优势，聚焦转型升级，持续夯实产业根基，构建时尚活力的产镇融合发展模式，形成了以绿色照明、婴童推车、户外运动、伞具家具等为主的时尚休闲产业集聚发展态势。在此基础上，上虞加快"时尚休闲产业集聚区"建设，利用低效厂区开展户外产业科创园规划建设，引进国际高端品牌，让"青春之城"更加青春时尚，时尚区域品牌更加深入人心。

更新城市焕发时尚活力。上虞聚焦"老城焕新、新城蝶变"两大行动，让城市更时尚，提升人民群众生活空间的时尚度。做强文化场景，把老火车站变成连接上虞人的情感媒介，重拾城市记忆；打造"营城中心"，定期举办氧气音乐节、艺术展等，搭建青年超级能量场；改造文化广场，使其成为具备露营、飞盘、滑板等元素的魅力型、功能型公园，主动适配年轻人都市户外的需求，激发消费活力。同时，还将上虞老博物馆塑造成为开放式的艺术空间，延续上虞美育传统，构建当代艺术雅集机制，使之成为时尚前沿的艺术集聚地。

（四）环境最适宜与心境最温暖的"大爱城市"

"青春之城"建设必然是一座"有爱的城市"。在这座城市中，每个人都是城市的主人，都能找到适合自己、提升自己、发展自己的党的组织、群团组织、社会组织，都能感受像家一样的温暖，焕发出共建共享的青春力量，共同推动这座城市不断向上、向善、向好、向未来。

发挥群团组织力量。上虞积极做好全国青年发展型县域试点工作，突出青年优先发展战略，按照试点实施方案、青年发展规划要求有序推进落实，积极推动青年普惠性政策的出台和升级，有效开展"十大青春化行动"，以最佳服务当好青年创业就业、生活居住的"店小二"，努力实现城市与青年的双向奔赴。上虞重点实施女性创新创业"五十百千"综合赋能行动、婚恋交友系列主题活动和家庭教育"虞你守护"特色品牌等三项特色项目，增添同题共答的青春活力，以"五个锻造"为标准，用心用情用力当好温暖娘家人。

弘扬上虞孝德文化。上虞孝风绵延，孝德流芳，从远古圣君虞舜、东汉孝女曹娥到临危受命谢安，都体现孝德文化。放眼当下，上虞正将"孝"城的理念融入"青春之城"。为持续挖掘孝德文化新时代内涵，以"明德尚贤、孝行天下"为主题的2024 中国·绍兴（上虞）孝文化活动周在上虞举行，孝德文化以多姿之势融入民众生活，孝德基因在潜移默化中浸润曹娥江两岸，涵养提升上虞的城市温度。

三、"青春之城"的哲学审视

世界观属于看法，方法论属于做法，有什么样的世界观就有什么样的方法论，两者对人类社会的发展进步具有根本性意义。全面学习领会习近平新时代中国特色社会主义思想，就要全面系统掌握这一思想的基本观点、科学体系，把握好这一思想的世界观、方法论，坚持好、运用好贯穿其中的立场观点方法。"青春之城"建设是一项承前启后、统揽全局、引领未来的系统工程，既有其深刻的历史逻辑、理论逻辑、实践逻辑，更内含着深层次的哲学意蕴。从形而上审视，"青春之城"建设既蕴含中国式现代化县域实践的世界观，又践行中国式现代化县域实践的方法论，更展现中国式现代化县域实践的新形态（见图1-2）。

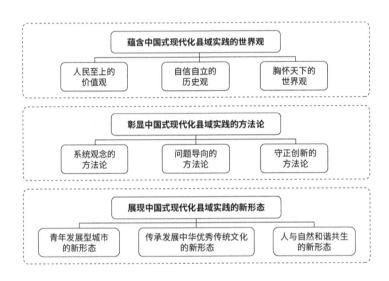

图1-2　"青春之城"建设哲学审视图

（一）"青春之城"建设蕴含中国式现代化县域实践的世界观

中国式现代化蕴含的独特世界观、价值观、历史观、文明观、民主观、生态观等及其伟大实践，是对世界现代化理论和实践的重大创新。在马克思主义哲学视野中，世界观是人们对世界的总的和根本的看法，是价值观、历史观、文明观、民主观、生态观的理论前提，具有统领地位和决定作用。

1."青春之城"建设蕴含人民至上的价值观

中国式现代化坚持人民至上理念，突出现代化方向的人民性，坚持发展为了人民、发展依靠人民、发展成果由人民共享，不断推动全体人民共同富裕。人民至上贯穿中国式现代化的全过程，彰显着中国式现代化最为显著的人民性特质。唯有继续坚持人民至上这一原则和价值取向，才能真正使全体人民共享现代化的发展成果，共同开创中国式现代化更广阔的发展前景。

上虞把人民至上作为"青春之城"建设根本出发点和落脚点。为了人民是"青春之城"建设的初心使命，依靠人民是"青春之城"建设的实践方式，建设成果由人民共享是"青春之城"建设的价值指向，三者共同构成了"青春之城"建设以人民为中心的现代化立场。上虞"青春之城"建设的核心是人的年轻化青春化，对象维度定位为全龄段友好，不仅仅局限于青年人群，而是促进老年、女性、儿童等全龄段人群的共同发展。人民群众作为历史的创造者，是推进社会发展的根本动力，也是城市发展建设的根本力量。"青春之城"建设必须依靠人民的实践方式，将人民群众视作为"青春之城"建设最深厚的力量源泉，推动政府、社会、市民同心同向行动。上虞坚持"青春之城"建设成果由人民共享的价值指向，推动经济社会高质量发展，把发展成果不断转化为生活品质，推进全体人民共同富裕的中国式现代化，努力把"青春之城"的美好生活向往照进现实，让共同富裕和现代化美好生活更加真实可感，倾心倾力绘就幸福温暖共富新画卷。

2. "青春之城"建设蕴含自信自立的历史观

自信自立是走好中国式现代化道路的必然选择。中国人民和中华民族从近代以后的深重苦难走向伟大复兴的光明前景，从来就没有教科书，更没有现成答案。党的百年奋斗成功道路是党领导人民独立自主探索开辟出来的，马克思主义的中国篇章是中国共产党人依靠自身力量实践出来的，贯穿其中的一个基本点就是中国的问题必须从中国基本国情出发，由中国人自己来解答。坚持对马克思主义的坚定信仰、对中国特色社会主义的坚定信念，坚定道路自信、理论自信、制度自信、文化自信，以更加积极的历史担当和创造精神为发展马克思主义作出新的贡献，既不能刻舟求剑、封闭僵化，也不能照抄照搬、食洋不化。

"青春之城"建设体现了自信自立的思维特质。从内涵看，"青春之城"建设的核心是人、产业、城市的年轻化青春化，彰显"创新、活力、有为、品质、开放、有爱"的独特气质；从外延看，"青春之城"建设是在推进以人为核心的现代化中实现人的全面发展和社会的全面进步。从根本上看，"青春之城"建设是在全面建设社会主义现代化强国与实现中华民族伟大复兴的进程中，在不断满足人的物质需要的同时，注重满足人的精神需求，不断提高人的素质，实现人的自由而全面的发展①。"青春之城"建设以习近平新时代中国特色社会主义思想为指导，充分运用"八八战略"蕴含的系统论、优势论、重点论，谱写中国式现代化新篇章，打造新时代全面展示中国特色社会主义制度优越性的重要窗口。

3."青春之城"建设蕴含胸怀天下的世界观

坚持胸怀天下，既是中国共产党创造奇迹的重要密码，更是中国式现代化蕴含的重要世界观。中国式现代化超越了西方现代化背后"弱肉强食、赢者通吃"的"旧世界观"，打破了"现代化＝西方化"的迷思，展现了现代化的另一幅图景，拓展了发展中国家走向现代化的路径选择，为解答人类面临的世界性问题提供了中国智慧，为人类对更好社会制度的探索提供了中国方案，给世界和平与发展带来全新的机遇和发展动力②。

"青春之城"建设将坚持"跳出上虞发展上虞"，以长三角视野、大湾区格局，前瞻谋划、更好联通国内国际两个市场，用好两种资源，全力导入杭绍甬大通道要素为上虞所用，变革重塑招商模式、机制政策、平台载体，继续吃好"改革饭"、打好"创新牌"、走好"开放路"，全面打造长三角改革开放先行区。如卧龙集团通过四次海外并购基本实现了横跨北美、欧洲、亚太的全球布局，收购整合和新建了一大批世界领先的智能制造工厂，在中国、德国、英国、奥地利、意大利、波兰、塞尔维亚、墨西哥、越南、日本等地拥有 39 个制造工厂和

---

① 郝宇青.基层治理的中国式现代化道路探析[J].北京联合大学学报(人文社会科学版),2023,21(01):1-7.

② 赵义良.中国式现代化的新意蕴[N].中国社会科学报,2023-4-21.

4个技术中心，形成了遍及全球50多个国家的研发、制造和业务网络，其中海外工厂14家，销售收入占电机及相关产品总收入的40%左右。在"中国伞城"上虞崧厦街道，从块状经济到产业集群，"一把伞"撑起了百亿产业链，年产成品伞6.2亿把，产值超130亿元，占全球的三分之一以上，成为全球最大的伞具生产和出口基地，产品销往欧盟、美国等140多个国家和地区。

（二）"青春之城"建设彰显中国式现代化县域实践的方法论

方法论是人们认识和改造世界的一切活动所遵循的一般的、普遍的方法。中国式现代化之所以取得成功，就在于正确处理好了一系列重大关系，蕴含着深刻的辩证法，深化发展了对共产党执政规律、社会主义建设规律、人类社会发展规律的认识。继续推进实践基础上的理论创新，首先要把握好新时代中国特色社会主义思想的世界观和方法论，坚持好、运用好贯穿其中的立场观点方法。

1. "青春之城"建设彰显系统观念的方法论

系统观念是马克思主义认识和改造世界的重要方法论，是推进中国式现代化的基础性思想和工作方法。习近平总书记在学习贯彻党的二十大精神研讨班开班式上的重要讲话中指出："推进中国式现代化是一个系统工程，需要统筹兼顾、系统谋划、整体推进，正确处理好顶层设计与实践探索、战略与策略、守正与创新、效率与公平、活力与秩序、自立自强与对外开放等一系列重大关系。"[①] 万事万物是相互联系、相互依存的，人们在认识和改造自然界和人类社会的过程中，既要分析各领域、各方面、各环节、各层次的要素，也要优化各要素间关系的结构，还要注重整体功能发挥，以系统地认识和把握事物发展规律。系统观念强调要以要素、结构、功能相统一的辩证原则深刻把握事物发展的全面性、协调性和整体性。大力推进中国式现代化，需遵循统筹兼顾、系统谋划、整体推进等关键原则。

---

① 正确理解和大力推进中国式现代化[N].人民日报,2023-02-08.

"青春之城"建设坚持系统观念，确立多向高维的现代化目标。坚持前瞻性思考，在放眼未来中推进"青春之城"建设，面对人口老龄化、产业动能转化、城市更新、文化活化等新的发展趋势。上虞进行前瞻性战略布局，以排头兵姿态全面开启"青春之城"建设主战略，不仅在经济上实现跨越式发展，而且在政治、文化、社会、生态文明等多个领域全方位的改革创新。坚持全局性谋划，在通观全局中推进"青春之城"建设，上虞把"青春之城"建设放到绍兴市、浙江省乃至全国的发展大局中统筹谋划，从区县层面统筹推进现代化建设的理论创新、实践创新、制度创新、文化创新。坚持整体性推进，在统筹兼顾中推进"青春之城"建设。为促进"青春之城"建设体系化、项目化、场景化、责任化，明确"青春之城"战略体系和建设路径，形成顶层谋划、统筹推进、全域竞跑的良好态势，上虞专门编制"青春之城"思维导图，站在全面系统的高度，把"青春之城"战略变成一个个可以落地的场景、项目和品牌，变成既管当前又管长远的规划、政策和制度。

2."青春之城"建设彰显问题导向的方法论

坚持问题导向是理解和把握中国式现代化本质要求的必由之路。习近平总书记指出："必须坚持问题导向。问题是时代的声音，回答并指导解决问题是理论的根本任务。今天我们所面临问题的复杂程度、解决问题的艰巨程度明显加大，给理论创新提出了全新要求。我们要增强问题意识，聚焦实践遇到的新问题、改革发展稳定存在的深层次问题、人民群众急难愁盼问题、国际变局中的重大问题、党的建设面临的突出问题，不断提出真正解决问题的新理念新思路新办法。"① 只有直面我国经济社会中不断涌现的新问题、新趋势、聆听时代的声音，才能在革故鼎新、守正出新中实现跨越，推动我国中国式现代化建设之路。

---

① 习近平.高举中国特色社会主义伟大旗帜 为全面建设社会主义现代化国家而团结奋斗——在中国共产党第二十次全国代表大会上的报告[M].北京:人民出版社,2022.

　　"青春之城"建设，必须坚持问题导向，以时代变革为基本导向，以实践要求为根本遵循，以满足人民的根本需要为内在要求，不断回答好时代之问、实践之问、人民之问。"青春之城"建设面临诸多新挑战、新难题，如面对区县层面人才"引不进、留不住"问题，通过打造近悦远来的人才高地，把人才作为全面建设朝气蓬勃、近悦远来"青春之城"的最强驱动、最强引擎，与全球英才共享机遇、共筑梦想、共赢未来，形成了城市与人才相互成就、相得益彰的生动格局。又如，面对发展动能减弱等新的"成长的烦恼"，青春之城建设运用"八八战略"蕴含的辩证观，善于把握优势、努力补齐短板，善于历史地、全面地、辩证地思考问题，深入挖掘优势、尽快把劣势转化为优势，将先发优势变成可持续的优势，寻求解决问题、破解难题的"最优解"。破解"青春之城"建设的现实新问题，必须坚持以人民为中心，解决人民群众在实际生活中遇到的问题，满足人民群众对美好生活的追求。

3."青春之城"建设彰显守正创新的方法论

　　守正创新是中国共产党理论和实践的方法论特质，是中国共产党探索现代化道路取得辉煌成就的成功密钥。习近平总书记指出："我们从事的是前无古人的伟大事业，守正才能不迷失方向、不犯颠覆性错误，创新才能把握时代、引领时代。"[①] 中国式现代化的实践探索和不断推进，就是一个在继承中发展、在守正中创新的历史过程。全面推进中国式现代化，守正才能保持航向、大道其光，创新才能活力无限、扬帆远航。守正创新必须紧跟时代步伐，顺应实践发展，以满腔热忱对待一切新生事物，不断拓展认识的广度和深度，敢于说前人没有说过的新话，敢于干前人没有干过的事情，以新的理论指导新的实践。

　　"青春之城"建设，必须坚持守正创新，秉持"明德尚贤、创变笃行"的新时代精神，永葆"图更强、争一流、敢首创"的闯劲，瞄准

---

　　① 习近平.高举中国特色社会主义伟大旗帜 为全面建设社会主义现代化国家而团结奋斗——在中国共产党第二十次全国代表大会上的报告[M].北京:人民出版社,2022.

"青春之城"发展新坐标，激发城市创新活力，以先行者姿态打造创变笃行的现代化图景。"青春之城"建设始终突出"科创＋产业""科创即产业"，向科技创新要新质生产力，前瞻性布局新兴产业、未来产业，增强产业竞争力，不断开辟发展新领域新赛道、塑造发展新动能新优势。"青春之城"建设坚持文化的守正创新，推动孝德、青瓷、东山、春晖等上虞优秀传统文化的创造性转化和创新性发展。探索新时代人文经济学的实践路径，如精神驱动经济社会发展、优秀传统文化催生发展动能、人文环境优化营商环境、经济品牌闪耀人文标识等。全面建设"青春之城"，就是要锻造以创新驱动为内核的发展主动能，形成具有强大吸引力、创新力、竞争力、扩张力、影响力的"未来城市"发展新形态，让城市的人口结构、人才结构、产业结构、动力结构更加青春、更富力量。

（三）"青春之城"建设展现中国式现代化县域实践的新形态

中国式现代化深深植根于中华优秀传统文化，体现科学社会主义的先进本质，借鉴吸收一切人类优秀文明成果，代表人类文明进步的发展方向，是一种全新的人类文明形态。新时代新征程，以中国式现代化全面推进中华民族伟大复兴，要始终坚持和发展中国特色社会主义，推动物质文明、政治文明、精神文明、社会文明、生态文明协调发展，不断丰富和发展人类文明新形态。

1. "青春之城"建设展现青年发展型城市的新形态

青年兴则国家兴，中国发展要靠广大青年挺膺担当。2022年6月，全国首批青年发展型城市建设试点名单公布，45个试点城市（含直辖市的市辖区）和99个试点县域。"城市对青年更友好、青年在城市更有为"。青年发展型城市是扎实推进以人为核心的新型城镇化战略，积极践行青年优先发展理念，更好满足青年多样化、多层次发展需求的政策环境和社会环境不断优化，青年创新创造活力与城市创新创造活力相互激荡、青年高质量发展和城市高质量发展相互促进的城市发展方式。

　　上虞入选全国青年发展型县域试点后，上虞区委高瞻远瞩系统谋划，提出"建设朝气蓬勃、近悦远来的'青春之城'"城市发展主战略。上虞的"青春之城"以新发展理念为统领，以全生命周期、全年龄段的人、产业、城市的年轻化青春化为核心导向，以青春产业、人才、社会、环境、文化、党建大提升为主载体，城市彰显青春活力美、人口彰显青春年轻态、文化彰显青春时尚度，营造朝气蓬勃、近悦远来的"未来城市"发展新形态，是推进中国式现代化的县域实践版。上虞"青春之城"建设从对象维度看是全龄段友好，从内容维度看是全方位打造，从城市维度看是全领域攻坚，从空间维度看是全区域推进。因此，上虞"青春之城"是通过人、产、城、文结构和形象的重塑，使之成为一座具有青春朝气的、充满活力的、近悦远来的、人人向往的城市，这是对青年发展型城市的一种升华和超越，也是对"未来城市"的一种前瞻性探索。

2. "青春之城"建设展现传承发展中华优秀传统文化的新形态

　　中国式现代化的推进和拓展，深深植根于中国的历史传承和文化传统之中。对历史最好的继承就是创造新的历史，对人类文明最大的礼敬就是创造人类文明新形态。中华民族拥有在 5 000 多年历史演进中形成的灿烂文明。坚持把马克思主义基本原理同中国具体实际相结合、同中华优秀传统文化相结合，用马克思主义观察时代、把握时代、引领时代，有助于建设人类文明新形态。中华优秀传统文化作为历史上人类文明的结晶，蕴含丰富，对于建设人类文明新形态，提供着基本元素和价值支撑①。

　　上虞凝练弘扬"明德尚贤、创变笃行"的城市精神，成为"青春之城"建设的精神根基。德有大德、公德、私德三层意思，包涵从孝、礼、爱、责任、秩序、规矩等多维度广义上的道德人文精神。"尚贤"更有"尚天下贤士归虞"之意，体现着建设近悦远来青春之城中对人才的尊重和渴望。"创变笃行"是上虞笃定前行的时代召唤，无论是传

---

① 叶小文.中国优秀传统文化与人类文明新形态［N］.北京日报,2023-09-18.

统产业凤凰涅槃、转型跃升，还是未来产业的变革重塑、赋能发展，创新求变、笃行致远已成为上虞城市加快发展、再创辉煌的不竭动力。上虞打造了"今在上虞·遇见未来"城市品牌。"今在上虞"源来《晋王羲之上虞帖》，既有书圣王羲之打卡代言的历史渊源，又蕴含重在当下的奋发姿态，立足当下放眼未来，它凝练着上虞对历史的传承、对时代的思考；"遇见未来"则表达期盼未来的美好愿景，符合上虞打造青春之城的城市定位，彰显了朝气蓬勃、近悦远来的城市品质，让历史文化与未来愿景融为一体，穿越时空，意蕴深远。

3."青春之城"建设展现人与自然和谐共生的新形态

"生态兴则文明兴。"人与自然和谐共生的现代化，是中国式现代化的鲜明特点。习近平总书记指出，良好生态环境是最公平的公共产品，是最普惠的民生福祉。建设人与自然和谐共生的现代化的根本目的是为了人民、造福人民。既要创造更多的物质财富和精神财富以满足人民日益增长的美好生活需要，也要提供更多优质生态产品以满足人民日益增长的优美生态环境需要。要牢固树立和践行绿水青山就是金山银山的理念，要着力实现物质财富与生态财富同步增加，推动生态优势转化为发展优势、生态财富转化为物质财富①。

2021年以来上虞成功创建为国家级生态文明建设示范区，荣获美丽浙江建设工作考核优秀县（市、区）、浙江省深化"千万工程"建设新时代美丽乡村（农村人居环境提升）工作优胜县；成功创建为省级"清新空气"示范区；"无废城市"通过全域建设评估，荣获清源杯；"两山"理论实践创新基地列入省级储备库。"青春之城"建设以"一江两岸三城多片区"为主平台，紧扣推动高质量发展、构建新发展格局，统筹优化生产生活生态空间布局和发展方式，在生产生活绿色化方面取得了显著成效，逐步实现从"邻避产业"到"美丽经济"的蝶变，打开了"两山"双向转换通道，走出了一条城乡融合、共富共美

---

① 王广华:坚定不移走好人与自然和谐共生的中国式现代化之路[EB/OL].光明网,[2023-06-20].https://m.gmw.cn/toutiao/2023-06/20/content_1303412086.htm.

的新路子，形成了一种人与自然和谐共生的新形态。

第三节　"青春之城"建设的总体布局

2023 年 1 月，上虞区委二届三次全体（扩大）会议通过了《中共绍兴市上虞区委关于深入学习贯彻党的二十大精神，全面建设"青春之城"的行动方案》。经过实践探索，从导向、平台、载体、抓手等维度逐步形成了"青春之城"建设"四梁八柱"。

一、以人、产业、城市的年轻化青春化为核心导向

上虞在"青春之城"建设的实践中，始终坚持以全生命周期、全年龄段的人和产业、城市的年轻化青春化为核心导向。上虞"青春之城"建设以打造中国青春城市发展样板区、长三角"新智造"协同创新示范区、大湾区美好生活引领区为主要目标。2023 年全面融入高水平网络大城市建设，搭建形成了"青春之城"的"四梁八柱"，细化完善了全域协同的目标体系、工作体系、政策体系、评价体系，启动建设了一批示范性功能载体和项目，重要核心区块"青春气质"初步彰显。2024 年高质量完成一批重大标志性项目建设和重要节点打造，全领域、全生命周期"青春之城"布局逐步完善、功能日益凸显，科技创新"主引擎"作用更加彰显，城市能级品质全面提升，综合竞争力和现代化水平显著提高。2026 年城市气质、城市活力、城市温度、城市颜值在长三角区县市中脱颖而出，对青年的吸引力、凝聚力、承载力有效增强，GDP 达到 1 500 亿元，一般公共预算收入达到 120 亿元以上，创新创业、宜居乐居、时尚活力、大爱有为的"青春之城"基本建成，取得更多突破性进展、标志性成果。

二、以"一江两岸三城多片区"为主平台

坚持"拥江而立、向湾而兴"，整合优化城市空间、产业空间、创新空间、生态空间，加快构建"一江两岸三城多片区"的"青春之城"

空间布局。

（一）一江"做活"

坚持"唐诗之河、幸福之河"的定位，高质量推进曹娥江科创、文创走廊建设，做深做活"水上、岸上、晚上、山上"文章，打造曹娥江悦动青春活力带，成为上虞引留新青年的城市封面、靓丽名片。

（二）两岸"做优"

优化曹娥江东西两岸城市功能布局和产业发展布局，树立市场化运营理念，引进国内一流团队和新型业态，统筹经营"一江两岸"优质资源，建成"近者悦、远者来"的国际范青春城市和宜业宜居的新时代生态人文画廊。

（三）三城"联动"

未来城聚焦"产城人文景"深度融合发展，构建"一湾、两区、三谷"的整体发展格局，重点打造曹娥江科创湾和生命健康谷、数字文创谷、科创智造谷以及高铁绍兴东站综合社区、地铁大学路站 TOD 未来社区。按照"打造一两个占领制高点的战略长板产业、一批独角兽企业和上市公司、一批亿元税收楼、一个'三位一体'创新发展模式、一个体现上虞辨识度的未来产业论坛、一种令人向往的创业乐居生活方式"等"六个一"要求，加快引育和建设一批面向未来的高端智造、未来科教、文化展览、商业商务、智慧交通、青春社区等新项目新业态新场景，以更多"第一唯一"打造"青春之城"的先行区、引领区、样板区。

活力城重点以百官街道、曹娥街道城区片为主体，以滨江提质扩容、产业转型升级、社区有机更新为重点，打造城市活力集聚地、市民公共活动中心。滨江"CAZ"核心区重点推进总部楼宇集聚提升，丰富业态布局，加快建设现代服务业集聚区；泛百官等产业园区加快腾笼换鸟、"退二优二""退二进三"，打造高品质智造园区；推进城区社区微更新、微改造，着力提升人居环境和群众获得感。

文旅城依托曹娥江文化休闲旅游区、皂李湖休闲度假区、浙东古运河山水文化休闲带，联动中华孝德园、龙山城南组团等，串联城乡资源、辐射虞南山区，打造成为产城共兴、景文共美的品质新城，山水相依、鱼跃鸟鸣的生态家园，宜业宜居、休闲健康的人居典范。

（四）多片区"提升"

结合上虞重大平台、重要业态、重点场景分布情况和市高水平网络大城市建设节点培育要求，明确14＋X个"青春之城"建设重点片区。拥江西进城市功能片区聚焦打造"青春之城"样板区、产城融合示范区、拥江西进先行区和绍兴网络大城市的首发节点。一江两岸核心段城市风貌片区重点打造上虞城市高端活动聚集地，市民公共活动中心区，引领形成城市中央商务活动和核心地标景观的集聚发展带。曹娥老区大运河风貌提升片区重点打造古韵活力风貌区、蓝绿交融生态居住区。

绿色化工转型承接片区聚焦建设绍兴市化工产业集聚提升区。新兴化工产业集聚片区作为世界级大湾区新兴化工产业预留区谋划建设。杭州湾经开区未来小城片区聚焦打造专业特色示范区、共享服务承载地、智慧宜居未来城。曹娥江度假区城乡融合共富片区按照"休闲之湖、科创之湖"的发展定位，集中打造长三角诗意美学度假目的地。

丰惠古镇文化复兴片区围绕丰惠新引擎和古镇宜居地的定位重点谋划建设。章镇嵊新城市副中心片区重点打造绍兴网络大城市三级战略片区、浙东唐诗之路发祥地和产城融合智造星城。城南城市更新扩容提升片区重点打造引领未来全新生活理念的山水花园新村和城南文旅新区。一江两岸商务总部拓展片区按照站城一体、公服集聚的建设要求，打造"TOD"城市综合社区。

高铁南站城乡文旅双创片区重点打造上虞西南门户客厅、交通综合集散地。泛百官中心区城市有机更新发展片区以推进产业升级为重点，培育数字应用产业，打造城市有机更新、深化产城融合的核心样板区。泛道墟产业提升更新片区积极打造田园生态交融的协同创新智汇区、产业区域协同升级示范区。

X片区根据发展实际，坚持片区化、协同化、项目化原则，推动未来城—崧厦融合发展片区、小越—驿亭—永和虞东联甬片区、盖北—谢塘协同服务发展片区、岭南—陈溪—下管—丁宅虞南山居片区、上浦—汤浦双旅片区等重点片区建设，全域推进"青春之城"建设。

三、以"六大青春工程"为主载体

上虞在"青春之城"建设的实践中，以"六大青春工程"为主载体，全面实施青春产业蝶变提档工程、青春人才赋能提级工程、青春社会强基提效工程、青春文化激活提能工程、青春环境优化提升工程、青春党建聚势提质工程。

（一）实施青春产业蝶变提档工程

上虞坚持以产兴城、以业留人，全面做优做强适宜青年和创新创业人群发展的产业平台体系，加快推进产业集群发展、转型发展，实现青春产业精彩蝶变。

一是加快打造平台体系。以建设更高质量、更有品质、更具影响力的国家级开发区为目标，加快推进杭州湾经开区"二次创业"，加速"未来小城"建设，完善城市配套、丰富服务于制造业发展的城市功能场景，积极建设新材料产业园、半导体产业园、高端装备产业园、新能源汽车及零部件产业园和生物医药创新园等"五园十区块"，争创浙江省制造业高质量发展示范园区。

二是加快培育产业集群。以"四季仙果"全产业链建设为主线，聚焦茶叶、水稻、鲜果等主导产业，建立"1＋N"区域公用品牌发展模式，推进杭州湾、梁湖省级现代农业园区能级提升，加快农创智谷、数字植物工厂建设，启动区现代化农事服务中心建设，争创国家农村产业融合发展示范园、国家农业现代化示范区。

三是加快推进数智转型。大力推进数字经济"一号发展工程"，加快 5G 等新型基础设施建设，构建覆盖 5G 核心器件、终端产品和商业应用的 5G 产业链，打造浙江省 5G 产业发展应用先行区。

四是加快壮大市场主体。实施"凤凰行动·凤舞娥江版"、上市企业数量五年倍增计划、"雄鹰行动"和制造业企业"长高长壮"行动，培育国家产业链领航企业、省级雄鹰企业、省级及以上"链主"企业，招引"链主"企业落户。

通过实施青春产业蝶变提档工程，上虞产业结构不断优化，产业平台体系更加完善，创新链产业链深度融合，产业数字化、数字产业化水平显著提升，发展动能有效激发，成为浙江省打造全球先进制造业基地和绍兴打造先进制造业强市的引领区，争夺"浙江制造天工鼎"金鼎。预计到 2026 年，工业增加值将达到 1 000 亿元，战略性新兴产业增加值增速高于规上工业平均增速，数字经济核心产业增加值占 GDP 比重达 9.2%，累计新增市场主体 4.8 万家，年均新增上市企业 3 家以上。

（二）实施青春人才赋能提级工程

上虞大力实施人才强区首位战略，加快创新链、产业链深度融合，着力构建"人才＋"引领创新的全域创新模式，建设新时代"名士之乡"人才高地和高水平创新强区。

一是构筑集成式、融合型区域创新体系。主动参与长三角创新共同体建设，加强与杭州城西科创大走廊、宁波甬江科创大走廊的合作交流，主动融入 G60 科创走廊，推动曹娥江科创走廊成为区域科技创新的引领者和创新网络的重要节点。

二是建设示范型、活力型创新创业基地。以应用型大学产教深度融合和中职名校建设为特色，高水平建设浙江理工大学科艺学院、浙江建设职业技术学院上虞校区等产教融合平台，建设省级产教融合示范基地，积极争创国家现代产业学院，推进产教融合走在全国前列。

三是组建高水平、专业化人才发展队伍。开展顶尖人才引进攻坚行动，"一人一策"引进、"一事一议"保障，加快引进具有全球影响力的"灵魂人物"。

四是建立多元化、创新性人才活跃机制。聚焦城市引才竞争力和青创上虞辨识度，高质量办好人才发展大会、人才科技周、"万亩千亿"新产业平台人才全球创业大赛、曹娥江高端装备制造产业人才发展高峰论坛、曹娥江绿色医药创新论坛等系列活动，打响"尚才之地、虞梦同行"品牌。

通过实施青春人才赋能提级工程，上虞科创体系更加完备，高端创新要素的配置能力有效提升，人才队伍规模、质量不断提升，人才引留政策体系迭代升级，人口结构持续优化，城市居民更富朝气活力。预计到2026年，15~35周岁青年人口将占比达22%，累计新增就业大学生9.25万名，R&D经费支出占GDP比重达3.55%、市级以上孵化器（众创空间）达到38家。

（三）实施青春社会强基提效工程

上虞围绕教育、医疗、婚育、就业、社保、医保、居住、养老、治理等重点领域，全链式、全方位、全员化布局，打造中国最具幸福感城市，使上虞成为人们心生向往、情感归属的梦想之城。

一是构建全周期、全天候的社会服务体系。擦亮春晖、竺可桢、品质活教育等品牌，实施全域优校计划，谋划建设竺可桢未来学校，争创全国义务教育优质均衡发展区。打造5A级婚姻服务场景，提供"婚姻咨询—婚前协议—财产公证—登记结婚—生育政策"一站式服务，培育发展全链条婚庆产业，建设"亲青恋"服务平台，拓宽青年交友渠道。

二是构建有力度、有温度的社会保障体系。优化户籍服务，健全来虞人口市民化奖励机制，逐步放开外地来虞配偶及家属等落户限制。全面提升"购、租、补"三位一体人才住房保障体系和其他青年群体的住房保障力度，面向符合条件的区内和稳定就业的非区内户籍家庭，探索推出共有产权保障房，努力实现"来了就是上虞人，人到上虞有房住"。

三是构建网格化、现代化的社会治理体系。坚持和发展新时代"枫桥经验"，争取国家级城乡治理和服务创新实验区试点，争创中国社会治理百强县（市区），以"城市大脑"为龙头，加快建设大数据、云计算、区块链等新基建平台，构建区、镇、村（社区）、基础网格、单元网格层层推进的网格化管理体系，打造共建共享共融的治理场景。

通过实施青春社会强基提效工程，人民群众享有更加优质均衡的教育、医疗、养老、社保等公共服务，城市数字化智慧化转型加快，城市治理现代化水平不断提升，实现从管理城市到经营城市的跃升。预计到 2026 年，青年人群登记结婚率将升至 93%，城镇调查失业率控制在 5.5% 以内，全民参保率达 99.5%，平安指数达 96.2，争创二星平安金鼎，力争入选中国最具幸福感城市和中国社会治理百强县（市区）。

（四）实施青春文化激活提能工程

上虞聚焦增强文化自信、扛起文化担当，弘扬传承优秀文化基因，以文润城塑造青春城市精神气质，系统集成打造青春城市形象。

一是提升传统文化青春感。深挖宋韵文化、阳明文化等上虞基因，推进省级"王充与浙学"研究基地建设，深入开展文化基因解码、理论走心和社科研读工程，充分发掘孝德、青瓷、东山、春晖等文化的时代价值，不断丰富时代内涵。

二是提升文化产业青春度。实施文化产业倍增、提质计划，依托曹娥江文创走廊，加快招引一批有青春味、创新力的优质文产项目，持续推动"文漫影游"联动发展，用好"谢晋 IP"建设影视产业基地项目，强化文化产业全产业链运营，助力创建省级文化和旅游消费试点城市。

三是提升文化事业青春力。高质量建设"魅力文化共同体"，实施公共文化服务提升工程，争创省级公共文化服务现代化先行区，启动建设曹娥江文化艺术中心，打造一批专业场馆、文化阵地、文化设施，充分利用 VR、AR 等数字文旅技术，塑造青春时尚动感的城市生活场景。

通过实施青春文化激活提能工程，上虞城市精神、城市品牌进一步打响，文化产业实现更高质量发展，时尚与传统、动感与沉静巧妙糅合的城市形象进一步凸显。预计到 2026 年，文化产业增加值将占GDP 比重达 7.8%，年举办省级以上文体赛事 12 场次以上、开展特色青春文化活动 100 场（次）以上，居民综合阅读率达 93%。

（五）实施青春环境优化提升工程

上虞以数字化、智能化为手段，畅通内外循环、完善软硬服务、打造绿色生态，建设更具活力、更加时尚、更为精致的青春城市。

一是打造开放协作高地。优化城市综合交通体系，加快建设一体衔接的铁路轨道网、广覆深达的现代公路网、通江达海的海河联运网、高效衔接的客运枢纽网、品质共享的美丽通道网，实现"10 分钟上高架、15 分钟上高速、30 分钟联杭甬"。

二是打造青春时尚城市。聚焦未来城、活力城、文旅城"三城"定位，建设开放包容的"城区"。加快青春公寓、青春家园建设，依托鸿雁、南丰、前江等未来社区建设，探索"城市大脑＋未来社区"智慧化运营模式，建设若干个青春"社区"。

三是打造最优营商环境。大力实施营商环境"一号改革工程"，深化"最多跑一次"改革，推动政务服务"智办、快办、好办、易办"，实现标准型社区便民中心全覆盖，推进便民服务高频事项下沉镇街村社。

四是打造优美宜居生态。深化"千万工程"建设新时代美丽乡村，推进区内山海协作，联动共同富裕美丽示范带、特色精品村、乡村振兴先行村建设，打造一批有生机活力、独特魅力、内生动力的未来乡村，创成省新时代美丽乡村示范县。

通过实施青春环境优化提升工程，上虞城市更加高效便捷、开放包容，城市网络环境、生活环境、营商环境进一步优化，对青年人群、梦想人群的吸引力大幅提升。预计到 2026 年，年新建未来社区两个以上、年新增省级未来乡村 3 个以上，空气质量指数（AQI）优良率达

88%，争创国家级全域旅游示范区。

（六）实施青春党建聚势提质工程

上虞聚焦铸魂夯基育人，有效激发基层党组织和广大党员干部的青春和活力，以高质量的青春党建全面护航"青春之城"建设。

一是立根铸魂锚定青春方向。全面开展党的二十大精神学习贯彻和"沿着总书记的足迹学思想"系列活动，深化青年理论学习提升工程，依托虞商学堂、红色革命教育基地等载体全面培养青年党员先知先觉、先思先悟的先锋意识，推出红色剧本杀、红色快闪等沉浸式宣教项目，进一步打响"青春唱响、虞声嘹亮"宣讲品牌。

二是固本强基建强青春堡垒。开展"评星晋级、全域争先"活动，把青春支部建设作为重要内容，力争创建成"浙江省红色根脉强基示范区"。

三是赋能增效打造青年队伍。探索优秀年轻干部提级管理、递进培养、动态储备、一线历练等机制，实施新一轮名校优生集聚计划，开展中层干部制度性常态化交流，加速年轻干部培育。

通过实施青春党建聚势提质工程，上虞各领域青年群体党建和群团工作覆盖率持续提升，加快探索形成一批凝聚青年群体、培育青年党员、发挥先锋模范的新抓手、新模式，力争打造"浙江省红色根脉强基示范区"等更有辨识度、更有影响力、更具青春感的党建金名片。预计到 2026 年，创成"红色根脉"强基示范乡镇（街道）8 个、省级以上清廉示范点 10 个以上，建成"共富工坊"300 个、省级以上理论宣讲研修基地 4 个、青年社群活动阵地 10 个。

四、以"五个十大"为主抓手

通过建设十大示范性区块、推进十大引领性项目、构建十大特色化场景、开展十大青春化行动、打造十大标志性成果"五个十大"，加快推动"青春之城"建设落地见效、出新出彩。

（一）以建设十大示范性区块提升"青春之城"建设辨识度

示范性区块是承载人口、产业、创新等"青春之城"建设关键要素的重要平台，是一个地方资源最富集的发展动力源，也是城市形象和地位的代表。要进一步明晰功能定位，强化项目支撑，不断导入高端要素，提升区块的青春活力、创新力、竞争力。

"未来城"区块是"青春之城"建设的先行区、引领区、样板区。要加快完善"1＋X"规划体系，统筹空间布局、智慧城市、风貌文化、场景体验，加快推进曹娥江文化艺术中心等既定项目，重点深化产城融合城市形态和功能研究，立体式、全方位推动"未来城"早出形象。要突出"三位一体"创新赋能，以复旦曹娥江创新中心、浙江大学半导体材料联合创新中心和曹娥江生命健康谷、e 游 PARK 数字经济产业园等落地推进为抓手，招引新项目、引留新青年、开辟新赛道，全力创建未来产业先导区、产城一体样板区、人才管理改革试验区。

杭州湾经开区拓展扩容区块是先进制造业基地的核心区块。要加快完成化工产业集聚提质，全力推进招大引强、招新引优、招群引链，在新材料、新能源、生物医药等领域打造标志性产业链群，建设国家级先进制造业集群。

泛百官智创青春谷区块是上虞制造业"腾笼换鸟"的引领区块。要紧扣"数智之谷、青创之园"定位，聚焦人工智能、集成电路、大数据为主导的数智产业，以工业上楼模式大力招引一批数字经济头部企业和创新型都市工业企业，推动"上下楼就是上下游"，打造垂直产业园；以未来产业社区理念加快布局产业驱动芯、青春共享共创空间等功能项目，构建一站式创业创新生态圈。

曹娥江一江两岸特色产业风貌区块是上虞的城市封面、靓丽名片与"活力城"的建设重点。要紧扣"城市客厅、总部高地"定位，加快实施"老城焕新""新城蝶变"行动，加快总部楼宇招引建设，以市场化运营理念嵌入一批新型、复合、网红业态，持续优化产业服务和城市生活功能配套，匠心塑造江城相拥、产城相融、人城相宜的城市新风貌。

曹娥江科创走廊区块是一条串联起上虞南北向主要科创节点的创新带。要围绕"科创策源地、产业加速器"的定位，按照"一廊统筹、多点支撑、多链融合"要求，加快构建"曹娥江实验室＋在虞高校及高校研究院＋企业研究院＋创新联合体"的区域创新体系。要强化与长三角 G60 科创走廊、杭州城西科创大走廊、宁波甬江科创大走廊对接协作，协同发挥复旦大学、浙江大学、天津大学等顶尖高校科教资源优势，进一步优化提升杭州湾产业协同创新中心、杭电产教融合创新园、国科中试基地等平台功能。

皂李湖区块是曹娥江旅游度假区的核心区块和城市城南组团的重要拓展区块。要坚持"休闲之湖、科创之湖"定位，加快谋划生成一批打卡引流项目、康养旅居项目、顶级科创项目，推动顶级 IP 主题乐园、高端度假酒店等重大文旅项目及早落地，联动推动城南、丰惠古镇、祝家庄等区块开发。

白马春晖区块是中国现代新教育和新文学的发源地之一。紧扣"教育之湖、人文之湖"定位，深入挖掘春晖中学的办学历史、教育理念、文化积淀，把兴教育、兴人才放在首位，深化教育教学改革，大力引进名师工作室、大师工作室，活化提升名人故居带，高质量办好春晖大讲堂和两年一届的"白马湖散文奖"，有序推进青春漫学湖区、文化郊野公园建设，充分彰显"民国风、书香味、文艺范、年轻态"，着力打造现代教育新高地、人文精神朝圣地、汇智聚力集贤地、市民休闲后花园。要统筹整个片区开发，以景区化理念对标提升，注重做好"留白"文章，精心打造集品味春晖文化、感受校园生活、亲近自然山水于一体的文化研学旅游风景线。

瓷源文化小镇区块是越窑青瓷的发源地。要坚持"匠心之园、研学之镇"定位，坚持国际化、艺术化、景区化方向，深化战略合作，培育引进更多大师工匠，统筹推进文、研、旅、产体系化发展。要举办国际论坛，加强对外宣传，全面打响"瓷之源"品牌。要联动推进大东山景区资源串联、破圈，整体性提升影响力。

孝德文化小镇区块是"文旅城"的建设重点和打响"上虞文旅"新品牌的关键。要围绕"孝德传承地、江南不夜城"定位，加快曹娥庙历史文化街区建设，前置招商引资，注重市场化运营，统筹中华孝德园、博物馆、里直街等周边区域，对标国内一流、青春烟火，打造国家级夜间经济集聚区、浙江版大唐不夜城。

虞南山居休闲带区块是引领带动虞南山区绿色高质量发展的重要引擎。要围绕"乐游山水、运动虞南"定位，强化资源整合、产业融合、功能化合，统筹章镇省级小城市建设、国际卡丁车公园、"攀浪灵运"休闲运动带等重大项目，在造景造节造势和品质品位品牌上下功夫，加快招引落地一批新业态新项目，整合提升一批精品民宿群，持续彰显大美虞南的魅力活力。

（二）以推进十大引领性项目提升"青春之城"建设加速度

坚持项目为王、项目为先，围绕"一江两岸三城多片区"整体建设规划，按照投资规模大、建设标准高、项目结构优、示范带动强的要求，当前正在或即将推动实施的、对上虞未来发展起到基础性、引领性、牵引性作用的十个重大项目。

统筹推进轨道交通二号线上虞段、虞北地区基础设施综合提升工程、曹娥江文化艺术中心、浙大邵逸夫医院绍兴院区、e游PARK数字经济产业园、竺可桢未来学校、海塘安澜工程、顶级IP主题乐园、高端新材料产业链、半导体装备及配套产业链等十大引领性项目。

十大引领性项目涵盖了交通、产业、文化、教育、民生等领域，具有一定代表性。牢牢抓住项目这个牛鼻子，把资源、要素和力量聚焦到项目建设上来，进一步健全落实项目推进"八大机制"和项目开工"123"、项目建设"456"、项目谋划"789"全链条工作闭环，强化现场读地、协调解难、晾晒比拼、全程督考，推动形成以变化见成效、以项目论英雄的浓厚氛围。

（三）以构建十大特色化场景提升"青春之城"建设向往度

场景是一个城市"归属向往"的重要力量，是彰显"青春之城"建设气质的魅力所在。坚持远近结合、增量创新，围绕满足全人群、全方位、全周期需求，以现有空间改造为主要方式，发挥各部门各属地主观能动性，联动打造能够承载亮点工作、体现重要功能、可看可借鉴的十个方面特色场景的展示空间。

深入践行"人民城市人民建、人民城市为人民"理念，围绕全生命周期、全年龄段的人的需求，突出烟火气、人性化，积极构建创业、创新、消费、服务、浪漫、文化、运动、生活、共富、红色等十大特色化场景，让城市更具活力魅力、更有归属感自豪感。以存量改造提升为主，善于花小钱办大事成大事，利用现有资源，在短时间内提升建设一批令人眼前一亮、具有网红潜质、体现重要功能的特色化场景。坚持市场化运营，引入一流品牌和团队，举办好国际涂鸦节、"中国山水"摄影双年展等活动，让"青春之城"内外气质更加可见可感可及。

（四）以开展十大青春化行动提升"青春之城"建设活跃度

上虞是浙江省6个全国青年发展型县域试点之一，坚持聚焦青年、服务青年，以"城市对青年更友好、青年在城市更有为"为目标，以青年优先发展为理念，以健全完善青年服务体系为抓手，以优化青年发展环境为重点，多层面、系列化开展具有上虞辨识度、青年与城市"双向奔赴"的十项工作载体。

大力实施青年创业"背包客"、青年学子"归巢燕"、校地合作"共同体"、青年企业家"传承人"、青年人才"虞泊居"、时尚消费"特色街"、城市空间"young 改造"、青年生活"潮乐汇"、青年联谊"甜甜圈"、青年社会组织"孵化池"等十大青春化行动，推动"青春之城"建设与有为青年双向奔赴、共同成长、彼此成就。

强化党管青年，发挥党在青年工作的政治优势、组织优势，建立健全党委统一领导的青年发展工作机制，确保青年工作始终在党的领导下有力有序推进。紧扣青年需求，进一步解放思想，构建与之相适应且更具优越性的政策体系、服务体系，打造更加包容、宜居、韧性、智慧的城市环境，最大限度解决青年在住房、创业、婚恋、育儿、赡养等方面的焦虑，让更多青年愿意来、来得了、留得下，让上虞成为青年人创业创新的"首选之地"、不得不爱的城市。

（五）以打造十大标志性成果提升"青春之城"建设美誉度

上虞充分发挥先进制造、产业创新、人文生态、基层治理、体制机制等基础优势，加快打造一批具有上虞辨识度、示范推广性、战略引领力的标志性成果。

在打造先进制造业基地上当先锋作示范强引领，勇夺"浙江制造天工鼎"。大力实施数字经济创新提质"一号发展工程"，以高端化、智能化、绿色化、融合化为主攻方向，深入推进先进制造业强区"1215"专项行动，加快构建以新质生产力为核心的"4＋4"现代化产业体系。

在"三位一体"创新发展上当先锋作示范强引领，勇夺"浙江科技创新鼎"。坚持创新在现代化建设全局中的核心地位，教育、科技、人才"三位一体"协同推进，进一步打通从教育强、人才强、科技强到产业强、经济强的通道。

在全面优化营商环境上当先锋作示范强引领，打造创业最便利创新最友好的"创客城市"。大力实施营商环境优化提升"一号改革工程"，全面落实《中共中央国务院关于促进民营经济发展壮大的意见》，打造市场化、法治化、国际化营商环境。加快"1＋2＋X"企业综合服务中心建设，成立"益企来"营商环境促进会，全面打响"虞快办"服务品牌，打造全省政务服务增值化改革典范。

在推进开放融合发展上当先锋作示范强引领，打造长三角一体化高质量发展样板区。大力实施"地瓜经济"提能升级一号开放工程"，高站位融入和服务重大国家战略，全力支持企业"走出去"、推进跨境并购、加快国际化布局，更大力度吸引和利用外资，提升开放型经济发展水平，建设更具国际范、时尚潮、烟火气的城市。

在推进文化自信自强上当先锋作示范强引领，打造高水平文旅深度融合示范区。坚持人文为魂、生态塑韵，大力实施新时代文化上虞工程，加快把文化资源优势转化为文旅发展胜势。

在迭代深化"千万工程"上当先锋作示范强引领，勇夺乡村振兴"神农鼎"。对标"千村引领、万村振兴、全域共富、城乡和美"要求，推进"和美虞村"建设，争创省级和美乡村示范区。

在建设全域美丽大花园上当先锋作示范强引领，争创全国"两山"理论实践创新基地。协同推进降碳、减污、扩绿、增长，提标提速打造现代版富春山居图。

在持续缩小"三大差距"上当先锋作示范强引领，打造浙江省高质量发展建设共同富裕创新性工作样板区。积极破解发展不平衡不充分问题，打造更多具有上虞辨识度的共同富裕标志性成果。

在推进基层治理现代化上当先锋作示范强引领，勇夺"平安金鼎"。坚持和发展好新时代"枫桥经验"，持之以恒走好党的群众路线，更高水平建设平安上虞、法治上虞。

在建设"红色根脉"强基示范区上当先锋作示范强引领，打造新时代党建高地和勤廉建设高地。

第二章

以人民为中心："青春之城"
建设的价值追求

坚持以人民为中心，是新时代坚持和
发展中国特色社会主义的根本立场。习近
平总书记指出："人民对美好生活的向往，
就是我们的奋斗目标。"城市归根结底是人
民的城市，人民对美好生活的向往，就是
城市建设与治理的方向。在城市建设中，
必须坚持以人民为中心的发展思想，全心
全意为人民群众创造更加幸福的美好生活。

第一节 以人民为中心与"青春之城"建设

"青春之城"建设始终以"人"为核心，将以人民为中心的发展思想贯穿于城市建设和发展的全过程，始终把实现好、维护好、发展好最广大人民根本利益作为建设的出发点和落脚点，始终做到发展为了人民、发展依靠人民、发展成果由人民共享，并将提高城市生活品质、更好满足人民群众对美好生活的需要作为中国式现代化和实现共同富裕的重要形式。

一、"青春之城"建设的价值取向

党的十八大以来，习近平总书记创造性提出以人民为中心的发展思想，作出"江山就是人民、人民就是江山""人民对美好生活的向往，就是我们的奋斗目标""全面建成社会主义现代化强国，人民是决定性力量"等一系列重要论述，以新的内涵丰富和发展了历史唯物主义群众史观。坚持以人民为中心的价值取向在发展观上的创造性运用，是对马克思主义关于人民、发展、现代化等思想的发展，是在推进以人为核心的现代化中实现全体人民全面发展和社会全面进步。

（一）"青春之城"建设始终坚持为了人民

"青春之城"从内涵看，核心是推动全生命周期、全年龄段的人、产业、城市的年轻化青春化，全面彰显城市"创新、活力、有为、品质、开放、有爱"的独特气质；从外延看，是在推进以人为核心的现代化中实现全体人民全面发展和社会全面进步。"青春之城"建设坚持以人民为中心的理念，尽力而为、量力而行，用心用情用力解决群众急难愁盼问题，让共同富裕和现代化美好生活更加真实可感。通过"青春之城"建设，持续拓展锻造上虞高质量发展金名片新路径，加快建设成为人们心生向往、人生出彩、情感归属的梦想之城、奋斗之城、温暖之城。

（二）"青春之城"建设始终坚持依靠人民

人民是历史的创造者，是推动改革发展实践的根本动力。"青春之城"建设坚持人民主体地位，把握人民愿望，尊重人民的首创精神，激发全体上虞人民的积极性、主动性、创造性，形成推动上虞高质量发展的磅礴伟力。人民群众中蕴含着丰富的智慧和无限的创造力，"青春之城"建设过程中，始终坚持问政于民、问计于民、问需于民，想人民之所想，行人民之所嘱，依靠广大人民完整准确全面贯彻新发展理念，实现高质量发展和高品质生活互促共进，构建"青春之城"建设新发展格局。

（三）"青春之城"建设始终坚持发展成果由人民共享

青春不仅在于年龄，更在于积极向上的状态，涵盖全生命周期各年龄段。"青春之城"建设不仅仅落脚在青年发展型社会，同时也推动老年友好型城市、儿童友好型城市、女性友好型城市建设，是统筹全生命周期的友好型城市，或者说是"全龄友好型城市"。"青春之城"建设还把共同富裕作为最大的民生，坚持和深化新时代"千万工程"，构建完善虞南高质量发展体制机制，有序推进老旧小区、安置小区等改造提升，把蕴藏在这座城市中的青春力量焕发出来，全面提升城市能级品质和活力魅力，努力让人民群众的获得感成色更足、幸福感更可持续、安全感更有保障。

二、"青春之城"建设的价值行动

"青春之城"建设的价值取向就是以人民为中心，从尊重上虞人民创新精神出发，让上虞人民体会到"青春之城"建设带来的幸福感和获得感。"青春之城"概念的提出是上虞人民对美好生活向往的体现，也是上虞落实中国式现代化目标，结合实际而量身打造的"小确幸"。

（一）打造"最懂年轻人"的创客城市

未来城市之间的竞争归根到底是人的竞争，是青年人的竞争，是青年群体所产生的新质生产力、新的源动力的竞争。而打造"青春之城"的目的之一，就是要打造一个适合年轻人生活、创业的城市，有青春业态、有青春景观、有青春活力，让上虞成为一座最懂年轻人的城市。上虞树牢"人才是第一资源、怎么重视都不为过"的理念，加快构建人人皆可成才、人人尽展其才的生动格局，为创客提供最佳舞台、最优政策、最好服务，真正实现创业最便利、创新最友好。

（二）推动全体人民共同富裕

上虞聚焦共富共美，持续推进共同富裕"188"计划，在迭代做好"曹娥江共富带"的基础上，推动"八大美丽行动"与"八大共富场景"互为促进。实施区内山海协作"6510"行动，落实村企结对、飞地抱团、片区组团、共富工坊等机制模式，支持虞南乡镇因地制宜壮大产业。上虞持续构建共富共美城乡格局，把推进新型城镇化和乡村全面振兴有机结合，促进城乡统筹协调发展。

（三）建设全龄段友好型社会

"青春之城"建设全面回应各年龄群体对美好生活的需求和向往，积极促进代际和谐，建立健全覆盖全生命周期的服务体系和生活环境，建设全龄友好型城市。全龄友好型城市是对全年龄段各类人群提供良好社会服务、实现包容性发展的城市。"青春之城"建设在全国青年发展型县域试点基础上，以青年发展型社会为基础，兼容老年友好型、女性友好型、儿童友好型城市。

（四）构建"虞创未来"最优人才生态体系

上虞深入实施人才强区创新强区首位战略，加强"三支队伍"建设，积极推进青春人才赋能提级工程，统筹推进科技、教育、人才

"三位一体"创新发展，为全面建设朝气蓬勃、近悦远来的"青春之城"人才高地提供最优生态环境支撑。

第二节　打造最懂年轻人的"创客城市"

上虞发布了"创客城市"计划，打造"最懂年轻人、最懂人才"的城市，实施"十百千万"创客工程，向全球发布"招贤令"等，全面提升"今在上虞·遇见未来"的城市 IP 吸引力和影响力。创客（Maker）特指具有创新理念、自主创业的人。"创客城市"是上虞为了培厚创业创新成长土壤而推出的综合性行动，以整合创客空间、扩大创客群体、升级创客政策、优化创客生态为主要抓手，全面打造上虞创业最便利、创新最友好的创客孵化培育生态链。它是对传统创业的一次深刻变革，打破了创业门槛的限制，让每一个有梦想的人都能参与到创业的行列中来（见图 2-1）。

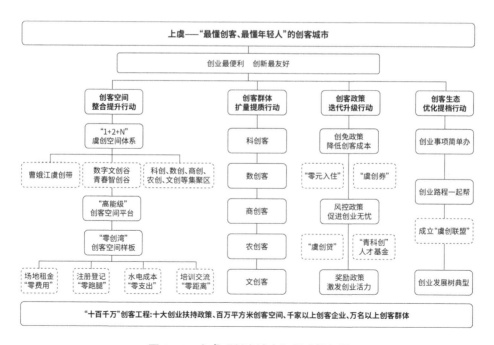

图 2-1　上虞"创客城市"行动框架图

一、实施创客空间整合提升行动

(一)规划布局"全链式"创客空间体系

结合区域发展规划和创客人群、项目、产业布局,构筑"一个虞创带、两大虞创谷、多个虞创集聚区"的"1+2+N"虞创空间体系("一个虞创带",即曹娥江虞创带;"两大虞创谷",即数字文创谷和青春智创谷;"多个虞创集聚区",即科创集聚区、数创集聚区、商创集聚区、农创集聚区、文创集聚区等)。鼓励各乡镇街道利用党群服务中心和现有空间资源打造特色集聚区,形成"一区域一特色一品牌"的虞创空间发展格局,逐步完善"众创空间—孵化器—加速器—产业园"的虞创空间链,建成一张具有上虞标识度的"虞创空间地图"。到2026年,完成投资超100亿元,新增超100万平方米虞创空间(见表2-1)。

表2-1　上虞"创客城市"建设首批集聚区名单

名　称		名　单
零创湾		鸿雁未来社区
集聚区	科创集聚区	四大基金产业园
	数创集聚区	e游数字创业园
		数创广场
	商创集聚区	虞创青春夜市
		半山1994
		汤浦童装电子商务园
	农创集聚区	农创智谷
		虞南农事服务中心
	文创集聚区	瓷源文化小镇(大善小坞村)
		覆卮山片区(东澄村、许岙村、青山村)

（二）迭代打造"高能级"创客空间平台

加快高层次人才创业园总园建设、运营，做大做强 4 个基金产业园，支持乡镇街道培育建设分园，形成"一个总园＋N 个分园"的高创园平台体系，引进优质运营机构，切实提升高创园科创服务水平。充分利用天津大学浙江研究院（绍兴）、杭电上虞创新园等现有创业空间，孵化科研创新创业项目，不断提升高校研究院科创平台能级。在一江两岸总部楼宇，以"一楼一特色、一楼一产业"为目标，高标准打造功能定位清晰、空间布局集中、产业特色鲜明、楼楼联动发展的创客空间。发挥高校专业学科优势，校地合作共建集"政策支持、创业实训孵化、融资服务、开办指导"等功能齐全的大学生创业园。目前，上虞正在构建以"曹娥江实验室＋在虞高校及高校研究院＋企业研究院＋创新联合体"为主体的区域创新体系，进一步打通科技成果产业化"高速路"。力争到 2026 年，省级众创空间达 22 家，国家级众创空间达 4 家。鼓励加强对现有创客空间的提升改造，鼓励区内、外重点企业以"合伙人"模式建设运营创业空间，集聚更多创业创新资源，健全创业空间市场化、专业化运营模式，通过提质发展、以点带面，聚力打造一批符合各类创客群体需求、产业特色鲜明、产学研深度融合的示范引领型创业创新高地。

（三）探索建设"零创湾"创客空间样板

以低成本、便利化、全要素、开放式为目标导向，在创业资源条件相对成熟的集聚区基础上，开展以"四个零"为主要内容的"零创湾"试点（场地租金"零费用"、注册登记"零跑腿"、水电成本"零支出"、培训交流"零距离"），打造"零元创业"上虞样板，实现青年来虞创业的"最低成本"。同时设立"零创湾"服务点，集信息与咨询、审批与服务、管理与协调于一体，为经营主体提供优质服务。到2026 年，开发"零创湾"3 个以上，提供"零成本"创业空间超 3 万平方米。

二、实施创客群体扩量提质行动

（一）加快"科创客"集聚发展

以新材料、高端装备、生物医药、新能源、半导体等主导产业需求为靶向，着力引进、培育海内外带技术、带团队且具备较强竞争力的人才创业项目。发挥高校研究院、院士专家工作站、中试基地等科创平台作用，链接海内外人才科创资源，推动更多科技成果转化项目在上虞落地生根。通过"以赛引才""以才引才"等方式，引进一批"一流高校背景、一流商业前景"的双一流产业化项目团队。开拓"以企引企""以企引才"渠道，积极发挥优势龙头企业、重点项目"磁性"效应，带动招引一批产业链上下游、行业内认可度高的人才项目，形成"做大一个、带动一批"的"乘法效应"。到2026年，新引进高层次人才项目150个以上，聚科创客2 000人以上。

（二）加快"数创客"集聚发展

围绕"1+1"数字文化创意和信息技术主导产业需求，构建数字创意孵化和服务体系，引育数字创意、数字美术、动漫游戏、软件服务等领域的数创客。加快推动数字创意和先进制造业、旅游、教育、体育、电子商务等深度融合，培育智能创作、云端文化、交互媒体、科技设计等新型业态。发挥浙江省"大众创业万众创新"示范基地等优势，联合省内外高校合作共建校外创业基地，鼓励大学生开展创业实践活动。拓宽数创项目孵化渠道，有效发挥"成熟企业"牵引作用，拓展辐射资源禀赋和要素优势，真正起到"以大带小"的效果。到2026年，新引进数创项目300个以上，集聚数创客3 000人以上。

（三）加快"商创客"集聚发展

充分发挥现有特色产业优势，依托"一江两岸"总部楼宇、汤浦童装城电子商务创业园、e享城等商业平台，吸引优秀青年来虞在现代服务、电子商务、快递物流等领域创新创业。结合不同区域特点，以个性化、差异化、品质化为导向，实施错位发展，加强虞创青春夜市建设，差异化打造风情街、里直街、步行街等特色商业街区，推动不同经营业态的商创客集聚发展。强化电商人才创业培育孵化，提供项目申报、政策咨询、业务培训、人才招聘等全方位服务，定期举办电商直播大赛等活动，营造创新创业良好氛围。到 2026 年，新增商创客 3 000 人以上，电子商务交易金额突破 100 亿元。

（四）加快"农创客"集聚发展

围绕"农创客返乡创业、农产品出村进城"两大目标，紧扣区域特色优势农产品发展需求，多措并举，依托区农创智谷、农事服务中心等平台，加快建立一支覆盖农业主要产业、创新引领作用突出的农创客队伍，建立"互联网＋农产品"产销对接模式，不断拓宽农创产品出村进城渠道，通过大赛引流、产业对接、专业培训、产业赋能、资本互助等方式打造农创客示范地。发挥上虞区农创客发展联合会资源整合、交流合作、沟通桥梁等作用，通过举办农创客集市、农创客游学等展示农创客发展成果，交流创业经验。大力实施"新农人"培育计划，鼓励因地制宜建设一批高素质农民创业创新平台，鼓励农创客与高校、科研院所建立合作关系，设立农业实验中心，鼓励农创客开展传统种植养殖产业高端化、智能化改造，赋能乡村振兴。到 2026 年，集聚农创客 1 000 名，辐射带动农民 1 万名以上，引进农创客项目 60 个以上。

（五）加快"文创客"集聚发展

推进文化赋能乡村振兴，鼓励有条件的乡镇统筹盘整利用好闲置农房、土地等资源，打造写生基地、研学基地、工艺工作站、非遗工坊等文创主题场所，积极引进"稻田＋艺术""乡村＋研学""山水＋文创"等农商文旅融合型文创客。依托 e 游小镇（未来城）、瓷源文化小镇等文化产业集聚区和东澄村等特色村落，加快"文漫影游""越窑青瓷"等系列文化客集聚发展。发挥"人民文创"品牌及平台优势，探索与浙理工科艺学院建立合作关系，加快创意设计类文创客集聚孵化，打造一批有影响力的文创品牌和优秀文创产品。鼓励优秀文创客在文化特色街区内开设经营文化创意、演艺、艺术品交易、非遗制作展示交易等文创业态。到2026年，新引进文创项目50个以上，集聚文创客1 000名以上。

三、实施创客政策迭代升级行动

（一）创免政策降低创客成本

围绕打造"创业成本最低区"目标，探索推出创业"零成本"事项，加大创业资源要素供给，破解在创业初期生活居住、企业运营等要素成本过高的难题。突出精准"滴灌"，为来虞创业青年人才开放"零元入住"青春公寓，优惠购买定向优质房源，对特定区域内创客减免场租，补助装修费用，实行人才"虞创券"制度，切实降低创业成本，有效激发来虞创业激情，助力创客事业起步、筑梦圆梦。2023年6月初，上虞发布"零元入住"青春公寓新政，规划建设国际化人才街区，成立人才公司、设立人才基金，推出"零元入住"青春公寓，为青年人才提供"最低成本"住房保障。3年内逐步推出3 000套左右"零元入住"青春公寓，首批推出的"零元入住"青春公寓位于曹娥江西岸e游小镇门户客厅西北的青春公寓，共980套。

（二）风控政策促进创业无忧

着力打通创客群体贷款融资难"最先一公里"，会同相关银行专项推出"虞创贷"，给予5万~30万元、为期3年的贷款，利息由财政全额补助，相关银行要降低贷款门槛、灵活放贷模式，积极鼓励上虞企业、贤达成为创客"合伙人"，有效降低创客创业风险。健全完善创客融资对接平台，成立创客专项基金予以扶持，同时发挥政府创业引导基金、青科创基金等作用，引导区内外天使投资、风险投资、私募股权投资基金等社会资本加大对创业项目的支持力度。深入分析人才需求，建立健全"人才险"，降低人才创业失败风险。上虞成立总规模达5亿元的"青科创"人才基金。目前该基金已投资1 700万元用于1个国家级人才领衔项目和2个科创项目（见表2-2）。

表2-2 上虞"创客城市"建设"创业无忧"十条政策

序号	政策内容	具体措施
1	租金减免场地无忧	给予在集聚区内的企业（个体工商户），最高18万元/年的创业场地租金补贴，最长补助3年（最高按照每月每平方米30元，补贴面积不超过500平方米标准给予补助）；入驻"零创湾"的租金全免，为期3年
2	专项补助装修无忧	入驻"零创湾"的企业（个体工商户），给予最高20万元的一次性装修补助（个体工商户按照每平方米补助200元，最高不超过10万元；小微企业按照每平方米补助400元，最高不超过20万元）
3	专券专窗服务无忧	推行"虞创券"，给予在集聚区内的企业（个体工商户），最高1万元/年，为期两年的补助，用于抵扣在虞法律、人力资源等中介服务费用；在企业服务中心和人力资源产业园设立"创客服务"专窗，提供专属服务
4	融资贷款资金无忧	与银行合作设立5亿规模的"虞创贷"，给予企业（个体工商户）5万～30万元贷款、3年全额贴息。成立创客专项基金，充分发挥政府创业引导基金、青科创基金等支持作用，解决创客资金需求
5	两奖两补发展无忧	营收奖励，给予年营收总额最高10万元/年为期3年的经营业绩奖励；评优奖励，在创业大赛中获奖评优的给予最高10万元奖励。创业补助，大学生毕业5年内创办企业（个体工商户）满一年可享1.5万元一次性创业补助；吸纳补助，大学生毕业5年内创办企业（个体工商户）满一年后，吸纳高校毕业生就业3人及以上、5人及以上的，还可享为期两年，5万元/年、10万元/年的吸纳高校毕业生创业补贴

（续表）

序号	政策内容	具体措施
6	零元入住租房无忧	首次在虞开展创业活动的青年人才，可享受单次累计不超过30天的免费"一站式"临时住宿；在虞创办企业（含个体工商户），可"零元入住"青春公寓，享受首年零租金，第2年收取20%租金，第3年收取30%租金
7	安家房票招工无忧	鼓励创业带动就业，保障来虞青年安居乐业。来虞创业就业高校毕业生根据学历不同可享受5万～70万元不等的房票补贴和1.8万～15万元不等的安家补贴
8	专房供给安居无忧	筹措不少于1 000套优质商品房源，通过国资让利、房企团购价等措施，以优惠价格定向销售给来虞的创客，为其提供高品质、低成本的宜居住宅，解决创客的安居之忧
9	一码畅行生活无忧	推广"人才码"应用，体验"一码在手、乐居虞城"。创客可"扫码出行"，享受公交、共享单车等免费出行服务；创客可"扫码优惠"，享受线下商家用餐、酒店住宿、公共交通、景区门票、运动场馆优惠等专属福利
10	创客积分成长无忧	制定创客"积分制"管理办法，根据创客在虞创业时间、吸纳就业、创业成效等情况，给予创业者赋分，创客积分与人才政策挂钩，积分达到一定量后，可享受人才房票上浮、服务升级等优惠。特别优秀的，破格纳入上虞区人才分类目录，享受相应政策
本政策所指的创客是指首次在虞创办的个体工商户或企业法人代表（占股不低于50%），且年龄在40周岁以下		

（三）奖励政策激发创业活力

加大对创客群体、平台机构、赛事评优等方面的扶持力度。鼓励青年在科技孵化、文化旅游、创意农业、电子商贸、数字信息等领域创业，给予政策支持。充分发挥"六个一"联系服务制度，鼓励虞籍大学生返乡创业，组织在虞高校定期举办大学生创业赛，提升毕业生留虞率。充分调动第三方服务机构的市场引创积极性，打造一批创客密度高、创业成效好的创业场景。搭建创业创新赛事"圆梦舞台"，选树一批"优秀创业青年"，在资金、住房、子女就学等方面给予政策支持，营造创业创新的良好氛围。

四、实施创客生态优化提档行动

（一）集成改革推动创业事项简单办

突出"创业最便利、创新最友好"理念，持续深化"放管服"改革，完善"一站式"创业服务体系，在企业综合服务中心和人力资源产业园设立"创客服务"专窗，引进专业的创客服务机构入驻人力资源产业园，提供增值式服务。不断优化完善"创业一件事"集成改革，健全创业人才政策兑现、社保参保登记、劳资纠纷处理"网上办理"机制，实现创客来虞创业"线上通办"。持续推动"人才码"线上线下应用，为创业人才和项目开设创业规划、风险评估、融资嫁接等创业课程，落实创客免费行、免费代办等创业服务。上虞构建起"一体化"人才创业服务体系，将相关人才创业事项进行集成改革，依托"绍兴人才码"上线"创业一件事"服务平台，提供政策、金融、法律等服务。

（二）关心关爱促进创业路程一起帮

聘请成功企业家、高校教授、熟悉经济发展和创业政策的干部、专家等创业帮扶团，为创客开展创业辅导。上虞聘任了一批"创客导师"和"创客城市推介官"，成立"虞创联盟"，包括商创客、农创客、文创客、数创客等在内的 396 名在虞创客成为首批成员。加强青年创业者之间的沟通交流，在已有的创客中选树一批典型，更好地对接各方资源，形成"大创客"带"小创客"，"老创客"带"新创客"的局面。加大对创客企业核心专利、技术标准、自主品牌、知名商标等知识产权开发和保护力度。做优青椒聚院等平台，推出住宿优惠、消费券等生活服务，全方位关心创客在虞生活。发挥新农联盟等各类社会组织作用，充分保障各类创客群体的权益，吸纳推荐优秀创客为"两代表一委员"。

（三）赛马争先塑造创业发展新典型

办好"青创赛""名校校友赛""虞创杯"等创新创业大赛，做强"万亩千亿"系列创赛品牌，推动以赛促创、夺榜争先。通过举办青年沙龙、创客论坛、创客恳谈会等交流活动，邀请优秀创业者分享创业故事、成功经验，让更多青年创业少走弯路。开展"最佳创客""最佳创业项目"等评选活动，发布"最具成长潜力创业项目"TOP榜单，培养"头雁"创客企业，定期选树具有示范引领作用的青创典型，努力培育崇尚创业、宽容失败的良好环境。

第三节　推动全体人民共同富裕

上虞通过实施共同富裕"188"专项行动、山海协作"6510"行动、城乡区域协调发展等路径先试先行，进一步推进城乡协调发展、协同发展、共享发展，谱写出"青春之城"建设的崭新篇章。

一、实施共同富裕"188"专项行动

2022年起上虞实施共同富裕"188"专项行动，"1"指打造一条"曹娥江"共富带，第一个"8"指深入推进新时代八大美丽行动，第二个"8"指构建现代化八大共富场景，通过全域美丽、全域共富来绘就"新时代富春山居图样板区"。

（一）打造"曹娥江"共富带

上虞打造"曹娥江"共富带，以"一带"引领全域美丽、全域共富，把点状美丽成果串珠成链为连片风景，优化资源配置，集成开发共富单元的生态功能、生活功能、经济功能、文化功能和社会功能。

上虞把曹娥江流域周边作为重点，突出"一江两岸"核心板块共富引领，打造沿锦绣虞南线、江南水乡线、都市田园线的重点共富驿站，形成一批可看可用、可复制可推广，具有上虞辨识度的标志性成果，绘就一批群众所盼、社会有感的可视化、数字化图景，持续打通美丽行动向美丽经济、共富场景的转换通道。

（二）八大美丽行动和八大共富场景

1. 建设美丽城镇，构建品质共富场景

围绕"功能便民环境美、共享乐民生活美、兴业富民产业美、魅力亲民人文美、善治为民治理美"要求，匠心打造曹娥江"一江两岸"特色产业风貌区、南丰社区城市新区风貌区、虞南山居风情带县域风貌区。深化数字惠民服务，全面承接"浙系列""邻系列""享系列"重大应用，加速公共服务"七优享"全面落地，形成公共服务"15分钟服务圈"，打响品质共享金名片，争创省级城乡风貌样板区、"新时代富春山居图样板区"。

2. 建设美丽乡村，构建增收共富场景

围绕"彰显活力、产业丰美、环境秀美、数智精美、风尚淳美、生活富美"的要求，集成"美丽乡村＋数字乡村＋共富乡村＋人文乡村＋善治乡村"建设，构建主导产业兴旺发达、主体风貌美丽宜居、主题文化繁荣兴盛的新时代乡村。聚焦未来农场，建设杭州湾省级现代农业园区和虞南山区数字农业综合体，打造农业CBD区块，推动落地"浙农富裕"、实施低收入农户帮促等数字化项目，促进农业增效、农民增收。

3. 建设美丽公路，构建交通共富场景

围绕"质量好、环境美、服务优、带动大、安保强"要求，持续推进农村公路提质增效综合改革，完善"两轴四环"美丽公路网，推动交通外联内畅。建设智慧交通信息指挥中心，深化应用"路长制"App，构建智慧交通体系。创新"美丽公路＋"创建模式，串起美丽乡村、连接美丽景区、联动美丽产业、带动美丽经济、促进美好生活，着力打造"路好景美民富"的自然风景线、产业联动线、生态富民线。

4. 建设美丽河湖，构建生态共富场景

围绕"安全流畅、生态健康、水清景美、人文彰显、管护高效、人水和谐"要求，实施"一江十河百溪水美"工程，深化"治水大脑"建设，开发应用"水陆空"立体巡查河湖管理、"污水零直排区"数字化动态监管、水下生物多样性数字化监测等应用场景，着力打造"智慧治水"省级样板，推动形成"一村一溪一风景、一镇一河一风情、一城一江一风光"的全域大美河湖新格局。

5. 建设美丽园区，构建产业共富场景

围绕"规划布局美、生产环境美、管理服务美、劳动和谐美、发展效益美"要求，以工业园区整治提升和小微企业园建设发展为主要抓手，发挥杭州湾经开区和曹娥江经开区主平台作用，完善规划、美化环境、优化服务、提升效益。聚力数字赋能产业发展，深化电机产业大脑、化工产业大脑建设，强化"信用＋园区治理"场景，综合提升园区安全、环保水平，打造集群智造共富平台。

6. 建设美丽街区，构建服务共富场景

围绕"统筹规划、形神兼治、突出长效、打造特色"要求，推进街区园林化改造，培育建设主题景观，加入时代潮流风情，着力打造宜商宜休、时尚特色的美丽街区。加快商圈智慧化改造、夜间经济促进、高品质步行街建设，积极争创省级夜间经济试点城市和省级示范智慧商圈，推动实施"美好消费在上虞"品牌重塑工程、"智慧上虞"商圈建设工程、"点亮上虞"夜地标建设工程等系列工程，全力打造"浙东新商都"2.0版。

7. 建设美丽小区，构建治理共富场景

围绕"环境美、秩序美、设施美、治理美、人文美"要求，以共建共治共享为导向，健全优化社区治理体系，提高基层末端治理能力。加快南丰、鸿雁等省级未来社区建设，实施老旧小区智慧化改造，探索推广"浙里治社共富"、城市管家2.0等数字化平台，升级"搬家一件事""宠物监管一件事"等应用，提升小区美丽、宜居、平安、幸福指数，构建舒心安心放心的共富环境。持续巩固提升时代家园、华维公寓、宝华家天下、舜景秀水苑等美丽小区创建成果。

8. 建设美丽庭院，构建乐享共富场景

围绕"环境卫生清洁美、摆放有序整齐美、院落协调布局美、栽花植树景致美、乡土气息韵味美、自主养护长效美"要求，融合家风家训、文明和谐、尚德向善实施庭院革命，推广"绿币计划"、垃圾分类"上虞模式"，深化应用"家头条""邻里帮""邻居里"等数字场景，打造民宿庭院、书香庭院、最美农户，赋予美丽庭院更多情怀和人文景观，鼓励美丽庭院＋美丽经济，实现共赢美。

二、推进区内山海协作"6510"行动

为了统筹优化全区各类要素资源配置，有效破解虞南乡镇发展难题，推动缩小区域差距、城乡差距、收入差距，上虞实施六大工程、建立"五帮一"机制、落实十大举措的"6510"行动，形成城乡经济社会发展一体化新格局，加快打造上虞协作共富金名片，探索具有上虞辨识度、省市影响力的共同富裕实践路径。

（一）山海协作六大工程

1. 实施基础设施提标工程

建设外联内畅立体交通，畅通区内南北交通要道，建设一体化的综合立体交通网。完善农村基础设施体系，统筹布局区域内基础设施建设，提高城乡建设协调性。推动新型基础设施建设，加快乡村通信基础设施迭代升级，促进乡村网络深度覆盖和光纤宽带大提速，提高通信信号稳定性。

2. 实施产业融合提质工程

助力现代农业发展，培育特色精品农业，推动农业规模化发展，延伸农业产业链，推动"农业＋文旅""农业＋互联网""农业＋品牌"融合发展。做强块状经济优势，立足块状经济的特色优势，做精做强汤浦铜管及童装、上浦风机、丰惠新材料应用及通用设备等优势产业

集群。推进文旅事业共兴，发挥山水资源禀赋特色，联动全区资源。串联青瓷文化等特色文旅资源，提升农家乐等传统服务业，推进乡村旅游富民惠民。

3. 实施平台能级提升工程

发挥曹娥江旅游度假区牵引作用，形成"一体两翼五带"总体格局，高标准建设曹娥江"一江两岸"城市核心风貌区。发挥曹娥江经济开发区统筹作用，强化曹娥江经开区乡镇工业经济支撑作用，深入实施工业全域治理，推动工业用地有机更新。优化重点镇街节点功能，以边界融合区、小城市、中心镇为重点，全力支持差异化、特色化、高质量发展，打造"服务周边、带动乡村"的网络大城市功能节点。

4. 实施强村富民提速工程

推进农村综合改革，以改革促发展，加快宅基地改革部级试点，扎实推进新时代乡村集成改革试点建设，提高农村居民财产性收入。强化就业创业支撑，建立返乡创业基地等创业孵化平台，着力集聚引育一批高素质乡村人才，重点培育"农创客"等人才，促进创业带动就业。深化互助共赢举措，建立"五帮一"推进机制。畅通反哺帮扶通道，深化"两进两回""三师三员"等活动，引导科技、人才、资金等先进要素"上山下乡"，激发全社会推动乡村振兴的积极性和创造力。

5. 实施公共服务提档工程

建立公平优质教育体系，加强布局规划，实现"初中向城区街道、中心镇集聚"，扩大学校规模全面全域提升办学质量。建立智慧融通医疗体系，科学合理布点基层医疗卫生机构，持续开展"优质服务基层行活动"，推进乡镇卫生院提档升级和村卫生室（站）优化提升。建立高效普惠社保体系，健全完善城乡全覆盖的居民社保体系，加强社保基金保障能力。建立多元便捷养老体系，实施"1＋20＋N"居家养老服务计划，完善"1＋7＋X"机构养老服务体系，提升"娥江晚情"品牌效能。

6. 实施政策措施提效工程

强化财政资金保障，完善转移支付制度，动态调整分类分档体系，提高转移支付分配精准度。细化金融服务支持，构建多层次、广覆盖、可持续的农村金融服务体系，引导金融机构支持乡村振兴发展，加大美丽乡村建设过程中项目信贷支持。优化资源要素支撑，做深做实乡镇国土空间规划，合理布局乡镇规划建设用地，每年分配一定土地要素用于保障乡镇项目建设。

（二）山海协作"五帮一"机制

作为推进山海协作六大工程的工作机制，上虞专门研究建立了"五帮一"机制，从产业、消费、就业、资源、救助五个方面进行帮扶。

制定一个帮扶方案。由结对部门牵头，其他单位参与，每个虞南乡镇制定一个具体帮扶方案。

建立一套推进机制。组建乡镇"五帮一"工作小组，推行由结对部门和虞南乡镇主要负责人共同担任组长的"双组长"模式，明确各成员单位责任人和联络员。

谋划一批共富项目。发挥各结对单位资源优势，谋划一批能够有效推动虞南乡镇集体经济壮大、产业提质、农民增收的共富项目，形成区内山海协作共富项目库。

开展一批共建活动。各结对单位要加强沟通联络，围绕党建联盟、强村富民、乡村振兴、共同富裕等主题，积极开展联动共建活动。

研究一批改革实践。在"五帮一"工作推进过程中，各单位要突出改革破题，重点聚焦"扩中提低""一老一小"、强村富民等赛道，在宅基地改革、碳汇市场化改革、数字化改革等方面深入实践，推动改革创新。

（三）山海协作十大配套政策

上虞从推动基础设施逐步完善、促进集体经济多样增收、深化公共服务均衡配置和强化资源要素机制保障等四大层面出发，出台 10 大配套政策确保山海协作的顺利推进。

1. 推动基础设施逐步完善

加强农村基础设施建设，年均安排资金 3 亿元以上实施县道路面改造工程、乡村公路提升（大中修）、农村公路防灾减灾、公路交通安全提升、打通农村公路断头路等政府投资建设项目。统筹布局新型基础设施，鼓励乡镇街道加大 5G 网络、新能源汽车充电桩（站）等新型基础设施领域建设。开展"五通"全覆盖行动，推进全区范围内道路、给水、用电、排水、通信等全面畅通，确保实现城乡"五通"全覆盖、零死角。

2. 促进集体经济多样增收

实施多村物业联建增收，深化实施多村物业联建，鼓励区内薄弱村以"飞地抱团、共建共享"的方式实施村庄经营项目，带动村级集体经济增收。加强产业协同帮扶力度，常态化开展重点行业产业链对接活动，鼓励区内产业链龙头企业与乡镇企业建立供销配套联系，强化上下游专业化协作配套，支持组建一批产业技术联盟或行业协会。落实项目招引分成机制，通过建立项目流转和成果共享机制，促进全区招商资源共享，鼓励项目合理流转和向产业规划区集聚。

3. 深化公共服务均衡配置

完善公共服务硬件设施，通过公建民营、政府购买服务、幼儿园办托等方式，发展遍及城乡的普惠托育服务。合理布点基层医疗卫生机构，加强推进薄弱学校撤并计划。开展"娥江晚晴"老年人日常活动守护行动。加强公共服务人员配置，加大乡村医生培养力度，重点引导骨干教师和校长向农村学校、薄弱学校和缺编学校流动，培育和壮大养老护理员队伍。

4. 强化资源要素机制保障

落实"五帮一"推进机制，围绕一个虞南乡镇配套结对镇街（平台）、区直部门、优势企业、金融机构、国有企业五类单位，形成区内山海协作"五帮一"推进机制。推进乡镇财政体系调整，设立共同富裕专项基金，提高对虞南乡镇基本支出保障力度，生态型乡镇税收分成比例从 50% 逐步提高到 80%。

三、推动虞南绿色高质量发展

上虞围绕"青春之城"建设主战略、"绿色高质量"发展主旋律，充分发挥虞南资源禀赋优势，深入推动农文旅体融合发展，构建以生态资源为本底、特色产业为引擎、服务优享为保障、多元协同为支撑的生态山区高质量发展路径。

（一）发展目标

描绘彰显上虞文脉、青春风采的"溪山画卷"富美图景，按照"一年亮点出彩，三年核心引爆，五年全域绽放"三步跃升：到 2024 年底，创新塑造标志性网红景点、核心节点，打造具有虞南特色的亮点文旅项目、全季体验，推动长三角区域客群集聚，形成长三角重要旅游消费目的地；到 2026 年，高质量完成一批重大标志性项目建设和重要节点打造，实现串珠成链、扩点成面，以旅游、农业、文化为核心的主导产业稳步发展，成为长三角重要的自驾游、旅居、研学目的地；到 2028 年底，"山居虞南"品牌的影响力、辐射力、带动力全面提升，全域旅游纵深推进，特色农业链条式发展，新兴绿色产业持续涌现，产业发展带动村民增收的作用充分彰显，基本建成长三角都市后花园。

（二）空间布局

按照"全域统筹、一体规划、错位协同、区域联动"布局思路，统筹考虑虞南资源禀赋，发挥好丰惠镇、章镇镇两大中心镇辐射带动作用，推动片区化组团式协同发展，构建"一区一带五片十二景"空间格局。

一区：**聚焦重点，锻造覆卮山景区金名片**。以建设高品质综合性旅游景区为目标，将覆卮山景区打造成为虞南农文旅体发展金名片，发挥虞南农文旅体龙头引领作用。

一带：组团发力，打造虞南共富示范带。 以下管溪和隐潭溪为重要纽带，做好沿线资源开发利用，推动沿线区域特色化差异化协同化发展，打造一条有生态颜值、有文化故事、有发展内涵的农文旅体融合虞南共富示范带。

五片十二景：因地制宜，一体推进全域发展。 深入挖掘虞南农文旅体资源，做大做强特色产业平台，做精做细特色文旅产品，打造古城流韵、梁祝新说、凤鸣仙境、田园秀场、管溪寻趣、耕读传家、太平仙隐、阳明问道、雪花云宿、许岙寻迹、月隐空谷、樱花胜古等十二个有引领力、记忆点、话题度的特色节点，以点串线、以线促面，形成智慧农业、魅力人文、运动休闲、生态康养、智能智造五大特色片区，推动群众家门口就业。

（三）保障措施

上虞通过实施基层党建聚势提质工程、文旅融合品牌打造工程、绿色产业创新发展工程、城乡品质风貌提升工程、公共服务全域共享工程、体制机制改革创新工程等"六大工程"全面推进虞南绿色高质量发展。

强化组织领导。 构建"领导小组＋专班＋国企"的多层次力量保障体系。区级层面成立虞南高质量发展领导小组，定期召开工作例会，审议研究虞南高质量发展战略、规划及重大决策。成立工作专班，负责做好规划统筹、项目统筹、招商统筹、资源统筹、运营统筹、宣传统筹等"六个统"工作。

强化考核评价。 形成属地镇街与部门协同作战、全力支持虞南绿色高质量发展的工作局面。强化考核督查激励机制，按照可量化、可评价的思路，健全完善考核评价体系，实行赛马机制与定期督查通报、定期报送区领导相结合，持续跟踪问效、传导压力，把督查通报和综合评审列入年度岗位目标责任制考核，推动各项工作落地见效。

强化宣传引导。 构建全方位、立体化新媒体宣传矩阵，统筹用好

"两微一端"等媒体平台，常态化开展虞南文旅资源推介。及时总结提炼好山区发展的创新举措，打造一批可复制、可推广的标志性成果。

第四节 建设全龄段友好型社会

"青春之城"建设以青年发展型城市为基础，全面回应各年龄群体对美好生活的需求和向往，积极促进代际和谐，建立健全覆盖全生命周期的服务体系和生活环境，建设全龄友好型社会，体现了"人民城市"的本质要求。

一、创建青年发展型城市

2022年6月上虞成功入选全国青年发展型县域试点，坚持重点突出，抓好"六大工程"，让"虞青向上"品牌更加响亮。引导青年全面参与城市发展，谋划实施青年重点工程，让青年在城市更有为，实现了有为青年与"青春之城"的"双向奔赴"。2022年被评为浙江中长期青年发展规划实施试点考核优秀单位，试点实施期间连续2年获得浙江青年发展综合指数优秀，31名青年获得省级及以上荣誉。

（一）青年"尚志"工程

大力弘扬"明德尚贤、创变笃行"的新时期上虞精神，实施"真善美"种子工程，打造"虞声朗朗"青年学习品牌，大兴青年学习之风，引导青年弘扬求真、向善、尚美的精神品格，培养青少年爱国主义精神，传承革命文化。

（二）青年"尚贤"工程

加强青年企业家队伍建设，积极开展"创二代"培养、教育和引领，实现私营企业接班上岗、接续发展。加强平台引才，通过建立TR35青年科学家创业创新平台、海创人才长三角产业技术协同创新基地等平台。

（三）青年"尚创"工程

建强青年创业平台，提高青年创新创业服务支持力度，营造鼓励青年创业创新的良好氛围。推动创业与教育融合，加强双创场地支持。举办上虞"海创人才"国际创业大赛，积极承办各级"创青春"青年创新创业系列大赛。

（四）青年"尚乐"工程

重视青年的文化休闲需求，促进上虞传统文化与新兴产业有机融合，做好历史传承、守正创新、物化活化文章，让青年玩在上虞，乐在上虞。根据青年人口及社区分布，针对性建设邻里中心等商贸综合体，启动建设曹娥江文化艺术中心。

（五）青年"尚居"工程

加强青年购房、租房等方面保障支持，打造便捷、温馨的周边环境，促进青年安居落户，留在上虞。在百官街道、曹娥街道、崧厦街道、盖北镇等青年人口集聚地建设青年公寓，在 e 游小镇、鸿雁未来社区建设专门的青春公寓，向青年供给优质房源。

（六）青年"尚治"工程

拓宽青年参与基层社会治理途径，引导青年主动参与志愿服务，打造正气向上的基层青年干部铁军。创新数字化青年基层治理模式。推进数字化青年基层治理社区及农村新模式，以更高的数字化标准谋划鸿雁未来社区等青年参与社区治理工作。

二、建设老年友好型城市

2013 年上虞开始"老年友好城市"创建工作，2017 年 8 月被命名为浙江省"老年友好城市"。近年来，上虞以建设"孝德乐龄"系列为抓手，聚焦"阵地提升、运营提质、服务提标、队伍提能"，积极构建覆盖全面、服务可及、群众有感的居家养老服务体系，帮助老年人安享晚年。

打响"娥江晚情"康养品牌。上虞完善"1＋7＋X"养老服务体系和"1＋20＋N"居家养老服务体系。推进区康养中心项目建设，规范晚晴餐厅建设、运营，新增晚晴餐厅10家以上。依托未来社区、未来乡村，通过片区化、分层式推进，打造引领性示范型居家养老中心4家，构建"15分钟养老服务圈"，居家养老服务中心配置智能服务终端，形成智慧助餐、健康支持、无感监测等智慧场景。在养老机构中设置认知障碍照护专区床位，打造家庭式住养环境。开展养老服务机构及两级中心从业人员职业技能培训、等级认定，增加持证养老护理员数量。持续推广未来社区（乡村）"邻里救""后事智办"等平台应用。

打造"区级—镇街—社区—自然村（小区）"四级居家养老服务链，实现"基本养老"向"康养享老"的跃升。孝德乐龄中心内设有康复训练中心、培训中心、活动中心、老年食堂等多个功能室，提供生活、健康、托养、家庭支持等全方位服务。上虞已改造建成9家孝德乐龄中心，计划至2025年完成改造21家。

上虞致力于打造"孝德晚晴"养老服务品牌，重点围绕老年人"吃得放心"这一需求，按照安全便捷、临近养老服务和医疗卫生等公共服务设施的原则，在全区开设"晚晴餐厅"21家，通过无障碍设施配备、监控网络覆盖等多种方式规范运营。连续3年将"晚晴餐厅"建设纳入区级民生实事项目，设立规模达4000万元的"孝德晚晴"康养公益慈善关爱基金，用于支持村社"晚晴餐厅"提升改造、运营补助和配送餐费用支出等，保障老年食堂运营平稳有序。依托"晚晴餐厅＋助餐点＋配送"模式，上虞探索推出"陪餐＋民情"服务和"送餐＋探访"服务，定期组织基层干部深入老年人群体，及时解决他们在生活、医疗、养老等方面的问题。截至2024年6月，全区新建晚晴餐厅21家、城乡社区助餐点73家，有效扩大了晚晴餐厅的覆盖面和受益面，累计助餐145.6万人次，日均助餐超5600人次。

自上虞加速推动组建"孝德乐龄管家"队伍以来，丁宅乡招录、配备养老服务专员，统筹镇街、村社属地民生服务队成员、社区工作者、网格员、志愿者等力量，开展"孝善邻里"探访关爱行动。针对老人们提出的需求，"孝德乐龄管家"会及时上门解决。社会帮扶工作全面提升、全面创优，兜底保障成效明显。在上虞，政府、志愿组织与弱困老年群体建立长期联系，帮助其长期稳定生活，并提供补贴或生活物资帮助。为鼓励民间力量积极参与养老助老工作，上虞以微公益创投项目为载体，通过政府引导、社会组织承接、志愿者和专业社工参与的方式，营造多元的居民自治氛围，激活社会组织活力，有效满足老人们多样化的需求①。

三、打造女性及儿童友好型城市

打造女性及儿童友好型城市是"青春之城"建设全龄段社会的重要组成，建设女性及儿童友好型城市是推进女性儿童事业高质量发展的重要之举，更是建设美好社会的现实所需。

（一）女性友好型城市

女性是社会的"半边天"，是推动社会发展和进步的重要力量。上虞找准助力"青春之城"契合点，举办"激 young 巾帼力量·共建青春之城""三八"主题活动，以"young"育人，发布青春巾帼宣言、展示青春巾帼故事，吹响建设"青春之城"的 young 巾帼集结号。2021 年上虞区妇联被评为全国妇联系统先进集体。2023 年"娥江女当家"巾帼志愿宣传片入选第二届全国巾帼志愿服务微电影大赛"十大优秀影片"。

上虞建立女性友好社会的家庭建设，建立多部门联合支持家庭工作体系，系统构建家风家教实体宣教阵地网络，建成家风家训馆 1～2 个，村（社区）实现家风家训宣传阵地全覆盖。探索在乡镇街道及有

---

① 浙江绍兴上虞:优化基本养老服务体系 描绘颐养新图景[N].人民日报,2023-09-25.

条件的城乡社区建立家庭综合服务中心，为家庭提供就近便利服务。更加注重家庭家教家风工作，加大"家"文化研究。

上虞健全保障妇女健康的制度机制，推进"健康上虞"建设，推进"互联网＋健康"服务，满足妇女群体的健康需求。健全妇幼卫生保健服务体系，加强妇女全生命周期健康管理，适龄妇女筛查率达到80%以上。提高妇女生殖健康服务水平，提升妇女心理健康服务能力，倡导妇女健康生活方式，鼓励妇女投入全民健身行动，妇女国民体质合格率达到95%。促进"互联网＋医疗健康"、大数据、云计算、人工智能、计算机仿真技术等新技术在妇女健康领域的创新应用。

上虞落实教育领域性别平等政策。构建学校教育、家庭教育和社会教育相结合的性别平等教育模式，实施"性别教育进课堂"系列行动。利用现代信息化手段，加大面向妇女的科学知识教育、传播力度。健全社区妇女教育网络，依托社区大学，充分发挥社区教育在整个妇女教育网络体系中的积极作用。

上虞积极促进妇女参与经济发展，实施女性赋能计划，依托上市企业职业技能提升"领航计划""农村实用人才培训计划"等，广泛开展各类职业技能培训，探索建立女性创业就业指导服务中心。2023年，上虞不断探索"妇联＋创业导师＋虞妹子＋X"培养模式，依托女企业家协会、农村妇女科普协会，培育"虞妹子"300余名，带动农业基地30余个，引导4.5万余名乡村女性增收致富。

上虞积极鼓励女性参与决策管理，重视发展中国共产党女党员，提高人大代表、政协委员中的女性比例，充分发挥女性人大代表、政协委员在发展社会主义民主政治和男女平等事业中的积极作用。重视女干部选拔工作，充实女性源头干部库的建设，并实行动态管理，推动妇女广泛参与企业、事业单位决策管理。开展"妇联亮牌"行动，推进妇儿驿站和"枫桥式"妇女之家建设，整合现有的阵地资源，以"一室一品"为特色，实现阵地亮牌、执委亮相、服务晒单，完成镇村妇女标识阵地建设全覆盖，优化妇女参与决策管理的社会环境，提高妇女参与决策管理的意识和能力。

上虞聚焦践行新时代"枫桥经验",发动妇女广泛参与基层社会治理,精心打造"娥江女当家"巾帼志愿服务品牌,着力推动巾帼志愿服务规范化、常态化运行,发挥妇女群众在上虞经济社会发展中的半边天作用。探索在商圈楼宇、行业协会等领域建立灵活多样的妇女组织,有效打造"四新"领域妇建新高地。实施星级妇儿驿站公益关爱项目,精准链接妇女需求,联合开展公益健康科普活动。

上虞始终坚持妇女权益保护的力度,优化和健全妇女维权网络,依托"舜江有爱·法律护航"妇儿维权工作室,常态化开展"建设法治中国·巾帼在行动"活动,持续开展法律咨询、心理疏导、维权帮扶、法律讲座等志愿活动。拓宽妇女普法渠道,采取线上线下相结合、法律知识讲解与实务案例分析相补充思路创新公益法律活动形式。重点围绕婚姻家庭、子女抚养等领域,开展"舜江小律来说法"等系列活动。2023年成立"虞小娥法学堂",协同发布妇儿维权十大典型案例,组建7支宣讲队,开展宣讲宣传100余场次,受众3万余人,共联动处置妇儿案事件45次,调解150余件,提供法律服务400余人次、法律援助27起、心理咨询100余人次。

(二)儿童友好城市

儿童友好是指为儿童成长发展提供适宜的条件、环境和服务,切实保障儿童的生存权、发展权、受保护权和参与权。"青春之城"建设自觉践行"1米高度看城市"的儿童友好理念,营造全社会关心关爱儿童成长的浓厚氛围,用心用情呵护好、培育好祖国的花朵和民族的未来。

1. 社会政策友好

上虞全面贯彻落实《中国儿童发展纲要(2021-2030年)》《浙江省儿童发展"十四五"规划》《绍兴市儿童发展"十四五"规划》等规划。加快实现"幼有善育",出台政策促进3岁以下婴幼儿照护服务高质量发展,加强优生优育服务保障,发展普惠托育服务,积极构建全链条、一体化善育服务体系。

2. 公共服务友好

上虞立足儿童成长发展实际需求,健全完善面向儿童的公共服务体系,促进普惠共享、优质均衡。打造儿童"5分钟步行活动圈""15分钟公共空间体验网络""半小时自然体验圈",加强未成年人保护,在各大中小学校推广心理健康课,建立心理诊疗室。

3. 权利保障友好

上虞关爱保护特殊困难儿童群体,构建适度普惠儿童福利体系,织密兜牢儿童社会保障网。针对困难儿童,上虞建立区、镇、村三级联动的工作机制,覆盖城乡的基层儿童福利督导服务网络。提高孤儿基本生活费标准,进一步保障基本生活。

4. 成长空间友好

上虞让城市空间适应儿童身心发展特点,做到安全、便利、亲近自然,为儿童成长营造良好外部环境。上虞青少年综合活动中心建成启用,实施城南儿童公园提升改造工程。将儿童活动设施和场所建设纳入经济社会发展规划和城乡规划,规范儿童课外活动设施和场所管理,各类公益性教育、科技、文化、体育、娱乐场所对儿童免费或优惠开放。2023年上虞区第一实验幼儿园儿童友好幼儿园入选浙江省妇联儿童发展规划示范项目。

5. 发展环境友好

上虞大力宣传、普及、践行儿童优先和儿童友好理念,聚焦儿童日常学习生活等场景,塑造健康文明向上的社会人文环境。广泛开展以儿童优先和儿童权利保护等为主题的宣传教育活动,营造全社会保护儿童安全成长和健康发展的环境。在出台规章制度、制定政策规划、配置公共资源时优先考虑儿童利益和需求。

实践探索一:

打造家门口的"孝德晚晴"颐养幸福图景

上虞是"中国孝德文化之乡",以虞舜和曹娥为始源的孝德文化源远流长,通过举办"孝德文化节"等活动,推动孝德文化创新性转化。

上虞以"孝德晚晴"为养老品牌，构建"五孝"养老服务体系，使孝老爱老精神成为推动养老工作发展的持续动力。

一、实践成效

在2022年启动的弱势群体探访关爱基础上，扩大到全区10 000多名居家失能老年人，实施"孝善邻里"居家养老关爱改革，列入上虞2023年重点改革项目清单，积极争创全国全省试点。已构建起由1个居家养老智慧平台、20个镇街级居家养老中心、344家城乡社区居家养老服务照料中心组成的"1＋20＋N"居家养老服务体系，365个镇村养老服务两级中心站点实现全域覆盖。已构建起由1家区级康养中心、7家镇街级养老服务机构、7家民办养老机构组成的"1＋7＋X"机构养老服务体系，全区拥有床位3 126张，入住老人1 067人。

二、实践内容

（一）实施"孝善邻里"敲门探访，把老年人关爱好

1. 全域擦亮"品牌化＋123456"运行模式

依托"邻里救"省级试点1个平台，搭建镇村2级服务阵地，用好"娥江先锋"民生服务大队、社会组织和志愿服务队伍、大通养老等专业机构3支专业服务队伍，形成"邻里帮—靠邻居解决小事需求""结对帮—与网格员志愿者结对精准解决需求""兜底帮—无人认领的需求派发专业机构解决""探访帮—主动上门探访发现需求协调解决"4项帮扶模式，聚焦低保低边、散居特困、孤寡独居、失能失智、重病重残等5类弱势群体，开展助餐、助浴、助洁、助行、助医、助急6大服务。

2. 乡村推广"网格化＋探访关爱"模式

发挥民生服务大队作用，构建"一核引领＋多元参与"的养老服务体系。实施数字安全守护行动，为孤寡老人配置"安防守护"基础智能设备500套以上，其中，丁宅乡创新成立"丁赞"民生服务大队，并为独居老人配备"一键呼叫"按钮；岭南乡为独居老人安装"智能门磁"装置，通过对开关门时间的数据监测了解老人情况；小越街道为老人配发"智能手表"套餐，依托"互联网＋"平台实现呼救、定

位和健康管理等功能。

3. 城市社区探索"嵌入式＋服务供给"模式

实施城市社区养老设施三年提升计划，分批分类完善社区养老服务设施，已摸排楼盘点位70个，逐步形成15分钟养老服务圈。通过改造补建、政府回购、租赁、置换等方式丰富点位，支持社区、物业、社会组织、养老服务企业等共同参与，打造"一老一小"邻里互助式关爱服务场景。

（二）实施"孝爱乐养"居家养老，为老年人服务好

1. 着力完善两级居家中心差异化服务清单管理机制

实施"线上＋线下"综合评价体系，线下建立养老服务三张清单（公共服务清单、增值服务清单和个性化服务清单），从乐龄中心、乡镇民生服务综合体、社区居家养老服务中心、农村居家养老照料中心四级，差异化确定养老服务清单，按月考核清单完成情况。线上迭代升级智慧养老综合服务平台，将日常运营情况纳入数字监控系统和年度考评内容。

2. 着力提升居家养老服务能力

深化困难老年人家庭适老化改造，申报门槛从80周岁以上降低到60周岁以上，累计改造566户。推广"医疗＋医养"模式，在丰惠镇开展镇域医养结合健康服务综合改革试点工作，为集中养老人员提供融合式双向服务。建立家庭病床，实行24小时健康监管。升级实施"爱心卡"制度。实现无感智能服务终端全区镇街级居家养老中心全覆盖，20家城乡社区居家养老照料中心已安装完毕。

3. 着力加强养老服务队伍建设

设立区域性养老服务实训基地3家，组织好养老护理员应急救护、失能老人家属等五大培训。实现每万名老年人拥有持证护理员52人以上、两级中心每家持证服务人员1人以上。按时发放养老护理员补贴，畅通职级晋升渠道，选树养老服务十佳团队和个人。

（三）实施"孝颐康养"机构养老，让老年人住得好

1. 重点完善养老服务体系

强化养老机构等级管理，制定区级机构等级评定、创建奖补和运营补助制度，根据服务对象满意度等探索发布养老机构收费指导价位。争创省市级星级养老机构两家，已整治不规范养老机构两家。聚焦养老机构安全生产，升级推广省厅数字化试点——"智慧养老院"中的智慧安防模块，实现巡更、安防人员登记等功能。

2. 重点建设养老服务阵地

加快康养中心项目建设，2023年底正式进入装修阶段，截至2024年3月月底，已完成投资额1.5亿元。根据项目进度及时跟进各类配套工程招标、物资的采购以及谋划确定项目建成后营运模式，加快形成集医养、康养、颐养、智养于一体的标志性场景。

3. 重点加大专业机构引育力度

总投资2.88亿元、中高档服务定位的大通颐璟园养护院于2023年年初开园运营，以"关爱今天的老人就是关爱明天的自己"服务理念为宗旨，引进日本养老先进管理经验。将以百官街道为切入口，选取数个城乡社区居家养老照料中心开展试运营工作，探索兼具上虞特色和先进理念的养老服务运营机制。

三、实践亮点

上虞自2021年开始支持开设老年食堂，目前共建设老年食堂75家，以4元/餐的标准发放运营补助，2023年内补助近277万元，有效解决3万余名老年人"吃饭难"问题，亮点做法在央视新闻联播等主流媒体多次报道。于2023年开展"孝德乐龄"系列创建工作，对原居家养老服务场所进行改造升级，已建成孝德乐龄中心9家，在建、拟建12家，计划至2025年年底实现镇街全覆盖。

实践探索二：

上虞探索家庭病床"健康管家"服务模式　让村社老人更有"医"靠

党的十九大报告提出："积极应对人口老龄化，构建养老、孝老、敬老政策体系和社会环境，推进医养结合，加快老龄事业和产业发展。"① 近年来，上虞区人口老龄化发展趋势十分明显。2023 年，全区65 周岁以上老年人口 16.66 万人，占全区总人口的 23.45%，是老龄化程度较高的一个县市区，即将跨入重度老龄化社会。

一、实践成效

随着人口老龄化趋势加剧，老年健康服务需求日益增长，上虞区积极探索家庭病床"健康管家"服务模式，以重点特需老人为主体，以家庭病床为载体，以线上线下结合为特色，以基层医疗机构和医共体协同为支撑，提供查房、治疗、护理、康复于一体的医疗健康服务，打造共同富裕路上医养结合健康服务样板。家庭病床"健康管家"服务模式实施以来，全区已累计家庭病床建床 1 344 人次，开展上门查房 6 944 人次、远程查房 3.2 万余人次，患者对家庭病床"健康管家"服务满意率达 100%。相关做法已在浙里改"竞跑者"刊发、在浙江新闻频道、在"学习强国"平台宣传推广，上虞区丰惠镇中心卫生院（上虞区康复医院）也因此被列入浙江省共同富裕实践观察点名单。

二、实践内容

（一）高效能管理，构建家庭病床运行机制

一是家床入住"一次申请"。坚持卧病在床老人、重度失能老人、需要经常性医疗干预的特困低保老人优先，将符合家庭病床建床指征的老人按需纳入家庭病床管理，开通"健康管家"网上申请、拨打签约责任医师电话申请、医院服务台现场申请等三条通道，提供家庭病床预约服务，实行家庭病床"快捷申请"。二是医防服务"一团包干"。优化家庭医生责任团队，按村社片区建立首席医师和责任医师相结合、基层全科医生与医共体专科专家相结合、医疗与护理相结合的家庭病床"健康管家"服务团队，承担家庭病床管理和日常医疗服务。

（二）全流程服务，探索家庭病床运行模式

---

① 习近平.决胜全面建成小康社会 夺取新时代中国特色社会主义伟大胜利——在中国共产党第十九次全国代表大会上的报告[EB/OL].新华网，[2017-10-27].http://www.xinhuanet.com/politics/2017-10/27/c_1121867529.htm.

一是重点人群"跟踪随访"。将存在健康问题的居家老人按照基础疾病类型、自理能力分成红、橙、黄、绿四色，开展动态随访跟踪管理，实行"两慢病"患者免费诊疗，为患者提供慢病复诊、健康咨询、药品配送等服务，对符合家庭病床建床指征重点老人及时纳入家庭病床管理。二是巡床查房"上下同行"。免费为卧床老年患者租赁可循环使用的远程查房智能摄像终端设备，视频数据信息与家属共享，常态化开展线下定期上门查房与线上远程云查房相结合的家庭病床服务。探索养老机构内建设家庭病床，通过上门查房与远程会诊等方式，提供诊疗支持、健康指导等服务。对有专病诊疗需求的患者，由家庭病床服务团队对接医共体专家提供诊疗服务。

（三）多部门协同，强化家庭病床运行保障

一是绩效改革"正向激励"。全面实施基层医疗卫生机构内部绩效分配制度改革，打破平均主义和"大锅饭"，形成多劳多得、优绩优酬的绩效导向。明确将实现家庭病床等非常规性服务按照家庭医生签约服务个性化服务内容在绩效工资总量外进行分配，充分调动医务人员服务积极性。二是医保支付"居家报销"。积极向上争取支持，完善居家医疗服务价格和医保支付政策，扩大家庭病床建床覆盖面，取消一年三次家庭病床起付线等，真正实现居家医疗服务医保报销。优化家庭病床医保报销服务流程，实现医保支付"居家报销"。三是政府社会"多方联动"。规划部门统筹推进医疗卫生和养老服务设施统一规划、毗邻建设，财政部门落实项目建设和免费使用的健康服务终端设备的资金保障，民政部门推动集中养老机构与当地医疗机构医养协同，乡镇街道、残联和慈善总会联动加强对特困低保和残疾人家庭病床建床的困难救助，让每一名重点特需老人都能享受优质医疗健康服务。

三、实践亮点

一是急救需求"一键快响"。免费为老年患者提供腕表式健康管理终端，实现健康数据家属共享、远程监测和动态分析，必要时进行远程和上门干预。利用腕表一键急救按钮、智能摄像头挥手紧急通话等功能发起一键式急救呼叫，提供两分钟内响应、15分钟内到达现场的急救服务。

二是健康信息"一屏监测"。家庭病床患者血压、心率数据通过无线网络展示在医院云查房管理中心的一体机大屏，超过规定值则会异常自动报警。如出现腕表没电等特殊情况，系统将自动发送短信至责任医师和主管医师，告知其提醒患者及时充电，避免出现监测盲区。

三是治疗模式"动态转换"。建立家庭病床建床评估小组，开展送医送药上门、专业康复指导和120急救服务，科学评估患者病情变化，并根据患者救治需要，双向动态转换家庭病床和住院治疗模式，确有需要的转送医共体总院治疗，实现"区级医院—基层医院—社区家庭"三位一体健康管理的无缝衔接。

第五节 打造"虞创未来"最优人才生态体系

上虞深入实施人才强区创新强区首位战略，加强"三支队伍"建设，积极推进青春人才赋能提级工程，为全面建设朝气蓬勃、近悦远来的"青春之城"人才高地提供最优生态环境支撑。

一、加强"三支队伍"建设

加强"三支队伍"建设是人才强省、创新强省的题中之义，是发展新质生产力的本质要求。上虞牢牢把握新形势，深刻认识"三支队伍"建设是一道政治必答题、时代抢答题、发展问答题，树立"大人才观"，以"三支队伍"建设为引领持续推动人、产业、城市的年轻化青春化，为"青春之城"建设注入源源不断的动力活力。

（一）建设高素质干部队伍

上虞坚持把干部队伍专业化建设放在更加突出位置，大力培养选拔专业素养好、领导现代化建设能力强的干部，补齐结构性功能性短板，努力打造一支"又博又专、搭配合理"的干部队伍。突出敢为善为、图强争先，按照省委"五个一"的要求，强化政治引领、锤炼磨砺、勤廉并重，全链条贯通干部"选育管用爱"，打造高素质干部队伍。

实施专业干部储备工程，聚焦全域未来5～10年经济社会发展对干部人才的需求，分类建立紧缺专业目录和人才库，注重引进数字经济、现代金融、智能制造、生物医药等紧缺专业人才；实施新一轮名校优生集聚计划，加大高层次党政国企储备人才引进力度，新推出75个事业、国企岗位面向国内外知名高校招聘硕博士。2024年已招引高层次党政国企储备人才55名，其中博士24名。

坚持"缺什么、补什么、干什么、学什么"，实施干部专业培训三年行动计划，不断弥补知识弱项、能力短板。落实新录用人员导师帮带、部门新招录人员基层实践锻炼制度，选送专业型干部参与对口支援合作、东西部协作，到上级部门和先进地区跟岗学习，探索建立业务相近单位联动交流机制，安排新提任干部到服务群众一线部门实践。2024年以来，已选派干部220名参与多形式实践锻炼。

通过与浙江大学等知名高校合作，上虞已举办"青春之城"现代化建设能力提升、新质生产力发展等干部教育培训班次56个。同时还遴选了100名"95后"优秀年轻干部参加"青春力"特训营。培训结束后学员组成"虞青学习社"，定期开展理论学习、交流研讨、专业比拼、基层调研等活动。注重加强干部轮岗交流，探索建立业务相近单位联动交流机制，2024年已推出54个镇街部门和国企中层岗位开展跨单位竞职交流。搭建图强争先"亮·见"大比拼系列平台，举办中层干部实绩比拼擂台赛，营造浓厚比学赶超氛围。2024年以来，已表彰"季度之星"单位10家、中层干部"季度标兵"15名。

（二）建设高水平创新型人才和企业家队伍

未来城市间的竞争，拼的是新质生产力，而创新源动力则是各类人才。以"才来上虞、马上服务"为目标，上虞还持续迭代升级人才政策，着力构建最优人才生态。上虞一直把人才创新作为赋能未来的战略性工程，在"引、育、留、用"上不遗余力。上虞突出高水平创新型人才和企业家队伍敢闯敢试、创新创造，按照浙江省委"五个能"的要求，以更大力度"引"、更实举措"育"、更优环境"留"，打造高水平创新型人才和企业家队伍。全区已有 136 名省级以上领军人才。2023 年新引聚青年大学生 2.6 万名、高技能人才 4 200 余名，为区域经济高质量发展注入了强劲动力。

上虞成立"虞创联盟"，正是为了进一步整合全区创客群体的人力智力优势，推动创业创新资源共建共享、互联互补，并为各类创客提供更加优质、更为精准、更具特色的服务保障。迭代"创客城市"服务场景，新增政策解读、导师帮扶、金融支持等十大特色功能板块，为青年"背包客"提供创业全流程服务。推出 980 套"零元入住"青春公寓，及时响应人才租房住房、医疗保健、子女求学、出入境等需求，提供"上管老、中管青、下管小"的全链条人才服务，解决人才后顾之忧。

2024 年 3 月得到学习中心（绍兴）正式在上虞成立，将依托智力优势、渠道优势、人脉优势，加强来虞在虞创客的教育培训，进一步打通从知识收获到创业实践的全新链路，以创业者帮助创业者的理念，推动全国各地的创业者、年轻人和人才团队扎根上虞。

（三）建设高素养劳动者队伍

为畅通产业工人成长通道，上虞出台了《上虞区职业技能提升行动三年实施方案》《上虞区职业培训管理办法》《"金蓝领"倍增计划三年行动方案》等政策，鼓励有资质的企业开展技能等级自主评价，并建立与之相匹配的岗位绩效工资，试点推进技能人才企业年金制度，完善技能人才激励政策。

上虞突出自信自强、匠心卓越，按照浙江省委"五个有"的要求，加强培训培育、增技增收、关心关爱，打响"虞舜工匠"品牌，壮大"新农人"队伍，造浓"尊技重技"氛围，打造高素养劳动者队伍。做优技能人才服务，建设全区 15 万技能人才信息库，为技能人才"量身推送"提升培训、竞赛等信息，联合农商银行推出"技能共富贷"等金融产品，2023 年累计为 740 余名技能人才提供咨询服务，推送信息 12 000 余条，兑付紧缺工种岗位津贴 200 余万元。

以人社部首批数字人社揭榜清单为契机，深化浙里人力资源市场监管试点建设，建立前置尽调、联动审批、提前预警、红白榜单、信用评级等 6 项日常管理制度，构建起全流程闭环管理体系，保障劳动者合法权益。丰富技能培训载体。健全就业公共服务体系，打造"区级培训基地＋镇街服务中心＋村社培训站点"三级技能平台，为劳动者提供触手可及的就业培训。上虞在 11 家区级培训机构的基础上，新建村社培训站点 16 个，打造"30 分钟技能培训圈"。聚焦新材料特色产业全链提升，建成国内首家国家级杭州湾（上虞）绿色化工人才公共实训基地，依托天大研究院、产业协同创新等综合体，围绕"特种作业培训及考试考核""化工职业技能培训与鉴定"等 9 大功能模块开展实操培训，已累计实训 480 期，45 863 人次。

二、实施青春人才赋能提级工程

上虞以"青春之城"建设为主战略，大力实施人才强区首位战略，紧盯把人才"引进来、留下来、用起来、活起来"的目标，推动青春人才集聚度、活跃度、辨识度、美誉度不断提升。

（一）聚焦产业广招博引

上虞始终坚持产业链精准引才，不断拓宽人才引进渠道，有力推动各层次人才加速集聚，青春人才队伍规模越来越大。领军人才数量再获突破，综合运用以才引才、文献引才等方式，2023 年成功引育顶尖人才 2 名，总数达到 4 名；成功入选"国家特支计划"人才 2 名；新增国家级引才计划人才全职到岗 10 人、省级引才计划人才全职到岗 5 人，近三批国家级、省级引才计划综合到岗率达 49.1%，综合到岗居绍兴市第一。青年大学生数量再创新高，组织开展招才引智专列、浙大校园推介会、天津人才周等线上线下招聘活动。技能人才数量高速增长，按照企业对一线技工人才和高技能人才的需求，扎实推进

"金蓝领"倍增计划。

（二）坚持资源整合提升

上虞始终坚持人才招引平台先行，以曹娥江科创大走廊建设为引领，加强各类创新创业平台整合提升，为人才创新创业搭建舞台，青春人才平台能级越来越高。平台建设获得新进展，高创园总园完成30%建设目标，启动高创园肆号分园培育（小越新时代），"一个总园＋N个分园"的高创园平台体系逐步形成。校地合作迈入新阶段，积极与复旦大学、浙江大学等名校开展全方位多层次合作，共建浙江大学半导体材料联合创新中心、复旦曹娥江创新中心等平台，不断引入高校优质科创资源。改革试点获得新突破，"构建教育科技人才一体化平台体系 促进新材料产业提质升级"成功入选第一批省级创新深化试点；"未来城"成功获批人才管理改革试验区；天大研究院、晶盛机电、卧龙控股集团成功入选绍兴市人才发展体制机制综合改革试点。

（三）依托赛会汇流聚力

上虞按"节俭、高效"原则，统筹推进系列人才活动，形成兼具影响力、专业性、普适性和实效性的高品质青创活动体系，青春人才引才品牌越来越响。举办之江科创大会、第二届绍兴·上虞千名博士和青年人才马拉松、中国·绍兴博士后论坛、女海洋科学家论坛等大型人才交流活动，让更多青年人才认识上虞。举办虞籍大学生新春恳谈会、"今在上虞·遇见未来—青春之城"浙江大学校园推介、"虞见青春·名校硕博上虞行"等推介交流活动，让更多青年人才选择上虞。举办第三届"万亩千亿"全球创业大赛生命健康专项赛、第五届天津大学"海棠杯"校友创新创业大赛精细化学品与智能制造赛道决赛等赛事活动，让更多青年人才项目落户上虞。举办海内外高层次人才中秋联谊会、"青春万帐"青青趣露营、高层次人才集体婚礼等联谊活动，让更多青年人才扎根上虞。

实践探索三：

上虞探索教育科技人才"三位一体"推进产业创新发展

针对传统工业大县面临的"三大难题"，上虞积极依托天津大学浙江研究院（绍兴）、国科新材料中试基地、杭电产教创新园等"三大平台"，推动教育、科技、人才"三位一体"融合发展，全力探索出一条"资源不足外脑补、中试无门国企担、外才难留自培育"的产业迭代跃升新路径。

一、实践成效

近年来，上虞区深入实施人才强区、创新强区首位战略，以小切口撬动大改革，围绕主导产业开展先行探索，即依托地方研究院、国有企业、省属特色高校"三大主体"，推动教育、科技、人才"三位一体"，全力破解传统工业大县（市、区）面临的科教资源不足、中试环节缺失、人才易引难留等制约产业发展的"三大难题"。2023年综合实力居全国百强区第29位，规上工业总产值突破2 100亿元，规上工业增加值逆势增长10.1%。以企业为第一完成单位获省科学技术奖一等奖数量在全省县（市、区）中位居第一，连续两年勇夺省"科技创新鼎"。相关做法在省《公共政策内参》上刊登，并省领导的批示肯定，同时被列入全省数字经济创新提质"一号发展工程"第一批典型案例。

二、实践内容

（1）引入天津大学化工学科，共建地方研究院赋能主导产业发展。针对地方科教资源不足的痛点，积极导入天津大学全国顶尖化工学科资源，校区共建全市首个省级新型研发机构天津大学浙江绍兴研究院，以"学科＋"提升"地方第一产业"。构建上虞化工新材料产业"技术创新领军人才—高端产业领军人才—技术创新人才—新工科研究生"人才引培链条，建立省级博士后工作站、卓越工程师联合培养基地等化工新材料人才培养与工程实践高能级平台。截至2023年末，已引进15位国家级领军人才及科研团队，全职聘用141名高学历科研人员在虞工作，集聚210多名硕博士研究生全时在上虞进行学习研究、实验实训，已与企业共建院企联合研发平台5个。

（2）引入中科院工程化优势力量，打造全国首家绿色化工新材料产业市场化中试基地。针对中试基地建设不充分的堵点，积极引入中科院工程化技术、人才资源，建设国科控股新材料创新基地，利用国资力量扶助地方企业跨越中试"死亡之谷"。在全国化工新材料领域率先制定《中试项目管理办法》，为化工新材料中试项目全周期管理确立标准，解决中试环节无据可依的问题。创新项目审批制度，推动发改、应急、生态环境等多部门"一站式会审"，将项目审批入驻周期由原先的15～18个月缩减至3～4个月。研究制定中试人才成长计划，探索实施项目经理制，鼓励基地人员以技术入股的形式与中试项目结成利益共同体，优先享有未来项目的收益，为加快实现成果转化、培养区域所需工程化技术人才提供有力支持。

（3）联合省属特色高校和头部企业，产教融合培育本地创新人才。针对区县层面人才"引得进、留不住"的难点，通过与杭州电子科技大学合作成立杭电上虞产教融合创新园、创办浙理工产业专业班等方式，实现人才培育与产业发展同频共振。依托杭电上虞产教融合创新园推进省现代产业学院建设，打造"校门对厂门""讲台对舞台"的育人新模式。面向上虞文漫影游产业，构建"高校＋e游小镇＋企业"联动的新型产教融合体系，与相关软件头部企业联合成立产教融合中心，实现首批百余名毕业生全部在小镇就业。联动打造长三角最大的数媒产业实训基地，已累计培训学员超2 300人次，并为小镇孵化企业20余家。通过"人才＋项目"的赋能模式，e游小镇近三年连续获省级特色小镇考核"优秀"等级，获批省首批现代服务业创新发展区、省级"大众创业万众创新"示范基地。

三、实践亮点

（1）产业创新研究院是区域创新体系的重要牵引。做优产业创新研究院可以在产业前沿、共性技术研发、推动产业结构升级和区域经济发展中发挥重要作用。上虞强化校（院）地合作，建设一批具有主攻方向与主导产业紧密结合、具有地方辨识度的产业创新研究院，推动地方主导产业实现高水平跃迁。

（2）产业创新共享平台是创新资源链接的纽带。积极构建资源共享机制，有利于在更广范围、更高层次上吸引各种创新要素。上虞构建了"有为政府、有效市场"双驱的产业创新资源共享平台，面向地方发展战略和重大产业需求，聚焦产学研深度融合，推进教育、科技、人才资源一体化配置，做大平台的"乘数效应""幂数效应"。

（3）人才培养是地方产业创新发展的动力源泉。围绕本土产业的人才培养是持续保持产业创新源动力的关键所在，也直接影响到区域综合实力的提升。上虞坚持在重大项目、创新实践中建设发展学科、发现培育人才，优化学科设置和课程设计，推动高校人才培养供给侧与地方产业需求侧紧密对接，建立起"职普融通、产教融合、科教融汇"的育人新模式。

第三章

新质生产力："青春之城"建设的产业引擎

近年来，上虞一直以"科创＋产业"为抓手，深入实施科技创新、人才强区首位战略，以科技创新引领现代化产业体系建设，加快抢占新兴产业、未来产业新赛道，打造发展新质生产力最优生态，在发展新质生产力上勇当先锋争当尖兵，为"青春之城"建设注入澎湃动能。

第一节　新质生产力与"青春之城"建设

当前，正处于新一轮科技革命和产业变革与我国加快转变经济发展方式历史性交汇的重要时期。习近平总书记提出的"新质生产力"无疑具有重大的理论和实践意义，它是我国实现高质量发展的重要支撑，满足了人民对美好生活的需要，为世界经济的可持续发展指明了方向。

一、新质生产力的含义

2023 年 9 月，习近平总书记在黑龙江考察调研期间首次提出"新质生产力"这一概念，强调要整合科技创新资源，引领发展战略性新兴产业和未来产业，加快形成新质生产力[①]。2023 年 12 月召开的中央经济工作会议进一步提出，要以科技创新推动产业创新，特别是以颠覆性技术和前沿技术催生新产业、新模式、新动能，发展新质生产力[②]。

2024 年 1 月 31 日，习近平在中共中央政治局第十一次集体学习时对新质生产力的概念作了系统论述："新质生产力是创新起主导作用，摆脱传统经济增长方式、生产力发展路径，具有高科技、高效能、高质量特征，符合新发展理念的先进生产力质态。它由技术革命性突破、生产要素创新性配置、产业深度转型升级而催生，以劳动者、劳动资料、劳动对象及其优化组合的跃升为基本内涵，以全要素生产率大幅提升为核心标志，特点是创新，关键在质优，本质是先进生产力。"[③]新质生产力概念提出后，学界对新质生产力的内涵展开分析和探讨。

---

① 习近平.牢牢把握在国家发展大局中的战略定位 奋力开创黑龙江高质量发展新局面[N].人民日报,2023-09-09.
② 中央经济工作会议在北京举行[N].人民日报,2023-12-13.
③ 习近平在中共中央政治局第十一次集体学习时强调 加快发展新质生产力 扎实推进高质量发展[EB/OL].新华网,[2024-02-01].https://www.gov.cn/yaowen/liebiao/202402/content_6929446.htm.

党的二十届三中全会明确提出，"健全因地制宜发展新质生产力体制机制"①，强调发展新质生产力是推动高质量发展的内在要求和重要着力点。发展新质生产力，必须通过深化改革，加快形成同新质生产力更相适应的生产关系。就此，对健全推动经济高质量发展体制机制、促进新质生产力发展作出部署。围绕发展以高技术、高效能、高质量为特征的生产力，提出加强新领域新赛道制度供给，建立未来产业投入增长机制，以国家标准提升引领传统产业优化升级，促进各类先进生产要素向发展新质生产力集聚②。

从本质来看，新质生产力的核心区别在于它以科技创新为保障，且它的三大生产要素与传统生产力相比都发生了颠覆性的变化。与新质生产力匹配的劳动者是智力工人；劳动资料是战略性新兴产业和未来产业的高端精密仪器和智能设备；劳动对象不仅包括以物质形态存在的机器设备还包括数据等非物质形态的对象③。从构词上解读，新质生产力的"新"是指生产力领域的新，是以新技术、新经济、新业态为主要内涵的生产力。所谓"质"是指其技术含量高，是以科技创新为主导的生产力④。

从质优改变理路来看，主要是新质生产力三要素优化协调组合产生高新科技化，从而形成了生产力的质变。受到新一轮科技革命和产业变革影响，当前生产技术层面产生了包括数字技术、低碳技术等一些颠覆性技术群，而产业层面则催生了战略性新兴产业和未来产业。在此背景下，新质生产力主要以第三次和第四次科技革命与产业革命为基础，呈现出颠覆性创新驱动、产业链条新、发展质量高等一般性

---

① 中共中央关于进一步全面深化改革 推进中国式现代化的决定[EB/OL].新华网，[2024-07-21].http://www.news.cn/politics/20240721/cec09ea2bde840dfb99331c48ab5523a/c.html.

② 习近平.关于《中共中央关于进一步全面深化改革、推进中国式现代化的决定》的说明[EB/OL].新华网，[2024-07-21].http://www.news.cn/politics/leaders/20240721/ded6316ad77344cf9a2a45463ec1288b/c.html.

③ 洪君.说"新质生产力"[J].当代电力文化，2023(09):10.

④ 王英杰，田敬瑜.从三个方面深入领会和把握"新质生产力"[J].共产党员(河北)，2023(19):32-33.

特征，具有数字化、绿色化的时代特征[①]。

从发展驱动要素来看，新质生产力和传统生产力相比，其实践路径上有所突破和改变，它是技术新突破、经济新发展、产业新升级的有机统一，且本质是创新驱动，主要是关键性颠覆性技术突破带来的驱动能力的提升[②]。同时，新质生产力是依托新兴产业和未来产业的生产力。在科技创新的引领下，新质生产力具有高效能、高质量的利用自然、改造自然的能力，具有新产业赋能的前瞻性[③]。

综合来说，新质生产力是基于新技术、新模式和新业态的一种生产力形态，它超越了传统生产力的局限性，以科技创新为推动力，为更高效、智能和绿色的生产经营方式提供了支持。

二、"青春之城"发展新质生产力的背景

新质生产力是经济发展的新起点、新动能，其规模和速度取决于当下，决定着未来。当前，我国既面临着千载难逢的历史机遇，又面临着被拉开差距的严峻挑战，在这个阶段更应考虑前沿领域，谋划布局未来，下好高质量发展的先手棋。加快形成新质生产力为人才培养、产业升级发展、产业布局规划指明了新的方向，具有重要的理论实践指导意义。

（一）"青春之城"发展新质生产力的宏观背景

新质生产力的提出是基于生产力发展到新阶段的历史必然性。自工业革命以来，科技革命和产业迭代的速度愈来愈快，要素生产力的地位逐渐下降，生产力的地位有所提升，为新质生产力的形成和发展进行了量的积累。目前，全球新一轮科技革命和产业变革蓄势待发，科学技术通过应用于生产过程、渗透在生产力诸要素中而转化为实际

---

① 李晓华.新质生产力的主要特征与形成机制[J].人民论坛,2023(21):15-17.
② 周文,许凌云.论新质生产力:内涵特征与重要着力点[J].改革,2023(10):1-13.
③ 张林,蒲清平.新质生产力的内涵特征、理论创新与价值意蕴[J].重庆大学学报(社会科学版),2023,29(06):137-148.

生产能力，使得人类生存、生活、生产方式均发生深刻的根本性变化，出现了质的飞跃，于是新质生产力应运而生。因此，新质生产力是基于分析生产力演变历史，以全新的视角看待人与自然关系的基础上，总结规律并提出的生产力颠覆性发展的观点。它顺应了生产力发展的新时代，更是反映新生产力特质的一次"术语"革命①。

新质生产力的提出是基于我国产业发展的现实紧迫性。改革开放四十多年来，随着我国经济在全球的崛起，如今已一步步迈入高速发展的新阶段。然而，我国产业在产业结构、产业集中度、产业差异性等存在着短板和弱项。同时，我国产业国际竞争力总体还比较弱，技术水平不高并且品牌影响力不够。而且随着国际环境的日趋复杂，产业发展的不稳定性不确定性明显增加，在多种问题因素下亟待新质生产力来有效破解发展瓶颈。在我国内部面临产业升级滞后与创新能力不足、资源与环境约束、区域城乡发展不平衡、人口结构老龄化与劳动力成本上升、政府治理效率不高等"中等收入陷阱"的挑战，外部遭受贸易争端、技术封锁、人权威胁、国家领土争端等"修昔底德陷阱"的压力下，新质生产力对于破解相关难题具有战略指导意义②。

新质生产力的提出是基于我国高质量发展的时代需求性。新时代，我国社会主要矛盾已经转化为人民日益增长的美好生活需要和不平衡不充分的发展之间的矛盾，推动高质量发展是解决这个矛盾的关键。同时，全球科技革命和产业变革加速演进，推动高质量发展是抢占未来发展制高点、构建新发展格局的必然选择。在高质量发展的时代需求下，新质生产力则成为释放驱动高质量发展的新动力。新质生产力以新发展理念为思想指引、以科技创新为根本驱动力、以产业培育为主要着力点，因此发展新质生产力，有助于实现发展目标、增强发展

① 乔榛，徐宏鑫.生产力历史演进中的新质生产力地位与功能[J].福建师范大学学报(哲学社会科学版),2024(01):34-43＋168.

② 姚树洁，张小倩.新质生产力的时代内涵、战略价值与实现路径[J].重庆大学学报(社会科学版),2024,30(01):112-128.

动力、改善发展结构、拓展发展内容以及优化发展要素，赋能高质量发展[①]。

（二）"青春之城"发展新质生产力的基础

"青春之城"建设为上虞营造了良好的创新创业环境和坚实的产业基础，也为加快培育新质生产力奠定了基础。

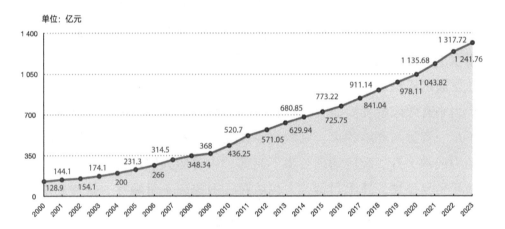

图 3-1　2000—2023 年上虞 GDP 总量发展水平

（资料来源：绍兴市上虞区国民经济和社会发展统计公报）

在区域经济方面，上虞稳中向好发展。自 2000 年起，上虞 GDP 总量水平始终保持稳步向上的状态，2023 年上虞全区地区生产总值达到 1 317.72 亿元、增长 7.6%（图 3-1）；城乡常住居民人均可支配收入分别达到 81 366 元和 47 567 元，增长 4.5% 和 5.8%，综合实力跃居全国百强区第 29 位。除此之外，上虞工业经济发展较好，2023 年第二产业占上虞生产总值比重 51.5%，工业增加值 571.20 亿元，同比增长 7.1%，工业产业在经济增长中发挥的主导作用较为显著。

① 徐政,郑霖豪,程梦瑶.新质生产力赋能高质量发展的内在逻辑与实践构想[J].当代经济研究,2023(11):51-58.

在科技创新方面，上虞科技创新水平位于省市前列。2023 年上虞新增高新技术企业 99 家、省科技小巨人企业 2 家、省级以上研发机构 16 家，新增国家级专精特新"小巨人"企业 5 家，承担省级以上重大科技研发项目 4 个，获省科技奖 6 项、全市第 1，蝉联省"科技创新鼎"，在科技创新企业和科技创新项目培育方面"全面开花"，代表性高科技企业也如雨后春笋般涌现，对推动上虞科技创新进步产生越来越大的影响。

在数字经济方面，上虞以数字文创为代表的数字产业已初具雏形。数字经济本身就是新质生产力的重要体现，是新质生产力发展的核心内容之一。自 2016 年起上虞开始创建 e 游小镇，小镇围绕"打造长三角数字文化创意产业中心"为目标，以做强数字文创主导产业、聚集信息技术产业"1＋1"产业为定位进行发展。如今，e 游小镇已然成为全国网络产业的一个"稀缺平台"，为发展新质生产力打下了坚实的基础。

在产业载体方面，制造业优势为上虞培育新质生产力提供"压舱石"，进而赋能承接新兴技术。上虞是绍兴市制造业发达地区，在制造业转型升级方面进行了长期探索，积累了丰富的实践经验，有助于培育发展新质生产力。2003 年 2 月 15 日，时任浙江省委书记的习近平同志在上虞考察调研时肯定了上虞打造先进制造业基地的建设定位，而后上虞坚定不移地贯彻落实总书记的重要指示，转型升级打造先进制造业基地。上虞以推动制造业高质量发展为主题，擦亮"集群智造"金名片，推动制造业高端化、智能化、绿色化发展。2023 年，上虞精细化工、集成电路产业分别入选省级特色产业集群核心区、协同区，并成功夺取首批"浙江制造天工鼎"。上虞的工业基础尤其是现代制造业基础成为带动其经济增长、产业发展的"扶梯"，形成源源不竭的区域发展内生动力。

三、新质生产力赋能"青春之城"建设

随着我国经济的发展和科学技术的变革，发展新质生产力成为推

动城市经济高质量发展的内在要求和重要着力点，也成为产业焕新蝶变的新动力、新引擎。为了进一步了解上虞"青春之城"建设的新质生产力培育路径，亟须分析"青春之城"建设的新质生产力战略意义，从而厘清新质生产力赋能"青春之城"建设的逻辑理路。

（一）"青春之城"发展新质生产力的战略意义

上虞近年来一直以"科创＋产业"为主抓手全面推进"青春之城"建设，突出"科创＋产业""科创即产业"，以科技创新引领现代化产业体系建设，持续锻造现代产业硬实力，深入实施科技创新、人才强区首位战略，打造更具竞争力的先进制造业基地和现代服务业高地，以实干实效谱写"青春之城"建设新篇章，这均与新质生产力的核心理念不谋而合。发展新质生产力孕育的新动能助力打造"青春之城"青春产业，成为"青春之城"建设的产业新引擎，牢固"青春之城"的经济支柱和发展根基，拓宽承载青年梦想、支撑青年发展、突出青年成就的发展平台。因此，在"青春之城"的建设中，新质生产力具有引擎推动"青春之城"建设的战略意义。

发展新质生产力推动青春产业转型升级，构建现代化产业体系。新质生产力的核心在于创新，不仅能推动传统产业绿色化、数字化转型升级，还能催生新兴产业和未来产业业态，强化对战略性新兴产业和未来产业赛道的部署。发展新质生产力的主要内容就是推动传统产业和战略性新兴产业协同发展，提前部署未来产业新赛道，推动实体经济和新兴业态经济融合发展，从而推动构建现代化产业体系。

发展新质生产力提升资源配置效率，实现"青春之城"经济高质量发展。新质生产力由新发展理念所指导，提倡绿色技术和数字技术，这有助于提升企业的生产效率和资源配置效率，减少环境污染。同时，新质生产力本身就是绿色生产力，还提倡研发新能源技术和低碳技术，倡导绿色发展，减少对环境的污染和损耗，实现人与自然和谐发展，形成绿色经济和生态文明建设良好发展的格局。

发展新质生产力强化"青春之城"发展新优势，推进中国式现代

化建设。新质生产力通过科技创新，引入新的生产工艺、技术和管理方式，提高生产效率和产品质量，从而推动经济快速发展，促进区域、城乡发展的均衡和协调，缩小区域、城乡差距，实现区域发展共同富裕。同时，新质生产力还能提高生产效率，调整生产结构，推动发展战略性新兴产业和未来产业，有助于提供更多高附加值的就业机会，增加就业岗位，减轻人口老龄化带来的人口结构性问题，从而强化"青春之城"发展新优势，推进中国式现代化建设。

综合来说，发展新质生产力在"青春之城"青春产业建设中的核心在于科技创新，关键在于完善现代化产业体系，重点在于构建产业发展生态系统，培育"青春之城"产业发展新引擎。

（二）"青春之城"发展新质生产力的培育路径

上虞以青春产业为载体培育新质生产力，青春产业是"青春之城"的经济支柱和发展根基，它是以活力为品质的企业经济活动的集合，具体表现为"聚焦高质量、体现新消费、凸显吸引度"三方面特质。在新一轮科技革命和产业变革的浪潮下，上虞立足制造强区的产业优势，乘势而上、稳中向前，因地制宜培育新质生产力，以"科创＋产业"为抓手，立足于"青春产业蝶变提档工程"，促使"热带雨林"式科技创新驱动青春产业高质量发展，全力打造传统产业焕新升级筑牢产业青春，谋划布局战略性新兴产业和未来产业等产业新赛道注入产业青春，构建"四链融合"产业发展生态体系永固产业青春（见图3-2）。

科技创新驱动青春产业高质量发展。 作为率先在浙江省推进教育科技人才"三位一体"高质量示范区建设的县区，上虞突出"科创＋产业""科创即产业"，多举措打通创新链的"前端""中端""后端"，促进上虞创新平台研发、强化创新主体培育、加快创新成果转化等"热带雨林"式科技创新，助力青春产业高质量发展，构建与新质生产力相适应的科技创新环境，向科技创新要新质生产力。

统筹推进传统产业焕新升级。 上虞推动传统产业走深度转型升级之路，以数字化、品牌化、链条化和特色化发展为主线，促进传统产业智能化、高端化、绿色化、集群化和专业化，推动上虞传统产业"老树发新芽"，使其改造升级成为培育新质生产力的主阵地，让青春产业提升核心竞争力。

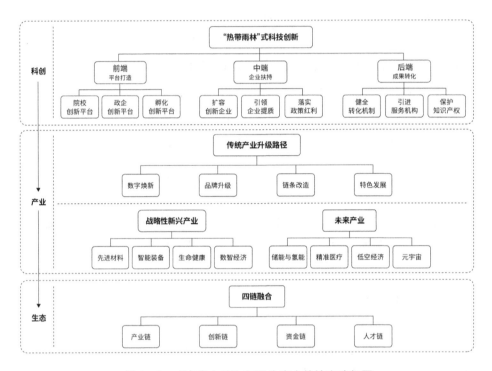

图 3-2 "青春之城"新质生产力的培育路径图

谋划布局产业新赛道。上虞顶层布局先进材料、智能装备、生命健康、数智经济四大战略性新兴产业以及储能与氢能、精准医疗、低空经济、元宇宙四大未来产业，全链条融合推进、全要素配置打造新产业并开辟新赛道，引领发展潮流，打造青春产业标志性成果，形成更多新质生产力。

构建产业发展生态系统。上虞积极营造企业上市生态圈、培育壮大"地瓜经济"，并打造"四链融合"发展生态，立足于上虞本土优势和特色致力于打造青春产业发展生态系统的"特色样板"，以优质服务助力青春产业高质量发展，打开上虞新质生产力"蝶变"的新空间。

第二节　科技创新驱动青春产业高质量发展

科技创新能够催生新产业、新模式、新动能，是发展新质生产力的核心要素①。科技创新能为青春产业发展增添新的活力，驱动青春产业绿色化、科技化，培育发展新质生产力的新动能。上虞近年来以"科技＋产业"为抓手，以创新链为主链，坚持"前端平台打造、中端企业扶持、后端成果转化"，聚焦研发、聚焦企业、聚焦产品，提升全区科技创新能力，驱动青春产业经济高质量发展，赋能"青春之城"建设。

一、青春产业创新链"前端"平台打造

创新产业平台是构筑区域创新链的法宝，是持续推动区域创新研发的核心引擎，是打好优化创新生态、集聚创新要素的"组合拳"，是培育发展新质生产力的"好帮手"，是实现青春产业高质量发展的重要手段。上虞目前致力于打造院校创新平台、政企创新平台、孵化加速平台三大创新产业平台，持续提升区域创新发展能级，助力"青春之城"建设。

（一）构筑院校创新平台发挥青春力量

高校是科技创新研发的重要力量，是教育、科技、人才的集中交汇点，是青春力量的聚集地，也是"青春之城"实施创新驱动战略的重要一环。上虞院校创新平台以区域产业为需求，以研发技术为核心，以协同创新为路径，通过校地合作，有效整合高等院校、科研院所等创新研发优势资源，致力于技术突破、研发创新，具有"集成提升、研发精准、共建共享"的功能特色。

---

① 习近平在中共中央政治局第十一次集体学习时强调：加快发展新质生产力，扎实推进高质量发展[EB/OL].新华网，[2024-02-01].https://www.gov.cn/yaowen/liebiao/202402/content_6929446.htm.

深化打造资源整合、集成提升的院校创新平台。上虞深化校地合作建设高校研究院，集中力量打造高能级标杆性研究院，建设科技创新"策源地"。结合科技创新趋势，依托于双一流院校，面向全国高校，与中科院、复旦大学、浙江大学、天津大学、杭州电子科技大学等知名高校达成全面战略合作，共建复旦曹娥江创新中心、竺可桢研究院等一批科创平台。鼓励在虞高校研究院依托母校资源和优势，积极争创各级新型研发机构，持续增强竞争能力，积极发挥高校研究院在关键技术攻关、引进创新人才、助力产业发展等方面作用。同时，还引导高校研究院深化"创新团队＋孵化企业"工作，探索高校研究院"一院一园一基金"发展，盘活创新资源，用好青春力量，实现青春产业创新链条前端的资源配置最优化。

深化打造服务区域、研发精准的院校创新平台。上虞规划引入研究院时，按照"一个支柱产业对接一所知名大学优质学科，共建一个产业研究院"的思路，重点推进与区域内产业相匹配的研究院落地，如今12家高校研究院的研究领域和上虞优势产业的产业链、创新链上下游优势互补，发挥了"1＋1＞2"的集聚效应（见表3-1）。同时，上虞鼓励12家高校研究院探索市场化运行研发新模式，聚焦上虞特色产业，瞄准产业转型升级需求，构建政府、研究院与企业之间创新要素的流动性通道，实现创新链条的有机重组，做到研发精准。此外，上虞积极引进优质高校落地，重点推进上虞主导产业，打造一批与医药化工、传统产业相匹配的重点学科，精准对接区域产业创新需求和市场需求，实现产业链、创新链、学科链、人才链的"四链融合"，真正做到校地融合、服务区域。上虞围绕院校创新平台，依托研究院、企业、高校"三大主体"，推动教育、科技、人才"三位一体"，着力打通"三位一体"创新链条。2023年，上虞已成功入选浙江省首批省级创新深化试点。

表 3-1　上虞高校研究院及研究领域

高校研究院	研究领域
天津大学 浙江研究院（绍兴）	重点在集化工智能合成与安全、微生物合成生物学、高纯化学分离工程三个方向产业升级技术链
浙江理工大学 上虞工业技术研究院	重点围绕风机与气动装备、机器人与智能制造、纺织化学与日用化学、现代染整等行业的核心关键技术和共性技术开展攻关研究
中国计量大学 上虞标准化战略研究院	研究领域包括体制机制建设、标准体系建设、标准制修订、标准化科研、标准国际化、人才培养、标准化体外部联系与合作、科普教育和标准化服务等九大业务
中国计量大学 上虞高等研究院	重点围绕智能制造、计量测试、光电器件、质量提升与品牌规划、新材料等领域
浙江工业大学 上虞研究院	重点在新材料、环保节能、工业设计、生物医药、精细化工、先进装备和机电控制等领域开展产品与关键共性技术的协同创新
武汉理工大学 绍兴高等研究院	围绕生物医药新材料、智能制造、智慧交通等产业开展人才引进、科技研究、新产品开发和成果转化等工作
杭州电子科技大学 上虞科学与工程研究院	重点在人工智能、智能制造、数字媒体、智慧医疗、元宇宙、智慧农业、新材料及智能化等方面开展研究
景德镇陶瓷大学 上虞陶瓷高等研究院	主要围绕青瓷文化产业、大学生毕业创作、创业孵化基地、陶瓷艺术展示与电商交易、青瓷文化旅游与传播四大板块展开
中科院 新材料产业技术创新研究院	重点聚焦高分子材料、能源和催化材料、功能性复合材料、电子化学材料等战略性新材料产业方向
哈工大机器人集团（杭州湾） 国际创新研究院	聚焦长三角区域集成电路、生物医药、人工智能等重点领域，重点突出高端智能装备制造、服务于化工行业危险工艺机器人、建筑产业机器人、航空产业新材料等行业的市场需求

（续表）

高校研究院	研究领域
浙江大学 上虞半导体材料联合创新中心 （上虞半导体材料研究中心）	主要围绕单晶硅的生长和加工、钙钛矿光电材料制备和应用、半导体材料检测分析技术和设备等半导体材料相关方面开展研究
复旦曹娥江创新中心	重点聚焦生命健康、半导体产业等上虞重点发展的前沿领域，布局类器官与再生医学平台、细胞与基因治疗平台、合成生物学技术与产业化平台、新药发现与药物测试平台、AI与智能设备平台等五个高端前沿平台

　　深化打造创新机制、共建共享的院校创新平台。上虞联合各高校研究院组织开展"百所高校校地合作上虞行"、科技服务企业"十百千"等活动，使科技企业与专业队伍"1+1"组队，按需对接，实现各主体研发成果共建共享。例如，上虞颖泰精细化工有限公司与天津大学浙江研究院（绍兴）成立了联合实验室，已经有效推动了双方多项应用基础研究、科技成果转化的合作与探索，相关技术的研发转化应用，也解决了当前农药生产的多项技术难题。同时，上虞还进一步强化协同创新，推进高校研究院联盟实体化运作，塑造高校研究院集群的品牌效应，推动研究院从量的扩张向质的提升转变，强化院校创新平台顶层设计。

（二）搭建政企创新平台激发青春活力

　　企业在创新研发上的缺位一直是困扰产业发展的难题。政企创新平台是上虞"青春之城"发展青春产业的积极破题之举，主要通过"贴身"服务、搭建平台等办法，努力让企业卸下技术包袱，轻装上阵。上虞政府与企业合作共建政企创新平台，以政府为主导，企业为主体，旨在促进政府与企业之间的合作与交流，打造良好的企业研发创新环境，推动企业创新发展，激发企业创新青春活力。

推动企业加快建设新型创新平台建设。上虞支持企业牵头实施重大科技项目，联合中小企业共享平台资源优势，开展核心技术攻关，形成原创性技术和标志性成果。引导龙头企业高标准建设企业研发总部，支持有条件的骨干企业和规模以上企业建设重点实验室、院士工作站、博士后工作站、联合创新中心、新型研发机构等创新平台，鼓励企业引进诺贝尔奖得主、外籍院士共建研究院，推动规模以上工业企业研发机构全覆盖。目前上虞全域已形成企业研究院共 35 个，研究领域大多面向战略性新兴产业，其中建立卧龙电机及控制技术研究院、龙盛精细化工研究院等 6 个省级重点企业研究院，染料产业基础再造、特种聚醚新材料和半导体装备等产业创新服务联合体等也均向高水平新型研发机构提升，为新质生产力的发展奠定坚实研发基础（见表 3－2）。

表 3－2　上虞企业研究院及研究领域

企业研究院	研究领域
卧龙电机及控制技术研究院 （省级重点企业研究院）	电机及控制
龙盛精细化工研究院 （省级重点企业研究院）	染料
浙江省皇马特种表面活性剂新材料重点企业研究院 （省级重点企业研究院）	表面活性剂
浙江省染料及化学品重点企业研究院 （省级重点企业研究院）	染料
浙江省半导体材料生长加工装备重点企业研究院 （省级重点企业研究院）	半导体材料生长及 加工装备
浙江省高性能工程材料重点企业研究院 （省级重点企业研究院）	PPS 材料
阳光照明电器研究院	照明电器
浙江省格派镍钴新材料企业研究院	动力电池正极材料
浙江省绿科安特种聚醚企业研究院	特种聚醚

（续表）

企业研究院	研究领域
浙江省吉泰含氟芳香化学品企业研究院	医药及新材料用含氟芳香化学品
浙江省诺亚含氟电子材料企业研究院	含氟电子材料
浙江省天行健水处理技术企业研究院	水处理技术及装备
国邦药物研究院	抗感染药
华孚新型色纺纱研究院	色纺纱
颖泰绿色农用化学品研究院	农药（除草剂）
美诺华新型药物研究院	原料药及中间体
春晖流体智控研究院	流体控制设备（阀）
上风高科高效节能智能化风机研究院	风机
自立高温材料研究院	耐火材料
华通汽车模塑件研究院	汽车模塑件
新力水性高分子材料研究院	公司已转型
亚厦建筑装饰新材料与工业化研究院	建筑装饰技术
国祥节能空调研究院	商用空调
金盾通风机械装备研究院	风机
中欣含氟化学品与新材料研究院	含氟化学品（新材料及医药中间体）
亿得功能精细化学品研究院	染料
秦燕颜料中间体研究院	颜料
俏尔婷婷无缝针织内衣及染整技术研究院	无缝针织内衣
劲光股份活性染料研究院	染料
锋龙磁电机研究院	割草机用磁电机及汽车零部件
晨辉光宝光环境研究院	照明电器
美都海创储能材料研究院	电池正极材料
京新原料药绿色制造研究院	原料药
浙江省中能锂电资源循环利用企业研究院	电池正极材料
浙江省扬帆新材硫磷化学企业研究院	含硫化学品（新材料）

　　助力企业对接高端创新资源开展重大科技攻关。上虞建设的政企创新平台针对企业发展最需突破而自身又难以解决的"卡脖子"关键

核心技术，助力企业与相关领域实力强的高校、科研院所沟通对接，借助高端创新力量集中攻关，探索“企业出题、政府立题、全球推题、协同破题”模式，推动企业与科研院所创新联动。例如，卧龙集团与中国民航科学技术研究院在技术研发上共建“联合实验室”参与航空电动力系统相关标准制定。双方充分发挥彼此在智能航空领域和纯电驱动领域的技术优势，围绕新能源无人机、载人机的整机设计、产品研发、平台构建及行业应用开展深度合作，共同推动电动航空产业的创新发展。金盾股份与清华大学联手研发飞行汽车涵道风扇及推进技术，涉猎低空经济的另一赛道——飞行汽车。此外，上虞还鼓励有条件的企业在上海等创新资源集聚城市设立研发中心，集聚高端创新资源；通过到境外设立、并购研发机构设立研发飞地，“走出去”引进国际先进技术等创新资源，实现“研发在外地、产业在本地”的创新模式。

（三）打造孵化加速平台迸发青春动力

创新研发不是自然形成的，更不是一蹴而就的，内外环境是其成长培育的关键所在。为营造企业创新研发的良好环境，上虞青春产业建设积极探索企业创新研发发展新平台、新路径，以精准服务打造孵化加速平台，让“创新种子”竞相萌发孵化，迸发青春动力。孵化加速平台是上虞以“众创空间—孵化器—加速器—产业园”为载体，以示范引领企业、初创企业、大学生创客等为主体，聚焦上虞新材料、高端装备等特色产业，联动高校研究院等院校创新平台运作打造的产业特色鲜明、产学研深度融合的创新创业孵化育成平台。

打造特色专业孵化链条，形成产业集聚高地。上虞围绕集成先进材料、智能装备、生命健康等“4＋4”支柱产业，形成支撑产业发展的孵化机制和模式，有效促进科技企业研发创新壮大，进而推动产业集群集聚发展。大力招引具有产业引领性的“链主”企业、头部企业入驻，依托龙头企业产业生态、科技设施等资源，构建创新协同、产能共享的新型产业创新创业生态，通过提质发展、以点带面，加快在孵企业成长。加大先进材料、智能装备、生命健康等领域创新创业扶持，对储能与氢能、精准医疗、低空经济等未来产业和战略性新兴产业创业予以重点倾斜，加快形成新质生产力。例如，上虞近年来加大对低空经济的产业规划和配套支持，在"低空经济生态圈"中找到合适定位，重点关注以 eVTOL 研制和适航认证为核心的试飞条件和航空零部件加工制造，以低空智能融合系统和商业运营为核心的基础设施建设，发挥机械加工和电机制造等行业优势，积极促进航空零部件加工和机电系统等相关产业的发展与合作，打造差异化的核心竞争力，让产业动力更青春。

健全市场运营管理，提升风险抵御能力。 上虞积极引导社会资源（风投机构、国有产投、行业协会等）建设运营创业孵化平台，优化"实验室—孵化器（众创空间）—加速器—专业园区"链式孵化体系，发展"孵化器（众创空间）—天使投资—创业企业"持股孵化模式。探索大企业垂直专业化企业孵化模式，以"众扶、众创、众包、众筹"等开放创新方式，推动研发资源及上下游产业资源开放共享，孵化培育一批产业链核心环节的硬核科技企业。以"合伙人"模式发展孵化平台，以"一站式"落地成长模式引育创客项目，探索"拎包入驻式""对赌协议式"等多种形式促进孵化平台发展，大力创新孵化平台运营模式。注重平台企业化、市场化方式运营，适应市场需求，进而为孵化平台的长期良性发展奠定基础。

提升综合服务能力，护航企业孵化成长。 上虞重视孵化平台的人才队伍建设，招引区内外头部创业研究、创业培训、创业服务机构，构建集创业研究、培训、融资、孵化、服务为一体的全链条创业人才培训体系。同时，建立多层次创业导师体系，以虞创空间为试点，遴选认定一批创业指导大师工作室，招募一批"筑梦"创业导师，全面开展创业理论研究、投融资对接、大赛引领、优秀创新创业团队落地转化辅导、初创企业发展培育等创业扶持工作，为科技企业创新创业提供更高质量的专业服务。

二、青春产业创新链"中端"企业扶持

从创新链来看，青春产业链主体的企业是连接创新链前端研发和后端产品转化的纽带和桥梁。因此，更应发挥其创新链中端的协同效用，加快新质生产力培育发展，让企业队伍更青春。正是如此，上虞注重扶持创新链中端的创新性企业，致力于构建以企业为主体的产业技术创新体系，以"扩容、提质、税惠"三大行动为企业创新发展保驾护航。

（一）扩容创新企业

企业是科技创新的主体，是科技和经济紧密结合的重要力量。为加快培育更多创新型、高质量市场主体，上虞深化科技企业"双倍增"行动，聚焦提升企业创新力和竞争力，结合不同阶段、不同类型企业特征，按照分类指导、精准施策、专业服务的原则，对接"雄鹰""雏鹰"和"凤凰"计划，着重在"引、壮、育、孵"四字上下功夫，推进创新型企业梯次接续发展，形成"总部企业—龙头企业—中小企业—小微企业"创新型企业梯次发展格局。

"引"，即总部企业引进计划。上虞优化招商投资促进举措，以世界500强、民企百强企业、省内高新技术企业为重点，积极引进企业集团营销、贸易部门或区域性总部，推动总部经济创新发展。

"壮"，即龙头企业扶持壮大计划。上虞围绕"一个细分领域培育1～2家领军型企业"目标，鼓励龙头骨干企业围绕提升产业集中度、延伸产业链等开展战略合作和跨行业、跨区域兼并重组，培育一批具有国际竞争力的龙头企业。支持有条件的企业加快股份制改造和上市，支持上市公司借助资本市场开展并购整合，进一步提升企业核心竞争力和做大市场规模。

"育"，即中小企业培育成长计划。上虞按照工业园区"一平台一主导产业"要求，明确园区空间布局和主导产业定位，腾挪产业关联性较大企业集中布局，推动符合产业方向的中小企业与链条及龙头之

间的产业协同。实施企业差别化用地、用能、用气、排污、创新要素、金融、财政激励约束等机制推动中小企业快速成长。

"**孵**"，即小微企业孵化计划。上虞实施小微企业创新成长计划，根据龙头需求引导中小微企业进入产业链体系。加快工业园区和小微企业园改造升级计划。产出低的"低小散"地块予以清理撤销。开展新一轮小微企业园建设规划布局，提升小微企业园高质量发展。

（二）引领企业提质

创新之于企业，不是其某一个阶段战略的产物，而是企业持续发展的内在要求。然而，创新与增效并非是相伴而行的，创新的道路也并不是一帆风顺的，企业在创新的过程中会遭遇到各种各样的挑战和困难，这就需要引导企业注重创新的质量和效益，从而实现提质增效。上虞近年来坚持引导企业打好创新"质量"和"效益"两张牌，推动青春产业高质量发展。

对标国际标准创新发展。 上虞支持企业参与制（修）订国际、国家技术标准，加快采用先进标准生产的步伐。深入开展"百城千业万企对标达标提升专项行动"，对标国际先进标准，每年组织企业开展对标达标活动。加快完善产品质量管理体系和质量标准体系，形成由政府主导制定的标准和市场自主制定的标准共同构成的新型标准体系。深化制造业质量革命，积极推广卓越绩效管理模式等先进管理方法，健全产品全生命周期质量追溯机制，推进内外贸产品"同线同标同质"。

创新驱动产业高附加值跃迁。 上虞积极引导企业以创新驱动"微笑曲线"向价值链两端延伸。在研发端上，引导企业加大研发投入，积极吸纳社会资金参与科技创新，从而有效形成多元化、多层次和多渠道的科技投入体系。在营销端上，引导企业上"牌"，实施品牌强区战略，支持企业开展自主品牌建设，培育中国驰名商标等品牌。深入实施"品字标"品牌培育工程。支持有条件的企业开展商标国际注册、收购国际品牌、加强国内外品牌整合。聚焦四大战略性新兴产业融合集群，加快培育一批知名度高、竞争力强的特色产业集群区域品牌。

（三）落实政策红利

上虞主动辅导、靶向施策，落实企业研发费用加计扣除优惠政策，大力支持区域企业投入研发、科技创新，有效推进企业研发费用加计扣除、高新技术企业和技术先进型服务企业所得税减免等科技创新税收优惠政策。2019 年起，上虞深入推广应用企业研发项目信息管理系统，该系统覆盖了"企业研发核算、税务部门后续管理、科技部门鉴定、数据联合统计分析"四个过程，实现了对企业研发项目的全程管理。针对性解决了研发项目管理不规范、研发项目界定难、研发费用归集难等问题，并具有项目鉴定"一网办结"、研发数据"一网生成"、研发管理模块"一网联动"、研发企业"一网尽统"等特点，在确保企业及时充分享受研发费用加计扣除政策的同时，还保证了科技创新投入相关数据统计的规范科学，真正实现了创新税惠红利的落实。

此外，上虞还不断加大对科技创新的财政保障，制定科技创新专项扶持政策，加快兑现科创奖补资金，建立健全激发科创新动能的长效机制，有效驱动创新"引擎"，全力助推产业经济高质量发展。2023 年 3 月，上虞印发《关于加快科技创新的若干政策实施细则》。该科技创新新政共 21 条，涵盖了企业科技创新的方方面面，也蕴含了上虞对企业创新的财政支撑保障。

三、青春产业创新链"后端"成果转化

科技创新并非空中楼阁，把创新研发成果化、产品化、产业化，是科技创新的价值标尺，也一直是科技创新发展的风向标。创新成果只有在实践运用中、在产业发展中才能最大限度地实现价值，实际赋能新质生产力形成，助力青春产业发展。上虞青春产业建设注重创新链后端成果转化，着力打通创新成果应用的"最后一公里"，努力把科技创新"关键变量"转化为高质量发展"最大增量"。

（一）健全创新成果转化机制

大力推进创新成果本土转化。 上虞聚焦本土特色优势产业发展、企业技术创新需求，建设产业链中试平台，探索制定中试管理标准体系，破解中试"死亡之谷"共性痛点，打造集研发、孵化、成果转化、产业化为一体的新材料产业集群创新链，引导更多创新成果走向中试、进入孵化，最终实现产业化。引导高校、科研院所建立专业化的创新成果转移转化机构，推动创新成果与产业发展、企业需求有效对接，让创新成果在上虞孵化转化走向市场。健全以知识价值为导向的创新成果分配机制，探索建立赋予科研人员职务科技成果所有权或长期使用权的机制和模式，激发科研人员创新转化热情。依托本土科技大市场，探索发展实验室经济，支持实验室开展科技成果转化工作，搭建科技成果转移转化平台。建设杭州湾先进智造全球路演中心，承办高端项目路演活动，推动创新项目落地。

吸引区外创新成果落地转化。 进一步打开胸襟、拓宽视野，围绕上虞产业升级发展需求，面向前沿科技发展方向，支持企业重点开拓"一带一路"沿线国家市场和RCEP成员国市场，利用好商会和侨联资源，深化与跨国公司和国际组织的交流合作。加强与重点"创新大国"、创新型国家和地区的科技合作，依托高校研究院、在虞跨国公司等载体，针对性在美国硅谷、日本东京、德国等创新资源集聚、主攻产业方向匹配地区，谋划建设离岸科技企业孵化器、海外创新孵化中心、海外联合实验室（研发基地）等科技飞地，探索"国外孵化＋国内转化"模式。做优外国人来华工作许可咨询、受理等服务工作，积极申报省、市两级海外工程师、外国专家工作站、国外引智项目，吸引国内外优秀专家和企业带着有自主知识产权的创新成果到上虞实现产业化。

参与长三角科技创新共同体建设。 上虞发挥独特的区位优势，大力推进"接轨大上海、融入长三角"2.0版，扩大融入长三角一体化"朋友圈"联盟。加强与杭州城西科创大走廊、宁波甬江科创大走廊、绍兴科创走廊的平台协作、项目合作、要素流通、生态共建。主动融入 G60 科创走廊，搭建高企入虞、成果转移转化大会以及创新论坛等合作交流平台。按照差异化创新发展路径，加快在长三角区域设立"研发飞地"，谋划建设上海"上虞号"。探索在长三角建立"产品研发＋项目孵化＋交流展示＋检验检测＋专业服务"一体化创新链，推行研发、孵化、前窗在长三角，生产、转化、后台在上虞的飞地模式。探索与长三角区域内大院大所开通科技创新合作对接"云平台"，撮合协同创新供需匹配。扩大创新券应用范围，深化与长三角地区创新券通兑通用机制。

（二）培育引进科技服务机构

作为国家创新体系的重要组成部分，科技服务业等知识密集型产业通过扮演知识桥梁角色，成为推动创新的重要力量[①]。而科技服务机构作为科技服务业的基本构成要素，是连接科技创新成果供需双方的枢纽，在科技成果转化过程中也发挥着越来越重要的作用[②]。它承载着优化研发资源配置、提供专业增值服务、促进技术成果转移转化和加强信息咨询服务等核心功能。基于此，上虞果断采取措施，培育引进科技服务机构，赋能助力青春产业建设。

均衡发展多类型科技服务机构。上虞重点依托曹娥江科创走廊中的产业协同创新中心、科技园、科教园等科创平台，大力引进培育一批研究开发、检验检测、成果转化、创业孵化、法务咨询等科技服务机构，支持专业科技服务机构为中小企业提供创业辅导、研究开发、智能生产等创新型服务。同时，鼓励企业建立内设型机构，引导龙头骨干企业通过主辅分离建设一批企业研究院、重点实验室等科技服务

---

① ZHOU D，KAUTONEN M，WANG H，et al. How to interact with knowledge-intensive business services：a multiple case study of small and medium manufacturing enterprises in china[J]. Journal of management & organization，2017，23(2)：297-318.

② 李从容,郝乐桐,谷亚旭.科技服务机构集聚特征及影响因素分析[J].决策咨询,2023(06):79-87+91.

机构，促进科技与经济深度融合，提升发展科技服务业。此外，进一步引导服务机构积极开展创新实践和技术研发，以提升其内部的技术能力并扩展业务范围。

打造科技服务产业集群。上虞积极引导科技服务机构的集聚发展，聚集专业科技服务团队，提供包含法律、金融、知识产权等一系列专业科技服务，推进"政府服务＋社会服务＋专业服务"集成，构建专业化科技服务机构集群，打造高能级、体系化的专业科技服务体系，有效提升区域科技服务能力，营造科技创新创业良好环境，推动区域创新驱动发展。

（三）实施知识产权战略行动

没有严格的知识产权保护环境，创新就是缘木求鱼。只有深入实施知识产权战略行动，坚决打击侵权行为，切实保护科技创新，才能让创新之树枝繁叶茂。近年来，上虞坚定不移走好中国特色知识产权发展之路，织牢知识产权保护网，提升青春产业护航力。

鼓励知识产权创造运用。上虞鼓励企业积极注册商标、申请专利，引导企业规范化管理知识产权。加强与在虞高校研究院和在虞院校联系，开展专利政策的宣传和落实，提升发明专利申请量。鼓励企业申请 PCT 专利，争取获得更多的国外专利，走专利国际化道路。发动企业开展知识产权贯标认证，加强专利运用，会同有关银行，开展专利权质押贷款。结合区域产业分布、企业经营特点，鼓励企业积极注册商标，规范内部商标管理，增强品牌意识，运用品牌提升产品质量、扩大市场占有份额，促进企业的健康发展。

支持企业专利诉讼维权。上虞积极发挥"互联网＋"、大数据等技术的支撑作用，加大知识产权保护，将知识产权保护工作纳入"信用上虞"建设当中，健全知识产权保护闭环体系。支持知名专利代理机构、运营机构等来上虞建立分支机构，加快知识产权集聚区建设，强化知识产权人才培养。实行严格的知识产权保护机制，构建调解、仲裁、行政裁决、行政复议相结合的知识产权预防化解机制。

提升企业知识产权管理。上虞结合区域产业的情况，梳理全区编制易被侵权企业名录，开展“一月一走访、一季一座谈、一年一总结”行动，普及防侵权相关法律法规，提升企业知识产权管理水平。积极引导企业制定和实施专利战略，鼓励企业完善知识产权管理制度，大力培育专利示范企业和知识产权优势企业，探索建立产业知识产权联盟，深化创新资源共享，建立联盟整体知识产权运营计划和知识产权纠纷联合应对机制，提升企业知识产权风险应对能力。

实践探索四：

上虞激活新材料中试基地　助力科技成果转化迈过“死亡之谷”

针对中试失败率高、民企投资意愿低等“中阻梗”问题，上虞区依托中国科学院化工新材料技术、管理资源，建立全国首个市场化运营的新材料中试基地，助推化工新材料领域前沿技术落地转化，加速打通科技成果转化“最后一公里”，形成“创新链、资本链、产业链”三链联动的发展模式。

一、实践成效

国科新材料中试基地已列入省级高质量发展建设共同富裕示范区试点，也是首批省级创新深化试点的重要内容，相关工作获省领导批示肯定。自成立以来已对接中科院相关院所、高校、企业项目超百项，已通过立项评审项目 24 个，签约入驻项目 15 个，其中建设施工 7 个，正式中试试验 4 个，中科院上海有机所和中科院宁波材料所相关项目已经实现中试生产。在完成立项的中试项目中，中科院院所解决“卡脖子”问题的项目约占 1/3，本地企业开展工艺、产品创新的项目超过 50%，为本地新材料产业发展提供了强有力的支撑。上虞以国科新材料中试基地为典例申报的“创新新材料中试项目全周期管理破解科技成果转化‘断链’难题”荣获 2023 年度浙江省改革突破奖铜奖。

二、实践内容

新材料领域新产品从实验室小试过渡到规模化生产普遍需要进行中试环节，因该环节资金投入压力大、工艺验证周期长、安全环保风险高、合规监管无标准，也被称为科技创新项目的"死亡之谷"。为补齐新材料中试短板，上虞区联合中国科学院控股有限公司，投入6.8亿打造全国首个市场化运营的新材料中试基地。

（1）一站式服务，加快成果转化速度。在监管、审批上，针对全国缺乏统一管理办法，导致企业由于合规问题"偷着试""胡乱试"的问题，率先制定国内首个中试项目全周期管理办法，实施项目联审制度，发改、应急、生态环境等多部门"一站式会审"，将中试立项由15～18个月减至3～4个月。在配套上，创新整体环评机制，由基地整体申报、整体购买排污指标，后续入驻中试项目只需备案分配，并在防爆、防腐、三废处理等方面为中试项目提供专业承载空间，如杭州塑盟特科技有限公司的聚酰亚胺树脂项目，如采用自建模式开展中试，需自行落实3～5亩化工用地并配齐环评手续，而进入基地中试仅需500平方米场地并即刻获得每年3 000吨排污指标，企业中试成本大大降低。

（2）研究院内置，推动产研供需耦合。基地建立新材料产业技术创新研究院，全职引入由"国家千人计划"人才赵伟领衔的30余名国科系统技术研发专家，借助中科院系统分布在全国的18家新材料相关院所资源，协助企业及时攻关新产品中试过程中暴露的技术短板及工艺缺陷，一改以往企业中试"单枪匹马"，遇到问题"求医无门"的局面，已攻克新产品工艺技术难题10个。如帮助皇马科技对接中科院长春应化所赵凤玉团队，开展关于聚醚胺催化剂进口替代的技术合作，预计每年可为企业节省生产成本500万元。另外还不断扩展技术"外援团"，邀请赵进才、邓麦村等30多位新材料领域的院士、专家组建顾问团，并与SEG洛阳技术研发中心、天大绍兴研究院等10余家单位签订技术开发合作协议，截至目前已解决中试项目落地工程化问题12个。

（3）智能化运维，筑牢安全环保底线。为确保工艺本质安全，投入2 000万元，专门在基地建立反应风险评估实验室，收集整合中试反应热安全数据包，明确项目过程安全控制措施，精准控制边界参数，同时通过数据分析为工艺优化、规模化安全投产提供完整技术支撑，自 2024 年 4 月开始运行以来，已服务企业 22 家，出具反应风险评估等相关报告超 50 份。构建基地智慧化管理平台，利用 IOT 物联网技术实时采集各生产设备、环保设施、能源表计、视频监控、人员定位等传感信息，开发专业化分析模型开展安全、环保、能源预警及动态风险评估，统一呈现和管理基地运行情况，目前已处置重大风险预警 1 次、日常预警 60 余次，有效减少违规和误操作风险，避免事故发生。建立保密信息统一管理平台，各中试项目信息实施分级分类管理，确保入驻项目团队信息数据安全。

三、实践亮点

（1）探索"基地＋基业＋基金"的长效运营模式。高标准打造中试基地，组建专业化管理和运营团队，创新中试资源共享机制，精准解决项目实施过程中的各类问题。设立科创发展基金，建立成果本地转化的激励机制，提供全方位要素保障。

（2）创新"政府主导＋公司主营"的市场化运作模式。其中政府主导项目准入，提供用地、用能等要素保障，不直接参与基地具体事务。国科控股则依托国企管理资源和人才培育优势，专注基地日常运营，提升基地运行效率。

（3）推广"院所研发＋基地中试＋本地转化"的上虞经验。创新"研发、中试、产业化"全链条孵化机制，基地内置研究院、中试区及孵化平台，为入驻项目团队提供从研发设计到成果落地转化的全周期孵化服务。

第三节　统筹推进传统产业升级

上虞作为制造强区，传统产业是其青春产业建设的重要载体。所谓传统产业，是指满足传统需求的产业，一般具有低技术含量、低附加值、劳动密集等特征，但绝不是指停留在传统技术基础上的产业[①]。就我国的产业结构来看，传统产业是不容忽视的，它是我国国民经济的"基本盘"，是经济发展的"压舱石"，是现代化产业体系的"稳定锚"，更是新兴产业的"孵化器"。因此，在发展新质生产力时不能将传统产业当成低端产业简单"一退了之"，应充分运用新技术、新模式、新理念赋能传统产业，基于已有产业基础和比较优势统筹推进转型升级，因地制宜发展新质生产力[②]。上虞便以新质生产力之"新"，破传统产业转型发展之困，使其成为青春产业载体的重要组成部分。

一、传统产业数字焕新

对于传统产业而言，数字焕新是利用数字技术进行全方位、多角度、全链条的改造过程。通过深化数字技术在生产、运营等诸多环节的应用，实现企业以及产业层面的数字化、网络化、智能化发展，是传统产业实现质量变革、效率变革、动力变革的重要途径，对加快新质生产力的培育具有重要意义。

（一）生产设备数字化

工欲善其事，必先利其器。生产设备数字化是传统产业提高生产效率的关键，是传统产业转型升级的坚实基础。上虞结合区域传统产业情况，在现代农业、制造业领域引入数字技术赋能，焕发传统产业发展新动能，让产业赋能更青春，以发展新质生产力。

引进智能设备，为现代农业插上"科技翅膀"。上虞优化农业生产设备，引导智能高效农机装备研制普及，购置安全、高效、网络化、自适应控制的智能化生产装备，引入球形摄像机、自动卷膜机、无人植保机等智能农业设备，加快"机械强农"步伐，实现节省人力成本和农业产品品质更可控双效提升。同时，补齐先进适用农机使用短板。

---

① 洪银兴.发展新质生产力建设现代化产业体系[J].当代经济研究,2024(02):7-9.
② 黄庆畅,金正波,刘博通,等.因地制宜发展新质生产力[N].人民日报,2024-03-07.

上虞成功创建浙江省农业"机器换人"示范县，智能农机设备普及工作以主导产业为重点在稻麦、畜牧、茶叶等领域全面推进。依托省内外高校、科研院所，以适应丘陵山区、设施大棚和家庭农场的微型化、轻便化、多功能农机智能装备为重点，加大科研攻关，实行"揭榜挂帅"。

应用数控设备，为工业制造锻造"数字筋骨"。上虞积极发挥数字赋能项目和企业数字化重点项目的带动作用，加快推动传统企业数字化转型。充分利用数控设备数据，通过第三方服务机构进行智能化改造诊断，找准改造方向，确定改造方案。鼓励业内有能力的智能化改造服务商和区内化工企业合作，共同研发改进智能化生产装备，提升整个行业的化工生产装备的智能化水平，推动传统产业企业实现柔性化生产和轻量化管理，实现产业智能化重组。人机互补、设备换芯，智能数控正成为上虞传统产业发展壮大的法宝。

（二）产业流程数字化

产业流程数字化是对传统产业数字化转型的更深层次的要求。随着大数据、5G、人工智能等现代数字技术不断取得突破，数字经济蓬勃发展，产业流程数字化便是数字技术与传统产业的深度交融，对传统产业的转型升级起到了支撑赋能和提速增效的作用。产业流程数字化可以助力传统产业实现精益生产和智能制造，优化产业生产链管理，更好地满足市场需求，提升企业竞争力。上虞深耕现代农业、制造业两大传统产业领域，打造"数字农业工厂"和"产业大脑＋未来工厂"两大数字化转型主战场。

以数字引领农业，建设"数字农业工厂"。上虞以省级"四季仙果"数字化产业发展示范项目为抓手，加快绘制上虞农业资源数字地图，重点推进建设数字农业中心、农创智谷、智能无人农场等项目。建设"数字农业工厂"，实现从育苗到采摘全过程一体化、自动化，使农民成为"农业工人"，积极推进数字技术在农业农村领域的应用，全面发展"智慧农业"赋能共同富裕。现已建成雾耕数字植物工厂、谢塘数字梨园、盖北智慧葡萄园等大批数字基地，有力推进了农业生产"智能转型"，其中雾耕植物工厂入选浙江省"双强"优秀案例。同时，上虞推进云计算、物联网、大数据、遥感、人工智能在农业生产经营管理中的运用，搭建种植环境监控系统、农业生产管理系统，采集作物育种栽培的生产数据、物联网数据，实现农产品种植数字化、智能化的生产管理。

以数字赋能工业，打造"产业大脑＋未来工厂"。上虞按照"产业大脑＋未来工厂"建设导向，不断探索建设路径、丰富建设内涵，初步形成以"未来工厂"为引领，以智能工厂和数字化车间为主体的新智造中坚力量，引领上虞工业数字化转型。同时，上虞引导制造业加快研发设计、生产制造、运维管理等关键业务环节的数字化，深化工业技术软件化应用，实现集散控制系统（DCS）、安全仪表系统（SIS）、生产过程执行系统（MES）、设备管理信息系统（EAM）、企业资源管理计划系统（ERP）等信息技术在化工行业的普遍应用，贯穿整个工业生产流程。

（三）产业平台数字化

数字技术不断赋能各个行业产生新的经济业态和市场需求，这种趋势促使传统产业亟须寻求数字化转型，以适应新的市场环境和需求。为加快数字经济赋能传统产业创新发展，上虞推进建立现代农业和制造业两大传统产业的数字化产业平台，引进数字技术应用于传统产业，促进数字产业与传统产业的深度融合，以实现传统产业转型升级，促进新质生产力的形成。

点亮农业未来，建设农业数字化平台。上虞实施以溯源中国·四季仙果数字经济平台建设为代表的数字化平台建设项目，促进上虞"四季仙果"品牌的数字化建设，加速区内农业弯道超车。2018年，溯源中国长三角总部基地落地上虞，融合移动互联网、物联网、大数据、人工智能及区块链等先进技术工具，聚焦农资产品、农畜产品等重要民生商品的溯源服务，构建"农资溯源、农产品溯源、畜产品溯源、食品快消品溯源、医保药品溯源及版权区块链溯源"等六大领域的综合性溯源信息服务平台。在溯源中国 4.0 平台的支持下，上虞智慧农业实现农场资源数字化管理、标准化种植管理、仓储物流大数据管理，推进行业监管、公共服务等方面数据的共享共建共用，为上虞水果产业的生产、加工、销售、服务和加工等全流程数字化赋能，进而把上虞"四季仙果"打造成为集文旅果园、智慧果园、社区果园和码上果园等农业数字化服务生态于一体的特色农业，也实现了上虞四季仙果品牌推广数字化、产业管理运营数字化、渠道营销数字化。

点燃工业引擎，构建工业数字化平台。上虞积极搭建化工行业级工业互联网平台，面向行业共性特点，推动具有化工行业特色的工业互联网 App 和解决方案落地。依托"智慧化工园区安全环保综合监管平台"，采集、整合、集成园区化工企业 DCS 数据和各种监控系统，积极探索"精密智控""整体智治""业务数字化"的理念，以"标准化、数字化、智慧化"为引领，建设安全环保智慧监管平台，全力打造管控与服务于一体的区域级工业互联网平台，形成化工行业"智慧监管＋智慧服务"上虞示范样本。在化工园区率先布局 5G 试验网，构建远程巡检、远程维护、数据备份等 5G 在化工行业的应用场景，助推构建化工"互联网＋"和工业"4.0"生产体系。

二、传统产业品牌升级

目前，我国区域农业产业发展存在一个最主要的制约问题，农业产业群下众多企业的内外不统一问题。农业产业内部众多企业横向协同性弱，农业产品质量不统一、标准不统一、呈现"小、散、乱"的特征；与此同时，农业产业对外推广销售各自为战，议价能力低，产品附加值低，甚至出现恶性竞争①。基于这样的出发点，上虞建立品牌化驱动农业产业升级模式，定义明确的农业区域品牌核心价值，对内

---

① 陈竹萌.品牌战略驱动型区域传统产业振兴模式研究[J].包装工程,2023,44(02):372-379＋395.

基于品牌价值推动生产标准化（生产工艺、质量水准），推动农业产业内部的有机整合；对外基于品牌价值建立更加适应当前市场消费品位的产品形象，拓展品牌宣传路径与手段，促进外部销售，最终共同推动农业产业升级。

（一）"上虞尚品"区域公用农产品品牌

品牌核心价值是农业品牌化升级最为关键的部分，它不仅是区别于其他区域同类型农产品的重要标志，同时也是指导区域农业企业一切生产运营活动的根本准则。为深入实施"品牌强农"战略，2023年上虞正式启动了农产品区域公用品牌建设工作。经过数月打磨，"上虞尚品"区域公用农产品品牌正式亮相。"上虞尚品"名称中包含了上虞地名，"尚"字与"上"同音，朗朗上口，易于传播，并蕴涵丰富的品牌内涵，既代表"时尚"，体现上虞作为"青春之城"的朝气活力；也代表"高尚"，与"明德尚贤、创变笃行"的新时代上虞精神相契合；更代表"崇尚"，寓意上虞农产品是消费者向往的、推崇的。上虞最终将区域农产品的品牌价值定义为"时尚、高尚、崇尚"，它不仅彰显产品本身的高品质，同时也牢牢抓住了消费者对"时尚、高尚"产品的崇尚心理。

同时，上虞结合"今在上虞·遇见未来"城市品牌口号推出了"今在上虞·遇见尚品"农产品品牌口号，既体现了上虞农产品是"青春之城"的活力滋味，也蕴含着区域农产品带给消费者上好的、时尚新体验的美好愿景。

为了说服消费者认可品牌，上虞总结上虞农产品四大特色，以"上"作为核心点，从产地、时令、品质、传承等多重角度寻找了上虞农业四大品牌价值支撑，分别为"山海上鲜礼""四季上新品""智慧上乘作""地道上虞味"，进一步解释了"上虞尚品"内涵，应用于品牌传播过程中。

（二）推动"上虞尚品"标准化管理

确立上虞农业区域品牌核心价值后，上虞以"品牌标准化"管理为抓手，重点围绕"品牌管理""品牌教育""品牌质控"三个方面，推动农业产业内部的整合与改造，贯彻落实区域品牌核心价值。

"上虞尚品"并非出自一家企业，而是来自上虞上百家的农业企业。这意味着每一家企业生产的农产品都必须体现"上虞尚品"的品牌价值，若其中有任何一家农产品品质不达标，"上虞尚品"作为区域农产品品牌的总体形象都将受到严重损害。因此，上虞建立健全"上虞尚品"品牌管理体系。实行"上虞尚品"准入管理，走访调研品牌许可使用主体，探索产品内在价值，甄选出具有市场竞争力和销售潜力的单品，统一品牌的授权、管理、保护、品控、营销等工作机制。制订农产品区域公用品牌（商标）使用管理办法，成立"上虞尚品"农产品区域公用品牌协会，明确入会要求，实施严格的品牌使用和退出机制。由区供销总社投资成立区级国有品牌运营平台，负责"上虞尚品"农产品区域公用品牌的管理保护、日常运营、宣传推广和营销等工作。

品牌的建立与巩固离不开品牌教育，即首先要在企业内部树立起对品牌价值的理解与认同。上虞加强"上虞尚品"品牌指导，通过设立品牌建设指导机构、加强培训指导、维权服务，指导打造一批符合农产品区域公用品牌发展要求的企业和产品品牌，加快推动建立"1＋N＋产品（企业）品牌"发展模式，实现品牌体系良性发展。加强品牌保护，做好公用品牌商标注册、规范许可使用，建立政府依法监管、社会监督、司法维权和企业自我保护相结合的品牌保护体系，打击和查处商标侵权违法行为。加强品牌审查监督，形成优胜劣汰的动态管理机制，确保品牌健康发展。

品牌质控是上虞农业品牌化的关键，是满足产业内部整合需要与践行品牌核心价值的必然要求。它不仅为指导上虞众多农产品企业规范生产、规范经营，保障高品质提供了一致可行的标准，更为确立行业影响力与市场影响力奠定了坚实的基础。上虞强化品牌标准，针对"茶稻水产四季仙果"等主导产业，根据每项产品特性，分别研究制定可量化特征指标的农产品品牌标准，形成具有上虞特色的农产品标准体系，并将绿色食品、有机产品、农产品地理标志等作为品牌准入优先条件。加强质量管理，建立"主体自检＋质量承诺""执法机关监督抽检＋第三方检验检测"的农产品质量抽检制度，依托"浙农码"建立农产品追溯体系。

（三）创新"上虞尚品"品牌形象管理与传播

针对"上虞尚品"的区域农业品牌，上虞多举措推进该品牌的形象管理与传播。在品牌形象识别传播上，上虞设计推出既能体现品牌价值，又能让消费者记忆深刻的对应品牌标识。"上虞尚品"品牌标识融合"上虞"名称，展现上虞田园生态，利用古典篆刻艺术，表达"上虞"字形。图形既有田园生机，也有几何之美，体现上虞现代都市农业特征。同时结合印章形态，增加政府背书公用品牌的认证感。

建立多元营销体系，提升品牌影响力。上虞整合全区品牌资源库，培育优质优选供应链，建立"1＋1＋3＋N"品牌体系（1家品牌展示展销中心，1家品牌旗舰店，3种不同形式的品牌专柜及 N 个线上门店），构建"线上线下"销售网。线上大力发展电商营销，充分利用京东、淘宝上虞一号馆等平台，以"虞字号"特色农产品为主打，在电商平台全面导入公用品牌形象。线下营销渠道按照"政府引导、平台主导、社会参与"的运营模式，积极探索"品牌＋美食＋旅游＋文化"的营销思路，大力推进品牌馆建设。"上虞尚品"还与杭州市上虞商会、杭州联华华商集团签订合作协议，首发产品舜阳红心猕猴桃等在联华超市 58 家门店同步开售，首发首日销售额突破 10 万元。截至 2023 年年末，"上虞尚品"展示展销中心、旗舰店共接待游客 50 余万人，实现线上线下销售额 1 200 余万元，带动二都杨梅、谢塘翠冠梨、长塘笋等农产品销售 5 000 余万元，品牌产值达 3 亿元。

建立宣传推广体系，打通品牌销售渠道。上虞强化媒体推介，整合媒体资源，邀请专业品牌策划团队，专题摄制品牌宣传片，策划“品牌走进＋”系列活动，在新媒体平台及高铁、交通干道、大型商业综合体等广告牌全天候宣传展播。与央媒、省级媒体签订品牌宣传战略合作，在更高层次、更广范围全方位推介“上虞尚品”农产品区域公用品牌，努力放大品牌宣传效应。持续挖掘公用品牌文化元素，讲好上虞农产品品牌故事，举办品牌系列专场推广活动，让品牌走进省市机关、高校等，进一步打开发展空间。同时结合鲜果茶叶采摘节、文旅节会活动、博览会等，精确对准了虞商这一目标群体，充分利用虞商联谊会“家乡行”等接触点，举办系列推介活动，推动更多特色农产品走进长三角大都市。

三、传统产业链条改造

我国已进入高质量发展阶段，加快传统产业转型升级必须以高质量发展为导向，在链条化改造上下功夫，推进强链延链补链，形成较为完善的产业链和产业集群，提升传统产业产业链体系的能级和价值链层级，推动传统产业迈向融合化、集群化、绿色化。

（一）推动产业协同发展

任何企业都离不开供应链，中小企业需要嫁接庞大的供应链，大企业也需要稳定的产业链。上虞全力支持重点企业做大做强、“隐形冠军”培育壮大，推动企业“长高长壮”，打造“链主型企业＋专精特新＋产业链配套”的“雁阵型”企业梯队，积极推动重点企业与中小企业供需对接，重点企业带动中小企业稳定工艺，中小企业帮助重点企业服务后方，促进传统产业强链稳链，做大产业规模效应，推动传统产业协同发展。上虞积极推动区域内产业链上下游企业开展产品供应、副产物和废弃物循环利用等合作，在全省率先梳理化工领域《产业链供需关系参考手册》，目前已有 90 余家企业建立协同关系。

对于产业发展而言，协同发展不能局限于单一产业链的上下游，**更要做好产业链之间的联动发展**，如此才能取长补短，促进产业链的优化升级。为了促进传统手工业的成长发展和壮大，上虞制定扶持计划，牵头为乡镇手工艺人、各类工艺品作坊与女儿红酒厂、汤浦"瓷之源"、岭南覆卮山景区、风情小镇景区等各类特色产业架起"合作之桥"，实现强强联合战略。而传统产业转型升级过程中也离不开数字技术企业的携手努力。2020 年，哈工大机器人集团长三角中心（杭州湾）科创城正式签约落户上虞，之后便与卧龙电机、新和成展开合作，加快推进企业的生产车间自动化改造和智慧仓库建设，助力赋能传统化工企业。

招商引资是推动传统产业协同发展的"生命线"。只有实施精准招引，项目才能引得来、留得下。上虞深谙此道，通过比对分析强化优势，寻求上下游配套企业，形成招商引资的"葡萄串"效应，一批批"金凤凰"顺"链"而来，上下游企业之间的关联性和发展性不断强化，以链强产成为常态。一方面，上虞坚持产业联动、内外资并举、内生项目外引项目齐抓，靶向招引"高大上""链群配"项目；另一方面，创新深化以商引商、平台招商等多模式，特别是积极探索基金招商这篇文章。

（二）促进产业集群发展

传统产业集群是区域产业经济的主力军，产业集群发展的重点在于重构和优化产业链。上虞以优势特色传统产业为基础，构建全链条发展模式，加快推进基于集群的产业链高效整合，以传统产业高端环节的引入、创新为基础，形成以高端环节为中心的传统产业链条，以链促群，通过建链、补链、强链、延链，集聚培育具有竞争力的传统产业集群。2022 年，上虞集成电路产业集群（专用设备和关键材料）入选省级特色产业集群协同区创建名单；氟精细化工产业集群获评工信部中小企业特色产业集群；先进高分子新材料产业群获评浙江省首批"新星"产业群。2023 年，上虞精细化工产业集群入选第一批"浙江制造"省级特色产业集群核心区创建名单。

上虞积极打造核心企业引领发展、中小企业配套发展的优势传统

产业集群。在产业集群内选择并培育一批基于产业集群的、有公共技术特征的新型创新主体,构建区域创新的有效平台,直接服务于集群企业,成为集群中大批中小企业科技创新的助推器。截至 2023 年末,上虞传统产业集群共集聚规模以上企业百余家,传统制造业集群发展主平台国家级开发区——杭州湾经开区规模体量更是超千亿元。2021年挂牌成立以工业全域治理为突破口、统筹上虞中心城区三个片区的乡镇街道九大工业园区的曹娥江经济开发区,也迅速成长为上虞"十四五"时期重点打造的两大高能级平台之一,推动上虞传统制造业形成"两翼齐飞"的高质量发展格局。上虞还聚焦绿色化工产业集群、现代纺织产业集群、集成电路产业集群等十大重点传统产业集群,大力实施传统制造业产业基础再造和产业链提升工程,进一步巩固集群竞争力,打造发展新引擎。

上虞着力优化传统产业集群内的产业组织模式。针对传统制造业产业集群,上虞重构以协作与分层竞争为主要内容的新型竞争合作关系,形成"专、精、深"分工合作机制,引进创新型企业和新的业态。在传统制造业产业转型升级中,上虞注重维护产业链条完整,发展产业聚群,向前延伸到创新研发制造设备市场,向后发展高端制造工业产品,以产业链延伸带动产品档次提升,推动上虞制造业企业在传统制造业领域逐步掌握定价权、话语权。针对农业产业集群,上虞采取分工明确的农业产业集群生产组织模式。随着产品市场扩大,农户生产规模扩大,中小专业生产合作社规模扩大,龙头企业集科研、生产、加工、销售为一体,生产结构不断优化,农业生产专业化水平提高,最终产生显著的产品品牌效应,提高了整体的农产品商品率。

(三)助推产业绿色升级

传统产业是上虞的支柱产业,产值、税收等占上虞全区三分之一以上,但也面临着安全环保隐患较多、环境污染较大、产业层次较低等问题。2017 年以来,上虞牢牢把握传统产业改造提升省级试点的重大机遇,咬定"绿色安全、循环高效、数字引领"目标,深入打好以化工为重点的传统产业改造提升"组合拳",逐步推动传统产业从"邻避产业"向"美丽产业"蝶变,倒逼传统产业发展方式、产业结构、能源结构转型升级,协同推进经济高质量发展和生态环境高水平保护,形成了以产业生态化为主的"生态绿色"传统产业发展模式。

以"金山银山"反哺"绿水青山"。上虞坚持推动传统化工产业由"低小散"向"高精尖"迈进。坚决遏制高耗能、高排放项目盲目建设,持续推进重污染企业关停退出园区搬迁行动,实施落后产能和"散乱污"企业动态"清零",实现产业整体"一园式"集聚发展;全面开展化工行业老旧车间改造提升,建立智能化改造重点项目库,定期启动建设一批智能化改造项目;打造全国首套异味评价体系,实现异味污染"可评价、可溯源、可预警"。与此同时,积极构建"企业—产业—区域"三重循环经济体系,以"企业小循环"推进企业清洁生产,努力实现资源在企业内部循环利用;"产业中循环"提高上下游企业的关联度,形成多产品、多链条的循环工业网状结构;"区域大循环"促进水、热力、垃圾、公用设施共享,加强园区废物交换利用、能量梯级利用、废水循环利用,形成多链条循环工业网状结构,推动园区能量梯级利用、废水循环利用、废物交换利用,初步实现"青山金山同在、生态经济均强"。2023 年,上虞新增国家级绿色工厂 1 家、省级绿色工厂 1 家、市级绿色工厂 14 家,数量均居绍兴市前列,中欣氟材成功入选 2024 年浙江省生产制造方式转型示范项目(绿色化方向)。

让"绿色发展"成为"最美底色"。上虞在农业源固废方面大力探索农业绿色发展路径,达到了显著的效果。上虞研究出台"肥药两制"实施方案,深入推进肥药减量增效,形成了"实名购买—定额施用—农废回收"的运作模式,打造了具有上虞特色的"肥药两制"工作样板,目前已成功打造为浙江省省级农业绿色发展先行县。此外,上虞积极推进"绿色发展"成为农业经济的"最美底色",加快推进农村及农田水利工程建设提质提标,目前已完成"美丽稻田建设示范"项目。同时,开展丰惠镇区域性生态循环农业项目建设,依托优越的生态环境，走"科学、生态、名优、观光"现代农业发展之路，因地制宜培育了一批观光农业企业。而隐于茂林修竹中的"竹韵小镇"则启动绿色金融引擎，迈上"低碳加速"快车道，联合供电部门探索开发毛竹林的碳汇价值质押贷款服务，发挥绿色金融的撬动作用，所贷资金用于各村毛竹种植农户或合作社实施竹林抚育、生态资源开发等，打开长塘竹碳汇新世界的大门，实现"一支竹带动共同富裕"。在农业领域碳达峰专项行动领域，上虞积极落实农业领域碳达峰要求，加强种养环节碳减排和节能低碳农产品加工技术集成应用。

四、传统产业特色发展

特色产业是县域经济区位条件和资源禀赋的集中体现，是立足当地特色资源、经过长期发展积淀而打造成型的比较优势，是县域经济核心竞争力的关键所在。当下，县域传统产业产品或服务单调雷同、同质化严重，产业发展缺乏特色，因此，要把传统产业特色发展作为壮大县域经济的重中之重，发挥特色优势，激发动力活力。

（一）因势利导激活产业名片

上虞位于浙江省东部南部低山丘陵，与北部水网平原面积参半，呈现出"五山一水四分田"的格局。基于此，上虞根据农业资源开发利用优势和各区域农业的功能特征，以促进区域农业结构调整和产业升级为目标，依托农业农村资源优势、产业基础与地形地貌特点，分产业区域着重打造发展以粮食、蔬菜、畜牧业、水产、水果、茶叶为主导的六大农业特色产业（见表3-3）。同时，上虞结合"北都市、南花园"的独特城市战略布局打造虞北、虞南两大特色农产品优势核心区。

表 3 - 3   上虞六大农业特色产业重点乡镇区域分布表

具体种类		产业重点乡镇区域分布
粮食	稻谷	上浦、章镇、永和、小越、崧厦、道墟、东关、丰惠、谢塘
	旱粮	崧厦、道墟、谢塘、盖北
蔬菜	加工蔬菜	盖北、崧厦、东关、道墟、海涂
	设施蔬菜	章镇、丰惠、崧厦、道墟、曹娥、梁湖、盖北
畜牧业	生猪	丰惠、章镇、崧厦、谢塘、上浦、丁宅、下管
水产	南美白对虾	崧厦、盖北、海涂
	青虾、河蟹	崧厦、丰惠、小越、道墟、驿亭、永和
	洁水渔业	永和、长塘、丰惠、小越、驿亭、章镇、东关
水果	葡萄	盖北、章镇、丰惠、上浦
	猕猴桃	章镇、上浦、丁宅
	梨	谢塘
	杨梅	驿亭、上浦、梁湖、丰惠
	樱桃、蓝莓、果桑、水蜜桃、草莓、青梅等	丁宅、下管、岭南、丰惠、章镇、汤浦、永和、谢塘
	茶叶	章镇、丰惠、丁宅、陈溪、岭南、梁湖、下管、上浦

　　立足"北都市"的城市空间和战略布局，打造以盖北镇省级特色农业强镇和杭州湾省级现代农业园区为核心的虞北特色农产品优势核心区。盖北镇重点提升"野藤葡萄""虞生优梨"等特色农产品，以粮食、精品水果、蔬菜为核心，聚焦种业科技、雾耕农业、农牧生态循环模式，从而建设一批现代农业示范点，更好地承接城市功能外溢和要素转移，串联形成环城中心都市农业圈层，共同打造成为高端高效都市农业发展引领区。杭州湾省级现代农业园区点打造以种业科技创新、工厂化农业、农牧循环为核心，培育壮大粮食、精品水果、蔬菜等全生命周期产业链，从而带动形成一批规模种养基地。虞北区域充分利用智慧数字技术优势，加快发展智慧农业，推进物联网、人工智

能、大数据、遥感卫星等信息技术集成应用，提升数字化和智慧化水平，着力推动农产品提质增效，辐射带动周边地区，打造产品结构优化、科技应用先进、综合效益显著的虞北都市农业示范区。

基于"南花园"的区域布局和地理环境，建设以章镇镇省级现代农业园区和丁宅乡国家级农业产业强镇为核心的虞南特色农产品优势核心区。重点提升"舜阳红心猕猴桃""丁宅水蜜桃"特色农产品，集成数字农业、科技示范、种业培育、创客孵化的农业综合 CBD 区块，并打通冷链物流、电商销售等产业环节，构建农产品"出村进城"绿色通道。结合"南花园"地理生态优势，采取"旅游＋""生态＋"等模式，推进农业与旅游、教育、文化、康养等产业深度融合，逐步将虞南山区发展成为与城市群相协调的城郊休闲旅游后花园。以"四季仙果"串起休闲采摘游、以休闲采摘游拉动现代农业、带动服务业的发展。联动特色蔬果种植、农产品加工、田园休闲观光等产业链项目，建设以"四季仙果"特色农产品为核心竞争力的优势区，深度推动农业多功能化发展，着力打造虞南休闲旅游示范区。虞南区域重点培育发展休闲度假、旅游观光、养生养老、农耕体验、农业创意、乡村手工艺等特色农业产业，培育一批市民农园、银发农园、教育农园，建设一批农业文化旅游、一二三产业深度融合的特色村镇、现代农业园区。

（二）因势而动开启产业新篇

当前，释放消费潜力，加快消费升级的步伐，以需求侧的消费升级引领供给侧的产业升级，符合我国未来经济政策的实施重点和经济发展的战略规划，有助于通过消费和产业"双升级"协同驱动我国经济高质量发展。上虞结合区域内伞业、照明、包材、汽车部件等特色制造业产业，以友谊菲诺、阳光照明、阿克希龙、世纪华通等龙头企业为引领，瞄准新消费动向做产业升级，推进高端化、智能化、绿色化升级，振兴赋能，焕发青春活力，开启制造业产业新篇。

聚焦区内特色制造业发展底蕴，因势而动看准消费新动向夯实制

造业优势。伞业、照明、包材、汽车部件多年来一直是上虞的块状特色经济,但近年来这些产业都受到了新型消费需求的冲击,亟须破解转型升级之困。在如此情形之下,上虞引导特色制造业以消费者需求为导向,向新消费需求产业链衍生发展,实现自我破局之举。

露营是当下休闲度假的当红选择,在市场不断壮大的需求下,也为转型升级中的上虞伞业产业拓宽了发展路径。上虞伞业放眼新领域,瞄准户外经济需求,积极拓展户外露营装备制造和时尚包装产业链,多元化发展户外沙滩伞、庭院伞等户外伞具以及遮阳帐篷、野餐垫等户外运动休闲用品,聚合形成伞业、露营装备、高端包装为核心的时尚产业新集群。崧厦街道以"中国伞城"为依托,全面开启"二次创业",以"科创+产业"为主抓手,持续提升伞业、露营装备、美妆包装为主体的时尚产业根植性、竞争力,走出了"从小雨伞到大户外"的新路径。采用"政府引导+企业主体+市场运营"模式提升伞业价值链,招引创新企业21家,入驻"冰墩墩"主设计师曹雪大师工作室,设计"纳米伞""羽毛伞"等上千款新产品。截至2023年末,崧厦街道拥有友谊菲诺、恒洋、高步旅游、盛源旅游、赫本熊等多家露营产业骨干企业,生产户外露营产品企业达220家,从业人员11 300人,其中,技术工人占比63.5%以上。自主培育白鹿领地、盛源、赫本熊等多个中高端品牌,成为SnowPeak、骆驼、原始人、三只小驴等国内外露营头部企业的核心生产基地。2024年,崧厦街道在"中国伞城·崧厦"称号的基础上还被授予了"中国露营产品产业基地·崧厦"称号。

照明产业则瞄准目前消费者的智能家居和时尚需求,延伸发展LED智能照明通信芯片、通信模块的设计和研发,向智能家居、智慧城市等领域加大应用,实现照明产品的智能化、人性化发展。与此同时,兼顾工业设计和艺术设计,将光学美学融入产品,满足消费者的时尚需求。包材业响应时尚需求和环保需求,提高前端设计能力,依托中高端包装设计及制造产业优势,与国际知名品牌企业开展合作"强强联合",大力发展轻量化、功能化、智能化以及高韧性、个性化、定制化包装，提升包材业生产价值链，实现时尚包材产业集聚。随着今年全球新能源市场需求的不断旺盛，汽车部件业积极布局，抢抓新能源汽车高速发展"风口"，及时搭上新能源汽车发展的"快车道"，与新能源汽车结合，积极拓展新能源电机、电控、充电、制动系统以及核心部件，助力实现新能源汽车零部件本土化生产。

实践探索五：

卧龙"电机产业大脑＋未来工厂"模式

电机产业是上虞区重点产业之一，近年来，全区电机产业发展步伐持续加快，创新成果不断涌现，产业集群正在孕育形成，整体发展势头强劲。绍兴市上虞区建设运营电机产业大脑，于2021年10月上线，是全省第一家上线的产业大脑，为全省产业大脑市场化建设、可持续运营探索了有效路径。

一、实践成效

"电机产业大脑＋未来工厂"是上虞区抢抓数字化改革和"新基建"行动机遇，结合自身产业基础探索各自特有发展路径，积极探索、大胆创新，在浙江省经信厅的支持和指导下，努力探索适合产业发展的标志性成果。截至2024年6月，电机产业大脑已覆盖全国31个省份、22个细分行业，服务4 820个产业生态圈企业。接入未来工厂（智能工厂）22家，连接智能设备2 800台，帮助接入企业提升生产效率50％以上，降低生产运营成本25％以上，减少故障停机时间80％以上，目前已为550家中小企业提供28.35亿元授信总额度、直接融资18亿元，为3 050余家企业提供供应链采购协同，累计采购订单1 000单，实现成交额7.3亿元

"电机产业大脑＋未来工厂"获2021年度浙江省改革突破奖，并入选《数字化改革概论》案例，在全省推广学习。案例还获2023年数字经济创新提质"一号发展工程"优秀案例、全省数字经济系统理论制度优秀成果，入选浙江省高质量发展建设共同富裕示范区最佳实践名单。

二、实践内容

（1）产业数据共享，推动电机企业智能管理。开发电机全生命周期管理、供应链金融、供应链采购协同、未来工厂互联、产业图谱等一系列跨行业、跨企业、跨领域应用场景，服务企业实现研发、采购、制造、销售、售后服务、供应链金融服务等"六大协同"。贯通企业侧和政府侧，通过物联网收集企业数据，汇聚和分析产业相关数据，研判电机产业发展趋势，推动构建"用数据说话、用数据决策、用数据管理"的产业管理模式。

（2）技术数据共享，提升电机企业竞争能力。整合电机产业上下游企业研发、工艺、试验等资源，开发仿真分析服务、共享实验室等场景，突破地域、企业、专业限制，形成共享数据库。通过产学研联合研发、众创研发等模式，加强产业链与科研院所技术合作，加强企业间技术交流，推动企业协同研发，提升产业链研发能力。编制我区《电机制造行业中小企业数字化改造试点方案》，通过"N＋X"标准化和个性化模式推动企业数改，鼓励龙头企业争创未来工厂、中小企业打造智能工厂（数字化车间），形成梯队培育机制。强化"未来工厂"示范引领，提升企业智能制造水平。

（3）资源数据共享，加速电机企业联动发展。充分发挥龙头企业的品牌、信用、资金、采购等优势，加强电机产业与金融机构合作，推出应付票据融资类金融产品，降低中小企业融资成本，实现闭环融资。整合电机企业原材料采购需求，采取"撮合＋自营"模式进行集中采购，打造电机产业原材料采购"拼多多＋京东"模式一站式服务，大幅降低采购成本，有力保障供应链稳定。扩展销售模式，在传统销售基础上，强化客户画像、线上交易、供给能力匹配等功能，推动形成线上线下一体化销售体系，打造电机企业利益共同体。

三、实践亮点

（1）探索产业大脑市场化建设运行模式。坚持"政府主导、企业主体、市场化导向、产业链共建"，努力实现产业大脑能盈利、可持续、管用实用。电机产业大脑建立之初，由卧龙电驱、区国资运营公司以及其他 4 家产业链公司分别占股，并成立浙江舜云互联技术股份有限公司，专门负责电机产业大脑建设运行。通过市场化模式，充分发挥龙头企业带动作用，同时实现国有资产保值增值。

（2）探索中小企业依托龙头企业抱团发展、创新发展路径。通过产业大脑，中小企业与龙头企业的联系更加紧密，能更加充分接收龙头企业的品牌、采购、信用、资金、生产技术等优势资源辐射，原材料采购成本高、贷款难、设备维护成本高等问题得到缓解。特别是依托龙头企业提供的公共技术、研发服务等资源，显著降低中小企业智能制造门槛，提升了我省电机产业链整体竞争力。

（3）探索精细化产业治理模式。产业大脑贯通企业侧和政府侧，汇聚和分析产业相关数据，为政府部门监测产业运行、预判产业风险、制定产业政策提供依据，推动构建"用数据说话、用数据决策、用数据管理"的产业治理模式。

实践探索六：

一串鲜果链起三产融合大文章　全力打造高效生态农业新高地

2003 年，时任浙江省委书记的习近平同志提出"把发展高效生态农业作为提升浙江效益农业发展水平的主导方向"[①]。20 年来，上虞牢记殷殷嘱托，以"八八战略"为指引，紧紧围绕农业农村现代化先行目标，以"四季仙果"串联农商文旅"跨界融合"小切口入手，大力发展高效生态农业，全力推进农业农村高质量发展。

一、实践成效

截至 2023 年年末，上虞已有新型农业经营主体 1 883 个，农民合作社 483 家、家庭农场 852 家，各类农业龙头企业 43 家，建成省级农产品优势区 2 个、省级主导产业示范区 10 个，省级特色农业强镇 3 个，产业平台数量居全省前列。2023 年，实现农林牧渔业总产值

---

① 新华社.浙江最年轻市辖区缘何"人口十年涨一倍"[EB/OL].新华网,[2023-11-03].http://csj.news.cn/2023-11/03/c_1310748616.htm.

80.45亿元，先后获得全国粮食生产先进县、全国休闲农业与乡村旅游示范县、国家农产品质量安全县、全国率先基本实现主要农作物生产全程机械化示范县，成功列入国家级农业现代化示范区创建名单，连续5年获全省实施乡村振兴战略考核优秀单位。

二、实践内容

（1）布局"一镇一品"，编织鲜果产业发展"全景图"。按照"生产精品化、栽培设施化、种植规模化"的要求，大力发展现代设施农业，重点扶持钢架大棚、喷滴灌、储运保鲜等设施设备应用，打造八大鲜果产业，全区鲜果种植面积近20万亩、年产超11万吨，野藤葡萄、红心猕猴桃产量分别占全省10％、16％。与省农科院等开展深度合作，引进推广好品种、好技术，建成智慧果园基地39个，引选晴王、红美人等优良新品种40个，推广种植面积1.5万亩，亩均收益增长20％以上。创设"上虞尚品"农产品区域公用品牌，打造水晶杨梅等"四季仙果"核心品牌，带动农产品溢价25％以上。

（2）立足"延链强链"，培育农商文旅融合"新业态"。以名人古迹溯源游、美丽乡村休闲游等9条精品线路为依托，深挖文化内涵，每年定期举办樱花节、杨梅节、露营节等户外休闲旅游系列节会，打造集鲜果采摘、农家体验、休闲旅游于一体的"四季仙果之旅"，建成星级采摘基地57个，星级农民专业合作社和家庭农场242家。在全省范围内率先建立区、镇、村三级电商服务体系，共建成农村电商服务网点403个，实现电商网络全覆盖，2023年全区农产品电商交易额达3.9亿元。培育深加工企业20家，重点开发杨梅酒、桑葚汁等产品，形成了"桑裕""舜阳"等品牌，平均提升鲜果产品附加值超40％，年产值达5 000万元以上。

（3）深化"集成联动"，持续提升兴村富民"聚合力"。围绕区域化景区化打造，投入33亿元实施设施提升等五大工程、520个项目，实现"四季仙果之旅"串点成线、连线成片。累计激活闲置农房面积221.7万平方米，吸纳社会资本26.9亿元，带动农户增收7 496万元，带动村集体增收4226.1万元，培育了一批省级白金宿金宿、精品民宿部落，打造卡丁车等大型赛事基地，带动所在村年集体经济增收 70 万元以上。组建产业农合联 9 个，50 亩以上水果种植大户达 228 家、种植面积占比近 42%，带动农户增收 1 亿元。推动分散果农抱团经营，实行统一包装、统一品牌、统一技术、统一标识，对接大型生鲜供应链企业发展订单农业。

三、实践亮点

（1）数字化打造生态农业模式。加快数字农业设施设备应用，建成虞南农事服务中心、农创智谷、雾耕科技示范园等一批数字农业基地和数字工厂，推动农业提质增效，如，智慧大棚可实现杨梅商品果率提升到 85%，采摘期提前半个月以上，经济效益提升 3 倍以上。全面贯通"浙农"系列应用，加强生产、销售数字化管理，如通过"浙农优品"，从源头上控制了肥药施用量，已建成"肥药两制"改革农资店 125 家，并将 443 个试点主体纳入数字化监管平台。

（2）品牌化做大"土特产"文章。坚持品牌强农战略，充分挖掘和提升上虞优质农产品资源的价值，做大做强"上虞尚品"区域公用品牌，制定产品、渠道、管理、运营等体系，打造了"上虞翠茗""野藤葡萄""二都杨梅""丁宅水蜜桃""舜阳猕猴桃""覆卮山樱桃"等一批拥有较高市场占有率和美誉度的子品牌和拳头产品。

（3）多元化培育乡村新型业态。依托"四季仙果之旅"，以沿江水系、湖泊、森林公园等自然风光为基础，利用虞舜文化、民俗古迹、旅游景观，结合鲜果采摘、田园景观，积极发展休闲农业、数字农业和共享经济等新兴都市农业业态，建立餐饮、研学、民宿等乡村服务体系。

第四节　谋划布局产业新赛道

战略性新兴产业与未来产业是有效培育新质生产力的重要载体和主要阵地，新质生产力的培育发展离不开战略性新兴产业和未来产业的谋划布局，这也是上虞青春产业"弯道超车"的最佳机遇。战略性新兴产业主要是指以重大前沿技术突破和重大发展需求为基础，对经济社会全局和长远发展具有重大引领带动作用的产业。而未来产业是指当前尚处于孕育孵化阶段的具有高成长性、战略性、先导性的产业。2024年，工信部等七部门发布《关于推动未来产业创新发展的实施意见》，提到了六大未来产业发展方向，这些方向均能够与战略性新兴产业形成对应（见图3-3）。未来产业是战略性新兴产业发展更为前沿、更为高端的一部分，长期发展后可以转化为战略性新兴产业。产业赛道的选择事关发展方向，上虞从战略全局考虑积极谋划布局未来竞争性产业，构建"青春之城"青春产业新发展格局，推动经济高质量发展。

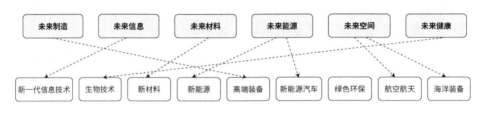

图3-3 未来产业和战略性新兴产业关系图

一、构建"4+4"现代化产业体系

上虞全区域协同布局战略性新兴产业和未来产业，谋划布局"4+4"现代化产业体系，依托杭州湾上虞经开区和曹娥江经开区两大主平台，培育壮大先进材料、智能装备、生命健康、数智经济四大战略性新兴产业融合集群，前瞻布局培育发展储能与氢能、精准医疗、低空经济、元宇宙四大未来产业，构建"4+4"新兴产业和未来产业体系，为新质生产力的加快形成奠定坚实的基础。

（一）布局发展战略性新兴产业

战略性新兴产业从"十二五"规划提出包括新能源和新材料在内

的七大重点发展领域，到"十三五"规划进一步明确要让战略性新兴产业增加值占国内生产总值的比重达到 15%，再到"十四五"规划进一步将战略性新兴产业扩充到九大领域，战略性新兴产业目前已成为现代化产业体系中的核心产业[①]。

1. 先进材料产业

先进材料产业主要是指化工新材料和半导体材料，是指目前发展和正在发展之中具有传统化工材料不具备的优异性能或某种特殊功能的新型先进化工材料。与传统材料相比，先进材料具有质量轻、性能优异、功能性强、技术含量高、附加值高等特点，在汽车、轨道交通、电子信息、航空航天、新能源、节能环保、国防军工等领域应用十分广泛。

上虞积极瞄准前沿领域，瞄准进口替代，重点发展半导体关键材料，强化关键核心技术攻关，集聚发展地为杭州湾经开区电子化学品预留区块。重点发展先进高分子材料，积极培育发展氟化工材料，积极关注发展前沿新材料、染料日化、金属新材料，集聚发展地为杭州湾经开区未来材料预留区块。构建先进材料"研发—转化—制造—检测—应用"全产业链，打造较高国际影响力、国内一流的特色新材料产业创新发展高地，国家级电子化学品制造基地。

2. 智能装备产业

智能装备是指具有感知、决策、执行功能的各类制造装备的统称。智能装备作为高端装备制造业的重点发展方向和信息化与工业化深度融合的重要体现，是制造过程实现智能化所必需的物质条件，也是智能制造的核心载体。随着技术创新的发展，智能装备产业发展已经成为工业产业竞争的焦点。

上虞以杭州湾经开区南片、未来城智能制造产业园为集聚发展地，重点发展半导体装备。以杭州湾经开区、曹娥江经开区为集聚发展地，重点发展智能机器人。以曹娥江经开区（重点打造江西高端智造产业

---

① 王宇.以新促质:战略性新兴产业与未来产业的有效培育[J].人民论坛,2024(02):32-35.

绿谷)、杭州湾经开区南片(曹娥街道)为集聚发展地,重点发展节能电机电控,积极培育发展环保装备,关注发展通风制冷装备、汽车零部件,充分发挥龙头企业带动作用,力争成为绍兴世界集成电路产业创新集群建设的核心支撑。

3. 生命健康产业

生命健康产业以生物技术和生命科学为基础,涵盖医疗卫生、营养保健、健身休闲等健康产品制造与服务,正在成为我国国民经济的一个重要支柱产业。具体包括生命信息、高端医疗、照护康复、养生保健、健身休闲等领域的生命健康服务业以及为其提供支撑的生命信息设备、数字化健康设备和产品、养老康复设备、健身休闲用品等生命健康制造业等。生命健康产业与人的生活息息相关,是用之于人、服务于人、最终以人类健康为目的的产业集合。生命健康产业是朝阳产业、绿色产业、幸福产业,一头连着民生福祉,一头连着经济发展。

上虞重点发展化学医药,集聚发展地为杭州湾经开区。积极培育发展医疗器械,关注发展医药外包服务,以杭州湾经开区医药产业园、未来城生命健康谷为集聚发展地,加速聚集国内外优质医疗资源,保持产业规模有序提升,高质量完成产业结构转型升级。

4. 数智经济产业

数智经济是以数据资源为关键要素,以现代信息网络为主要载体,以信息通信技术融合应用、全要素数字化转型为重要推动力的现代新兴产业。重点产业包括云计算、大数据、物联网、工业互联网、区块链、人工智能、虚拟现实和增强现实产业。具有高创新性、强渗透性、广覆盖性等特性,不仅是新的经济增长点,而且是改造提升传统产业的支点,是构建现代化经济体系的重要引擎。

上虞以曹娥江经开区上虞智创青春谷为集聚发展地重点发展智算服务。以e游小镇(未来城)数字文创谷为集聚发展地,积极培育发展数字内容、软件服务、科技服务,场景应用辐射全区。助推"AI+"赋能制造业,助推伞业、化妆品包装、灯具、纺织等特色、传统产业转型升级,充分释放智算中心潜力,为上虞争创全国前列的数实融合区域范例提供有力支撑。

（二）谋划发展未来产业

未来产业代表着未来科技和产业发展的新方向，也是处于孕育期或萌芽期的先导性新兴产业，后续极有可能发展成为未来的主导产业或支柱产业。

1. 储能与氢能产业

储能作为一种柔性电力调节资源，对常规电网具有调峰调频、增强电网安全稳定运行的作用，是未来新能源高占比能源系统、智能微电网、"互联网＋"智慧能源的关键组成部分。氢能是一种来源丰富、应用广泛、绿色清洁的二次能源，是我国实施碳中和、碳达峰"双碳"目标战略背景下未来国家能源体系的重要组成部分、用能终端实现绿色低碳转型的重要载体。近年来，国家对氢能和储能产业的支持力度不断加大，2022 年，国家氢能产业发展中长期规划、"十四五"新型储能发展实施方案正式出台。2024 年两会《政府工作报告》更是指出要加快前沿新兴氢能产业发展，这是中央在全国年度经济发展规划方面首次指出要加快氢能产业的发展。上虞发展储能和氢能产业正当其时。

在储能领域，上虞依托天大研究院、国科中试基地、产业协同创新中心、卧龙集团等，积极联合中科院材料所、上海电力大学等机构，聚焦研发储能变流器、锂电池电解液、储能装备等关键核心技术，积极培育光伏、新能源动力电池材料、电化学储能产业链生态。在氢能领域，上虞主要依托武汉理工等创新平台，支持全光纤氢能安全监测系统等项目核心关键技术取得突破，鼓励卧龙、蓝能氢能等龙头企业组建产业联盟，大力发展工业副产氢提纯、装备研发。

2. 精准医疗产业

精准医疗，作为现代医疗技术发展的前沿领域，是指基于个体的基因、环境和生活方式等因素，量身定制的预防、诊断和治疗策略。近年来，随着基因组学、生物信息学等技术的快速发展，以及大数据和人工智能等技术的广泛应用，我国精准医疗产业呈现出蓬勃发展的态势。精准医疗主要包括精准预防、精准诊断和精准治疗三大领域。

上虞以未来城生命健康谷为集聚发展地，重点发展高端微创诊疗器械、细胞与基因疗法、合成生物。2020年9月10日，上虞与浙江大学正式签署战略合作协议和共建浙江大学医学院附属邵逸夫医院绍兴院区协议，充分发挥"邵医模式"的特色和医院现有学科优势，将绍兴院区打造成为集医教研防养为一体、覆盖生命全周期的综合性生命健康中心。同时，上虞将积极发挥邵逸夫医院作用，围绕心血管介入产品、腔镜手术器械和电生理医疗器械领域，打造高端微创器械产业园。推进精准医学产业园建设落地，导入专业化服务资源，帮助该领域初创企业解决数字化管理、成本控制等共性问题。

3. 低空经济产业

低空经济，是指在3 000米以下空域内，以有人驾驶和无人驾驶航空器的低空飞行活动为牵引，辐射多领域的综合性经济形态。低空经济是典型的新兴产业，是新质生产力的典型代表，更是培育发展新动能的重要方向，具有创新引领、绿色低碳、数实融合等特点。2024年，工业和信息化部联合科技部、财政部、中国民航局印发了《通用航空装备创新应用实施方案（2024—2030年）》，提出加快实现以无人化、电动化、智能化为技术特征的新型通用航空装备商业应用，推动"低空＋物流配送""低空＋城市空中交通""低空＋应急救援"等规模化发展。

上虞以曹娥江经开区、杭州湾经开区为集聚发展地，重点发展通用飞机、工业级无人机等整机、关键零部件及材料研制。以曹娥江旅游度假区先行，积极培育发展低空应用服务，场景应用辐射全区。在产业、服务、设施等赛道打造特色亮点，全区各类低空经济相关起降场（点）建设有序推进，低空应用服务场景不断拓展，奋力打造浙东低空经济热点区域。

4. 元宇宙产业

元宇宙是数字与物理世界融通作用的沉浸式互联空间，是新一代信息技术集成创新和应用的未来产业，是数字经济与实体经济融合的高级形态，有望通过虚实互促引领下一代互联网发展，加速制造业高端化、智能化、绿色化升级。元宇宙内涵极为丰富，包含互联网、产业数字化、智能化、物联网、高算力设备、高速无线通信等领域和技术。2023 年，国务院国资委、国家广播电视总局等五部门联合印发《元宇宙产业创新发展三年行动计划（2023—2025 年）》，在政策层面为元宇宙产业发展指明方向，推动元宇宙产业发展。

上虞以未来城为主、曹娥江经开区联动，致力于打造全省娱乐、工业元宇宙重要应用推广基地。支持鼓励杭电研究院设立企业，培育元宇宙领域综合服务商。由政府牵头对接区内娱乐、工业领域的虚拟现实应用、数字化改造等需求，促进供需对接。发挥曹娥江经开区百官区块优势，吸引人工智能、工业仿真、数字孪生等领域产业链企业入驻上虞，集聚一批优质数字化服务商，与省内布局元宇宙产业的地区错位发展。充分考虑元宇宙产业发展需求、周边环境承载力、网络传输成本等因素，加快推进区域性先进算力中心，为浙江打造国内领先、国际一流的新型算力中心贡献上虞力量。

二、产业全链条融合推进

近年来，上虞依托区位、功能定位及政策支持，迭代深化“链长＋链主＋专精特新＋科技创新＋生产性服务业”一体协同机制，谋划高能级平台建设，全力推动“4＋4”产业集群高质量发展，持续建链、补链、延链、强链，“链长制”赋能、“产业链”招商、“院士链”把脉，全链条融合推进战略性新兴产业和未来产业发展。

（一）推行产业链“链长制”

所谓“链长制”，是指由各级政府一把手来挂帅，担任“链长”，围绕核心和重点产业链，以“补链、强链、稳链”为目标，推行的一系列政策制度的设计和落地。2019 年 10 月以来，上虞在全省率先推行产业链“链长制”，为企业提供更实、更细、更精准的服务，及时解决企业实际困难，以"链长＋链主"的发展模式赋能构建战略性新兴产业和未来产业体系。

"一链一链长"，推进产业链式集聚。上虞目前实施的"链长制"，均由区领导亲自担任"链长"，建立工作专班，以产业链发展规划为指引、产业链精准招商为核心、产业平台为依托、扶持政策为牵引、产业研究院等创新能力建设为支撑，实现项目引进、投资落地、强链延链、育大做强等方面的系统化安排、一条龙服务、整合式推进。例如，四大战略性新兴产业之一的先进材料产业链由区委书记担任"链长"，充分发挥"链长"作用，由"链长"牵头落实完善"十个一"工作机制，包括发展规划、工作专班、扶持政策等，着力构建适宜先进材料企业发展的产业生态，为部署创新链夯实产业基础。目前先进材料产业链已经成功列入省级试点示范单位名单。

"一链一链主"，牵头引领产业链协同。一条完整的产业链，"链主"企业就好比家里的"老大哥"，通过领航、合作、共享，发挥强大虹吸效应，带动链上的兄弟企业共同发展，实现产业链的延链、补链、强链。上虞抓住"链主"企业这一产业链供应链的"核心命脉"，在四大战略性新兴产业上均确立了相关产业的"链主"企业，发挥"链主"带动作用。先进材料产业有效发挥新和成、皇马、中化蓝天、惟精新材等"链主"企业带动作用，智能装备产业依托晶盛机电、尚能实业等"链主"企业示范引领，生命健康产业发挥国邦药业、京新药业、晖石药业、峻山生物等"链主"企业牵引作用，数智经济产业推动卧龙电气、华孚时尚等"链主"企业创新引领，真正做到"一链一链主"，发挥产业链条的主心骨作用，助力战略性新兴产业发展。

（二）围绕产业链精准招商

产业链招商是指围绕该产业的主导产品及与之配套的原材料、辅料、零部件和包装件等产品来吸引投资，谋求共同发展，形成倍增效应，以增强产品、企业、产业乃至整个地区综合竞争力的一种招商方式。上虞紧扣先进材料、智能装备、生命健康、数智经济等战略性新兴产业新赛道产业链的延链补链需求，立足产业链深入实施招商引资"扬帆行动"，前瞻性布局人工智能、光芯片、算力等未来产业。近年来，上虞紧抓长三角先进城市产业外溢、资本外溢的机遇期和窗口期，扬长补短、错位承接，持续深化战略性新兴产业产业链精准招商。

"靶向招商"，精准提效。产业招商不能东一榔头，西一棒槌，要结合产业链合理规划，靶向招商，从而提升招商引资的质效。上虞采用"一链一地图"方式，精准绘制产业链全景图，通过分析产业链环节的短板以及结合产业链环节的发展趋势，制定产业链精准招商方案。在产业链全景图的基础上，上虞对四大战略性新兴产业围绕产业链上游、中游、下游，编制具象型的产业招商"鱼骨图"，指导战略性新兴产业发展。例如，针对四大战略性新兴产业之一的生命健康，围绕生物医药产业"原料药＋"、IVD（体外诊断）、医药外包服务、创新药、生物药5个细分领域绘制产业链全景图并进行分析，明晰各产业链招商重点和强链补链发展方向。同时，基于此精心绘制生物医药产业招商"鱼骨图"，梳理靶向企业86家，重点盯引40余家企业。

（三）组建产业链院士专家团

上虞集中搭建展现科创人才引领、创新策源、产业创新的融合平台，针对战略性新兴产业采取一条产业链对接一名院士策略，组建产业链首席科学家专家团队，为上虞战略性新兴产业发展"把脉开方"。

被聘为精细化工产业链首席科学家的中国科学院院士杨玉良是我国第一代高分子学博士，在高分子化学和物理等多个领域都取得了重大成果。被聘为高端新材料产业链首席科学家的中国工程院院士薛群基是我国材料化学和特种润滑材料领域主要的学术带头人之一，主持建设并领导的固体润滑国家重点实验室在特种润滑材料领域取得了多项国际领先的成果。杨德仁院士被聘为半导体关键材料产业链首席科学家，他作为浙江大学硅材料国家重点实验室主任和浙江大学"材料物理与化学"学科负责人，长期从事半导体硅材料研究，在硅材料的基础研究上取得重大成果。此外，郑裕国院士被聘为生物医药产业链首席科学家，高翔院士被聘为新能源装备及材料产业链首席科学家。

上虞结合"4＋4"产业链为院士服务、与院士对接，打造院士科学家专家团队，谋产业集群发展新路径，与上虞相关企业建立战略合作关系，畅通企业承接前沿科研成果的通道，帮助"4＋4"产业企业扫清发展路上的"拦路虎"。

三、全要素配置加速发展

上虞积极探索产业高质量发展与要素保障的良性互动，促进各类优质要素向产业新赛道方向集聚，发挥区位优势、盘活土地要素、坚持项目为王，全要素配置加速发展四大战略性新兴产业和四大未来产业，促进"青春之城"建设加快培育新质生产力。

（一）充分发挥区位优势

自 2018 年起，长江三角洲区域一体化发展正式上升为国家战略，融入长三角一体化，成为上虞发展的重大红利。上虞地处长三角一体化发展的核心区域，是杭州湾大湾区的"金南翼"，居于杭州和宁波的几何中心，地处沪杭甬大三角腰线点位，得天独厚的区域位置也为其战略性新兴产业的蓬勃发展提供了先天优势。近年来，上虞抢抓发展机遇，依托区位优势，全力推动战略性新兴产业"多链协同"和主导产业集聚，打造新兴产业聚集地。

"融杭联甬"，上虞主动融入长三角区域一体化。位于杭州湾南岸的上虞，是杭甬一体化绕不开的枢纽点，也是环杭州湾经济区一个重要的节点。为更好地"融杭联甬"，2019 年 1 月上虞将国家级杭州湾上虞经济技术开发区与省级上虞经济开发区两大平台整合成为杭州湾上虞经济技术开发区，成为绍兴市第一大平台。上虞此举做强了战略性新兴产业的平台集聚度，提升了平台综合承载力，抢抓长三角区域一体化的发展机遇，以大平台赢得更多大项目，以大平台承载更多大企业。此后，上虞利用该平台积极对标杭州市和宁波市战略性新兴产业发展先行区，先后引进一批四大战略性新兴产业相关的优势企业和项目。

作为浙江省大湾区的“桥头堡”，上虞积极打造“接泸桥头堡”。加强与上海之间四大战略性新兴产业的协同发展，形成多领域、紧密型供应链合作关系。当前，上虞大力发展先进材料、智能装备、生命健康、数智经济四大战略性新兴产业，这些产业与上海重点打造的“9＋X”战略性新兴产业高度吻合，具有很强的互补性和合作潜力。基于此，上虞正把战略性新兴产业接轨作为接轨大上海的核心，全面深化产业链上下游协作、大平台配套协作，全力把上海的高端资源优势与上虞的低成本制造链优势叠加起来，实现“研发在上海、生产在上虞，前台在上海、后台在上虞”的双赢格局。

（二）盘活挖潜土地要素

土地在经济学上通常被称为可市场配置的要素，因此在谋划布局新兴产业赛道时要用好土地这一生产要素，立足产业规划定位和资源禀赋盘活土地要素，细化产业土地管理政策单元。上虞坚持“土地跟着项目走”理念，通过“三大抓手”腾笼换鸟，为战略性新兴产业落地和新质生产力的加快形成提供优质产业空间。

一是盘活存量土地。重点实施淘汰落后产能，推行差别要素价格政策等倒逼手段，挤压落后产能、劣势企业的生存空间让高能耗、高污染、低产出的落后产能和劣势企业让出闲置土地，为新兴产业改造项目腾出空间。同时加快存量低效用地转型升级，探索“工业上楼”、土地复合混合利用、提高容积率上限等土地盘活创新政策，提升战略性新兴产业土地空间利用效率。

二是做好增量文章。上虞在区域范围内采取新增建设用地“节流减量”、存量建设用地“挖潜增效”和批而未供土地“减量加速”等综合措施，切实提高新增战略性新兴产业建设用地资源使用效率。此外，引导资源要素向四大战略性新兴产业聚焦，精准高效配置新增产业用地是上虞做好新兴产业土地增量文章的重中之重。同时，统筹划定战略性新兴产业产业区块，强化工业用地保障，优化土地供应结构，以用地空间需求保障支持产业链的高质量发展。

三是优化供地模式。 上虞统筹战略性新兴产业用地需求，加大"标准地"供应，支持采取先租后让、租让结合、长期租赁等供地模式，探索实行"弹性年期＋有条件自动续期"制度和优质项目上下游产业联动等供地模式，破解土地要素与战略性新兴产业发展不完全匹配困境。

（三）坚持"项目为王"理念

"项目为王"是上虞推动战略性新兴产业高质量发展的必然要求。上虞正在将"筑巢引凤"式招引升级为"为凤筑巢"式引育模式，围绕战略性新兴企业需求量身定制服务、政策，加快"老树发新枝"，力促"新树快扎根"，在助推经济高质量发展中进一步培植发展优势，全力打造战略性新兴产业投资兴业"首选地"，确保签约项目快落地、落地项目快投产、投产项目快壮大，从而扩大社会再生产，在社会经济增长中实现供给和需求的双重效应。

近年来，上虞紧抓项目这个"牛鼻子"，紧紧围绕推动高质量发展这一中心任务，加强项目全生命周期服务管理，以日益完善的营商环境、持续健全的招商机制、不断创新的招商模式，进一步激发招商引资活力，形成战略性新兴产业项目"滚动签约、快速落地、集中开工、争先达产"的良好格局。在具体推进中，区领导率先垂范，带头招商、亲自洽谈，高层对接、高位推进；组建专业招商队分赴北京、上海、深圳等地，积极"走出去"叩门招商，"请进来"共谋发展；深入开展"五创图强、四进争先"大走访大调研大服务系列活动，全力破解难题、落实保障措施。2023 年，上虞累计引进 10 亿元以上项目 14 个，其中 100 亿元以上 2 个；实到外资 2.7 亿美元，列绍兴市第 1；实现全区固定资产投资 362 亿元、增长 20%、全市第 1；获 2023 年全省投资"赛马"激励，绍兴市唯一。同时，全区还有 3 个战略性新兴产业项目入选"2024 年浙江省重大产业项目名单"，其中晶盛高端半导体装备和关键材料项目固定资产投资达 51.2 亿元，达产后预计可年增销售收入 57 亿元，成为 2024 年发展潜力较大的战略性新兴产业项目。

实践探索七：

杭州湾上虞经开区图强争先推动"万亩千亿"新产业平台提档升级

杭州湾上虞经济技术开发区把产业转型提升作为推动先进制造的重要抓手，近年来，经开区牢牢把握传统产业提升契机，通过二轮化工产业改造提升和新材料产业链"链长制"试点、高分子新材料"万亩千亿"平台建设，强化产业链延链、补链、强链，打造传统产业提升"经开区样板"，逐步实现制造产业高质量发展精彩蝶变。

一、实践成效

截至 2023 年年末，先进高分子材料平台已拥有高分子材料企业 146 家，其中挂牌上市企业 15 家；2023 年，实现产值 1 043.7 亿元，同比增长 20.6%；税收收入达 29.5 亿元。在浙江省发改委公布的 2022 年度"万亩千亿"新产业平台建设评价结果中，上虞先进高分子材料平台位居全省第 7 位。

二、实践内容

（1）聚焦未来产业发展，以"非常之为"引项目，绘就链式招商"鱼骨图"。围绕新材料、半导体装备及材料、新能源等主导产业，编制产业链"鱼骨图"，加快项目招引，补齐产业链短板。采用"鱼骨状"样式，通过"主骨""叉骨"分别对应细分产业、产业上下游产业及优势企业等形式，对主导产业体系中高分子新材料、锂电及金属材料、湿电子化学品等产业链进行优势分析、方向研判，绘制产业链"鱼骨图"5 张，根据产业链"鱼骨图"，建立项目数据库，重点瞄定行业龙头企业、独角兽企业、专精特新企业，围绕市场潜力、企业区域布局行为、投资活跃度等方面，筛选出与产业适配度高的目标企业，根据鱼骨图标注指引，采用驻点招商、节会招商等多种形式，加快投资百亿级的永农生物酶、新能源汽车动力电池等重点项目洽谈进度。2023 年，共引进新材料、半导体材料、新能源材料等主导产业项目 21 个，总投资超 350 亿元，其中 10 亿元及以上项目 8 个，含 100 亿元项目2个，50亿元项目1个。

（2）聚焦有效投资扩量，以"非常之力"兴经济，奏响项目推进"最强音"。大抓项目、抓大项目，以一流状态抓项目、一流速度建项目、一流服务促项目。在绍兴市"图强争先"大比拼中，时光新能源、卧龙智慧新能源等2个项目考核排名位居全市第1。与发改、招商等单位建立部门联系机制，提供审前辅导、制定代办方案等服务，指导企业开展有关评估报告编制，针对工程规划许可、施工许可阶段复杂事项等环节，提供审批人员全程参与代办服务，将原来"拿地—审批—取证—开工"线性流程转变为并联推进、同步审定，提升复杂事项一次性报审通过率，如晶盛产业园三期项目拿地后仅用9天完成"三证齐发"。推进"赛马晾晒"机制，梳理90个重大产业项目作战图，落实日会商、周例会、月通报、季考核等制度，实施领导包干、挂图作战、专班推进等措施，常态化开展"大走访大调研大服务大解题"活动，通过驻企服务、协调解难等形式，消除项目推进中的堵点、难点，协调解决各类问题200个，组建项目保障团队，定期开展项目现场"读地"活动，全方位研究项目用地情况，重点掌握项目供地、要素进度、周边配套等情况，保障圆锦、昌北、苏泊尔等18个重大项目供地4 000亩，"六个一批"13个新建项目全部开工。

（3）聚焦创新生态培育，以"非常之举"优环境，崛起新兴产业"园中园"。深入实施创新驱动发展战略，强化创新生态培育，培植更多有利创新的阳光沃土，最大限度释放和激发科技作为第一生产力所蕴藏的巨大潜能。成立产业攻坚小组，聚焦省、市、区产业现状、资源要素、发展布局等，投资537亿元，打造新材料产业园中园、生物医药产业园中园、半导体产业园中园等5个园中园，规划用地410亩，投入专项资金51.8亿元，打造"联东U谷·上虞智造科技谷"。杭州湾产业协同创新中心、天津大学研究院绍兴研究院及实训中心等研发类创新服务载体，入驻企业项目20家，聚集创新创业团队人才300余人，形成主导产业集群的科创中心、试验基地、会展窗口和人才培育平台，截至2023年年末共发布科研成果500余项。

三、实践亮点

(1)建立常态化工作推进机制。充分发挥领导小组职责,以季度推进会、专题分析会等形式及时协调解决平台建设中遇到的关键性问题。抽调专职人员组建工作专班,扎实有效推进平台建设。建立健全重大问题会商制度、工作进展季报制度和数据、信息月报等制度,并将平台建设相关工作纳入年终考绩。

(2)强化政策要素保障。加大对平台内企业和项目的支持力度,全面落实人才招引、产业发展、招商引资、科技创新、财政金融扶持等专项政策,帮助448家企业兑付产业奖励补贴政策2.2亿元。研究制定产业基金管理办法,重点投向"万亩千亿"平台内的重点企业及新能源、高端装备制造、新材料等优质产业。优先支持平台内符合条件的企业申报"双创"示范基地、"两业融合"试点、省级企业研究院等创新载体或省级重大产业项目。

(3)构建梯度培育体系。围绕创新型中小企业、专精特新中小企业、专精特新"小巨人"企业以及制造业单项冠军企业、制造业领航企业等优质企业构建梯度培育体系,引导企业深耕主业,专注产品创新、质量提升和品牌培育,在创新发展上摘金夺银。截至2023年年末,培育国家级高新技术企业243家,省级科技型中小企业527家,如龙盛集团获得国家级单项冠军企业,连续五年蝉联中国精细化工百强榜首;中化蓝天三氟乙酸系列产品荣获国家级单项冠军产品,荣获省技术发明奖三等奖。

第五节 构建青春产业发展生态系统

上虞坚持高质量发展,紧抓新趋势新机遇,发展新技术、新产品、新业态、新产业,建立健全青春产业体系。而青春产业体系的建设又离不开青春产业发展生态系统的构建。青春产业发展生态系统主要是指对青春产业的发展产生重要影响的各种要素的集合及其相互作用的关系。上虞目前的青春产业发展生态系统可分为创新生态系统、生产生态系统与应用生态系统三个子系统，以及政策环境、国际环境、产业环境等辅助因素。政策环境辅助因素主要指企业上市扶持政策；国际环境辅助因素主要是指国际贸易、国际资本流动环境下产生的"地瓜经济"开放型经济发展模式；产业环境辅助因素主要是指"四链"（产业链、创新链、资金链、人才链）融合发展产业生态，具有上虞特色的三类生态系统辅助因素共同作用促使子生态系统之间相互依赖、相互促进、共同演化，最终推进青春产业体系的建设，加快新质生产力的形成，赋能"青春之城"的建设。

一、营造企业上市生态圈

上虞积极推出一系列政策，营造良好的企业上市生态圈，实现民营经济与资本市场的"双向奔赴"。2023年12月21日，绍兴兴欣新材料股份有限公司成功登陆深交所主板，成为绍兴第100家、上虞第20家上市公司，至此上虞上市公司数量稳居绍兴市首位、全省前列。从2000年上风高科成为上虞第一家上市公司，到2023年末的20家上虞上市公司中，上交所主板6家、深交所主板7家、创业板7家，二级市场总市值约2 900亿元，占绍兴市的近40%。如今，资本市场"上虞板块"已成为上虞青春产业经济高质量发展的金名片。

（一）用心孵化培育企业上市

上虞实施企业主体梯队培育政策，育好"领头羊"，用心孵化上市"种子企业"，推动上虞企业上市挂牌。

育好"领头羊"，引领铺好上市路。上虞强化龙头引领带动作用，围绕"一个上市企业打造一个百亿产业集群"目标，发挥龙盛、晶盛、卧龙、新和成等链主型上市企业引领作用，积极推进产业链延链稳链固链。截至2023年年末，已有40余家A股上市企业在虞建有生产基地，形成了以龙盛、闰土为龙头的高端染料日化，新和成、凯诚新材料等为龙头的新材料，美诺华、博腾等为龙头的现代医药等一批百亿级产业集群，引领铺好上市路。

积极实施股改培育工程，建立上市企业后备库。上虞开展“报会辅导一批、规范股改一批、上市意向一批”企业培育工程，加强上市挂牌后备企业梯队建设，建立健全百家上市挂牌源头企业动态培育库，持续做大做强资本市场“上虞板块”。2023 年 9 月初，区域性股权市场创新试点上虞培育站揭牌，浙江省股权交易中心上虞“凤舞娥江板”正式开板。上虞“凤舞娥江板”是由浙江股权服务集团和上虞政府共同打造的特色培育库，目标是推动优质成长企业汇聚，对接金融资源，匹配专业服务，形成以“专精特新”企业为代表的创新型企业规范成长机制。此举进一步完善了上虞拟上市企业梯队库，对做大做强做特资本市场“上虞板块”产生深远影响。2023 年，累计入“凤舞娥江板”培育企业 32 家。同时，上虞针对拟上市企业和上市源头企业开展分层分类指导，在梳理企业上市意向、审核企业上市信息和经营指标的基础上，利用上市联席会议、“三服务”活动等形式，建立精准高效的拟上市企业“诊室”，协调解决企业上市面临的“阻梗”。

多渠道推进企业上市，精准挖掘优质企业。上虞实施企业上市新三年倍增和新三板挂牌双倍增计划，坚持境内和境外上市、直接上市和间接上市、场内市场上市和场外市场挂牌多措并举，拓宽企业上市渠道。同时，上虞致力培育产业集群，引领经济转型升级，注重发挥上市公司在产业、科技、人才等方面资源整合能力，推动形成龙头企业带动、骨干企业支撑、中小微企业配套协作的“A＋B＋N”产业集群发展格局。深化上市公司引领产业发展示范区建设，积极探索依托上市公司和资本市场推动区域经济高质量发展的新模式新路径。

多要素保障企业上市，营造良好上市环境。上虞积极发挥政府产业基金引领作用，加大股权投资基金培育力度，撬动天使基金、风险投资基金等社会资本，用好资本要素积极参与信息技术等新兴企业股改培育。2023 年，上虞推动设立规模 50 亿元的杭州湾中曜基金和规模 5 亿元的青创投人才基金，成功招引落户规模 1.02 亿元的绍兴市级产业基金。同时，注重发挥国有资本引导作用，推动与浙文投、舜元集团产业合作，引导国有平台公司出资入股拟上市企业，降低企业改制成本。此外，还积极探索"孵化加速器＋产业园＋基金"培育模式，推进基金投资项目产业园建设，致力于把产业园打造成为培育新兴产业和科创上市企业的摇篮。

（二）上市优先激励企业上市

上虞牢固树立"上市优先"理念，先后实施上市公司引领产业发展示范区建设、迭代升级"凤凰行动"计划，成功跻身区域性股权市场浙江创新试点首批试点县（市、区）、拟上市公司口碑声誉评价工作试点，全力支持企业对接多层次资本市场做大做强，激励企业上市。

近年来，上虞大力发挥资本市场投融资平台优势，鼓励企业兼并收购。加大政策扶持力度，发挥产业并购引导母基金作用，支持上市公司在围绕主业、打造核心竞争力等方面开展并购，重点推进海外并购和国内高端并购，致力打造龙头企业，加快高端要素集聚。龙盛、卧龙、晶盛等上市企业更是纷纷抢抓后国际金融危机、"一带一路"和新兴产业发展契机，实施跨境、跨界及产业链并购重组，直接获得成熟的技术、品牌、经营团队与市场网络，切入了发展的新蓝海。

与此同时，上虞着力推动上市企业项目回归，引导符合区域发展规划的上市公司募投项目、并购孵化或重组整合后的产业项目落户上虞，优先保障募投项目排污、用能、土地、产权、人才、技术等各类要素。近五年来，上虞上市公司回归落地或募投本地化项目超过50个，总投资超400亿元。通过资本市场实现产业"腾笼换鸟"，为全面振兴实体经济夯实了基础。

（三）优化服务保障企业上市

上虞主动优化服务模式，全力保障企业上市，多举措积极打造企业上市的"加速器"，助力在虞企业进入"快车道"。

优化服务，畅通企业上市之路。 上虞推进"最多跑一次"改革，从简快速办理企业并购重组涉及的生产许可、工商登记、资产权属证明等变更手续，对企业股改上市过程中需要办理的相关手续和证明，推行模拟审批、全程代办等审批服务，缩短企业上市挂牌非法定流程。

强化服务，特色护航企业上市。上虞制定拟上市企业"一企一策""一事一议"协调制度，针对上市中股改、辅导、申报、上会等环节问题，开辟绿色通道，实行特事特办、急事急办。同时，优化完善企业股改上市、并购融资、风险化解等环节的扶持激励政策，提升政策兑现时效，兑现时间压缩至 10 个工作日。

兜牢风险，解除企业后顾之忧。上虞深入开展省级防范企业融资风险体制机制试点改革，推进大企业大集团风险防控，专项设立虞科、舜金、虞通等纾困基金，基金总规模达 14.5 亿元，成功处置金盾集团百亿级债务风险，化解金盾股份、华通控股等关联风险。

二、培育壮大"地瓜经济"

2004 年 8 月 10 日，时任浙江省委书记的习近平同志在浙江日报《之江新语》专栏发表的《在更大的空间内实现更大发展》一文中谈到了一种"地瓜理论"："地瓜的藤蔓向四面八方延伸，为的是汲取更多的阳光、雨露和养分，但它的块茎始终是在根基部，藤蔓的延伸扩张最终为的是块茎能长得更加粗壮硕大。""地瓜经济"概念便是由此延伸而来①。"地瓜经济"是指浙江基于国际贸易变多、国际资本流动加快、对外开放水平提升的国际宏观环境下，创新形成的市场和资源"两头在外"的高增长模式，其核心是"根"和"藤蔓"的概念，即本土区域作为"根"，企业作为"瓜"，通过向外伸展的"藤蔓"建立本土区域和外域的联系和链接，实现内外开放和资源配置。上虞立足新发展阶段，坚决扛起"开放谋远，勇挑大梁"的使命担当，以"地瓜经济"提能升级"一号开放工程"为总牵引，以扩容总部经济、强化在虞企业跨境并购、拓宽在虞企业全球市场为着力点，加快打造"地瓜经济"提能升级县域样板，进一步打造开放新高地。

---

① 习近平.之江新语[M].杭州:浙江人民出版社,2007.

（一）扩容发展总部经济

总部经济是指某区域由于特有资源优势吸引各类企业总部入驻而形成的集群布局，是在经济全球化和区域经济一体化时代出现的一种高端产业组织形态①。总部经济是"地瓜经济"深深扎在地下的"根"。"企业跟着产业链走，创新跟着人才走"是总部经济朋友圈形成的重要法宝，也是吸引企业扎根、"地瓜"成长的充足肥料，并带动产生税收供应、产业集聚、消费带动等溢出效应。上虞将总部经济作为"地瓜经济"典型形态，引总部企业、强总部投资、建总部集群、优总部生态，形成具有上虞辨识度的"地瓜经济"样板。具体聚焦"一江两岸"核心区，建设鲲鹏总部芯、瞪羚动力谷等总部楼宇，引导头部企业总部入驻。协同发展首店经济、楼宇经济、商务经济、数字经济、科创文创、金融服务等新经济业态，多头并进繁荣总部经济生态圈，打响"一江两岸"城市新名片。

一楼一特色，楼楼聚产业。为引育头部企业、头部产业，上虞积极打造"总部＋"城市经济新格局，同时随着上虞城市化进程的不断推进，楼宇经济已成为其发展总部经济的重要载体。楼宇经济的发展和壮大，直接促进了上虞总部经济的扩容与升级。上虞推进"一楼一品""一楼一特"建设，提高楼宇产业聚集度，千方百计提高楼宇入驻率、入驻企业属地注册率和同一行业企业聚集度。重点对已出让与待出让总部楼宇地块，按照"一楼一特色、楼楼聚产业"原则，进行特色楼宇定位，确定主导产业，力争使上虞"一江两岸"涌现出一批电子商务楼、建筑总部楼、金融创投楼等特色楼宇。上虞"一江两岸"总部楼宇"一楼一品"在建楼宇中：皇马科技总部大楼、舜江建设总部大楼计划将企业的所有部门和子公司、分公司纳入大楼办公，整幢大楼作为自身企业总部大楼使用；万顺大厦涉及产业主要为光伏幕墙、工程检测、咨询监理，拟打造建筑新材料总部大楼；中富控股总部大

---

① 圈点 | 发力总部经济[J].浙江经济，2023(11):5.

楼主要是新生代企业家入驻,拟打造新生代企业家创业大楼;滨江金融中心拟建设集金融机构集聚中心、投融资信息服务中心、虞商返乡投资中心和高端人才集聚中心为一体的综合性金融服务平台。上虞以"一楼一品"引导行业总部集聚,以"楼"聚产,拓展城区经济发展空间的同时引导企业将"根"深扎在上虞。

(二)强化跨境并购整合

全球并购,上虞整合。跨境并购的"上虞模板",也成为各地竞相学习的榜样。这些年,上虞开展跨国并购的工作站上新台阶。在浙江省商务厅发布的"2023年浙江本土民营跨国公司'领航企业'名单"榜单中,上虞浙江龙盛、卧龙控股、阳光照明、汤姆猫4家企业入围,数量居绍兴各县市区第一,是上虞经济发展中当之无愧的"中坚力量"。上虞始终坚持高水平"走出去"闯天下和高质量"引进来"强本土的有机统一,激励在虞企业进行跨境并购,实现资本"走出去",立足国际视野迈开竞逐全球的步伐,成长为具有全球竞争力的跨国企业。同时,"引进来"一批高端项目回归本地发展,进而推动全球高端产业、创新成果、要素资源集聚上虞、为上虞所用,实现"地瓜经济"的闭环发展,滋养"地瓜"土壤。

激励企业掌握资源"生命线",拼出转型升级新天地。上虞鼓励支持有实力的企业通过跨国并购优质企业实现资源、技术优势整合提升,抓住转型升级新契机。同时,在企业跨国并购过程中引导企业并购决策适配化、并购目标主业化、并购层次高端化、并购整合稳健化。激励企业通过跨境并购在自身技术优势基础上嫁接更为优势的技术,在较快的时间内获得技术的领先优势并构建起研发、采购、生产、销售全球一体化的经营平台,从而快速增强国际竞争能力。扎根于上虞这片创业创新沃土的卧龙集团,通过海外并购基本实现了横跨北美、欧洲、亚太的全球布局,收购整合和新建了一大批世界领先的智能制造工厂,并将卧龙旗下的产品销售到全球的各个角落,让曾在国际上默默无名的卧龙跻身全球电机业务市场份额前二。

引导企业内外联动,赋能区域经济新动能。引导企业深度参与全球产业分工合作,鼓励把研发设计、高端制造等环节留在上虞,用境外创新成果、高端要素反哺上虞,实行内外联动,提高全球范围内供应链协同和资源配置能力。同时,企业通过跨境并购,有利于抢占技术制高点、扩大品牌影响力、掌握标准制定权,跻身细分领域的"配套专家"和"隐形冠军",之后赋能本土区域经济新动能,推进区内产业链上下游垂直整合。此外,通过并购重组,有利于引进一批高端国际项目回归本地发展,创新与技术的溢出效应持续推动区域产业的技术升级和进步。

(三)开拓多元国际市场

上虞强化贸易端、生产端、消费端和科技侧融通联动,打好外贸"稳拓调"组合拳,积极拓宽在虞企业全球销售市场,推动外贸高质量发展,像地瓜那样把根扎在虞舜大地,把藤蔓伸向四面八方延展"地瓜"藤蔓。

新举措开辟新市场,促进多元国际市场开拓。上虞推进"百团千企拓市场抢订单"行动,在深耕美欧、日韩、东盟等传统市场基础上,进一步发挥好展会目录、参展政策在引导企业拓新市场方面的作用,确保外贸进出口份额稳中有升。带动企业进入"一带一路"沿线国家和地区、RCEP成员国市场挖掘新商机、开辟新市场,进一步提高外贸新兴市场出口比重。积极组织参与中日韩工商大会、中非经贸合作发展峰会等重大国际经贸活动,提升对外经贸合作层次,实现多元国际市场可持续健康发展。加强外贸金融体系建设,多跨协同优化外贸产业链供应链企业融资、信保、汇率避险等服务。通过政企各举措联合携手、合力拓市场,确保企业出海顺利,实现从"产品输出"到"品牌输出",不断扩大在虞企业的国际市场占有率和国际话语权。

新产品塑造新优势,促进外贸能级优化提升。上虞聚力推动"品牌强区""品牌兴贸"战略,对标出口品牌评比标准,从研发创新、知识产权、全球化经营、国际标准等方面引导企业转变外贸发展模式,成功"上牌"实现内在优化升级,打造上虞多元化品牌带动出口发展新模式。高质量培育建设国家级外贸转型升级基地,在深耕现有伞业外贸基地基础上,积极培育争创照明、化工、新材料等新一批次国家级外贸转型基地,扩大照明产品、化工产品、电机产品出口。深化促进内外贸一体化发展,推进内外贸产品"同线同标同质"、对标达标提升、"浙江制造"国际互认等工作,引导有竞争力的内、外贸企业齐头并进,多渠道拓展新市场,推动国内国际市场联动互促、顺滑切换。

三、打造"四链融合"发展生态

党的二十大报告提出要推动创新链、产业链、资金链、人才链深度融合[①],即"四链融合"。"四链融合"是我国在深入实施创新驱动发展战略进程中,立足新时代、新形势、新任务,为不断塑造发展新动能提出的新要求。产业链、创新链"双链"相互耦合,创新链围绕产业链布局,以需求为导向满足需求,同时产业链也可以围绕创新链融合,由创新主动创造需求。人才链为创新链、产业链提供智力支持,而资金链为创新链、产业链提供资本支持。"四链融合"各链条间的要素协同发展,从而优化资源整合效果,进而实现系统融合,最终提升产业高质量发展。

(一)促进产业链创新链融合

2020年,习近平总书记在深圳经济特区建立40周年庆祝大会上讲话时,强调要围绕产业链部署创新链,围绕创新链布局产业链[②]。围绕产业链布局创新链,有利于在产业链领域注入科技创新力量,着力解决产业链中的"短板",打好关键核心技术攻坚战。围绕创新链布局产业链,则有利于前瞻布局战略性新兴产业,培育发展未来产业,是区

---

① 习近平.高举中国特色社会主义伟大旗帜 为全面建设社会主义现代化国家而团结奋斗——在中国共产党第二十次全国代表大会上的报告[M].北京:人民出版社,2022.
② 习近平在深圳经济特区建立40周年庆祝大会上的讲话[EB/OL].光明网,[2020-10-14].
https://m.gmw.cn/baijia/2020-10/15/34269019.html.

域经济高质量发展的必然选择。上虞围绕这一理念，筑牢创新生态圈，根据区域产业链围绕打造创新要素集聚的各个创新中心平台，并促进创新成果转化应用于产业链，促进产业链集聚。目前创新中心平台已逐渐成为上虞区域产业集群的加速器、新旧动能的转换器、创新创业的集成器。

围绕产业链布局创新链，首先必须梳理清楚产业链的短板所在。上虞组建专业团队对区内重点产业进行产业链群梳理，系统摸清各产业链的关键核心技术缺失的具体状况，打造具有较强影响力和核心竞争力的特色产业链，为部署创新链夯实产业基础。其次上虞围绕产业链的短板技术，列出技术攻关难题，针对性打造创新研发中心平台，做到技术研发目标精准，技术指标达到或超越产业发展国际标杆水平。再者上虞融合产学研精锐力量，致力引导政府与大学院校、科研院所，地方企业与大学院校开展广泛深入的多元化合作，在产学研深度融合中打通科技创新推动产业发展的通道，依靠创新链拓展产业链拓展，发挥产学研合作在创新成果转化和产业化中的对接、耦合作用，补齐产业链"断点""难点""堵点"和"痛点"，做深"科技＋"文章。

围绕创新链布局产业链，要精准疏通"模糊地带、魔鬼河、死亡谷、达尔文之海和衰退鸿沟"堵点，使其顺利产生链式反应并向产业链延伸，不能仅满足于发表论文和申请专利。上虞积极促进创新成果转化，全力打通科技成果向生产力转化的"最后一公里"。建立中试基地科技成果转移转化的有效机制和模式，将实验室成果转化为新兴产业，形成新质生产力，促使创新链衍生出新兴产业或未来产业。

（二）围绕产业创新链完善资金链

科技进步、产业转型升级需要资金投入并借助资本力量，资本获取收益也需要借助科技产业力量。上虞积极围绕产业链创新链完善资金链，打造产业创新资本链融合平台，保障创新、产业发展的资金支持。

上虞围绕创新链完善资金链，首先通过财政、金融、税收等多种政策措施,鼓励引导企业进一步加大对科技创新的投入。推动地方深入落实企业研发费用加计扣除、高新技术企业所得税收优惠等普惠性政策,促进政策应享尽享。其次,通过国家科技成果转化引导基金等政府引导基金,构建完善涵盖种子投资、创业投资、产业投资等股权投资体系,构建适应企业创新需求的信贷支持模式。鼓励政策性金融机构发放专题金融债,为企业技术创新与成果转化提供优惠贷款支持。最后,畅通科技企业直接融资渠道,遴选推动一批符合条件的科技企业在新三板、科创板、创业板等上市融资。

上虞围绕产业链完善资金链,采取多举措缓解民营企业融资难题。首先,增强民营企业金融要素供给。围绕有效增强民营企业主体活力和竞争能力,鼓励金融机构增加民营企业信贷投放,确保融资规模稳步扩大。其次,规范民营企业贷款保证担保行为。优化联合会商帮扶机制,定期、分类推进项目与银行对接互动,切实提高融资有效对接率。再者,优化小微企业金融服务。开展小微企业首贷金融服务暨支持青年创业建功共同富裕"春潮行动",继续深化首贷户拓展"春风、春雨行动",做好普惠小微企业延期还本付息、信用贷款两项货币政策工具的转换工作,推动小微企业融资扩面、增量、提质。最后,加大风险企业纾困帮扶力度,对主业经营良好、暂时性资金链紧张的企业,协调金融机构保障合理的资金需求;对正常还本付息企业,不得随意停贷、抽贷、压贷、断贷,不得附加不合理的授信条件。

(三)依托产业创新资金链聚人才

产业链是基础,创新链是动力,资金链是保障,人才链是以上三链的主体力量,是推动高质量发展的"关键变量"。产业链、创新链、资金链融合,需要构建多元化、多层次人才链。既需要战略科学家、一流科技领军人才和创新团队,也需要大批量卓越工程师和高水平技术工人;既需要优秀企业家和科技人才,也需要高水平金融人才。上虞积极依托产业链、创新链和资金链的各类平台集聚人才形成人才链,为其多链融合发展起到人才支撑作用。

依托产业创新资金链聚人才，构建人才链强大的智力支撑。为了更好地发挥国家科技人才计划的导向作用，上虞加大对企业中青年科技创新领军人才、重点领域创新团队、创新人才培养示范基地的支持。支持企业吸引集聚海外高层次人才，助力企业围绕科技创新重点任务，建设国际人才引进平台，面向企业需求着力引进具有推动重大技术创新能力的国外高端人才和优秀青年科技人才。鼓励龙头企业与高校、科研院所共建联合研究中心、院士专家工作站等"双跨"平台。探索建立政产学研人才跨地区、跨部门、跨行业，在产学研之间多向流动的"旋转门"机制，畅通高校院所和企业间人才流动渠道，真正实现"四链融合"发展。

实践探索八：

晶盛机电产学研用新模式助推产业升级

针对企业基础研究少、成果转化应用难等问题，浙江晶盛机电股份有限公司坚持"装备＋材料"产业布局，积极探索以企业为主体的产学研高效协同深度融合新机制，推动科研联合攻关、成果产业化和人才培养，打造产学研协同创新的企业高质量发展之路。

一、实践成效

浙江晶盛机电股份有限公司创建于 2006 年 12 月，以"打造半导体材料装备领先企业、发展绿色智能高科技制造产业"为使命，逐步确立了先进材料、先进装备双引擎可持续发展的战略定位，并形成了装备＋材料协同发展的良性产业布局。为破解公司缺乏基础研究、高校成果产业化应用难等突出问题，晶盛机电积极探索以企业为主体的产学研高效协同深度融合新机制，瞄准集成电路产业设备关键核心技术"卡脖子"问题攻关，贯通基础研究和前沿技术研发、应用与产业发展的创新链，有效衔接技术创新与产业创新，实现产学研深度融合、资源共享、优势互补，加速产业提质升级。目前已获评省级创新型领军企业，成功搭建国家级博士后工作站、国家级企业技术中心、省级重点企业研究院、省级项目型创新联合体等人才、科研平台。

二、实践内容

（1）加强校企合作，聚心共建协同创新生态圈。晶盛持续与浙江大学在科研攻关、平台建设、人才培养上进行深度合作，先后为浙江大学机械工程学院捐赠5 000余万元用于学院教学和科研，助力国家高科技人才培养。截至2023年末，晶盛机电已吸纳100多位浙江大学优秀人才，近七成从事关键核心领域的研发工作。同时，晶盛与上虞半导体材料研究中心签订合作框架协议，本着"优势互补、资源共享、互惠双赢、共同发展"的原则，在单晶硅材料生长和加工领域建立长期、紧密的合作关系，为企业培养高素质技术技能人才，提高人才培养质量和企业技术研发竞争力。此外，晶盛还与浙江大学建立博士后流动站、机电装备创新研究中心、省级专业学位研究生实践基地等，联合开展多项国家级、省级项目攻关等。

（2）发挥链主效用，聚焦攻克自主研发关键点。晶盛针对集成电路大硅片关键设备创新联合体，重点开展大尺寸单晶生长、切片、抛光、减薄、外延、检测、清洗等大硅片设备的研究，已实现8～12英寸集成电路用大硅片加工设备全链条的国产化。同时，晶盛积极布局7～14nm先进制程"卡脖子"设备研发，已开发12英寸外延、ALD、LPCVD等设备，在持续设备创新的同时，积极布局零部件、辅材耗材等全链条，提升自主可控能力。此外，晶盛还积极打造全国技术和规模领先的半导体零部件加工基地，在磁流体、空气主轴、超导磁场、石英坩埚等方面抢占国产自主产品空白区。截至2023年末，晶盛率先完成碳化硅衬底生长和加工设备国产替代，技术水平与国际同步，碳化硅外延设备市场占有率国内第一。

（3）做好筑巢引凤，聚智打造高端人才汇集地。晶盛积极引进顶尖技术专家，截至2023年末已有研发中心人员16 00多人，其中博士及博士后人才40余人，国家级人才6人，省级顶尖专家1人，省领军型创新创业团队2个，并获得专利800多项，其中发明及国际专利超150项。同时，晶盛大力营造科创人才成长发展的良好生态，鼓励项目团队进行内部创业，由集团提供人、财、流程、订单等全方位支持，创业团队可专注于技术攻关，高效促进科技创新成果的转化。截至2023年末，晶盛已经成功孵化美晶新材料、求是创芯、慧翔电液、光子科技等多家技术团队持股的子公司，拥有专精特新子公司6家，科技领军企业1家，其中美晶新材料成功解决半导体坩埚卡脖子难题。

三、实践亮点

（1）贯彻联合培养机制。晶盛通过企业和高校导师共同出题、共同培养的形式，同时享受企业和高校科研资源，研究成果更好地结合基础研究和产业应用，在真实环境中推动科研发展和创新人才培养，实现教育、科技、人才三位一体融合发展。

（2）打造创新联合体。围绕产业链需求，晶盛以集成电路设备关键核心技术攻关重大任务为牵引，有效整合产业链上下游企业、高校、科研院所等优势资源，探索联合攻关、利益共享、知识产权运营的有效模式，提升协同创新、融通创新效果，实现从基础研究到产业化的一体化融合创新。

（3）深化科研人才引育。晶盛不断完善技术人才激励机制，优化薪资结构，增强科创人才干事创业的成就感、归属感，调动科创人才的主动性与创造性。同时，晶盛以国家博士后科研工作站为纽带，加强创新博士人才的培养和引进，提高人才的供给质量。

第四章

城市更新："青春之城"建设的城市活力

　　党的二十大报告指出，要坚持人民城市人民建、人民城市为人民，提高城市规划、建设、治理水平，加快转变超大特大城市发展方式，实施城市更新行动，加强城市基础设施建设，打造宜居、韧性、智慧城市。城市更新行动是"青春之城"建设的应有之义，彰显"青春之城"建设的城市活力。

第一节　城市更新与"青春之城"建设

一、"青春之城"城市更新的背景

城市是人类所创造的最美妙、最高级、最复杂又最深刻的产物，自诞生之日，就处于更新之中。城市经济社会的发展、城镇化率的提高带动人民需求的提升，以人为本的核心理念逐渐对城镇化发展模式提出新的要求，城市更新已成为现阶段推动城市发展、规划建设的主要方式①。

（一）实施城市更新行动的宏观必要性

城市更新行动是城市"存量发展"新阶段的要求。根据国家统计局数据显示，近十年我国城镇化率呈现逐年上升的趋势，但是城镇化率增长速度却出现放缓的现象，截至2023年末，我国常住人口城镇化率已达到66.16%。这意味着我国城市发展由快速城镇化逐步转向平稳发展阶段，逐步从"大规模增量建设"迈入"存量提质改造和增量结构调整并重"阶段，城市建设也从"有没有"转向"好不好"阶段，城市发展整体进入了提质增效的重要时期。在此背景下，城镇建成区内现存的量大面广且利用效能较低的存量土地，成为当前释放城市空间潜力、推动城市高质量发展的重要抓手②。2022年党的二十大报告、2023年中央经济工作会议以及2023年公布的《关于扎实有序推进城市更新工作的通知》等一系列国家会议和文件，也都体现了"严控增量、盘活存量"的城市发展思想。在城镇化快速发展下，持续扩张的城市发展思路已逐渐不适应新的城市发展阶段，需要创新存量用地再开发机制和空间模式，解决城市现存的问题，开展有温度、有活力、有智

---

① 王蒙徽.实施城市更新行动[J].城市勘测,2021(01):5-7.
② 阳建强,孙丽萍,朱雨溪.城市存量土地更新的动力机制研究[J].西部人居环境学刊,2024,39(01):1-7.

慧的城市更新行动，提升城市品质和城市现代化治理水平，推动城市建设实现内涵式发展。

城市更新行动是城市集约用地、绿色低碳的要求。 从全球视野来看，我国国土面积约占全球土地的 2%，虽然国土面积居于世界前列，但面积广阔的西部地区以高原、山地、盆地为主，不利于城市开发建设。同时我国人口数约是全球人口的 18%，人口数量庞大，在保留必要的耕地及生态用地的基础上，人均可开发建设用地面积并不充足。因此，亟须创新城市空间布局，推动土地集约利用①。此外，从我国城镇化历程来看，根据《中国建设统计年鉴》显示，1981—2019 年我国城市人口从 14 400.5 万增加至 43 503.7 万，城市建设用地面积从 6 720 平方千米扩大至 58 307.7 平方千米，城市人口增长 3.02 倍，城市建设用地面积却扩大 8.68 倍，土地城镇化明显快于人口城镇化，建设用地存在一定粗放低效问题。2020 年，我国又提出了碳达峰碳中和目标。在用地和绿色发展约束条件下，过去"大量建设、大量消耗、大量排放"和过度房地产化的城市开发建设方式已难以为继，需要优化城市土地资源配置、优化城市空间结构，将绿色发展理念融入城市更新，着力构建城市更新新发展格局②。

城市更新行动是提升人民群众获得感、幸福感、安全感的要求。 人民群众是社会历史的主体，是历史的创造者，是物质财富的创造者、社会精神财富的创造者和社会变革的决定力量。城市建设和发展所取得的一切成就归根结底是人民创造的，城市未来发展更要依靠人民。因此，只有把人民作为城市的核心和主体力量，一切围绕人民的需求展开，在城市建设和发展中深刻把握生产空间、生活空间、生态空间的内在联系，实现生产空间集约高效、生活空间宜居适度、生态空间山清水秀，才能从根本上实现城市的可持续发展③。城市更新则正是人

---

① 于晓凡.城市更新进程中存量用地再开发的空间模式与创新路径研究[J].新型城镇化,2023(09):120-123.

② 葛顺明.将绿色发展理念融入城市更新[J].城市开发,2024(02):104-105.

③ 牛磊.全面践行人民城市理念[J].党课参考,2024(02):62-77.

民城市理念下城市高质量发展的积极探索，是城市空间不断适配人民群众美好生活需求变化的规划实践过程[①]。

综合来看，城市更新行动是推动城市发展的重要路径，是实现绿色发展理念的重要举措，是践行人民城市理念的必然要求。

（二）上虞城市更新的背景

上虞位处长江三角洲地区，也是浙江省建县最早县份之一，至今已有2000多年历史。近年来，上虞经济发展迅猛，城市建设蒸蒸日上，各大街镇并驾齐驱，共同推进城镇化进程。截至2023年末，上虞常住人口为80.28万人，外来常住人口约21万，城镇化率为69.8%，已基本具备了中等城市的规模。然而，与杭州、宁波等大城市相比，上虞的城镇化进程仍有较大的发展空间。

随着城市更新行动上升到国家战略高度，浙江省相继出台了一系列城市更新相关的政策文件措施。2021年5月，浙江省出台了《浙江省住房和城乡建设"十四五"规划》，规划中明确提出要高水平推进城市有机更新行动和县域乡村有机更新行动。2023年3月，浙江省住房和城乡建设厅印发《关于开展城市更新省级试点工作的通知》，明确在34个市、县（市、区）开展城市试点工作。上虞也积极用行动响应号召，近年来稳步推进城市更新工作，在"一江两岸三城多片区"的顶层战略规划下，针对片状区域的具体情况编制了各片区的城市更新专项规划并实施。2022年，上虞里直街保护与有机更新项目入选"2022年度中国城市更新和既有建筑改造典型案例"。2023年，浙江省首批城市更新省级试点首批名单中，上虞谢晋故里更新提升项目成功入选。上虞正以实干焕新城市的青春活力和风采，实现"城"与"市"的同步更新。

---

① 胥睿,许寒冰,刘俊宇.人民城市理念下的城市更新重点与路径探析[C].人民城市,规划赋能——2023中国城市规划年会论文集(02城市更新),2023.

二、"青春之城"城市更新的含义

1958 年 8 月，在荷兰海牙召开的城市更新研讨会上"城市更新"概念首次提出："所有有关城市改善的建设活动，都是城市更新。"随着时代的发展，城市更新的概念也在不断演变。它最早兴起于二战后西方国家的城市改造运动，由于饱受战火的摧残，大部分欧洲国家在当时都对城市采取了大规模的推倒重建活动，于断壁残垣中崛起了一座座大型城市，这便是"城市重建"[1]。但由于"推土机式"的大拆大建，使得它的实施受到了一定的限制。在 20 世纪 50 年代的美国，一些学者提出城市的衰落和废弃是导致城市危机的主要原因。为了改善城市环境，政府和私人开发商联手提出对废弃的内城核心区域进行全面的改造和更新的解决方案，以提升城市的生活质量和环境质量，也就是"城市再开发"[2]。而后一些学者提出了"城市复兴"概念，城市复兴不仅仅是指城市的重建，而且是指城市的可持续发展，它涵盖了社会、文化、经济、环境和政治等多个方面，旨在实现城市的长远发展[3]。随着可持续发展理念的推进，一些学者又提出了"城市振兴"理念，具体是指政府和私人部门作为更新主体一起深度合作对城市内的建成区进行功能转型[4]。如今，城市更新已经成为一个普遍接受的概念，它不仅仅是一个改善一个地区经济、社会和物质状况的过程，更是一个多方参与的重大工程，旨在通过持续的改善，使该地区的经济、社会、物质和文化环境得到有效的恢复[5]。

我国城市更新的发展始于 20 世纪 70 年代末的改革开放，随着时

---

① INTERNATIONAL B. New life for cities around the world, international handbook on urban renewal[C]. International seminar on urban renewal,1959.

② Keith N S. Rebuilding American cities: the challenge of urban redevelopment [J]. The American scholar,1954,23(3):341-352.

③ LIBBY PORTER,KATE SHAW. Whose urban renaissance?[M].London: Routledge,2009.

④ VERMEIJDEN B E N. Dutch urban renewal transformation of the policy discourse 1960—2000[J]. Journal of housing and the built environment,2001,16(2):203-232.

⑤ KNIGHTS C. Urhan regeneration:a theological perspective from the west end of newcastle-up-on-Tyne[J]. The Expository Times,2008,119(5):217-225.

间的推移，相关研究也逐渐展开，城市更新的内涵也不断进行延伸。在新世纪之前，我国城市更新的重点是整治和改善旧城区道路和市政设施系统，使旧城区适应现代化城市交通和各项现代城市基础设施建设的需要①。随着国家经济的迅猛增长，城镇化的进程加快，在城市更新实践中需要加强对底线的约束，保持历史文脉的延续，优化城市布局、升级产业、完善设施、健全相应的机制②。新时期的城市更新模式开始以区域历史文化维护和传承为核心，以优质的公益文化项目以及活力多元的公共空间和商业氛围的营造为驱动，再通过合理的产业布局和人居环境的提升不断增强经济效应，推动社区综合复兴，吸引人口的正向导入，实现城市更新可持续发展，从而让城市更新更显人文底蕴③。如今，城市更新要因地制宜、分类施策，既要解决今天的问题，又要为明天的发展腾出空间，更多地与完善公共服务结合在一起，从而更好地改善人居环境④。

从上虞"青春之城"建设具体行动来看，无论是"一江两岸三片区"的空间布局推进，还是老城焕新、新城蝶变的城市更新具体行动，无论是以城市精细化管理贯穿的青春场景、青春出行和青春夜阑打造，还是未来社区、未来乡村、城乡风貌样板区的建设，或是以"碧水、蓝天、净土"三大行动以及口袋公园为主的生态环境建设，"青春之城"的青春行动中无不体现着城市更新这一应有之义。

因此，上虞"青春之城"城市更新的内涵并不是狭义上所谓老旧改造的城市更新，而是超越了旧改以物质形态改造为主的范畴，已扩展到城市结构优化、城市功能体系更新和城市结构升级等多方面的内容，实质是以完善基础设施资源配置、优化城市发展空间布局、提升城市特色风貌、优化人居环境为导向，对城市空间结构的重新布局、土地资源的重新开发、经济利益的重新分配和区域功能的重新塑造。

① 吴炳怀.我国城市更新理论与实践的回顾分析及发展建议[J].城市研究,1999(5):46-48.
② 舒波.国土空间规划体系背景下的城市空间更新研究[J].城市建筑空间,2023,30(2):118-119.
③ 杜娟.让城市更新更显人文底蕴[N].社会科学报,2023-06-29.
④ 王海燕,茅冠隽.从三个维度,把握城市更新内涵[N].解放日报,2024-01-26.

三、城市更新助推"青春之城"建设

（一）上虞城市更新的时空演进路径分析

上虞城市更新的时空演进路径可以分为两个阶段。

初期阶段，1992 年上虞撤县设市后，提出曹娥经济开发区建设。 2004 年上虞提出加快城北新区建设，2012 年制定曹娥江"一江两岸"整体城市设计规划和加快开发建设政策意见，2013 年大刀阔斧开发建设总部经济产业带，梁祝大道、虞舜大道、长海线等城市基础设施建设项目，高档写字楼、现代化高档居住小区相继建成并纷纷入住，滨江新城、高铁新城、e 游小镇和一江两岸工程等重大工程相继建成投用。在这一阶段，上虞城市更新主要集中在老旧小区的改造和城市基础设施的提升，这一阶段的主要目标是解决人口增长和城市现代化所带来的住房和基础设施不足问题，主要改造的内容是道路整修、雨污分流、停车位改造、楼道靓化、绿化提升、三线整治、电力改造等。

2019 年 1 月，上虞提出融杭联甬接沪战略，开启长三角大湾区时代。 城市南拓北进、东连西扩，建成区面积扩大到 24 平方公里。2022 年 8 月，上虞提出坚持"拥江而立、向湾而兴"，融入全省"大湾区、大花园、大通道、大都市"战略，打造新时代杭州湾南岸人、城、产深度融合发展的产业新城、富美城区。上虞全面建设"青春之城"，在这一综合性发展阶段，上虞城市更新的目标是打造宜居、韧性、智慧城市，包括优化城市发展空间布局、打造城市建设基本单元、提升城市生活品质、构建绿色宜居生态体系等，主要以综合开发为方针，老城焕新与新城蝶变并驾齐驱，城市的可持续性发展和人文底蕴也成为上虞城市更新的重要考量因素。如今，上虞城北新区和"一江两岸"已成为展示上虞"青春之城"规划建设水平的核心景观带，成为浙东乃至全省的亮点，"一江两岸"特色产业风貌区也入选浙江省首批城乡风貌样板区。

总体而言，上虞城市更新的时空演进路径经历了从基础设施改善到综合性发展的转变,这种转变旨在提高城市质量、促进可持续发展并满足居民多样化的需求,让"青春之城"更显温度和活力。

(二) 城市更新助推"青春之城"建设的路径

随着上虞"青春之城"建设的不断推进,城市发展从大规模增量建设转向存量提质与增量调整并重。城市更新不仅仅包括物质、功能、社会的全面更新,还逐渐往产城融合、文脉保护和城乡融合方向发展。上虞"青春之城"建设中的城市更新以打造宜居、韧性、智慧城市为目标,开展优化城市发展空间布局、实施老城焕新新城蝶变、提升城市生活品质、打造城市建设基本单元、构建绿色宜居生态体系等六大行动,助推"青春之城"建设。

优化城市发展空间布局,增强"青春之城"发展动能。《绍兴市上虞区国土空间分区规划(2021—2035年)》于2023年编制完成,"一心一轴、两带两区"城市发展空间基本形成,一江两岸城市公共服务中心、虞中大道·曹娥江人文经济发展轴、科创大走廊创新创业带、浙东古运河山水文化休闲带、北部产城融合都市区、南部生态花园休闲区等重点区域规划基本完成,形成上虞"西进南拓"的基本局面。该战略规划优化了城市发展的空间布局和城镇规模结构,有利于提升上虞发展集聚效率和辐射作用,促进区域协调发展,使之成为长三角发展的重要平台。

实施老城焕新新城蝶变行动,完善"青春之城"城市功能。上虞积极推动新旧融合,全面提升城市发展质量和效益,"青春之城"在旧风貌、旧城区的基础上塑造城市发展的新气质和新空间,同时彰显文化魅力空间,促进历史文化街区的保护、利用与传承,以活的改造、连贯的业态和可持续的文化推进旧城更新,延续城市文脉。结合新时代的特征和要求,上虞还积极推动新城蝶变,促进产城人文景融合,完善产业园区基础设施和生活服务设施,拓展产业园区的生活空间和服务空间,完善"青春之城"的城市功能。

提升城市生活品质,擦亮"青春之城"幸福底色。上虞坚持人民至上，增进民生福祉，努力创造宜乐宜居宜游的良好环境，持续提高城市精细化治理水平，不断提高群众的获得感幸福感安全感。上虞通过塑造丰富多彩的青春场景创造宜乐的环境，通过实施青春出行完善宜居的环境，通过打造青春夜阑场景丰富宜游的环境，同时通过推动城市精细化管理示范区建设的落地持续提高城市精细化治理水平，擦亮"青春之城"幸福底色。

打造城市建设基本单元，描绘"青春之城"城乡风貌新画卷。 上虞以未来社区建设理念为引领，系统梳理老旧小区空间设施，着力保障小区居住安全，改善人居环境，补齐配套服务短板，注重连片谋划公共服务设施布局、共享区域内的公共空间和配套服务，全面提升居住品质和公共服务水平，积极打造未来社区上虞样板。同时，上虞驰而不息推动"千村示范、万村整治"工程迈向纵深，重塑全区农村人居环境，提升乡村治理效能，改善乡民精神风貌持续，打造新时代和美虞村。此外，上虞还积极促进城乡融合，打造城乡风貌样板区，彰显生态与特色风貌空间，描绘"青春之城"城乡风貌新画卷。

构建绿色宜居生态体系，提升"青春之城"生态价值。 上虞坚持"绿水青山就是金山银山"理念，坚决打好污染防治攻坚战，深化"碧水、蓝田、净土"三大行动，加强流域系统治理成就"诗画曹娥江"。同时，加速打造"北都市、南花园"城市格局，实施城乡综合环境整治，加强青春公园口袋公园建设，高水平打造生态宜居环境，提升"青春之城"生态价值。

第二节　优化城市发展空间布局

党的二十届三中全会指出，健全城市规划体系，引导大中小城市和小城镇协调发展、集约紧凑布局。深化城市建设、运营、治理体制改革，加快转变城市发展方式①。通过优化城市发展空间布局，调整不同城市功能空间的结构与布局，使城市发展由大规模增量建设进入存量提质改造和增量结构调整并重的新阶段②。

一、"青春之城"建设空间布局新形势

习近平总书记在《国家中长期经济社会发展战略若干重大问题》一文中指出，"增强中心城市和城市群等经济发展优势区域的经济和人口承载能力，这是符合客观规律的"，并特别强调，"要推动城市组团式发展，形成多中心、多层级、多节点的网络型城市群结构"③。同时，大中小城市和小城镇、城市群要科学布局，与区域经济发展和产业布局紧密衔接，与资源环境承载能力相适应，因地制宜推进城市空间布局形态多元化。因此，就"青春之城"发展空间布局而言，要注意拓展城市发展新空间，挖掘城市新业态、新空间，培育城市新的经济增长点。同时，要注重城乡协调发展，构建区域协调、城乡一体的空间格局。此外，还要注意保护城市生态环境，走生产发展、生活富裕、生态良好的文明发展之路，优化城镇、农业、生态三类空间布局，形成人与自然和谐发展新格局。

从上虞自身来看，2023年上虞城镇化率达到69.8%，且近五年的城镇化率发展已逐步趋缓，说明上虞已进入城镇化发展中后期，城市发展也逐步由以规模扩张为主转变为增量和存量并存，"青春之城"发展空间布局更加注重存量优化和提升的协调发展。同时，随着"青春之城"建设的推进，上虞已进入经济动能转型和经济结构优化期。传统化工业、传统制造业等支柱产业进行转型升级期，化工新材料、智能装备产业等占比大幅提升，新兴战略产业如先进材料、智能装备等发展迅速。新业态、新空间也需要从"青春之城"城市层面进行提前

---

① 中共中央关于进一步全面深化改革 推进中国式现代化的决定[EB/OL].新华网，[2024-07-21]. http://www.news.cn/politics/20240721/cec09ea2bde840dfb99331c48ab5523a/c.html

② 张杰,李晓春.优化城市空间布局 推动城市更新高质量发展[J].智能建筑与智慧城市,2023(1):6.

③ 习近平.国家中长期经济社会发展战略若干重大问题[J].求是,2020(21):4-10.

谋划、统筹布局。

二、“青春之城”建设空间布局总体要求

（一）全域管控区域性发展

“青春之城”发展空间规划实现了县行政城乡空间全覆盖。在空间管控上，构建了以“一江两岸”为本底，以虞中大道、曹娥江为城市功能联系轴线的全域空间管控体系。通过全域划定农业、生态、自然保护地体系、城镇、产业空间的功能引导，同时通过划定永久基本农田、生态保护红线、城镇开发边界强化城市发展的底线管控。

同时，作为长三角城市群的一员，上虞地处杭州湾南岸、沪杭甬大三角的腰线上，拥有得天独厚的区位优势。随着 G60 高速、嘉绍大桥、沪杭甬高铁的全面开通，上虞已全面融入上海 90 分钟核心经济圈。作为绍兴接轨上海的“桥头堡”，推动杭州湾大湾区建设的前沿阵地，上虞找准定位、厚植优势，统筹推进全方位战略协同，推动更高层次开放和更深层次协作，努力打造对外开放新高地。因此，上虞作为长三角区域重要的枢纽城市，将自身的发展眼光放到长三角区域，在发挥区域职能、强化上虞在长三角城市网络地位的基础上，构建了与长三角区域协同发展的空间布局。结合上虞自身特色优势，在更大范围内进行资源配置，通过长三角区域间分工协作与重组实现要素跨地区的流动和优化配置，增强地区生产力，充分发挥上虞在产业引领、创新驱动、开放支撑方面的辐射带动作用，从而更为精准地实施主体功能区战略，形成长三角“新智造”协同创新示范区。

（二）一张蓝图绘到底

“一江两岸”自 2003 年始建，原称“曹娥江城防工程”，主要是城市防洪工程。为适应城市能级提升需要，从 2014 年开始，上虞对原曹娥江城防工程核心地段进行提升改造和拓展建设，打造呈现别样风格的滨水景观带，更名为“一江两岸景观工程”，完成了从单一的城市防

洪工程到城市景观工程的精彩蝶变。"一江两岸"也逐渐成为上虞城市核心区域。之后，上虞在"一江两岸"主中心的基础上，统筹全要素资源配置，构筑了"1＋7＋10＋N"的支撑体系，强化杭州湾未来小城、崧厦、道墟、小越、东关、丰惠和章镇等7个次中心支撑，同时还规划了10个乡镇中心。"青春之城"发展空间布局便是这样将"一江两岸"的一张蓝图绘到底，优化了城市中心体系。

在城市中心体系格局构建上，"青春之城"发展空间布局中把城市的功能定位与空间布局有机衔接，在主中心不断发展的基础上强化各次中心的整体支撑作用，以构建城市资源禀赋与生态环境、战略资源相匹配的城乡空间布局，实现人口、城乡、产业的融合。同时在中心建设上，上虞一方面结合产业园区、重点功能片区，培育主中心发展，与社区服务中心一起构建多层级、网络化的主中心建设格局；另一方面，深入研究论证次中心的选址布局，通过次中心的建设承担疏解主中心发展压力并参与区域竞争与合作的战略功能。

（三）城乡区域协同发展

"青春之城"发展空间布局充分围绕统筹城乡发展，解决城乡发展不平衡不充分的目标，改变传统城市重视城市集中建设区而忽视外围乡村地区问题，贯彻城乡区域协同发展的规划理念。

通过梳理城市山水脉络、大型生态廊道和城市肌理，结合区域核心资源空间分布，划定农业空间布局，形成"两核三区四线"的组团空间格局。具体来说，形成虞北盖北镇特色农产品和虞南章镇镇、丁宅乡特色农产品两大优势核心区，虞北精品功能农业先行区、虞中高端高效农业引领区和虞南生态休闲农业示范区，"杭州湾大道"农业科普线、"花海大道"繁花漫游线、"花果山大道"鲜果采摘线和"竹林大道"隐逸桃源线四条"四季仙果之旅"风情线，从而充分发挥外围乡镇资源特色优势，依托生态环境与特色产业的城市近郊小镇，形成集聚发展的特色乡镇簇群，引导乡村向特色化、规模化和协同化发展。

在此基础上，上虞还构筑了"一主两副、两区两带"的城镇协同结构，将城市中心城区打造为全区商贸物流、先进制造和综合服务中心；将章镇打造为城市副中心，承载边界融合重要节点的战略职能；同时发展虞北产城协同发展区、美丽南闲绿色发展区和横向科创大走廊创新创业带、纵向南北城乡发展带。原先上虞发展难点在于南北过于狭长，从最北钱塘江滩涂，到最南三界、章镇，超 50 公里。而如今上虞的城镇协同结构很好地解决了这个难题，空间规划结构也从过去强调的"形态结构"向"功能结构"转变，通过更坚实的功能定位，引导各个板块形成差异化分工，从而使得南北双中心同步发展，弥补如今南北发展和城乡发展差距过大的现状。

三、"青春之城"建设空间布局优化策略

上虞地处长三角一体化发展核心区域，位于杭州和宁波的几何中心、杭州湾大湾区的"金南翼"。上虞"青春之城"建设立足"一江两岸三城多片区"总体空间布局，抢抓长三角一体化发展战略机遇，"融杭联甬接沪"跑出加速度，全域全方位推动交流交往交融，打开更多的发展空间。

（一）打造"融杭连甬接沪交通先行区"

交通是一座城市的血液，串连着城市的发展脉络，牵引着城市未来的发展方向。在长三角一体化和融杭联甬接沪的时代大主题下，上虞积极融入大湾区发展，打造"融杭连甬接沪交通先行区"。上虞交通优势得天独厚，由"一条地铁、两条高铁、四条高速"构成四通八达的交通主干道，呈放射状向四面辐射。一条地铁：在建绍兴市城市轨道交通 2 号线。两条高铁：杭甬高铁、杭台高铁；两个高铁站：高铁绍兴东站和上虞南站。四条高速：杭甬高速、杭绍甬高速、常台高速、绍诸高速。

上虞积极构建"四横一纵一联"的铁路网和"四横两纵一联"高速公路网络，全面提升对杭、绍、甬等省内城市乃至长三角的通达力。在铁路网建设上，主要构建杭甬高铁、萧甬铁路、杭绍甬城际、货运

外绕铁路四条横向铁路干线，沪绍金城际—杭台高铁纵向干线，同时做好宁波跨海铁路连接线。杭甬客专、萧甬铁路、杭绍台高铁，总里程 75.6 公里，其中高速铁路 51 公里。在高速公路网建设上，主要构建杭甬高速、杭绍甬高速、杭绍甬南复线、诸嵊高速东延四条横向高速公路干线，常台高速、余虞嵊新高速两条纵向高速公路干线，并做好绍诸高速的连接，境内总里程约 98 公里。在国道公路建设上，构成"一横一纵"国道网。"一横"为 329 国道，"一纵"为现 104 国道，并逐段进行提升改造，实施 329 国道北移，104 国道南移，规划贯通南北的 104 国道东复线。在省道公路建设方面，逐步构建"四横一纵"的省道网，主要包括 S306 镇海—萧山（新东线）、S306 百官至园区快速路、S307 北仑—上虞、S309 鄞州—开化、S310 奉化—桐庐等五条省道。

上虞正在加快形成"三快四铁五高"综合交通骨干网络，谋划了总投资超 700 亿元的 30 个重大交通项目，计划到 2027 年完成投资 400 亿元。基本建成"交通网络更加立体多元、运输服务更加便捷高效、发展质量更加绿色智慧、交通运行更加安全可靠"的高水平交通强区，实现"10 分钟上高架、全区 15 分钟上高速、30 分钟联杭甬"，将全面融入杭甬"半小时"、上海"1 小时"经济圈，与沪杭甬形成"同城化"发展。

（二）推动产业合作互补共促

长三角一体化战略、浙江大湾区、杭绍甬一体化纵深推进，将为上虞城市发展建设带来更大的发展空间、更大的发展资源和更高起点的改革举措。上虞深化与杭沪甬等高能级经济开发区合作，积极打造杭州湾上虞经济技术开发区这一国家级开发区，坚持"全球先进绿色智造大平台、全面融入长三角一体化发展先行区、数字化改革标杆地、'重要窗口'建设模范生"的发展定位，聚力打造"4+4"战略性新兴产业和未来产业体系。整体和杭沪甬形成产业合作互补，推动产业延链补链强链，同时进一步加强改革创新互鉴，促进打造现代化产业高地，争创长三角产业协同创新示范基地。

同时，杭州湾上虞经开区还积极开展院校合作，推动长三角地区高等教育资源的高效整合和优势叠加。一方面，整合利用政府、社会、企业资源，增加学校服务地方经济社会发展的潜力。另一方面，还精准对接区域产业人才需求、产业创新需求、产业合作需求，为上虞经济社会发展提供人才、智力和科技支撑。

此外，原先功能单一的杭州湾上虞经开区，正向功能多元、生产与生活融合的新城转变。科创中心、大通滨海商城、商业街；高校、小学、幼儿园；酒店、金融网点、公交枢纽、社区中心等齐头并进，"学、游、闲、住"一体化业态布局加快形成，优化和提高产业布局能力，形成医院、学校、企业多方共创共赢的良好局面。

（三）探索"创新飞地"模式

上虞加快在长三角区域设立"研发飞地"，探索与长三角区域大院大所开通科技创新合作对接"云平台"，撮合协同创新供需匹配，导入长三角最优科创资源，促进科技成果产业化。目前上虞主要重点围绕优先发展的先进材料、智能装备等新兴产业，在上海、杭州等人才、资源、项目集聚地设立"研发飞地"，开展"研发孵化在外地、产业化在本地"的"逆向创新"模式，同时在区域内打造一批快速发展、竞争优势明显的高新技术产品群和企业群，带动一批高新技术企业核心技术及重大产品的自主创新企业落户上虞。这一模式，不仅打通了上虞对创新资源的迫切需求和发达地区高端资源充沛供给的渠道，实现创新需求链与供给链的有效对接，还打通了创新项目在大城市孵化和本土产业化联动发展的通道，实现长三角区域创新资源与上虞产业结构优势互补。

上虞为了实现"创新飞地"的目标，在空间上着手建构面向未来的创新空间体系。尤其是充分发挥了杭州湾经开区国家级产业平台、曹娥江经济技术开发区和曹娥江省级旅游度假区两个省级平台、一江两岸现代服务业集聚片区、杭州湾科创园区、未来城科创街区、皂李湖科创湖区为核心的三大科创平台以及多个特色产业节点的创新孵化、转化及服务功能，通过打造科创大走廊创新创业带，强化对城市创新空间的组织和引领。

第三节 实施城市更新行动

实施城市更新行动，是适应城市发展新形势、推动城市高质量发展的必然要求；是推动城市开发建设方式转型、促进经济发展方式转变的有效途径；是推动解决城市发展中的突出问题和短板、提升人民群众获得感幸福感的重大举措。上虞"青春之城"实施城市更新行动的总体目标是建设宜居城市、韧性城市、智慧城市，城市更新有两种形态：一种是老城改造焕新，实现存量更新；另一种是新城新区建设，实现增量蝶变。

一、老城焕新迸发活力

上虞主要以活力城为载体，实施"青春之城"老城焕新行动。首先，以民生为本，最大化满足居民的安置、顺应其对居住环境品质和公共服务设施的需求。其次，通过水绿网络对被破坏的生态进行修补。同时，深度挖掘当地文脉，这些沉淀和记忆才是一个地区真正的符号，在设计过程中巧妙地将这些符号融入空间场景中。最后，构建与周边地区相协调的空间结构，塑造具有当地原始记忆的建筑风貌。

（一）民生为本体现上虞温度

上虞谋划启动老城焕新三年行动计划，围绕有品质的城市、有特色的乡村，全域提升基础设施。实施老旧小区改造、道路交通、集镇综合整治、污水零直排等基础设施提升工程。以人的需求为导向，聚焦老旧小区短板，坚持人文关怀，坚持规划先行，系统梳理老旧小区空间，整体规划、科学布局、强化特色、传承历史、着力解决公共设施薄弱、生活环境脏乱等问题，全面提升居住品质和公共服务水平。

同时，完成良种轧花厂地块出让准备，打开城市有机更新空间。将原小商品市场改建成停车场，对生活垃圾中转站等基础设施全面提升，以易腐垃圾为重点改进收运模式推进垃圾分类行动，提升宜居舒适度。

（二）生态修复推进污水零直排

上虞在老城焕新行动中多举措推进污水零直排，实现生态优化。同时，以植草沟、雨水花园、泄洪湿地等低成本设施构建海绵城市体系。此外，积极构建城市—街区—社区三级绿化系统和城市—街区—社区三级公共空间体系，满足多种休闲需求结合地块内开放空间，构建网络化的开放空间系统。

实施污水零直排行动。上虞积极开展污水管网地毯式排查，摸清排污现状，依法处置违规排污行为，更换改造破损老旧排污管道。推进雨污分流改造全覆盖，确实无法实施改造的采取技术手段就近处理，达标后统一纳入污水管网；对已实施雨污分流改造的，对照污水零直排要求进行提标改造。落实污水全收集，整治雨污合流，将居民厨房污水、厕所污水、阳台废水及经营户污水等全部接入污水管网，设置水封、存水弯等防异味、排气装置。

实施排涝能力提升行动。上虞积极疏通、整修老城区雨水管网、排水井，对地势低洼、易出现积水、排水不畅、路面破损的区域，实施道路整修改造，确保老城区路面平整，实现"小雨不积水、大雨不内涝"。同时，结合绿化改造、屋顶改造、道路改造，采取雨水花园、下凹式绿地、透水铺装等方式，因地制宜建设海绵设施。疏浚河道、水池等水体淤泥，实施堤岸生态化修复改造，恢复河岸特色风貌，探索水体生态修复，确保老城区内水质达标。

实施绿化提档行动。上虞按照"开门见绿"要求，见缝插绿增加老城区绿化，提升老城区绿化覆盖水平。同时，改造提升老城区现有绿化，对标园林建设要求进行绿化提升，提高绿化品质，做到城区"四季常绿、季季有花"。利用沿河绿地等空间，因地制宜建设步行道，增设公共座椅，为城区居民提供休闲空间。强化山水生态屏障，严格控制周边建设强度和形态；疏浚历史水系，修复自然驳岸、湿地、滩涂等，营造连贯的亲水空间。

（三）文脉传承延续虞舜文化

1. 延续老城传统格局

从老城结构来看，上虞老城区街道的传统空间格局要素呈现"碎片化"状态，要修补、强化老城在特定自然人文环境中长期演化形成的稳定空间结构特色。因此，上虞不是异化、割裂甚至扭曲老城的传统空间结构，而是顺应、延续和强化所有的更新干预，根据现代生产生活需要不断更新提升。上虞在高密度建成条件下，以多元复合、人本营城理念为导向打造"精致街巷、宜居慢城"的老城城市规划定位，规划形成"一江两片、山水连廊、一核多团"的城市发展空间结构。具体来说，"一江两片"是指曹娥江及其两岸的老城单元和曹娥单元；"山水连廊"是指老城背靠东南部的龙山生态公园、坐拥曹娥江，由其衍生的通江廊道、活力街道、森林步道等多条廊道，"一核多团"是指以解放街和大通商场为主的城市综合服务片区为中心，以居住区级公共服务设施为核心的居住组团发展。

同时，上虞老城区还保留传统街道建筑肌理，在原有街道尺度、建筑位置及坡向的基础上，分门别类对老建筑进行翻新、改建，为老区增添"年轻态"。

2. 传承老城历史文脉

城市由历史累积而成，风貌由文化滋养而生。历史文脉是城市的根和魂，是城市的性格基因，也是城市更新的重要战略资源。上虞是浙江建县最早县之一，历史底蕴深厚。因此，上虞老城更新中精心保护、修缮、展示体现不同时期、不同文化内涵的建筑物及其历史环境。新时代上虞的城市更新注重文脉的修补与传承，分层解析历史文脉丰富、复杂、多元的老城，认识不同时期的历史资源、空间秩序、文化秩序，在更新中延续历史、记忆、生活的真实状态，将历史文化作为老城发展的重要推动力，以文化人、化力为行，传承城市文脉和人文精神。

曹娥自古繁华。曾经，舟来纤往之间，老曹娥是货物转运的重要码头，历史文脉、民居人烟甚为稠密，老曹娥许多旅馆、酒店都集中此处，也形成了运河文化、坝头文化、民俗文化、宗教文化、孝德文化、海塘文化等多元文化格局。丰惠古镇历史悠久，文化底蕴深厚，自唐长庆二年（公元822年）至1954年，一直是上虞县治所在地。如今，千年县城的遗迹尚存，除了元代九狮桥、明代大宅院、王一飞故居、胡愈之故居、范寿康故居、北撤会议旧址等著名古迹之外，街头巷尾处零零点点的古迹随处可寻。因此，上虞丰惠镇结合古县城历史及现状城镇建设、自然风貌等特色，规划设计了镇区“一带两区、三路两点”的老城焕新方案。“一带”即围绕街河、古街打造的古街风情旅游带；“两区”即围绕古街周边的古镇风情整治区、镇沿古街外围发展的居住环境提升区；“三路”即镇区外围重点整治的丰三路、百丰公路、外环南路；“两点”即市场东侧停车场、南门夜市。在老城焕新建设中，丰惠镇注重处理古镇的细节，彰显特色改造。以街河历史发展轴为前提，从景观设计的角度出发，对古镇景观进行科学规划设计研究，打造精致小城和文化小城。同时，尊重历史、注重修复，丰惠镇最大限度地保护文物古迹及其所承载的历史信息，使其传统风貌得到最大程度的展现和传承。如在丰庙公路、西南门、古商街道及城区道路沿线的立面改造的过程中，尽可能地恢复老街风貌，凸显丰惠水城、古城特色。

（四）特色营造丰富老城业态

延续传统生产生活网络，增添古城特色新业态。上虞抢救性地保护复兴传统民俗、手工业、商业老字号等文化遗产，融入老城功能布局，结合发展定位进一步丰富业态，大力培育文化旅游和文化产业，鼓励利用各类建筑积极开展文化创意、销售、特色餐饮、酒店民宿以及其他商业文化活动。同时，逐步搭建高品质的创新驱动平台，聚集有创意的各项资源，培育老城的新业态和新品牌。上虞里直街便开展了"微改造、精提升"工程，街区在保留历史记忆与文化脉络的基础上，对老街进行"修旧如旧"的翻新、改建，同时扩增业态注入"新鲜血液"，增添年轻、时尚、文艺元素。为让微改精提后的上虞里直街街区保持"原汁原味"，里直街建筑改造采用传统手法，将上虞独特的人文记忆作了生动展现，使老街充满生活味和归属感，此外还积极顺应和把握消费升级大趋势，增加体验式、互动性强的新业态，精心打造沉浸式文旅消费新场景，迎合现代人的需求。

结合特色功能定位，策划多样文化活动。 上虞结合规划确定的功能定位，组织各方力量在老城举办多样化的文化活动，包含历史文化、孝德文化、春晖文化、影视文化四大主题板块，结合上虞博物馆、中华孝德园、风情街夜市、同兴里、谢晋故里等标志性点位进行开展。通过这系列文化活动，梳理老城历史文化展示线路，弘扬当地特色文化、提升空间艺术美感，让文化渗透到日常生活，助力人们感受上虞老城的历史格局与文化底蕴。

二、新城蝶变蓄势腾飞

新城蝶变行动主要以上虞未来城为载体进行，上虞"青春之城"新城蝶变建设行动以当地生态为底，尽量减少对整体生态循环系统的干扰，设计应遵循 3R（Reduce、Reuse、Recycle）原则，打造可持续发展的绿色新城。同时，结合传统产业转型的需求和机遇，根据自身资源特点引入新产业，合理确定产业集聚方向和城市功能定位。最后，根据项目自身的资源特色构建合理的空间结构，完善公共设施和服务，打造独具特色的新城。

（一）生态为底建设绿色新城

随着城市发展，上虞以"五水共治""美丽河湖""山水林田湖草修复"为抓手，先后投资 10.7 亿元建设了全长约 5.6 公里的曹娥江"一江两岸"景观工程，建设水清景美的美丽河湖，营造品质宜居的江滨空间，构建曹娥江城市发展轴、生态景观带，塑造"一江两岸、江城一体"的独特城市辨识度,成为休闲旅游、科技创新大走廊,也为其新城蝶变奠定了坚实的基础。上虞未来城建设以生态为底,修补区域大生态安全格局,延承曹娥江河湖文化;在片区层面,以曹娥江为核心,城乡协同统筹、优化片区生态格局。同时,规划片区生态体系,实现绿带环城,湿地入城。重点建设曹娥江"一江两岸""体育中心—杭甬运河"城市廊道;突出亲水绿地,加快建设沿曹娥江、故水道环形亲水慢行系统;结合开放空间,打造文景交融、亲水可达的绿地系统,构建蓝绿交融、多元渗透的城市基底。

(二)产业引入融合"产城人文景"

上虞新城蝶变建设主要结合未来城的功能定位,引入新产业进行发展。上虞新城建设按照"产城人文景"深度融合发展的要求,总体上构建"一湾两区三谷"的发展格局,围绕曹娥江科创湾重点打造高铁东站综合社区、地铁 TOD 未来社区和生命健康谷、数字文创谷、科创智造谷,重点培育生命健康产业,提升数字经济产业,延链高端装备产业,集聚高技术服务业。

着力培育生命健康产业。未来城规划建设曹娥江生命健康谷,面积 2.8 平方公里,沿曹娥江—杭甬运河布局,其中曹娥江西岸重点布局精准医学科创孵化、研发生产;运河北侧重点布局高端微创器械产品研发和转化;曹娥江东岸重点布局总部经济和医美医养、健康管理等健康服务业。重点发力细胞与基因治疗、高端微创诊疗器械、合成生物等三个细分赛道,推动"产品研发+医疗应用"双轮驱动,打造精准医学未来产业先导区。加快导入复旦大学、浙江大学、邵逸夫医院等一流合作伙伴资源,促进产业转型升级,形成"医疗资源+高校创新+企业投资+政府支持"的"政校医企"四方高度融合发展。

提升发展数字经济产业。未来城规划建设数字文创谷,面积 2.9 平方公里,依托 e 游小镇,在现有的数字文创、软件开发的基础上,重点围绕产业大脑、数字工厂、数字内容、大模型应用、元宇宙交互等领域进行探索,支持发展产业、城市、消费和健康元宇宙应用场景,支持大模型产品应用试点。

全链布局高端装备产业。未来城规划建设科创智造谷，面积 4.6 平方公里，依托晶盛机电、卧龙新能源等企业，重点布局半导体装备、新能源应用产业，支持半导体装备全产业链发展，支持新能源应用项目示范建设。

集聚发展高技服务产业。未来城依托未来城江东片区、五星路以南片区、高层次人才产业园，与各平台、镇街联动发展，推动布局企业总部、创新研发中心、公共服务机构，积极引进 500 强、央企、国企，引导虞商优势企业建立总部，推动检验检测、中介服务、应用场景等企业集聚发展，提升未来城经济密度、产业活力。

新产业的引入不仅可以培育和发展未来城的新兴产业，为城市带来新的经济增长点，提升城市的创新力和综合竞争力，还可以促进传统产业转型升级，提升其技术水平和竞争力，推动城市产业结构调整和升级。为促进城市经济转型升级，上虞充分利用未来城在产业发展方面的良好发展成果，促进老城区与新城资源优势整合互补，建立合作关系，促进城市整体产业发展。一方面，借助未来城在光电子、智能制造、汽车、生物医药、新能源新材料方面等产业优势，为活力城、文旅城旅游产业发展、服务业发展提供支持。另一方面，借助活力城、文旅城历史文化，丰富未来城文化内涵。为丰富上虞未来城文化内涵，将上虞文化融入未来城建设中，努力激发创新活力。如在未来城建筑增加秦汉风格设计独特、古朴典雅等要素，使未来城充满文化气息。

（三）公共服务完善提升新城品质

1. 增加创新创业生态链

上虞通过强化创新空间共建共享，建立健全创新创业生态链，有助于吸引人才，提高产业建设水平，提升居民生活质量。上虞在促进未来城与活力城、文旅城协同发展的过程中，主动增加创新空间，增强创新空间的共享性。

上虞从 IP 打造、资本运作、创业空间和创客服务四方面建立健全未来城创新创业生态链。在 IP 打造上致力于开展产业创业创新大赛、综合性路演和生命健康产业论坛，将未来城 IP 功能定位精准化。同时，利用天使投资、风险投资和私募股权投资基金三层次资本进行创新创业的资本运作。此外，充分发挥 e 游小镇、众创空间和高层次人才创业园，为创新创业人群提供宽广的创业空间。还开展了人才贷款、零元入驻等方面的创客服务，促进人才、资本、创新、产业发展等要素向未来城流动，推动未来城与活力城、文旅城协同发展。

2. 构建多级公共服务体系

上虞结合未来城特色，完善交通系统建设水平，构建多级公共服务体系，并按相应的等级构建 15 分钟步行生活圈，打造青春时尚生活圈。

提升城市未来感，打造多元交互的未来场景。上虞按照引领示范的要求，在未来城重点打造 4 大未来城市场景。未来建筑场景，以曹娥江文化艺术中心为重点，支持绿色低碳智慧的未来建筑应用场景，运用数字孪生、BIM 技术，构建未来城市底座。未来交通场景，重点支持车路协同、智慧灯杆、智慧公交、智慧停车、智慧出行等场景应用。未来低碳场景，重点支持城市储能、节能管理、绿色出行、垃圾分类、低碳消费等应用场景。未来街道场景，结合景观绿化、灯光照明、慢行系统，加强永仁路、云中路城市公共艺术建设，布局适应于潮流文化和网络媒介的景观设施和交往场所。

完善创业乐居性，构建青春时尚生活圈。上虞积极规划建设地铁 TOD 商业综合体，打造集社团、潮玩、美食、乐购于一体的核心商业圈，满足青年人个性化的生活需求。同时，上虞在未来城建设上规划建设曹娥江文化艺术中心、e 游 PARK 影视数字创谷等文化项目，积极打造沿曹娥江、沿水系主网运动休闲带的青春文化圈，丰富未来城文化社交场景。上虞还规划建设浙大邵逸夫医院绍兴院区、竺可桢未来学校、青春驿站等公共服务圈，满足青年创业乐居的功能配套。在结合未来城青年创新创业的需求背景下，上虞还提供创客学院、共享会议室、共享会客厅、共享自习室等优享增值服务，尽最大可能懂青年人，满足其个性化需求。

确保区域通达性，提高交通系统建设水平。上虞积极构建对外"南北双廊、东西六轴"，内部"七横七纵"的综合交通网络。在对外交通体系构建上，加快推进建设杭甬高速崧厦互通工程，形成道墟、崧厦和上虞互通三个高速衔接节点。通过东西轴线—南北快速—进站接线，实现未来城与高速枢纽的快速衔接。在内部网络上，建设发达快速道路网，提升城区外围公路快速疏散功能，织密内部交通网络，以南北中心大道和五星西路为十字结构织密新城内部交通网络，加快推进江西路和复兴路通道建设。加速轨道交通建设，推进绍兴城市轨道交通2号线上虞段，谋划云轨、云巴路线，构建高铁站、高速出口通达新城核心区块的便捷路线和模式，建立良好的接驳换乘系统，形成区域城际交通中心，构建未来城与高铁、地铁、公交"零换乘"的公共交通体系，打造好"轨道上的新城"。同时，布局多元城市出行品质交通。加大未来城地下空间、节点廊道智能化研究，规划预留车路协同、轻轨云巴等，探索智能驾驶、无人物流全场景，打造智慧立体交通体系。抢先布局智能驾驶全场景示范，选取涵盖不同城市等级道路的围合区域作为智慧无人测试路段。探索可持续的未来城市交通出行方式，定制化穿梭巴士、区域轨道系统等中短途交通设施，推进高铁和区域轨道电车公共空间融合发展，实现公共交通新模式，打造智能网约车服务体系和共享新能源预约出行交通方式，疏解城市交通压力。建设曹娥江交通旅游融合示范工程，增设特色公路驿站及景观小品，推动建成客运码头，发展上虞水上客运特色交通。

（四）特色营造未来产业社区

在城镇化高度发展的今天，空间开始承担引导产业找寻新发展动力、使城市空间更加丰盈的新使命。于是，"定制版"未来产业社区呼之即出。这种以产业为基础，融入城市生活功能，不仅关注产业，更关注"人城产"深度融合的新模式，成为上虞探索未来城建设发展的一手棋。

由于乡镇街道的产业生态、资源要素、基础设施等不尽相同，因此上虞因地制宜，就其特色探索模式进行创新，推出"定制版"未来产业社区，主要包括：特色集聚型未来产业社区、传统改造型未来产业社区、工业楼宇型未来产业社区、创新创业型未来产业社区四种类型。

上虞未来产业社区不是冷冰冰的，它的价值不再是"热度"，而在于"温度"，以更大尺度关注人的价值，进而真正打造"产业业态、城市形态、人才生态"三态融合的功能复合型产业社区。例如，梁湖未来产业社区结合皂李湖"休闲之湖、科创之湖"发展战略，计划通过打造"智能电气特色集聚区、专业装备精细发展区、文创科创联动探索区"，形成上虞标志性的"未来产业绿洲·科创之湖支撑"。而永和未来产业社区计划打造"4＋2＋1"区域格局，推进开发建设丰永休闲产业园、精亮小微产业园、宇梁汽车零部件产业园、永和智慧小微园等产业园，建设和盛青春共享公寓、青峰邻里广场和青峰商贸综合体，致力生产高效、生活便利、生态宜人、人才生长多效发展。

上虞还积极推动未来产业社区找准产业发展赛道，建设形成各具特色、联动协同、错位竞争的产业体系。截至2023年年末，曹娥街道以先进材料、智能装备等为代表的战略性新兴产业不断发展壮大，已拥有81家省级以上高新技术企业、10家上市公司，形成了以卧龙新能源智慧产业园、晶盛联合创新产业园为龙头的"曹娥智谷"的产业集群。以此为基础，曹娥街道未来产业社区目标即打造未来百亿能级装备制造园区、长三角未来工场新样板、产城人文景融合创新社区，形成具有先进装备制造特色的未来产业社区。

此外，上虞未来产业社区除了产业外，同样还注重提升"美丽溢价"，体现生产、生活、生态"三生融合"和创新、创业、创投"三创结合"，既满足现代青创需要，也体现生活烟火气。在上虞，未来产业社区的"美丽溢价"体现在配套与服务上。上虞以未来产业社区生态圈为单元，补齐公共服务短板，完善集教育医疗、养老托育、体育健身、文化服务、交通物流、商业服务、物业服务、智慧安防于一体的公共服务矩阵，建设全龄友好型、青年受益型产业社区。

实践探索九：

未来产业社区——产业升级的未来之路

上虞区对照新型工业化和新型城镇化新要求，在原乡镇工业园区率先探索未来产业社区建设，实现产业高质量发展和公共服务普惠共享，为全省创新深化"千万工程"和新型工业化、以"两个先行"打造"重要窗口"贡献新样板。

一、实践成效

曹娥江经济开发区深入开展新一轮制造业"腾笼换鸟、凤凰涅槃"行动，勇毅笃行、唯实惟先，全面掀起园区"二次创业"热潮，加强模式创新和管理体制创新，着力打造"一个示范区、两个产业基地"。经开区坚持"2＋X＋N"战略体系，以泛百官和泛道墟两大重点地块工业有机更新为重点，积极探索与乡镇合作共建、利益共享推进机制，通过平台统筹、工业治理、产城融合等做法，积极打造一批未来产业社区，不断稳定和壮大乡镇、街道中小微企业，积极培育专精特新等高成长性企业。

二、实践内容

曹娥江经开区计划在属地创建未来产业社区 10 个以上，总占地面积超 10 000 亩，总投资超 200 亿元，力争打造成为全省新一轮制造业"腾笼换鸟、凤凰涅槃"攻坚行动样板区。到 2025 年，未来产业社区建设作为全区工业经济发展的重要组成部分，通过未来产业社区辐射带动上虞区累计新增规上工业企业 100 家以上，规上工业企业亩均增加值年均增长 8.5%，低效工业用地改造提升 5 000 亩以上，新增就业人口 4.5 万，引进大学生 2.5 万人。

目前未来产业社区建设主要分为以下几类。

(1) 混改重建类。通过国有资本或引进社会第三方资本对现有连片低效区块进行厂房二次开发或连片推倒重建，进行统一规划布局、招商引资，建成具有地标意义的未来产业社区。如智创青春谷位于原百官工业园区，总面积1 605亩。该地块按照工业上楼3.0模式和“高、轻、新、融”的发展思路，立足“自动化、高科技、无污染、产出高”的企业标准，以人工智能和生产性服务业为主导方向，智能制造和智慧生活为主攻产业，智慧城市物联为拓展，积极打造成为具有示范意义的未来产业社区。如智能装备生态园位于道墟化工退出地块，占地面积1 485亩，主攻高端装备制造业，打造以龙头企业引领，专精特新企业集聚，产业链完整，生产生活配套服务完善的产业集聚区，形成制造业“腾笼换鸟”省级示范区。目前，总投资超百亿元的盈峰新能源装备项目已启动建设。

（2）新建扩建类。对于镇街有一定连片增量工业用地可供使用的，结合存量区块，统一进行规划布局，以新增工业用地区块为主导，注重新旧区块产业布局协调、创新功能联动，形成“以新带旧、以旧促新”的发展态势。如崧厦时尚包装未来产业社区，项目选址在伞艺小镇核心区，占地规模515亩，形成“时尚包装产业园”一园、“共何邻里中心、创业服务中心”两心、“东西大街青创街区”一街区”的产城空间格局，以高端香水包装生产基地项目为牵引，加大链主型时尚包装企业招引力度，同时向时尚包装上下游的设计、新材料、贸易企业拓展，招引15家左右的包装企业，新增一个20亿元的产业集群。目前，总投资5亿元的伟诗达香水包装项目已启动建设。

（3）改造提升类。在现有工业园区相对成熟的区块，根据未来产业社区建设相关要求，因地制宜布局配建生产、生活配套设施，对区域内企业外观进行集中改造，实现区域产业、风貌的二次提升。如小越街道的新时代科创园属于闲置厂房盘活和整治提升项目，原占地45.8亩的土地和4.4万平方米的建筑厂房被闲置，街道先后投入2 000万元资金进行整治提升（包括道路等配套设施改造、厂房立面提升、绿化景观新建等），导入新能源汽车及零部件、智能装备优质青年人才项目，引进专业基金机构赛创未来负责园区运营和招商，建设集人才、项目、科技、金融、生活配套于一体的科创园区。截至2023年年末，总投资1亿元的年产6 000万平方米锂电池半固态无孔电解质隔膜项目已投产。

三、实践亮点

未来产业社区是以优质型产业功能为主导、沉浸式生产生活配套为关键、智慧化管理模式为基础的空间形态现代、开发模式创新的新型产业综合体，体现生产、生活、生态"三生融合"，创新、创业、创投"三创结合"，既满足现代青创需要，也体现生活烟火气，为城市有机更新、工业创新发展提供新路径、新模式。

（1）更好地增强发展支撑力。通过专精特新等高成长型企业、完善的生产性服务业的引入，未来产业社区将成为优质企业的重要承载平台和区域发展强有力的增长级。与此同时，产业发展将有效吸附大量产业工人，增进区域人气，进而带动未来产业社区周边的商贸服务业、房地产的快速发展，实现区域的良性持续发展。

（2）更好地实现产城融合。未来产业社区建设主要是在大量存量低效用地基础上进行的。在建设形态上，倡导建筑风貌的活力感和年轻态，倡导产城融合互动，可有效改变当前工业区块在城区中格格不入的尴尬局面。统一的建筑风格、统一的 logo 标识等，使未来产业社区形成较强的辨识度和区域特色，成为城区的网红区域和地标性建筑群。

（3）更好地激发青春活力。未来产业社区通过多元化的商业和公共配套、良好的空间品质与区域环境建设，以及各种专业化的社区服务，让这一区域成为活力、开放、舒适的吸引青年人才集聚的新型空间，满足区域内全年龄职工日常物质、精神文化生活等多层面需求，特别是增强年轻人对区域的认同感和归属感，激发城市青春活力。

第四节　提升城市生活品质

党的二十大报告提出，增进民生福祉，提高人民生活品质。"生活品质"的描绘并非单纯的基本公共服务水平提升，还涉及了引入个体变量的获得感、幸福感、安全感的主体性感受①。因此"青春之城"城市更新全过程以精细化管理理念贯彻，以"青春 IP"打造为主线，从青春场景、青春出行、青春夜阑三个主要方面，以年轻化、青春化为引导进行全方位的城市生活品质打造，从而综合性提升人们在这座城市所能感受到的获得感、幸福感等发自内心的认同感，体现高品质生活的"上虞温度"。

一、全过程贯彻精细化管理

2017 年 3 月 5 日，习近平总书记在参加上海代表团审议时强调，"城市管理应该像绣花一样精细"②，提出了城市精细化管理的重要论断。精细化管理是超越粗放式管理的城市管理形态，是现代城市管理转型升级的必由之路。新时代，人民群众对美好生活的向往更加热切，提高城市精细化管理水平已成为各级政府的重要任务以及为民惠民的大事。

（一）补齐城市管理短板

上虞着力解决"青春之城"城市建设和管理中的短板问题，提出了精细化管理的现实要求，也决定了精细化管理工作的任务。从上虞精细化管理的实施方案来看，工作任务基本都锁定在补齐城市管理的短板。通过发布城市精细化建设管理行动方案，实施多样化城市精细化行动，内容覆盖交通基础设施优化、建筑立面整治、交通秩序整治、城市住房保障、雨污分流改造等，都是城市管理中长期存在的短板问题，这也反映了城市管理从"抓亮点"到"补短板"的转型。

（二）改进城市管理弱项

在"补齐短板"的基础上，城市精细化管理实施方案还立足于

---

① 龚建华."内卷"视域下人民生活品质提升实现路径研究[J].黑龙江社会科学,2023(1):74-80.
② 习近平.践行新发展理念深化改革开放 加快建设现代化国际大都市[EB/OL].新华网,[2017-03-05]. http://www.xinhuanet.com/politics/2017lh/2017-03/05/c_1120572151.htm.

"青春之城"城市发展中的实际问题,强调以精细化管理为契机,改进城市管理的弱项,全面提升公共服务能力,提升城市管理品质。上虞积极完善城管协同共治机制,找准问题、精补短板,加强城乡市容环境整治,补齐市政公用设施短板,规范公共空间秩序管理,加大违法建设治理力度,加强城市垃圾综合治理,以及推进住宅小区综合治理等。同时,在城市垃圾分类、公共服务供给、街面容貌整治、水环境治理和历史文化风貌的保护性开发等各种城市管理的弱项问题中加大精细化管理力度。

(三)优化城市管理水平

上虞"青春之城"城市精细化管理的实施过程中更多注重提高人民群众的安全感、满意度和幸福感,不仅给予精细化管理更多人文化的规范,也设定了更具人民性的城市管理前景规划。上虞积极完善城市管理标准体系,划定上虞城区主要道路、重点区域及丁宅、陈溪、岭南3个乡城市化管理区域,实现城市管理力量城乡全覆盖。充分发挥城管办统筹作用,强化部门联系,抓好人员融合,初步建立起统一决策、一体化运行的"大城管"体制。探索"全科管理",将城市管理核心区域划分为23个网格,通过24小时浸入式管理,打通城市管理"最后一公里"。同时,以数字赋能,以城市管家平台为依托,通过网格重组、科技赋能、革新案件派遣流程等,实现30项城市管理简易问题最多一小时办结、其他复杂问题最多一小时响应,既明确规定了城市管理精细化的转型方向及其具体路径,也反映了城市管理日益科学化、专业化和人性化的精细化趋势。

(四)提升城市管理品质

上虞"青春之城"精细化管理实施将目标落脚在城市日常维护管理和市容环境建设等层面,着力解决设施维护管理、环境卫生保洁、市容秩序管理和建筑施工监管等方面的突出问题,实现城市管理工作提档升级。目前,上虞已成功建设城市精细化管理示范区1个。通过绿化景观品质提升、打造人行桥景观、布置景观小品等举措成功打造"省级高品质示范街区"。从实施效果来看，精细化管理都不同程度改善了城市形象面貌，提高了城市管理水平，优化了城市生态环境，提升了城市管理品质，形成了精细化管理的重要经验。

二、多元化打造青春场景

上虞融合应用未来社区"一统三化九场景"的建设理念，以年轻人的需求为主要导向，构建各类契合城市居民特征、满足城市居民需求的青春场景，着力优化人民群众在"青春之城"城市生活中方方面面的体验，打造具有归属感、舒适感和未来感的城市。

（一）布局青春驿站

青春驿站是主动适应快递、外卖等新兴领域分布聚集特点和服务需要，为新兴青年和中老年提供免费无线网络、充电、热水、书籍、急救箱、紧急避雨和雨具服务等一站式、全方位、多层次服务的综合性场所。上虞通过科学规划和合理布局，在社区中心、交通站点、大型商场、"一江两岸"区域等地规划青春驿站网点，结合中心城区绿道建设，打造"步行10分钟"青春驿站服务圈，从而以由内而外的方式实现了城市生活品质的升华。同时，上虞多举措保障青春驿站的良性运转，创新服务形式，吸引更多的城市居民积极参与社会公益事业，助推人们参与城市治理。

近年来，上虞在青春驿站的建设模式上也进行了不断地探索升级，从最初的功能单一、服务面窄的"环卫驿站"升级为多功能、服务群众的"城管驿站"，再到现如今面向全社会集休息、阅读、放松、应急为一体的"青春驿站"，探索构建以"实用功能为基础、业务服务为拓展、示范引领相结合"的综合性青春驿站网格，提升城市整体的生活品质。2023年，上虞进一步精准化定位青春驿站，以小而精、微而全、人性化为特征，新建和改造了10座青春驿站建设，为市民提供便捷、舒适的公共服务，让"青春之城"城市温暖变得触手可及。

（二）激活青春赛场

近年来，上虞将青春赛场作为"青春之城"城市发展重要的新动能，不断加大公共体育场地设施投入，着力打造上虞体育品牌赛事金名片，并率先出台体育产业发展配套政策，并不断挖掘各类特色体育赛事资源，创建赛事集聚平台，推动当地经济、社会、文化和环境发展，形成了以体育赛事集聚为影响力的县域体育特色品牌，也推动了体育赛事与城市发展双向赋能。与此同时，上虞坚持"体育用赛事串、旅游用项目串、属地用特色串"，打造体育旅游新场景，培育体育旅游新业态，扎扎实实做好"体育＋农文旅"融合文章，切切实实助推城市发展、乡村振兴、群众共富。自 2017 年以来，上虞每年承办、举办省级以上大型赛事 20 余场次，特别是围绕曹娥江这一文化金名片，积极打造曹娥江半程马拉松赛、中外名校赛艇挑战赛、国际龙舟大奖赛、国际围棋大师（精英）赛、亚洲木球锦标赛、中美职业篮球对抗赛、e游杯 WVA 全球 VR 电竞大赛总决赛等，将上虞的城市景观、文化积淀和体育品牌赛事有机结合起来，形成了富有上虞特色的赛事品牌体系。

挖掘地域品牌内涵，打造特色赛事。一花引得百花开，百花捧出盛景来。上虞依托各乡镇街道的地域特色积极打造"一镇一品"特色品牌赛事，深度做好"体育＋"文章，有效推动乡村振兴。如依托岭南四纪冰川遗址举办覆卮山攀浪节，依托丰惠祝家庄独特的山地资源举办国际山地单车速降赛，依托稻香小镇永和的专用木球场举办国际木球赛，依托丁宅上虞舜康国际赛车公园举办 RMCC 卡丁车挑战赛。

完善赛事设施服务，打造优质赛事。上虞不断完善上虞体育中心小球馆等高水平体育综合场馆基础设施，启动虞南运动休闲基地项目建设，并在绍兴市内首建以冰上运动为主的冰雪竞技中心。同时，上虞加强赛事宣传工作，引入高水平的体育策划公司，提高办赛质量和后勤保障服务。加快体育赛事与互联网的融合，搭建线上智能体育赛事服务平台，促进赛事服务的智能化、便捷化、高效化。此外，上虞还构建多层次的竞赛表演体系，完善赛事周边产业，塑造多种社交场景，给城市的文体娱乐领域带来新鲜活力。

（三）打造青春建筑

上虞"青春之城"致力于打造绿色时尚的地标景观建筑，支持引导城市绿色建筑设计、绿色建筑建造技术、绿色建材产品等开展科技研发和成果转化，利用场地空间设置绿色雨水基础设施，发展立体绿化，丰富城市园林绿化的空间结构层次和立体景观艺术效果。

同时，上虞致力于打造独具一格、充满创意的地标性建筑，推进曹娥江文化艺术中心建设，设计符合青年人审美的外立面和建筑空间，线条简洁明快，色彩搭配得当，并承载更为丰富的城市功能，不断贴合青年人的业余活动需求、精神需求、消费需求，吸引、集聚更多业态，更加具有上虞辨识度。上虞通过改造提升、活动策展、引进赛事等方式，进一步加强文旅商融合，不断激活功能、集聚人气，让曹娥江人行景观桥成为城市新地标，让"诗画曹娥江"成为最具上虞辨识度的地标景观带。此外，上虞积极建设打造身兼美术馆、剧场、艺术书店、文创体验、艺术教育等多重职能的曹娥江文化艺术中心，将其作为艺术文化空间向城市开放。文化艺术中心项目建设不仅为上虞人民艺术文化生活增添新资源，也能为上虞城市更新带来极为重要的突破性引爆点。

（四）营造青春水域

上虞"青春之城"致力于营造活泼热闹的青春水域，积极推动水环境质量高位提升，优化曹娥江沿线的景观品质，推进两岸资源要素的整合集聚。发展水上旅游项目，引入民间资本，加大开发和推介力度，提升特色景点，持续开发曹娥江黄金水道，建设旅游码头，开发游艇路线，深度打造夜游项目，形成一条旅游观光和休闲游憩的旅游文化走廊。2024 年 7 月，"漫游娥江"观光游船项目正式启幕，两艘游船"舜会百官"与"瓷源翠色"正式启航迎客，进一步丰富了上虞文旅业态，唤醒宝贵丰富的曹娥江旅游资源，助力建设朝气蓬勃的"青春之城"。同时，上虞结合当地特色水文化，在绍兴市内首建水博物馆，丰富人民群众的文化素养，满足人民群众的文化需求。此外，结合城市居民的运动需求，上虞还策划桨板、皮划艇、帆船等多样水上运动项目，在皂李湖或白马湖建设绍兴市龙舟基地，将孝德文化与龙舟运动深度融合；利用虞南地区丰富的山水资源，建设运动休闲营地，满足青年人的需求，拓展青年的活动空间，从而更加精准地满足群众的生活品质需求。

三、多层次优化青春出行

上虞通过不断优化城市空间结构和交通功能布局之间的关系，完善"快、中、慢"多层次出行方式，打造"青春之城"复合型交通枢纽，建立便捷的换乘体系，不断满足人民群众的出行需求，提高群众的通勤幸福感，打造舒适、便捷性出行的城市生活品质，助推城市更新行动。

（一）谋划品质高效的快速出行

密集的路网，便捷的交通，不仅是城市高速发展的引擎，更是生活便捷的助推器，上虞积极谋划品质高效的快速出行，助力提升"青春之城"城市生活品质。杭州湾上虞经开区与主城区之间正在建设南北中心大道全线高架，建成后将与已经通车的群贤路高架连接直达上虞未来城，辐射"一江两岸"主城区。作为贯通南北向交通的重要枢纽，将有效推动经济大平台与上虞主城区无缝对接、一体融合。上虞还通过串联高速、城市快速路与综合高铁枢纽，打造"45分钟都市圈"，实现交通和经济深度融合。加快推动绍兴地铁2号线上虞段建设实施。谋划建成一批现代化公交枢纽场站，实现5km半径范围内公交首末场站覆盖100%，车均站场面积增长50%以上，并依托城市快速路体系，实现枢纽与枢纽之间快速衔接。

（二）推动环保舒适的新能源出行

为实现"双碳"目标，上虞积极推动环保舒适的新能源出行。上虞积极推进"青春之城"公共交通实现新能源化全覆盖，从而进一步增加公交运力，保障群众出行。同时，不断强化"公交优先"发展战略，探索发展定制公交、微循环、特色公交等多层次公交服务模式。此外，加快推进大宗货物和中长途货物运输"公转铁""公转水"，不断提高绿色出行比例和绿色出行满意率。在绿色出行基础设施上，上虞持续推进商场、超市、宾馆、医院、商务楼宇、文体场馆、旅游集散中心等大型公共建筑配建停车场以及交通枢纽、旅游景区等各类社会公共停车场公用充换电站建设。

（三）深耕智能方便的共享出行

随着移动互联网技术的迅猛发展和上班族对交通便捷的通勤需求，共享出行作为一种新兴出行方式，正成为公共交通的重要补充，上虞深耕建设智能方便的包括自行车、电单车、拼车等其他公共交通在内的共享出行，其中着重全域覆盖共享电单车。共享电单车可以有效覆盖公共交通"最后五公里"，在缓解城市交通压力的同时最大化地利用道路通过率，满足市民日益增长的短途公共出行需求。因此，上虞持续投放共享电单车，顶层安排共享电单车站点，形成让共享两轮与城市公共交通系统相配合的机制设计，与其他公共交通形式相互带动，从而使其更好地融入城市交通系统，促成各方面的可持续发展，盘活城市交通系统。此外，上虞不断推进公共自行车站点建设，优化投放公共自行车，同时也注重优化部分车型的骑乘体验。另一方面，上虞正在推进建设城南公交枢纽站，提供高品质、多样化的交通产品和服务，完善"青春之城"现代化综合交通体系。

（四）丰富特色快捷的专线出行

为塑造上虞"青春之城"全域美丽新面貌，打造"现代品质交通样板区",满足个性化的交通出行需求,上虞还丰富打造了特色快捷的专线出行。主要综合考虑青年分布特点,立足青年新需求在高等院校、e游小镇等青年集聚区域的公交链接上,优化公交线网,加密公交班次,推出涵盖万和城、万达广场、客运中心等区域的专线线路,途经车站、街道办事处、购物商圈等人流密集场所,最大程度打造流动的青年发展型城市的宣传阵地,提升外来青年、上虞就读学生通勤、出行效率,让更多在虞、来虞、返虞的年轻人充分体会到上虞这座充满青春朝气的城市温度。同时,结合青春水域,以曹娥江为轴心逐年打造特色多样、功能完备的慢行交通网,打造"一江两岸"悠游漫居生态环境,探索水上出行模式,串联起曹娥江"一江两岸"的特色景点,逐步绘就人民满意的品质出行体系。

四、全方位点亮青春夜阑

丰富多彩的夜生活是现代都市人的需求向往,是一个城市发展活力的直接体现,更是城市经济发展的重要增长点。目前富有城市地域特色的元素不断融入夜生活,赋予了夜经济新的发展内涵,助力城市生活服务业的同时也有效提升了城市的"烟火气"。上虞坚持围绕"城市景观亮化、深夜食堂丰富化、文娱活动时尚化"的目标定位,全方位打造上虞"青春之城"青春不夜城。

(一)城市景观亮化

绚丽多彩的灯光体现着整个城市的夜间活力。上虞积极完善城市夜景亮化规划,进一步管好用好"一江两岸"景观带,对上虞曹娥江范围内的桥梁进行景观亮化,对活力城区域内的建筑以及沿岸重要绿化节点进行泛光亮化,为步行者提供足够的照明,并增加夜间安全性。重点打造楼宇媒体立面、体育会展中心、曹娥江喷泉水秀等亮化设施。上虞通过灯光的照射、变换和投射,利用沿线桥梁、两岸绿化、雕塑、构筑物投光及建筑天际线照明和建筑媒体屏补充,为沿线带来更加丰富多样的夜间景观效果,提升夜游的观赏性和吸引力,为市民和游客创造出独特的"青春之城"夜间体验。

活化文化资源，物化文化形态，塑造城市文化形象。上虞城市景观亮化重视展现不同时期的历史文化，打造古今辉映、水城共荣、产业兴旺的文化新高地，重塑城市文化新体系。积极布置特色美丽示范街等视觉小品，融合声、光、电、水、影等现代先进技术和智慧控制系统，串联起上虞历史人文故事的演艺节点，将上虞的历史人文活化，呈献给市民和游客深度的文化观赏体验。在节假日等重要时间节点上发布主题灯光秀，围绕曹娥江两岸的总部大楼打造民营楼宇媒体立面，努力重塑"青春之城"城市品牌和形象，用灯光讲好上虞故事，运用城市美学理念，将"桥、河、堤、城"等相融合，打造集约、简约的高品质城市灯光秀，提升城市夜间的动感。

（二）深夜食堂丰富化

深夜食堂满足了人们在夜间休闲、消费、饮食的需求，拓展了城市24小时经济运作的时段。上虞鼓励夜间餐饮发展，深入挖掘上虞本地特色饮食和引进外地潮流餐饮相结合，在城区打造多个深夜食堂，通过各具特色的深夜食堂，提供多样化产品和服务，满足市民夜间消费需求，着力打造布局合理、功能完善、特色鲜明、业态丰富的"青春之城"夜间消费场景，持续提升市民获得感和幸福感。推广24小时便利店，实现"10分钟深夜饮食圈"，在助推夜经济重塑升级的同时，也让居民的夜生活有更多元化、更有品质的消费选择。同时，上虞还以15分钟社区生活圈为单位，活化利用停车场、园区空地等公共空间，在不影响居民夜间休息和符合消防安全要求的前提下，与大型景区、龙头商圈形成差异化竞争，限时限地举办"小而精"的微夜市活动，打造一批社区夜市示范点，实现社区夜经济的业态融合，打造"家门口的夜间经济体验中心"。

（三）文娱活动时尚化

丰富的文娱活动可以持续丰富城市居民夜间生活，满足人民群众个性化消费需求，广泛惠及居民和助力城市焕发新活力。上虞利用曹娥江一江两岸风光带的房屋设施布置文艺室、小酒馆、相亲角等年轻人喜闻乐见的场所，在给市民带来欢愉的同时，也能激活闲置基础设施。同时有效利用天台、露台、外广场等室外空间，结合当前流行的文创手作、生活好物等主题，与人们餐饮、娱乐、亲子、社交等需求有机结合，带来具有户外气息的休闲玩乐体验，打造夜生活、潮生活聚集地。

同时，上虞多举措打造旅游风情街夜市。风情街夜市选址突出商文旅融合，联动周边国家 4A 级旅游景区中华孝德园、全国重点文保单位曹娥庙，以及上虞博物馆、中鑫艺术博物馆、曹娥江湿地公园、婚纱摄影基地等上虞城市文化地标群，兼顾夜间购物需求与休闲消费体验，为大众提供一站式服务。此外，风情街夜市坚持以绣花功夫实施微改造精提升，重塑具有辨识度的夜市入口广场，提炼展铺特色元素，优化升级 LOGO、宣传口号、标准色等，设计应用夜市 VI 系统，统一展位风格，通过艺术设计、夜间亮化，提高展陈摆设效果。优化夜间消费线路，更新夜市园艺，完善标识系统，增设休憩空间，使夜市辨识度大大增强，进一步提升"青春之城"城市生活品质。风情街夜市还着力推动上虞当地国潮文创产品展示展销，200 多个展位有大半为手工艺品和文创产品，为民间的非物质文化遗产、特色民俗技艺走进群众生活搭建了桥梁，打通了民众与非遗技艺的"最后一公里"。

实践探索十：

落实"五化"要求　打造"young 气"空间

2023 年以来，上虞区建设局紧紧围绕区委区政府建设"青春之城"的总体战略目标，根据"十大青春化行动"要求，牵头开展城市空间"young 改造"行动，不断提升上虞"青和力"。

一、实践成效

按照国际化、青春化、区块化、功能化、项目化要求，通过城市微更新、精改造，打造满足各类青年群体需求的"young 气"空间，提升城市新品质。6个城市驿站、10个口袋公园已完成建设，让城市一线工作者和广大市民真正享受到更便捷、更优质的公共服务，彰显城市温度。曹娥江城市人行桥如白色长虹横卧曹娥江，结合秀丽绚烂的灯光水秀，开通当天短短4小时便吸引了6万多人次打卡，每个周末晚上都能吸引大量市民前来漫游，成为上虞名副其实的"网红桥"。2024年4月26日晚，曹娥江国际涂鸦周在e游小镇青春公寓盛大开幕，8位涂鸦大师以公寓外墙、地面等为载体，创作了巨型涂鸦作品，为人们带来巨大的视觉盛宴，并成为新的网红打卡点，活动得到《光明日报》、新华网等各级主流媒体纷纷宣传报道，全网传播量超3 000万，引发广泛的社会关注，全方位展现了上虞"青春之城"的蓬勃朝气。

二、实践内容

（1）聚焦时代记忆，推进老城空间焕新提质。为形成一批具有现代青春气息的艺术场景，吸引留住青年人才，谋划研究了一批百官街道老城焕新系列项目，并完成了概念设计。一是谋划"城市记忆厅"项目。基于百官老火车站、文化广场原址进行改造，打造传承百年历史文脉、重拾城市记忆的"城市记忆厅"。改造文化广场，集野营、露营、飞盘、滑板、音乐等元素于一体，以魅力型、功能型公园的面貌主动适配年轻人"都市户外"的需求。二是研究上虞老博物馆项目。进一步实现历史纵深感与时代潮流味的深度融合，打造山体与老博物馆于一体的美育山体公园、优化提升现有中庭空间、植入艺术装置、建造室外游山步道、营造特色节点，致力于重燃老博物馆在新时代的活力与生机，在延续历史记忆的基础上构建上虞新地标。三是推进民间博物馆聚落建设。对曹娥江影像博物馆、民间青瓷博物馆的建筑方案进行进一步优化调整。

（2）聚焦人居环境，推进三大行动全面启动。全面推进"三大行动"，通过城市微更新、精改造，提升城市新品质。一是做实一路畅行行动。通过杆线序化、标识美化、隔离优化、路口渠化等方式整合提升道路空间，实现"车畅行、非畅行、人畅行"。完成了标志标牌的整改工作，更换破损标志标牌 51 块，重新贴膜 106 块。计划选取城区主要道路路口设立电子标牌，显示道路拥堵情况，合理引导车流通行。二是做优鲜花满城行动。充分结合花卉苗木的生长习性、靓化特点，个性化融入上虞文化、城市 IP，在城市道路、建筑立面、桥梁周边等城市留白处进行绿化提升、景观营造，实现一年四季花卉不断。在城市核心区、商贸集聚区、城市主要道路利用中央隔离带增设花箱等方式，点亮城市公共空间色彩，美化市容市貌。同时考虑利用一江两岸三期或部分收储土地通过花籽撒播营造大面积花海景观。三是做美风貌点睛行动。在人流密集区段、核心商圈设置具有现代气息、温馨便利的城市小品、休息场所，植入公益、惠民及经营性业态，打造城市青春亮点。已实施完成包括兴业公园、岭光公园、赵家大桥等区块 10 个口袋公园，今年还将完成祥生明玥府东侧口袋公园建设。2023 年建成步行街驿站、高铁新城驿站等 6 座站点，在建设的 7 座服务网点中，更加注重考虑各类人群需求，融入设置无线网络、便民雨伞、AED 配置、母婴休息室、爱宠乐园等服务设施，实现全龄友好。

（3）聚焦业态活力，推进一江两岸聚气引流。深入研究娥江两岸运营方式方法，以设施完善、业态招引、活动引流、运营挖掘多种手段，实现两岸景观带从维护到运营的活化转变。一是推进专项规划研究。邀请文旅集团深入参与，共同谋划业态方案，科学布局城市家具、咖啡茶饮、特色书吧、运动场所。二是加快特色水道运营。营造具有现代都市气息的城市夜景，完成彩虹桥至上浦大桥段亮化工程建设。三是打造品质活动空间。曹娥江城市人行桥 2023 年 11 月顺利通行，灯光水秀绚丽多彩，成为市民夜间休闲首选网红地。依托城市阳台、人行桥、非遗馆三点成线，举办元宵龙灯活动，火爆全城，打响上虞"青春之城" IP 影响力。同时谋划建设蝶梦中心项目，打造城市高品质公共活动空间。

三、实践亮点

曹娥江国际涂鸦周活动，巧妙地将城市建设、潮流文化、文旅活动相结合，举办这场别开生面的艺术盛典的同时，也将涂鸦这种潮流的街头艺术同上虞独特的"青瓷之源""名士之乡"等文化元素相结合,彰显了上虞丰富多彩的文化底蕴,打响了上虞的城市品牌。同时涂鸦艺术以墙面为窗口的独特性,也与城市空间"young 改造"行动高度契合,涂鸦作为一种有趣的城市装饰品,以其张扬新潮的艺术表现风格,起到为城市增添色彩和美感,提高城市的整体形象和吸引力的作用,活动举办后所留下的涂鸦墙体成为上虞新一网红打卡地,也如一颗种子种在了上虞的文化里,在未来必能在城市建设、文化旅游等各个领域开花结果。

第五节　打造城市建设基本单元

城市更新是一个连续不断的过程,应针对不同地区不同类型更新改造的个性特点,在充分考虑区域原有城市空间结构和社会网络的基础上,因地制宜、因势利导,采取多种途径和多个模式进行行之有效且切合实际的更新改造[①]。未来社区、未来乡村、城乡风貌样板区是上虞"青春之城"建设中目前涉及城市规划、社区和乡村建设、空间治理等方方面面工作开展的城市建设基本单元(见图4-1)。它主要通过推动教育医疗等公共服务设施一体化,打通城乡日常生活圈,依托未来社区、未来乡村城市基本单元功能建设提升,实现城乡功能互补。同时,创建打造城乡风貌样板区促进城市中心区域和村域的人居环境品质改善,以点带面推动城乡空间连续互通,成为城乡融合发展的重要抓手。此外,促进城市和乡村资源要素有机整合,实现基础设施的城乡均衡、公共服务的城乡协同发展,以期探索出一套片区化的、全域可用可借鉴的城市更新方法和模式,从而助力描绘"青春之城"城乡风貌新画卷。

---

① 陈群元,解成,李燕.长沙老城区有机更新的规划策略研究[C].城市有机更新与精细化治理,2023:12.

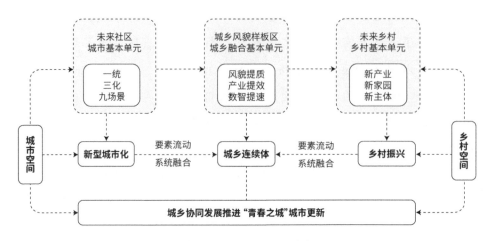

图4-1 上虞"青春之城"建设基本单元逻辑图

一、未来社区引领城市更新

"未来社区"在2019年浙江省政府工作报告中首次提出。2019年6月27日，浙江省发展和改革委员会正式发布了首批未来社区试点创建项目建议名单，全省共有24个项目入围，上虞鸿雁未来社区也包含在内，浙江省未来社区进入了实践探索阶段。这24个项目社区都处于城市核心区，但都存在住宅质量差、基础设施不完善、急需改善、土地利用效率低等情况，因此未来社区的实质其实是在城市更新需求下以社区为单位的系统工程。

在生活圈理念指引下，浙江省提出了一套以"一统三化九场景"为主要内容的未来社区顶层设计架构，即以党建为统领，以人民美好生活向往为中心，以人本化、生态化、数字化运营社区的价值原点，构建以未来建筑、产业、低碳、交通、健康、邻里、教育、服务和治理等九大场景创新为重点的集成系统，从而综合性打造有归属感、舒适感和未来感的新型城市功能基本单元。未来社区的建设理念具备高度的系统性和前瞻性，代表了未来城市发展的方向。

在城市更新进程中，未来社区不仅是"基本单元"，也成为共同富裕场景集成落地的新路径，以未来社区为基本单元的城市更新是城市发展趋势。上虞鸿雁未来社区是浙江省首批 24 个未来社区试点创建项目之一，也是绍兴地区首个未来社区。近年来，上虞"青春之城"建设中突出城市化理念，推动"三化九场景"未来社区建设，积极打造鸿雁、南丰、前江、孝德等未来社区等示范性项目，突出抓好"上统下分、强街优社"和"强社惠民"改革，建设共治、乐享、颐养、善育、青创、有礼"6 大幸福图景"，在周边布点"产、学、研、商、闲"等城市场景，打造"10 分钟生活圈"。

（一）未来社区"三化"建设

1. 以人本化为导向

以人的需求为核心出发点，配置完善的公共服务资源。上虞未来社区建设不论新建还是更新类的未来社区，都重点发展公共服务领域，如医疗、养老、教育、交通、生活消费等，构建上班、消费、看病都可以步行主导的交通体系，拉近居民生活服务范围圈，提升居民生活便捷性。同时，空间设计规划关注人的需求，形成不同特色的空间分布特征。上虞结合本区域未来社区具体空间布局，特别关照一老一小的空间活动需求，形成不同特色的空间分布特征。此外，注重城市人文的生态多样性，因地制宜提供功能性服务。上虞在未来社区建设时充分考虑产业工人、快递、保安等服务人员以及毗邻产业园区的需求，相应地提供医疗、子女入托、教育等多功能服务。

2. 以生态化为导向

生态化的内容不仅包含低碳场景的绿色化、社区环境的绿色化，更重要的是注入低碳生活方式的理念，形成人与自然的和谐统一[1]。上虞在未来社区建设中积极贯彻落实生态化价值理念，实现空间和建设规划生态化。

以生态化理念为导向，共筑生态花园社区。上虞注重品质营城，

---

[1] 宋兵,杨沛然,沈洁,等.城市更新与未来社区——人本化、生态化、数字化[J].建设科技,2022(13):35-39＋43.

在未来社区建设打造时构建多层次的生态环境系统，提升未来社区的门户性和观赏性。同时，巧妙利用特色生态元素，创建社区标识性地标。上虞融合生态体验、健康休闲等多种功能，塑造人、自然、城市之间的多维生态关系，打造特色街区。上虞未来社区结合低碳都市、智慧新城、科技研发、青年创新、人居社区等，打造青年创业与文化休闲相结合的虞兴路活力街区；围绕趣味、现代、舒适、互动、开放为主题展开设计，以极简之美与未来折线勾勒，融入休闲、有机、创想科技的人文景观，打造联谊路青年创意街区。

3. 以数字化为导向

2019 年，上虞与阿里巴巴签约全面合作，启动建设城市大脑，形成一个足以支撑起整座城市未来社区建设的智慧平台。由此，上虞通过云计算、物联网、区块链技术的应用，实现了"城市、街道、社区、居民"四级联动的未来社区，为打造未来社区先行先试的"样板间"奠定了坚实的数字基础。

上虞未来社区依托城市大脑的数字化平台，建立共享停车位、时间银行等模块，有效地促成城市资源和社区资源的协同；重点打造的健康小屋，则将提供全周期电子健康档案、AI 医生云平台、AED 急救、健康状况评估以及远程会诊等服务，实现社区智慧化养老模块的温暖落地。而在城市管理中，城市大脑用智慧联动执法代替传统的网格执法，通过指挥中心实时了解执法情况、统筹调动执法力量，从整体上加快案件的处置速度，全面稳步提升城市治理水平。

（二）未来社区"九场景"建设

以创新创业氛围为导向打造创业场景。上虞未来社区积极构造功能复合共享的双创空间。倡导空间、时间、功能、服务共享的理念，满足初创团队、小微企业的创新创业需求，设置功能复合、空间灵活的创业工坊。同时，上虞还致力于在未来社区提供一站式全周期创业服务。完善"关注前期、链接后期"的创业全链服务圈，提供一站式全周期创业指导、咨询服务。此外，上虞通过多渠道引进特色化人才。

通过探索学历落户、技能落户、职称落户、投资落户、纳税落户、积分落户等多种途径重点引进未来社区产业集群相关人才，多维度给予特色化的政策补贴，为创业人才提供便利、舒适的办公和生活空间。

以邻里和睦文化为导向打造邻里场景。上虞在未来社区建设时积极营造特色邻里文化。例如，以孝德文化为主题，融合民俗文化、创新文化、家园文化，展示地域特色、烘托人文氛围。同时，积极打造浸入式邻里空间体系，营造全方位、全层次、全体验的"浸入式"邻里场景。此外，培养社区内邻里和谐互助氛围，共建美好生活。发扬"明德尚贤、创变笃行"的上虞精神，制定"和合礼敬、慈孝立德、睦邻友善、互促共享"的邻里公约，成立社区自治委员会，联合企业商家、机构组织、社群，举办主题邻里活动，共同维系邻里和谐。

以人本、生态、数字化理念为导向打造建筑场景。上虞未来社区建设基于地方风貌基底与城市肌理，制定"现代简约、有机共享"整体风貌控制导则，以多样包容应对周边多元建筑风格，并打造立体多层次的复合绿化系统。此外，还建立"社区中心型＋居住单元型＋建筑底层型"的街坊共享空间体系，充分利用建筑底层架空空间及室外空间，创造多种形式的服务及交往、交友、生活空间。

以"低碳建筑＋智能垃圾分类"为导向打造低碳场景。上虞通过被动房屋＋补充空调的技术手段，降低建筑供冷供热需求，提高能源设备与系统效率，优化能源系统运行。同时采取集中定点智能投放模式，建立景观地埋式垃圾收集系统与"互联网＋可追溯"的垃圾分类体系，推广垃圾分类游戏、互动普及教育，实现生活垃圾分类全覆盖。

以便民、绿色出行为导向打造交通场景。上虞积极建立未来社区高效的对外交通体系，合理布设公共交通站点，实现 500 米范围公共交通全覆盖，采用"小街区、密路网"的交通布局模式增强路网可达性。同时，弱化未来社区内部道的交通功能，强化生活功能，在部分路段仅允许公交车、出租车与消防救援车等特种车辆通行从而降低社区内部道路车流量。此外，结合未来社区情况，提供个性化出行服务，提供社区定制公交、居民拼车出行、单元门级专车等"社区＋出行"

特色服务。

以人本化价值理念为导向打造教育场景。上虞积极探索未来社区家庭式共享托育新模式，结合儿童活动天地，设置爱心托育点，提供看护休息区与游乐区的功能组合，满足临时性儿童游乐和托管功能。同时，积极探索社区教育与学校、家庭教育衔接互动的长效机制，成立社区四点半课堂，还通过采用志愿＋征募的形式鼓励家长、志愿者、教师积极参与。此外，还能依托社区公园、社区中心等空间，组织孝顺德文化教育、民俗活动体验、儿童职业体验等特色活动，加强跨龄互动。

以多样化健康需求为导向打造健康场景。上虞未来社区积极建设全天全季全龄运动，结合社区情形设置环绕慢跑步道，并分散设置智能化运动设施和迷你健身房，居民还可通过参加健康类运动获得运动积分用于兑换奖励。同时，提供全科全时医疗服务，促进社区卫生服务中心与三甲医院建立医联体，提供小病就诊、开药、结算一条龙智能服务，结合上虞及省内医院打造线上中医智能诊疗决策支持系统。此外，在社区内部实现老有所养老有所乐，组建老年人社团组织，推行互助养老新模式，积极打造乐龄社群空间及"乐龄社群活动日"。

以多样化服务需求为导向打造服务场景。上虞未来社区开展"平台＋管家"的服务模式，通过平台整合多方优质资源，为业主提供丰富的服务项目，预留商业空间补贴未来运营成本，努力实现基本物业费零收费。同时，积极打造便民惠民的社区服务体系，按需匹配口碑店，优先布局品牌化主力业态，通过社区O2O平台实现居民足不出户享受服务。此外，积极建设未来社区"无盲区"安全防护网，建立数字身份识别管理系统，通过智慧平台预警救援、地图定位、一键式求助、联动式报警灯功能，实现突发事件零延时预警和应急救援。在此基础上，上虞还依托地域特色文化，结合社区文化底蕴，突出"差异化、特色化、多元化"导向，提炼社区文化主题，同步整合物理空间，增设服务场景，打造幸福家园。例如，南丰社区以"南风歌长、丰泽未来"为社区文化主题，不断把人民对美好生活的向往变为现实。

以社区公治共享为导向打造治理场景。 一是开展网格化组织，夯实基层身份管理和基层网格员，形成区县、街道、小区、业委会的四级网格组织结构，实现政府导治。二是建立社区基金会、社区民主议事会、民间督察团、志愿者协会与联合调解机制，使用平台来完成社区各类组织、议事、决策、发布的功能，实现居民自治。三是基于CIM平台形成"社区治网"，实现未来社区全生命周期全产业链数字赋能应用，实现平台数治。目前，上虞南丰、文化、德济苑、鸿雁等未来社区建设中，通过开展志愿者活动、兴趣社团、市集活动等，打造社区公治共享图景。

二、未来乡村助推乡村振兴

（一）"和美虞村"现实图景

党的十九大报告中提出了实施乡村振兴战略，2018年中央一号文件中又指出，"实施乡村振兴战略，是解决人民日益增长的美好生活需要和不平衡不充分的发展之间矛盾的必然要求"[①]。党的二十大报告提出，要统筹乡村基础设施和公共服务布局，建设宜居宜业和美乡村[②]。如此，在国家乡村振兴和宜居宜业和美乡村建设背景下，上虞着力建设和美虞村，推进共同富裕先行示范，共绘"青春之城"新图景。

上虞深入实施乡村振兴战略，深化"千万工程"，推进"五星3A""美丽行动"迭代升级，优化城乡空间布局，开展区内"山海协作"畅通科技、人才、资金、土地等要素资源下乡通道，以"三乡三创"为抓手推动乡土、乡创人才全面激活乡村创意。充分挖掘区域特色与优势，建设主题突出、特色明显、宜居宜业的山水田园雅聚地，农民富裕富足生活样板地。例如，培育发掘系列特色农文旅，激活产业驱动

①　新华社.中共中央 国务院关于实施乡村振兴战略的意见[EB/OL].新华网，[2018-02-04].http://www.xinhuanet.com/politics/2018-02/04/c_1122366449.htm.

②　习近平.高举中国特色社会主义伟大旗帜 为全面建设社会主义现代化国家而团结奋斗——在中国共产党第二十次全国代表大会上的报告[M].北京：人民出版社，2022.

乡村发展，守正创新、活化转化地域特色文化资源，"一村一品"培育乡村主题文化 IP，打造谢塘晋生、岭南东澄、白马春晖等"网红村落"。探索文化赋能乡村、数字助力产业、多业共融发展的模式，激发乡村活力，建设打造近悦远来的和美乡村。聚力打造"曹娥江"共富带，以曹娥江流域周边为重点，突出"一江两岸"核心板块共富引领，打造沿锦绣虞南线、江南水乡线、都市田园线的重点共富驿站，形成一批可看可用、可复制可推广，彰显乡土风情、蕴涵乡愁韵味、展现上虞特色的"和美虞村"。加快推动新时代美丽行动迭代升级，深化"美丽城镇、美丽乡村、美丽公路、美丽河湖、美丽园区、美丽街区、美丽小区、美丽庭院"八大美丽行动，构建八大共富场景。

（二）"未来乡村"宏图展望

2021 年"未来乡村"概念在浙江省被正式提出，各地区积极开展实践探索制定未来乡村建设的地方规范标准。与美丽乡村建设相比，未来乡村突出了数字化维度建设，彰显了美丽经济、美丽生态、美丽人文、美丽环境、美丽治理的多元内涵。2022 年浙江省政府颁布的《关于开展未来乡村建设的指导意见》提出，浙江省未来乡村建设的总体目标是实现主导产业兴旺发达、主体风貌美丽宜居、主题文化繁荣兴盛。目前，上虞在和美乡村的建设基础上坚持数字化与村庄建设深度融合，争创省级"未来乡村"建设先行试点。截至 2023 年年末，上虞崧厦街道潘韩村、章镇镇张村村、上浦镇大善小坞村、驿亭镇春晖村、陈溪乡太平山村、下管镇联新桥村、长塘镇桃园村 7 个村已完成浙江省未来乡村创建并通过验收，新屯南村将继续争创省级未来乡村。

未来乡村仍处于探索实践阶段，根据《中共中央国务院关于实施乡村振兴战略的意见》，本书立足当前实际，放眼"三步走"的战略目标，提出未来乡村系统性建设的展望路径。本书认为，未来乡村是美丽乡村创新发展的新形态，是全面小康后乡村振兴的新范式，是集共富乡村、美丽乡村、数字乡村、人文乡村、善治乡村为一体的城市更新建设新型乡村功能单元。未来乡村建设应以发展新产业、建设新家园、培育新主体为路径，生产、生活、生态融合发展，科技、文化、治理同步推进，真正让农业成为有奔头的产业、让农村成为幸福生活的美好家园、让农民成为有吸引力的职业，最终实现"农业强、农村美、农民富"的宏伟目标（见图4-2）。因此，本书以上虞丁宅乡为样本进行未来乡村场景应用研究和探索分析，以期为未来乡村进一步发展提供启示和借鉴。

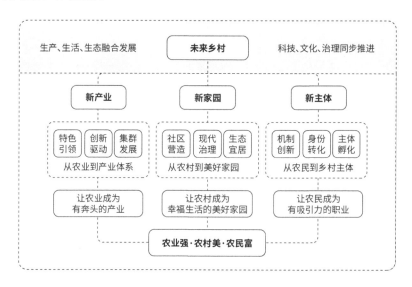

图4-2　上虞未来乡村建设展望图

1. 发展新产业：从传统农业到乡村产业体系

未来乡村是产业兴旺之地。未来乡村建设要跳出传统农业发展路径，以农村产业融合发展为主线，将农业由生产为主的传统业态向多元发展的新业态转型。充分挖掘乡村的功能和价值，聚焦特色产业，聚集资源要素，强化创新引领，突出集群成链，延长产业链、提升价值链，培育发展新动能，构建地域特色鲜明、业态类型丰富、创新创业活跃、利益联结紧密的现代乡村产业体系，推动形成城乡融合发展格局，为农业农村现代化奠定坚实基础。

未来乡村建设要注重特色产业的发展。丁宅乡应以"四季仙果"为特色产业，大力推进一二三产业融合发展，打造"培育—种植—加工—创意—营销—旅游"一体化的产业生态链。加快农业传统粮食生产功能向休闲、观光、体验等现代功能转变，走出一条以四季水果"串起"休闲采摘游，带动现代农业和服务业的发展之路。

没有农业农村现代化，就没有整个国家现代化。丁宅乡将注重创新驱动，建立科创加农创、文创的一体两翼创新体系，做好"仙果农科技提升"项目，实施数字乡村战略，运营好数字农业综合体，运用区块链技术，推动智慧农业、智能仓储、农创客培育、农产品展销、文创开发、研学活动、旅游体验、乡村管理融合发展，发展农创智谷、国际卡丁车公园、精品民宿等农旅新业态，呈现现代农业产业链全景，建设农业农村智慧产业体系。

农业产业集群是中国农业转变发展方式的重要手段，也是中国农业现代化发展的未来方向。丁宅乡将以"四季仙果"产业为基础，打响"上虞尚品"农业区域公用品牌，依托地缘相邻、产业相似、资源互惠等优势，探索组团式"未来乡村共富单元"，连片建设未来乡村。根据各村特点，分别打造现代农业产业、农旅融合、休闲集聚区，将相关村落景观节点串珠成链，放大美丽经济的乘数效应。同时，上虞在政策上加大扶持力度，培育和引进农业产业龙头企业，提高产业集群的科技含量，不断完善产业集群服务体系，助力形成传统产业、优势产业与新兴产业多元融合的水果产业集群。

2. 建设新家园：从传统农村到美好生活家园

未来乡村是美好生活之地，我国农村正在由传统的自然村庄向文明富裕的美好生活家园转型。未来乡村家园具有"自下而上"自治功能，上虞未来乡村建设时应建立政府主导和社区管理共同作用的管理机制，提升公共服务水平，满足农村居民对美好生活的追求。"望得见山，看得见水，记得住乡愁。"未来乡村家园是产业兴旺、生活美好、生态和谐相结合的乡村社区。

未来乡村需要通过营造农村社区来提高农村居民的参与感、获得感、幸福感。社区营造是指从社区生活出发，通过社区中人的动员和行动，集合各种社会力量与资源，社区完成自治理、自组织和自发展的过程。丁宅乡可以从"人、文、地、产、景"五大要素出发，探索五位一体的社区营造模式，即以人为本、传承文化、因地制宜、发展产业、打造公共空间，建设未来乡村新社区，打造和谐共享的生活共同体。

良好的社会治理，是实现人民美好生活向往的重要保障，也是未来乡村建设的重要支撑。丁宅乡将不断总结提升新时代"枫桥经验"，以"五治融合""文化润德""信用农业"等为抓手推进基层社会治理实践创新，发挥政治引领力，激发自治源动力，强化法治保障力，增强德治凝聚力，提升智治支撑力。丁宅乡已经将区块链技术运用在党建创新和社会治理。

良好生态环境是未来乡村最大优势和宝贵财富。丁宅乡将继续践行"绿水青山就是金山银山"理念，打造人与自然和谐共生的命运共同体，以"生产美产业强、生活美家园好、生态美环境优"为主要目标，探索产业、人才、文化、生态等多要素协同发力的乡村振兴模式，以"三生三美"打造具有丁宅特色的现代版"世外桃源"。

3. 培育新主体：从传统农民到乡村建设主体

未来乡村是以人为本之地。农民是农业的主体，也是乡村的主人。农民是未来乡村建设的主力军，也是受益者。通过机制创新，让农民由生产者变为经营者；通过教育培训，让传统农民成为新型农民；通过产业发展，让农民成为新型产业从业人员。未来乡村还需要多元化的建设主体，要通过"两进两回"加速人才资源要素流向农村，并积极培育家庭农场、专业大户、农民合作社、农业产业化龙头企业等新型农业经营主体。

围绕培育新型多元经营主体，推动制度创新。丁宅乡将继续深化农村宅基地"三权分置"改革，推行"产权交易公司＋农宅经营服务站＋农户"的运作模式，将闲置农房资产激活与农村产权交易改革工作相结合，融合推进"确权＋流转＋增收"三部曲。探索"资源变资产、资金变股金、农民变股民"三变改革，稳定并拓展生产经营主体间利益联动机制，实现小农户和现代农业有机衔接，增强乡村发展的内生动力。

传统农民依据新型产业发展的要求，与新型产业运营主体建立合作关系将会成为未来乡村发展的有效形式之一。在乡村发展过程中，丁宅乡将新型产业创新作为抓手，培育组织性农民、业主性农民、合伙性农民、产业性农民。建设一支专业技术和经营管理复合型人才队伍，培育中青年乡村传统工艺传承人、乡村能工巧匠、乡村特色产业创业创新带头人。

未来乡村要推进多元主体的合作创新。引导龙头企业与农民合作社、家庭农场和普通农户等紧密合作，构建分工明确、优势互补、风险共担、利益共享的农业产业化联合体。培育引进有实力的龙头企业发展乡村特色产业，同时，推进合作社企业化发展，创建合作社、家庭农场、农业企业等产业利益共同体。

三、城乡风貌样板区赋能城乡一体化

在 2015 年中央城市工作会上，习近平总书记指出，要加强对城市的空间立体性、平面协调性、风貌整体性、文脉延续性等方面的规划和管控，留住城市特有的地域环境、文化特色、建筑风格等"基因"[①]，凸显了中央层面对我国城乡风貌营建工作的高度关注。浙江省自 2003 年以来，经历了"千村示范、万村整治"工程、小城镇环境综合整治、美丽城镇建设等美丽浙江建设历程，取得巨大成就，但更多是节点、区块、条块的美丽，缺乏整体性、系统化美丽集成，在城乡建设环境与自然关系、建筑风貌、历史保护、文化彰显、品质品位方面，还有许多提升的空间。

在此背景下，浙江省政府于 2021 年 9 月印发了《浙江省城乡风貌整治提升实施方案》，以城乡风貌整治提升为总抓手，坚持风貌提升、功能完善、管理有序互促共进，推进经济社会高质量发展。开启了浙

---

① 中央城市工作会议在北京举行[EB/OL].人民网，[2015-12-23]. http://politics.people.com. cn/n1/2015/1223/c1024-27963140.html.

江省城乡风貌样板区建设"比学赶超"良性竞争局面，充分调动了各地建设彰显地方特色的城乡风貌样板区的积极性。

因此，城乡风貌样板区是浙江省城市更新行动的深化延续和迭代升级，是在节点美、条块美的基础上，通过自然、文化和建筑三方面的整体提升形成融合自然之美、人文之美、和谐之美的整体大美。城乡风貌样板区和未来社区、未来乡村建设也可以说是同源同向，城乡风貌样板区就是放大了的未来社区和未来乡村。

上虞"青春之城"建设持续推进城乡风貌样板区打造，目前上虞曹娥江一江两岸特色产业风貌区、上虞虞南山居风情带县域风貌区、上浦—汤浦"瓷源·舜水"县域风貌区已成功创建为浙江省省级城乡风貌样板区，其中曹娥江一江两岸特色产业风貌区、上虞虞南山居风情带县域风貌区更是被遴选为新时代富春山居图样板区。上虞以"一江两岸"谋篇布局，加快转型升级，打造城市建设核心地带。十余年间，曹娥江畔一幢幢高楼拔地而起，勾勒出水岸间一条崭新的天际线。上虞虞南地区，地形高峻、生态环境优良、自然资源丰富、物种多样，四季尽享各色美食、鲜果。上浦—汤浦依托曹娥江、小舜江自然水系，利用东山景区、瓷源文化小镇两大特色载体，以文旅融合为主旋律，打造出文化品牌突出、产业多元活力、山水风貌优质的城乡新样板。

（一）风貌提质构建新廊道

上虞在推进城乡风貌样板区建设时健全全域风貌长效管控机制，完善风貌区内镇村两级环境卫生、设施维护、绿化提升等管养机制。同时，实施生态修复和环境保护工程，落实矿山生态恢复工程、流域水土保持工程、坡面林相改造工程、人居环境提升工程四大生态环境提升工程。此外，推进景观配套、景区创建配套等工程建设，进一步完善功能设施。开展美丽公路提升工程，贯通断头路、拓宽瓶颈路、提升通景路。上虞还通过片区化串联一路风景，统筹共建美丽城镇、美丽公路、美丽河湖、美丽庭院等，系统化推进城乡风貌样板区全域创建试点。

（二）产业提效激发新动能

上虞在推进城乡风貌样板区建设时结合各城乡区域优势，开展特色农旅产业，激发共同富裕新动能。例如，在建设上虞虞南山居风情带县域样板区时，陈溪乡打造"仙山秀水、竹隐陈溪"品牌，组织开展"诗画曹娥江·竹隐南花园"陈溪文化旅游节；岭南乡打造东澄高山樱桃、覆卮红红茶等18个特色农产品品牌，打响油菜花节、攀浪节、定向越野赛等节会赛事"金名片"；下管镇推动"旅游＋体育""旅游＋节会"新模式，举办马拉松赛、航模赛、樱桃节等体育赛事和节会活动，共同推进文旅融合发展。在各县域特色发展的同时，高质量推进样板区"红教、红旅、红创、红研"融合发展，形成"一心、两带、多点"的产业布局。

（三）数智提速描绘新画卷

上虞推进城乡风貌样板区建设在高水平规划建设基础上建立风貌区长效管控机制，提升整体风貌管控水平。运用智能大数据平台，构建了"多维地图＋多维网格"体系，加快智慧旅游、智慧交通等应用场景开发。例如，上虞虞南山居风情带县域样板区开发了数字"产加销"模式，推进"云上南花园"项目，以掌上小程序为依托，将"民宿、农家乐、农产品"三大乡村旅游产品一窗展现、游客预定一键下单、后台管理一码监管，实现旅游消费全生命周期覆盖。以东澄村未来乡村建设为契机，着重打造四大产品体系及九大未来场景，利用物联网和AI技术推进乡村旅游数字功能迭代升级。

实践探索十一：

南丰未来社区：家门口的社区治理"综合体"

上虞南丰未来社区位于绍兴市上虞区百官街道，创建单元面积29.83公顷，社区以"南风歌长、丰泽未来"为定位，依托"体量大、空间足、功能全"的优势提出了"多维价值宜居新住区"的定位特色，打造一站集成式"邻聚里"，建设共同富裕南丰样板。

一、实践成效

南丰未来社区始终坚持党建统领，充分发挥社区"大党委"优势，聚焦居民全龄需求，以"15分钟生活圈"为实施半径，完善优质公共服务供给能力，搭建数字化应用平台为基座，探索形成以平安共同体为核心，综合服务和联勤管理为两翼，小区"红色管家"为"末梢细胞"的社区管理新模式——"南丰治理共同体"，切实服务于经济、社会等层面，建设未来社区共同富裕现代化基本单元的南丰样板。

二、实践内容

（一）聚焦"党建统领"，持续建强组织堡垒

南丰未来社区坚持推进党建统领网格智治，科学划分网格18个、微网格100个。设立社区综合信息指挥室，依托"浙里兴村治社"应用等平台，实现居民信息一网统管、一口归集，各类事项一键受理、就地解决，切实解决民生实事70余件，满意率达98.6%。

深化网格精细治理，针对网格服务场地有限、小区物业管理难等问题，由党群服务中心统筹提供共享活动阵地，同时设立物管之家，实行物业联评。

深化党建联建机制，与辖区内市场监管、综合执法等多个部门开展共建，推动各部门资源、力量、服务下沉进驻党群服务中心。

（二）聚焦"五社联动"，持续优化善治体系

南丰未来社区着力搭建社区、社工、社会组织等"五社"联动平台，实施"益家亲"社区社会组织管育用计划及南丰"牵手"计划，组建公益联盟，开展"文化育邻""创享系邻""孝传万家""惠行万家"等特色公益活动20余场次，服务"一老一小"重点群体1 200余人次，构建全龄段共建共享新生态。

深化"红色业委会"创建，建立社区党组织领导下的社区、业委会、物业企业三方联动议事协商机制，派驻小区专员，提升社区物业管理水平。深化社区平安共同体建设，进一步培育"南丰大妈""蓝骑士"义警等志愿组织参与社区治理，开展大妈调纠纷、反诈主题骑行

宣传等活动，带动居民参与共建，激发各类主体共建共享原动力。

（三）聚焦"六大图景"，持续迭代服务场景

社区始终聚焦居民在平安共同体下的安全感、获得感、幸福感，围绕社区品牌"丰颐""丰翼""丰青""丰尚""丰安""丰享"六大幸福图景，一体创设居家养老中心、童玩空间、青春生活馆、南丰舞台、文创展销区等服务矩阵，着力打造全龄友好型社区。

依托众创空间，引入直播平台打造"云商南丰"共富工坊，吸纳本土手工匠人进驻"匠人工坊"，创设青春活力"圆梦工厂"，一齐打通惠民共富"最后一米"。先后组织开展南丰奇妙夜、共富大集、520印象市集等文创展销、美食集市类青创活动，吸引市民、游客万余人次。

三、实践亮点

南丰社区践行新时代枫桥经验，构建"1+3+6"南丰治理架构，探索形成"平安共同体＋网格智治"新模式，采用一体化党建引领、一盘棋网格智治、一站式高效服务，平战结合运作的治理模式。

南丰平安共同体总体搭设"一脑三核六共"架构。"一脑"即综合指挥区，建设"南丰可视化"平台，统筹整合协调共同体内各类行政执法资源和多种社会公益资源；"三核"即以建设"区域零隐患、过程共参与、结果全链动"为核心要素，建立平安联创、矛盾联调、网格联动、物业联评、警务联勤的五联工作法；"六共"即以综合信息指挥室等六大功能区块为实体，配套设置建设责任共担、平安标准共知、重要问题共商、安全风险共防、问题隐患共治、突发事件共处等六大机制。

推出党建统领网格智治指数、AB调解、物业管理"双向联评"、平安积分银行等系列做法。通过"136"架松有效实现平安建设主体由单打独斗向组团推进，资源要素由零星分散向整合集成，风险隐患由单线处置向共商共治转化，已获得《新闻联播》《法治参考》等国家级媒体上报道刊登宣传。

实践探索十二：

从"风貌带"到"共富带"　探索山居特色风貌样板

——虞南山居风情带县域风貌样板区被选为新时代富春山居图样板区

城乡风貌样板区建设是城乡风貌整治提升工作的具体路径，是打造共同富裕城乡融合基本单元的重要抓手，也是充分融合和展示地方特色，打造差异化和标志性的重要成果。

一、实践成效

"新时代富春山居图"是城乡风貌整治提升试点创建最高荣誉，上虞区第一时间启动实施的虞南山居风情带县域风貌样板区创建工作，以下管镇、陈溪乡、岭南乡三个文旅型美丽城镇为依托，充分挖掘风貌区内山居特色优势，全面拓展绿水青山就是金山银山的转化通道，把"风貌带"转化为"共富带"，打造一个"主题特色鲜明、旅游产业兴旺、功能布局完善、公共服务健全、共同富裕坚实"的山居特色风貌样板区。

二、实践内容

（一）坚持共建共享，加快风貌提质

按照"小切口进入、大风貌提升"的工作思路，投资 2.19 亿元，大力推进"聚、改、靓"三大系列 19 个工程项目，加快形成吃、住、行、游、购多位一体的旅游度假全业态，打造人气网红新高地。实施"聚"系列工程，通过集镇基础设施提升、农村公路提升、绿道建设等工程，完善民生配套设施、构建安全便捷路网，筑牢乡村振兴根基。实施"改"系列工程，开展矿山生态恢复、流域水土保持、坡面林相改造工程，建立全域风貌长效管控机制，截至 2023 年末累计清理 32 家花岗石加工厂，关停 3 座矿山，生态环境得到显著改善。实施"靓"系列工程，完成覆卮山 5A 级景区、耕读管溪、太平花境等景观配套。

（二）坚持融合发展，促进共富提速

样板区创建通过深入挖掘地方潜能，加速推动"文、旅、农"三位一体融合发展，不断助力壮大村集体经济，带动村民增收致富。下管镇通过村企协作、村银协作、校地协作等"共富工坊"建设新模式，截至2023年末累计建成文旅融合"共富工坊"23家，带动农户人均增收2万元。陈溪乡开发竹隐系列、红色系列、阳明系列文创产品，引进注册文创公司2家，推出"竹隐四宝""陈溪味道"等特色礼盒，带动农民增收超1500万元。岭南乡打造"吃、住、游、行、购、娱"全要素轻度假旅游产品，引入"售卖＋体验＋餐饮"的经营模式扩大乡村旅游消费，引导村民依托现有业态施展手艺，既能吸纳当地乡村的剩余劳动力参与乡村产业发展，每年又能带动从业者增收550万元。东澄村关于《深耕文旅融合发展新业态，试点培育"乐游旅居"型未来乡村成效初显》的信息专报更是获省委常委、常务副省长徐文光批示肯定。2023年，下管镇、陈溪乡、岭南乡的旅游收入分别达1500万元、2400万元和4256万元，相比2020年，旅游收入增长率分别为45.2%、62.6%和80.3%。

（三）坚持增强活力，聚力文化底蕴

以创客抱团、虞商回归、海归加盟、党员引领、青年返乡、本土回巢等"六个模式"多维度激活闲置农房。通过整合民宿发展资源，以"民宿＋"创新文化修养、养生养老、民俗、文化创意、文化旅游、后勤服务、乡村旅游等7种新兴业态。2021—2022年三个乡镇累计推出闲置农房468幢，面积15.03万平方米，累计激活闲置农房271幢，面积10.93万平方米，成交金额486.21万元。

（四）坚持便民根基，保障居住环境

大力开展农村土地综合整治，使原有分散的村落走向集约，大幅提高用地效率。下管镇以列入全国宅基地制度改革整市试点先行镇和宅基地基础信息调查试点镇为契机，坚持"有限空间、无限发展"理念，在联新桥村西桥自然村开展"空心村"整治项目，计划拆旧76户，新建农房约110户。通过农房整体规划布局，统一建设安置高山移民，缓解农户建房土地指标压力，实现集约发展。同时彻底改变整治区块内房屋散乱，风格各异、配套缺失的村庄旧貌，打造连片式浙派民居群，切实改善人居环境，大大提高群众生活满意度和幸福感。

三、实践亮点

通过"村宿联动、村企联营、村村联合"的发展新路径，实现共享发展。墨隐居联合干溪村共同打造"南十里"创意村落，形成一个村企协作、多方联建的共富成功案例；太平山村通过招商与浙江青云阁文化传媒公司联合建立浙江仙隐文旅发展有限公司，为当地村民提供 20 余个就业岗位，带动村集体和农户累计增收 180 余万元。青山、东澄、许岙三村联合打造覆卮山乡村振兴"先行片"。青山村连片激活闲置农房，引进的精品民宿沐格山居与覆卮山居抱团发展，打造含月亮谷营地、861 乡创中心等在内的"三个月亮"主题村落，开展住宿、休闲、培训、孵化统一运营，带动村民就业和农副产品销售。下管镇持续举办马拉松赛、山货节等体育赛事和节会活动，推动"旅游＋体育""旅游＋节会"新模式。陈溪乡打造"仙山秀水、竹隐陈溪"品牌，组织开展"诗画曹娥江·竹隐南花园"陈溪文化旅游节。岭南乡打造东澄高山樱桃、覆卮红红茶等 18 个特色农产品品牌，打响油菜花节、攀浪节等节会赛事"金名片"。

第六节　构建绿色宜居生态体系

目前，我国城市发展已经进入一个以生态文明建设为核心的绿色发展阶段。城市更新行动不再只是简单的扩建拆建工程，而是打造可持续宜居的民心工程，绿色宜居生态体系的构建更是成为城市更新的重要组成部分。近年来，上虞深入贯彻落实"八八战略"，积极践行"绿水青山就是金山银山"理念，纵深推进"碧水、蓝天、净土"保卫战的同时，积极打造"口袋公园"建设绿色生态空间，从而高质量推动实施"青春之城"城市更新行动，全域构建绿色宜居生态体系，不断满足人民群众对美好生活的需要。

一、科学治水绘就秀美画卷

上虞坚持以习近平生态文明思想为引领，坚定践行"绿水青山就是金山银山"理念，围绕"有河有水、有鱼有草、人水和谐"总目标，全面推进水生态修复与治理，实现水环境质量持续改善。截至 2023 年末，上虞生态环境公众满意度和"五水共治"群众幸福感均逐年提升，4 次荣获"五水共治"大禹鼎，创成浙江省省级水生态环境修复示范试点，利用科学治水构建绿色宜居生态体系，助力城市更新行动，助推"青春之城"建设。

（一）科学管理水环境

重视溯源管理，助力水质治理。由于水环境污染现象的存在，上虞重视水质溯源分析，利用走航船、无人机等设备开展水体排查，巡检全区河道和工业区内河道，编制完成水质断面"一点一策"治理方案，开展全区入河排口"查、测、溯、治"行动，有效管控入河污染物排放。开展虞北平原河网水质本底调查，新增微型水站进行溯源分析，助推水环境质量持续提升。

强化水源保护，确保安全饮水。随着经济社会的发展，水源地面临的环境压力不断增大，部分水源面临水质下降的风险。上虞切实强化饮用水水源地保护，牢牢守住水源地自然生态安全边界，精准开展汤浦水库勘界定标，绘制饮用水水源地保护区矢量图，坚决保护好老百姓的"大水缸"。

数字改革赋能，实现监管高效。上虞积极探索智慧治水体系，依托数字化改革赋能，提升"五水智治"水平。高标准推进"污水管网一张图"全省试点建设，实现对排水设施"一图监管"，提升全区污水收集、输送、处理的安全性和农村污水运维、管理、服务的精准性。开发建设上虞"河湖长制智慧监管"应用，打破以往多部门多行业"九龙分散治水"的局面，推动河湖水环境监管向高效协同、统一决策的体系转变。利用"河湖长制"监管平台，全程监管巡河问题发现和处置情况，助推河长制提档升级，推动上虞生态环境持续向好。

（二）深化治理水污染

重污染企业集聚提升，绿色园区加速崛起。近年来，上虞通过一园化集聚、数字化改造、智慧化监管、产业链延伸等方式推动化工、印染、电镀等传统产业转型升级，基本实现重污染企业"一园式"集聚提升，资源环境要素加快向优质高效的领域和环节转移，传统产业加速由"低小散"向"高精尖"迈进，走出了一条全新的绿色发展之路。2022年，杭州湾经开区被生态环境部、商务部和科学技术部联合授予"国家生态工业示范园区"荣誉，2023年又顺利通过国家级循环化改造示范试点验收。

污水处理厂扩容改造，治理能力提质增效。上虞全方位推进污水处理厂扩容改造，促进污水处理设施提质增效，上虞已先后完成10万吨/日生活污水处理线清洁排放改造工程和2万吨/日生活污水处理线原址扩容改造项目，5万吨/日工业污水处理线异地扩建项目建设也全面竣工，预计全区工业污水处理能力将由10万吨/日提升至15万吨/日，治理能力得到大幅度提升。

紧抓绿色治污契机，深入推进污水治理。近年来，上虞抓住"污水零直排区"建设契机，深入推进污水治理行动。在工业园区建设上，东关街道、杭州湾经开区创成浙江省省级星级园区，同步建设"浙里碧水"工业园区"污水零直排子模块"场景应用省级试点项目，园区涉水数字化管理水平持续提升。在城市区域，截至2023年末，20个乡镇街道14个工业园区（工业集聚区）和184个生活小区已完成"污水零直排区"建设，1个街道创成浙江省省级星级镇街。此外，完成曹娥江两侧畜禽养殖场整治，开展非法捕捞、沉船打捞专项整治行动，在乡镇区域，上虞处理终端实施农村生活污水治理工程并实现标准化运维全覆盖，出水达标率90%以上，实现了污水治理的全域覆盖。

（三）加强保护水生态

加强水生态保护，推进曹娥江水岸同治。近年来，上虞先后投资

10.7亿元建设全长约5.6公里的曹娥江"一江两岸"景观工程，建成水清景美的美丽河湖，营造品质宜居的江滨空间，构建曹娥江城市发展轴、生态景观带，塑造"一江两岸、江城一体"的独特城市辨识度，成为休闲旅游、科技创新大走廊。在深刻领悟"八八战略"精髓要义的基础上，曹娥江"一江两岸"景观工程致力于将百年一遇标准防洪堤建设与岸线环境有机结合，通过河岸岸线切滩疏浚拓宽江面，建设湿地、绿化带、生态护岸、沿岸景观等，最大限度维持河道肌理，保留原始岸线、浅滩、绿洲等江岸水土生态风貌，使城市滨水环境达到生态功能、防洪排涝和运动休闲三位一体的和谐状态。如今，曹娥江"一江两岸"景观带被命名为浙江省第一批"五水共治"实践窗口，不仅成为上虞"青春之城"建设的景观标志，更加速催化了"生态＋"产业，"生态＋科创产业""生态＋总部经济""生态＋体育"产业的迅猛发展。截至2023年末，"一江两岸"商务滨水区已建成34幢总部楼宇，9幢总部楼宇在建，成为引领区域经济增长的新引擎；邵逸夫医院绍兴院区、浙江建设职业技术学院等"高大上"投资项目落地开花，环曹娥江的"跑马"赛事、龙舟大奖赛、中外名校赛艇挑战赛等大批国际体育赛事也纷纷在此举办，"拥江西进"的坚定步伐正延伸着城市发展的新框架。

统筹推进生态修复，全面开展水生态治理。以全省第一批"山水林田湖草"生态保护修复试点为契机，上虞统筹推进山水林田湖草生态保护修复工作，推动实施水生态环境质量提升工程、矿山生态环境修复工程、森林质量改善工程、土地整治与土壤污染修复工程、生物多样性维护工程和海岸线整治与修复工程等六大重点工程，以点带面，实现生态保护修复与经济社会发展协同共进。同时，上虞还同步实施水生态修复治理，完成上虞区河湖生态缓冲带划定与生态修复方案编制，启动水生生物多样性调查与评估项目。目前已实施虞北平原崧北河综合治理工程、曹娥街道建成区河道综合整治项目等具体项目，建成道墟街道、新屯南村等一批水生态修复示范项目，全方位构建美丽河湖、健康河湖、幸福河湖，形成了一幅"水清、河畅、岸净、景美"

的水生态画卷。

二、蓝天攻坚严护生态底色

上虞实施分级管控坚决打赢蓝天保卫攻坚战，印发实施《上虞区大气污染防治工作攻坚整改方案》和《上虞区秋冬季空气质量敏感点"一点一策"管控方案》，明确各单位的任务和职责。对接作风建设工作专班，对全区大气污染防治主要部门和属地进行作风督查。同时，继续完善污染天气应急管控方案，绘制秋冬季重点区域污染防治作战地图、编制网格清单、污染源清单及集中攻坚阶段达标管控情况表。2023 年，上虞全年 AQI 优良率 90.7%，同比上升 7.1 个百分点，改善幅度绍兴市第一，PM2.5 浓度 29.41 微克/立方米，成功实现了大气污染的精准防治，严护了生态底色，从而进一步推动构建"青春之城"绿色宜居生态体系。

（一）智慧精准监管废气排放

上虞利用数字化技术，针对工业废气全面推进化工、印染等重点行业和企业废气治理，实现废气排放全天候、全过程监管，倒逼企业不断优化工艺装备、提升废气治理水平，异味问题得到大幅度改善。2019 年，上虞在全国率先建立异味评价体系，覆盖 17 家重点企业、181 处点位和 42 种特征污染物，经开区废气排放实现 24 小时实时监控。2020 年，创新采用泄漏检测与修复（LDAR）管理模式，打造 LDAR 统一监管平台。2021 年，推出 VOCs 走航监测车实施外围巡查动态监测，使用红外热成像气体泄漏监测仪等科技利刃实现精准定位"靶向"治气，形成废气管控"一张网"全覆盖监测、"一张图"可视化研判、"一体化"精准管理，倒逼企业进行废气"一企一策"专项治理。如今，上虞开始着眼异味问题，建立小微企业活性炭再生服务体系，实施新一轮"科学治废气"行动。

（二）专班长效管控大气污染

2019 年上虞成立"蓝天攻坚专班"，各部门联动开展扬尘、面源污染防治，加强重点区域异味治理。首先，专班深化固定源污染治理，推动上虞化工产业改造提升。专班主要围绕国控站管控区域累计排查 7 个工业园 200 余家企业，梳理涉 VOCs 工业企业 66 家，重点对企业无组织废气收集改造工作和低效治理设施提升改造工作进行检查。其次，专班强化移动源污染防治。在柴油车治理专项行动中，联合公安、交通部门常态化开展柴油货车路查路检联合执法行动，加大非道路移动机械执法检查力度、增加检查频次，每周组织执法检查行动。另一方面，专班还加大了燃烧源污染防治力度。在面源污染管控专项行动中，针对流动性、反复性、隐秘性强的垃圾秸秆焚烧，整合全区 80 套高空瞭望系统，通过高空瞭望系统，"人防＋技防"相结合，加强秸秆焚烧高发时段的专项巡查，加大空气质量敏感点防护区及周边乡镇露天焚烧巡查管控和宣传造势，摸索出"天上巡、地上查、网上盯"的天地人一体化监管模式。

三、净土行动改善土壤环境

近年来，上虞以全域"无废城市"建设为抓手，大力实现清废净土合力攻坚，通过强化土壤污染源头防控、加强农用地保护与管理、做好工业土壤污染防治、推进土壤污染管控修复四方面举措改善"青春之城"全域土壤环境。2023 年，上虞再次获得全省三星级"无废城市""清源杯"，建设用地安全利用率 100%，环境信访量、重复信访量同比分别下降 9.7% 和 10.5%，生态满意度连续九年增长提升。

（一）强化土壤污染源头防控

严格控制重金属污染排放。上虞以数字化改革为突破口，针对当前减污降碳评价监管无法闭环、资源协同利用率低、绿色转型力度不够、激励机制相对缺失等问题，在杭州湾上虞经济技术开发区探索推进减污降碳协同突破性试点，开发建设"减污降碳协同数智平台"，重点打造评价分析、资源协同、项目研判、要素市场等四大场景，为企业提供一整套量身定做的减污降碳问题解决方案，促进危险废物资源化利用。同时，上虞以"浙固码"为载体，落实"有废必赋、无码不收"原则，加快建设危废全链条全过程感知平台，推动危险废物源头管理精细化、贮存转运规范化、过程监控信息化、设施布局科学化和利用处置无害化，实现一码可溯源、可监管、可闭环，打造"浙固码"全区覆盖的上虞样板，全面提升危险废物治理能力和水平，进一步助推"无废城市"创建工作。2023 年，上虞新建众联废盐、绿展环保等资源化利用项目，危废填埋率实现在 20%以内。

多举措推进固体废弃物处理。随着城市化进程的加速和经济快速增长，固体废弃物处理已成为城市管理的一大难题。上虞坚持疏堵结合，加强固体废弃物处理点位的规划和规范管理，加大力度打击违法违规行为，优化升级分类收运分拣体系，推动固体废物合规收运、高效处理。为破解建筑垃圾"围城"困扰，上虞积极探索减污降碳协同试点，激励扶持企业持续开发建筑垃圾潜在价值，形成"建筑垃圾收集—资源化再生—装配式建筑"产业链，引导企业走出一条"数据可视化＋生产智能化＋排放趋零化"的资源化利用之路。

（二）加强耕地保护与管理

加强耕地用途管制，严守耕地保护红线。上虞落实安全利用和严格管控措施，强化国土空间规划和土地用途管控，严格落实永久基本农田等空间管控边界，在永久基本农田区域，不得规划新建可能造成土壤污染的建设项目。根据耕地土壤环境质量类别划分成果，采取有效措施保护和改善农用地土壤环境。另一方面，上虞加大耕地保护工作力度。依法将符合条件的优先保护类耕地划为永久基本农田。加强灌溉水质、肥料、农药等农业投入品监督管理，从严查处农田使用重金属不达标肥料等农业投入品的行为。提高废旧农膜、农药包装袋等废弃物回收利用和处置水平，大力推广全生物可降解地膜使用替代。

同时，在耕地技术上大力推广绿色防控技术。在农用地、园地、林地、草地大力推广使用生物防治、物理防治等环境友好型技术措施，进一步减少化肥、农药使用量，禁止使用高毒、高残留农药。此外，上虞还加强农用地灌溉水水质监管。定期对灌溉水水质进行监测和评价，保障灌溉用水符合农田灌溉水质标准要求。对因使用污水灌溉导致污染严重、威胁农产品质量安全的土地，及时调整种植结构。

（三）做好工业土壤污染防治

化工业是上虞的传统支柱性产业，但同时也具有高污染的特性，近年来上虞始终把工业有机更新作为总战略，加快重点区域腾笼换鸟，重点产业凤凰涅槃，重点地块产业重塑，重点园区污染防治。首先，上虞从严落实建设项目土壤环境影响评价制度。对涉及有毒有害物质可能造成土壤污染的新改扩建项目，依法进行环境影响评价，提出并督促落实防腐蚀、防渗漏、防遗撒等土壤污染防治措施。

同时，加强重点企业日常监管。上虞开展工业集聚区地下水调查评估和土壤污染修复，完成重点行业企业地块调查分析，动态更新土壤污染重点管理单位名录，督促指导重点管理单位全面落实土壤污染防治法定义务，深化土壤污染隐患排查，定期开展土壤污染重点管理单位周边土壤环境监测，推动完成隐患问题整改。此外，上虞积极推动开展绿色化改造。鼓励支持土壤污染重点监管单位因地制宜实施管道化、密闭化改造，重点区域防腐防渗改造，以及物料、污水管线架空建设和改造。鼓励区域内化工龙头企业实施清洁生产改造，进一步减少污染物排放。例如，作为全球化工行业龙头企业之一的龙盛集团，已经构建起循环经济一体化产业生态园，实现染料、中间体产业核心技术突破，占据全球行业制高点，并带动当地化工产业绿色化转型。

（四）推进土壤污染管控修复

上虞积极推动开展土壤污染风险管控与修复。以用途变更为"一住两公"地块和疑似污染地块为重点，督促调查单位做好重点区域土壤采样与调查分析，对评估为污染地块的，督促责任单位开展修复工作，并委托第三方机构对治理与修复效果进行评估；对暂不开发利用的污染地块，加强风险管控，防止污染扩散。在"源解析"基础上开展耕地修复治理，深化地下水国控站水质提升工程。同时，严格地块评审工作程序。按照建设用地土壤污染状况调查评审工作有关程序，加强对列入土壤污染调查地块的组织与评审，评审报告与结果要通过网站等便于公众知晓的方式向社会公开，接受群众监督。

四、口袋公园推动城市微更新

口袋公园又名袖珍公园，本质为小型城市开放空间，常呈斑块状散落或隐藏在城市结构。随着人们对城市品质要求的提升，构建绿色宜居生态体系成为城市品质提升的重要抓手，但是与此同时城市建成区供地也日趋紧张，因此城市发展需要通过"见缝插绿"的方式拓宽绿地建设途径。口袋公园作为城市更新建设的点睛之笔，是城市公园的良好补充，是提升城市品位、改善城市局部观景的良好手段。

2023年，上虞从规划先行、因地制宜、生态优先、注重人文、便民服务、后期管理等多个层面考虑，充分利用城市边角空间，精心打造了望山公园、复兴公园、杜家公园等10个口袋公园，精细刻画城市"微表情"，推动城市微更新，助力"青春之城"绿色宜居生态体系多层次构建。

（一）小微空间完善空间网络

连续的开放空间网络作为引导城市发展的框架越来越受重视，空间网络结构优化和功能提升将对城市环境品质、空间活力、文化复兴、经济业态等起到极大的促进和提升作用。口袋公园作为城市系统中的小微空间，是城市开放空间网络中的重要"节点"，是组织城市形态和功能的空间结构单元，从城市尺度出发思考节点设计，才能以点促面，更为有效地发挥效应。上虞利用口袋公园大力拓展公共空间，将针灸激活、见缝插绿的理念融入城市有机更新中，点多面广地打造适合年轻人的城市视角，遵循最小干预的原则，利用城市中的边角地、闲置地、绿地等缺乏特殊吸引力的公共空间，通过因地制宜的建设或改造，提升城市的服务质量、文化品位和公共属性，激活城市空间、激发城市活力。在"小公园"中做"大学问"，根据整体规划设计，将场地流线由枯燥的直线变为更富有探索性趣味的曲线，并充分考虑市民融入和人景互动，建设老年活动区、儿童活动区、阳坡大草坪复合型活动区等，使得每一处段落空间都能实现功能性价值。

（二）因地制宜提升场地品质

提炼场地特征，挖掘地域"基因"是设计的起点，也是口袋公园营造的关键。上虞口袋公园设计初始，专门邀请国内知名设计团队作公园整体规划设计，详细调研基地周边用地、功能、文脉、人群需求，以及基地内部地形、植被、设施、场地使用情况及存在的问题，依存原有工程，通过拆墙透绿、拆围建绿、见缝插绿等方式对道路或街角进行改造，并植入老年活动区、儿童活动区、阳坡大草坪复合型功能活动区等区域，提升场地品质，打造界面优美、生态友好、全龄共享的"袖珍公园"。例如上虞祥生明玥府西北角绿地，改造面积约8292.6平方米，在景观与灯光设计中，提取了上虞自然山水的趣味，用轻快、流畅、缥缈的波状线结构曲线形式，以现代的手法来表达上虞独有的山水文化。在满足周边居民的休憩活动需求，体味生活温情，感受生命意义的同时，实现上虞"青春之城"文化的创造美，让城市青春活力得到进一步彰显。

（三）响应需求优化绿地空间

城市更新是围绕以"人"为核心的全要素系统性更新，口袋公园作为最贴近居民生活的空间场所，唯有切实优化绿地空间，才能真正响应居民日常需求。口袋公园初衷在于改善城市生态环境、丰富城市绿化景观，因此，上虞在建设口袋公园过程中将绿化作为必选项，占据一定的比例。上虞切实利用"青春之城"城市中的边角地、闲置地，甚至是道路边角空间或建筑间距绿地等缺乏特殊吸引力的公共空间，根据地区的气候特点，适地适树，"见缝插绿"。不断完善绿化工程，对口袋公园从整体布局、植物搭配、景观设计等方面进行全方位提升，在植物配置上注重季相变化，综合考虑立地条件、周边环境、养护要求等因素，选择适宜的植物品种补栽，运用不同的配置手法进行植物组团，丰富绿地景观，增强绿地空间的趣味和活力，满足居民对良好生态环境的需求。

实践探索十三：

杭州湾上虞经开区国家生态工业示范园区建设做法

化工产业是上虞的支柱产业，长期以来在支撑全区经济发展的同时，也饱受环境之痛、隐患之忧、民生之怨。对此，杭州湾上虞经济技术开发区始终坚持"数字引领、绿色安全、循环高效"目标，持续厚植绿色根基，打造生态发展示范。

一、实践成效

上虞贯彻落实习近平总书记指示精神，忠实践行"八八战略"，以杭州湾上虞经济技术开发区（以下简称经开区）为主平台，打造生态发展示范。2011年启动创建国家生态工业示范园区以来，经开区废水COD排放量下降25.8%，氨氮排放量下降81.9%，VOCs排放量下降85.7%，固体废物综合利用率由78%上升到99%，PM2.5由53.1ug/m^3下降到26ug/m^3。2022年，经开区被正式批准为国家生态工业示范园区，成为国内第二个获此殊荣的国家级化工类园区。

二、实践内容

（1）坚持规划先行，推动产业集聚发展。一是"一园"集聚发展。主动承接总投资544亿元的18个跨域集聚提升项目，有序推进辖区内其他镇街88家化工企业区外退出，先后关停和转型68家低小散、有较大安全环保隐患的化工企业。二是产业链条发展。通过率先扩面推进产业链"链长制"，引进10亿元以上项目48个，其中50亿级项目9个，百亿级项目3个，获浙江省开发区产业链"链长制"试点示范单位，先进高分子材料产业平台成功入选"万亩千亿"新产业平台培育名单。三是循环化改造提升。经开区有 50 余家企业形成上下游供应，10 余家企业形成了点对点的资源化利用，5 年来水资源产出率与能源产出率分别提升 114% 与 78%。

（2）坚持绿色发展，打造"蓝天碧水净土"。一是开展"科学治气"。2020 年以来，累计投入 13 亿，完成 80 家次企业涉气问题整改提升，共完成涉气问题整治 259 个，累计新增、改造设备 1001 台/套；全国首创空气异味评价体系，配置走航车，实时监测园区臭气、VOCs 排放水平，实现精准溯源、精准治理。二是开展刷卡排污。率先完成"污水零直排区"建设，2023 年完成 180 家企业改造验收，完成 159 家企业雨水智能化安装和 133 家刷卡排污系统安装，成功入选第一批浙江省星级工业园区"污水零直排区"。三是开展危废"直营"。新增 2 批次 60 家企业完成危险废物智能化监管设备安装；完成 91 家企业固废处置全流程视频监控覆盖；推动企业开展特定类别危险废物定向"点对点"试点。

（3）坚持本质安全，建设数字智慧园区。一是加快数字化改造。推进化工产业改造提升，制定出台"1＋5"框架体系和"57＋5"提升标准，累计完成 26 家企业停产并转、69 家企业对标提升，52 家企业 98 个车间的"六新"改造提升。二是加快机器换人。2021 年以来累计投入 40 亿元实施智能制造、"机器换人"重点项目 92 只，建成和改造无人车间 30 个，采用先进工艺技术工业化应用企业 20 家。三是建设安全环保智慧监管平台。投资 4.5 亿元建设安全环保智慧监管平台，接入 127 家企业视频，108 家安全数据，74 家环保数据，布设超过 20 万个数据监测点位。

（4）坚持双轮驱动，打造科技人才高地。一是建设公共创新平台。建成集"项目孵化＋产品研发＋交流展示＋检测检验＋专业服务"于一体的产业协同创新中心，被评为国家级创新创业特色载体；建成国内首个新材料中试基地—中科院新材料创新基地，构建"研发、中试、产业化"三位一体的创新孵化机制。二是培育科技领先团队。经开区截至 2023 年末已累计建立博士后工作站 27 个，省级重点企业研究院 3 家，省级企业研究院 25 家，省级高新技术企业研发中心 76 家。三是打造“一院一领一团队”创新体系。坚持人才首位战略，以高层次人才引领企业高质量发展。截至 2023 年末已累计引育国家级领军人才 25 名，省级领军人才 32 名，绍兴级领军人才 96 名。

三、实践亮点

（1）化工行业整治提升成效显著。经过化工园区 1.0 版“一园式”集聚改造和 2.0 版“智能化”改造，经开区产业竞争力和环境治理水平得到了大幅度提升。为迭代推进绿色化工产业高质量发展，将全面开展绿色化工产业高质量发展 3.0 版整治提升暨减污降碳协同创新试点工作。

（2）资源循环减碳基础牢固。利用经开区现有产业集群优势，着力构建以染料和医药行业为核心的产业链循环。依托减污降碳协同增效数智平台资源协同场景，着手制定经开区危险废物点对点定向利用经营许可豁免管理具体工作方案，从政策制度上保障危险废物“点对点”利用安全规范。

（3）基础设施保障有力。经开区建设了完善的公共基础服务设施，共有 3 座热电厂，14 家危险废物经营单位，污水管网（压力管道）165 公里，日处理能力 22 万吨与 5 万吨污水处理厂各 1 家。

（4）数字化监管优势突出。“数字化安全环保智慧监管平台”的建立形成了“线上精准监控发现、线下即时核查整改”的联动机制。依托该平台，经济开发区已获得应急管理部“工业互联网＋危化安全生产”试点；浙江省“信用＋园区治理”试点；浙江省首批化工产业大脑试点化工园区（集聚区）名单；浙江省数字孪生首批试点；浙江省“减污降碳协同增效”数字化改革试点，并成功入选浙江省“多业务协同重大项目优秀案例”。

第五章

文化软实力："青春之城"建设的文化向度

文化是一个国家、一个民族的灵魂，是一座城市、一个地方最深沉、最根本、最核心的发展源动力。上虞积极践行习近平文化思想，牢牢把握新时代新的文化使命，聚焦扛起"在建设中华民族现代文明上积极探索"使命任务，发展新时代人文经济学，深入推进"青春文化激活提能工程"，激活传承优越的文化基因，全面推动地域特色文化物化、活化、转化，加快建设高水平文化强区，打造新时代文化高地，全面提升"青春之城"文化软实力。

第一节 文化软实力与"青春之城"建设

文化是一个城市的灵魂,是一个城市生生不息的力量源泉。文化软实力是一个城市综合实力的重要组成部分,上虞全面建设朝气蓬勃近悦远来的"青春之城",如何进一步提升文化软实力在城市建设发展中的地位,是面临的一个重要课题。

一、文化软实力的作用

文化兴国运兴,文化强民族强。在当今各种思想文化相互激荡更加频繁的时代背景下,提高国家文化软实力,事关社会主义文化强国建设,事关中华民族伟大复兴。"软实力"(Soft Power)的概念是由美国哈佛大学教授约瑟夫·奈提出来的。1990年,他分别在《政治学季刊》和《外交政策》杂志上发表《变化中的世界力量的本质》和《软实力》等一系列论文,并在此基础上出版了《美国定能领导世界吗》(*Bound to Lead*:*The Changing Nature of American Power*)一书,提出了"软实力"的概念。约瑟夫·奈认为,一个国家的综合国力既包括由经济、科技、军事实力等表现出来的"硬实力",也包括以文化吸引力体现出来的"软实力"。"硬实力和软实力依然重要,但是在信息时代,软实力正变得比以往更为突出。"

城市的文化软实力体现了一个城市历史文化底蕴所形成的文化认同感和影响力,既是城市发展水平、文明程度的反映,也是城市发展源源不断的动力源泉。文化作为一个城市的灵魂所在,潜移默化、沁人心脾,开启民智、启迪思想,延续文明、激发创造,是人的全面发展的"方向标",是经济社会发展的"发动机",是社会和谐稳定的"黏合剂"。一座拥有凝聚力、向心力的城市,才能让城市发展的硬基础更加坚实。

"文化的力量,或者我们称之为构成综合竞争力的文化软实力,总是'润物细无声'地融入经济力量、政治力量、社会力量之中。"[1] 在中国式现代化的新征程上，要开创城市高质量发展新局面，既需要硬实力提升城市的功能，也需要软实力构建城市的底色。硬实力和软实力，构成了城市发展的"一体两面"，两者互为表里、互相依托。在"青春之城"建设中，文化的力量至关重要，这不仅体现在城市文明的积累、市民奋进向善的进取态度上，更体现在促进城市持续发展的软实力上。

二、全面提升"青春之城"文化软实力

文化软实力是指一个国家或地区基于文化而具有的凝聚力、生命力、创新力、影响力。上虞深入实施"青春文化激活提能工程"，让城市更具"年轻态""青春感""文化味"，以"青春文化"软实力赋能"青春之城"发展的硬支撑。

（一）建设"青春之城"城市文化识别系统提升凝聚力

文化凝聚力主要来自人们对社会核心价值的认同。一般而言，文化凝聚力的力量表现为两个方面：一方面是文化对个体的统摄、规范、引导、吸引和关怀，另一方面是人们对文化的自发或自觉皈依、奉行和遵守。文化凝聚力的主要作用是维持文化共同体的团结，增强共同体成员之间的协调性、整合性，从而保持文化共同体的稳定，进而促进该共同体的发展。

"青春之城"城市文化识别系统，涵盖了理念识别系统、行为识别系统、视觉识别系统三位一体的城市文化识别体系，形成了文化铸魂塑形赋能的强大凝聚力。其中，理念识别系统是城市文化的内核，以城市发展定位、新时代上虞精神、上虞城市品牌等文化内涵为"青春之城"铸魂；行为识别系统相当于城市文化的中层，通过全民讨论、全域践行、全媒传播、全链运营等实施路径为"青春之城"赋能；视

---

① 习近平.之江新语[M].杭州：浙江人民出版社，2007.

觉识别系统相当于城市文化的外显，通过城市 LOGO 和 IP 形象等文化符号为"青春之城"塑形。

（二）实施中华民族现代文明上虞标识行动激活生命力

建设中华民族现代文明，必须激活中华优秀传统文化的生命力并实现其实践转化。文化的生命力在于对传统的传承和发展，文明进步体现为新旧更替的实践创造。一种有生命力的文化传统是流动的活水，事关国运兴衰、文化安全和民族精神独立性。不同民族的现代化有其独特的制度特征和文化前提，在中国式现代化进程中建设中华民族现代文明，要掌握思想和文化主动，打开创新空间，加强文明交流互鉴[①]。

上虞扛起"在建设中华民族现代文明上积极探索"使命任务，坚持守正创新活化利用，深入推进"青春文化激活提能工程"，聚焦孝德、瓷源、东山、春晖等地域特色文化，推进优秀传统文化的创造性转化和创新性发展，激活中华优秀传统文化的生命力，溯文明之源、通古今之变、开未来之路，加快形成具有地域辨识度、全国影响力的中华民族现代文明上虞标识，谱写新时代文化建设上虞篇章。

（三）构建"青春之城"文化发展格局强化创新力

文化创新力是国家现代化的核心动力，是一个国家和民族向全人类展示自身文化创造活力，引领全球文化潮流，参与全球化文化竞争的核心要素。中华民族是一个有着强大文化创造力的民族，创新创造是文化的生命力所在。激发全民族文化创新创造活力，推动新时代文化建设发展的守正创新，才能更好构筑中国精神、中国价值、中国力量，使中国特色社会主义文化始终保持蓬勃生机和旺盛生命力，为新征程上坚定和增强文化自信，建成社会主义文化强国铸魂、塑形、赋能。

---

① 臧峰宇."第二个结合"与建设中华民族现代文明[N].北京日报,2023-11-20.

上虞聚焦孝德、瓷源、东山、春晖等四大地域特色文化的传承创新发展，坚持开放包容、协同发展，统筹打造大运河、虞舜、梁祝、红色、围涂、阳明等其他地域特色文化IP，推动"4＋X"文化体系创造性转化和创新性发展，通过文化遗产保护利用、文化高质量发展、拓展文化产业发展路径等途径，构建"各美其美、美美与共"文化发展格局，激发和释放强大的文化创新创造的活力，促进全域文化繁荣发展。

（四）打造人文经济学的上虞样本扩大影响力

人文经济学认为，文化不仅是一种精神现象，更是一种能够影响经济发展的重要力量。人文经济学的着力点是人文与经济的璧合，其最大创见与贡献不只是建构了"人文"或"有人文"的经济学，也不只是推动优秀传统文化的现代转型，而是实现了文化传承与经济发展的整合互动，从而形成推进中国式现代化的发展合力。新时代人文经济学的实践向度要进一步聚焦推动人、文化、经济三大要素交融互动、共同发展，成为加快形成新质生产力的新引擎[1]。

经济发展与文化繁荣交融互动，融合发展、两翼齐飞，上虞认真把握新时代人文经济学的丰富内涵，积极探索以人为中心、以文化为基础、以人文价值为导向的新发展形态，积极探索人文与经济交融共生。精神力量驱动经济社会发展、优秀传统文化催生发展动能、人文环境优化营商环境、经济品牌闪耀人文标识。上虞从文化经济化和经济文化化的双重视野，打造人文经济学发展的样本。

第二节　"青春之城"城市文化识别系统

上虞"青春之城"建设首创了城市文化识别系统，以系统性、开发性、独特性、时代性为建设原则，打造了集理念识别系统、行为识

---

① 刘洋.让经济融入人文 让人文浸润经济［N］.解放日报,2024-05-11.

别系统、视觉识别系统三位一体的城市文化识别体系，由表及里相互镶嵌，形成了文化铸魂塑形赋能的强大凝聚力，打造城市文化金名片，让上虞的城市形象更加深入人心。

一、"青春之城"城市文化识别系统的由来

文化作为人类所创造的精神财富和物质财富的总和，是人类文明的产物，并影响着人们的思维意识和行为方式。"城市是文化的容器……能够把人的生物和社会需求艺术化地综合到一种多元共处和多样化的文化模式之中"[①] 1933 年人本主义城市规划理论家刘易斯·芒福德在著作《城市文化》中，曾深刻阐述了城市空间、文化和人之间的关联。在芒福德看来，城市本身就是多元文化的聚集体，文化在城市占有核心的地位。城市的文化运行产生出人类文明，因而城市是文明社会的孕育所；文化则是城市和新人类间的介质。城市文化作为反映城市物质空间和价值观念的复杂整体，是真正属于这座城市而不可为其他任何城市所代替的文化特征，能够通过情感共鸣和精神引领增强城市内部社会自觉的凝聚力和向心力，构建令社会认同且接受的城市品牌形象，使市民热爱城市并以城市为荣，唤醒企业作为城市主人翁的社会责任感，从而更加准确地规划城市的未来发展方向，实现城市品牌形象的稳定发展[②]。

20 世纪 80 年代，企业形象识别系统（Corporate Identity System，CIS）开始引入我国，成为现代企业经营管理的一种战略手段。借鉴 CIS 理念，上虞区委宣传部联合绍兴市文化产业研究院，共同编制完成了"青春之城"城市文化识别系统（Culture Identity System，简称 CIS）战略规划。该战略规划主要由理念识别系统（CMI）、行为识别系统（CBI）和视觉识别系统（CVI）三大部分组成，涵盖城市精神、城市品牌、城市 IP 形象，形成完整的 CIS 图册和数字素材库。

---

① ［美］刘易思·芒福德.城市文化［M］.宋俊岭,等译.北京:中国建筑工业出版社,2009.
② 张晓东,王琬惠.基于文化建设的城市品牌视觉形象系统研究［J］.北京印刷学院学报,2023(5).

理念识别系统是"青春之城"城市文化的内核，能够彰显上虞发展定位、时代精神、城市品牌、文化基因等维度，赋予城市文化品格和现代内涵，提升文化的向心力，发挥城市文化的铸魂作用。行为识别系统是"青春之城"城市文化的中层，通过全民讨论、全域践行、全媒传播、全链运营，建立城市品牌产业体系，推动优秀传统文化活化利用，发挥城市文化的赋能作用。视觉识别系统是"青春之城"城市文化的外显，上虞精心打造城市品牌口号和城市IP形象，形成城市主题宣传、城市公共设施、新媒体应用场景等视觉传播规范，发挥城市文化的塑形作用。

目前许多地方都在提炼城市精神、设计城市LOGO和IP形象，大多是缺乏整体谋划、零敲碎打，尤其缺乏后续的传播和运营体系。而上虞"青春之城"建设首创了城市文化识别系统，以系统性、开发性、独特性、时代性为建设原则，以传承历史、引领当下、赋能未来、走向国际、彰显个性、重在落地为工作要求，提升城市文化的软实力，促进经济社会的发展。"青春之城"城市文化识别系统，打造了集理念识别系统、行为识别系统、视觉识别系统三位一体的城市文化识别体系，理念识别系统相当于城市文化的根脉，以新时代上虞精神等文化内核"青春之城"铸魂；行为识别系统相当于城市文化的树干，通过全域践行、全链运营等文化路径为"青春之城"赋能；视觉识别系统相当于城市文化的绿叶，通过城市LOGO和IP形象等文化创意为"青春之城"塑形。"青春之城"城市文化识别系统，由表及里相互镶嵌，形成了文化铸魂塑形赋能的强大凝聚力，构建起以文化力量推动社会全面进步的新格局（见图5-1）。

二、"青春之城"的理念识别系统

"青春之城"理念识别系统立足上虞城市发展定位，厘清新时代上虞精神、城市品牌、城市LOGO、城市IP形象的内在逻辑，形成城市文化顶层架构，对上虞历史文脉进行系统梳理，构建城市文化体系，赋予城市人文品格和现代内涵，为"青春之城"建设夯实了文化根基。

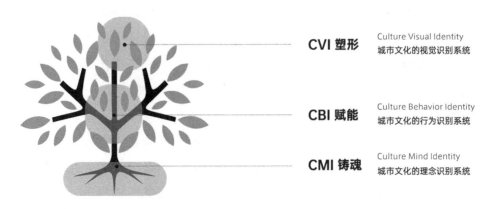

图 5-1 城市文化识别系统（CIS）树状图

2022 年 9 月新时代上虞精神凝练实践和城市 IP 打造活动启动，上虞各级各部门和社会各界全面发动、广泛参与，历经 3 个多月的征集筛选、提炼讨论、意见征询、专家评审等程序。在一场场思想的碰撞和智慧的融汇中，新时代上虞精神、城市品牌口号和 IP 形象在万众期待中正式亮相。12 月 3 日在上虞复县建城（丰惠）1200 周年纪念活动上，具有标志意义和时代价值的"明德尚贤、创变笃行"的新时代上虞精神脱颖而出，"今在上虞·遇见未来"城市品牌口号及 IP 形象"上虞吉象"对外发布。

（一）凝炼新时代上虞精神"明德尚贤、创变笃行"

人无精神不立，城无精神不兴。城市精神是一个城市独具特质的品格，既承载了深厚的历史积淀，也浸润着鲜明的时代烙印。新时代上虞精神"明德尚贤、创变笃行"一经发布，便收获无数好评，同时也引发了上虞广大干部群众的广泛共鸣。新时代上虞精神是在广泛征集、深入研讨和精深锤炼基础上提出的，"明德尚贤、创变笃行"是对上虞历史文化的高度凝练，对上虞地域特色的全面归纳，既反映了上虞与时俱进的时代特征，也将引领上虞经济社会发展趋势。

1. 从历史传承看，"明德尚贤"是历史文化传统的凝练升华，是上虞城市发展的精神根基

"明德"出自《史记·五帝本纪》"天下明德皆自虞帝始"。《大学》中有言："大学之道，在明明德，在亲民，在止于至善。"德有大德、公德、私德三层意思，包涵从孝、礼、爱、责任、秩序、规矩等多维度广义上的道德人文精神。《孝经》云"夫孝，德之本也"，"孝"乃礼义仁智信众德之本，孝德在上虞传承久远，是为"明德"之本。

上虞自古重教礼贤，民风淳朴守正，明大德、讲孝义、尚友爱。"贤"还指贤士、贤才，"尚贤"有"尚天下贤士归虞"之意，代表了上虞向外界传递任人唯贤、求贤若渴、礼贤下士以及尊重人才、广纳人才、欢迎人才的强烈信号，体现着近悦远来"青春之城"建设中对各类人才的尊重和渴望。

2. 从现实基础看，"创变笃行"是中国式现代化的发展要求，是上虞笃定前行的时代召唤

自古以来，上虞就是一座不断创造和见证奇迹的城市。无论是传统产业凤凰涅槃、转型跃升，还是数字经济的变革重塑、赋能发展，创新求变、笃行致远深深根植于上虞发展的强大基因和实践沃土。"创"是主动创新；"变"是"变与不变"，变的是主动求变的勇气和能力，不变的是坚守的原则和底气。创变，识变迎新、求变兴新，以理念之变引领发展之变、以行动之变开辟格局之变。

"创变"出自创新而高于创新，所有的文化传承、精神磨砺，所有的创新思维、创变能力，到最后就是指导实践、落实行动。"笃行"反映了如今上虞咬定主业、勇于创新的企业家精神和争天斗地、百折不挠的围涂精神。纵览上虞千年历史，无论王充的"实事疾妄"，谢安的"东山再起"，还是竺可桢的求是办学，谢晋的改革先锋；如今上虞咬定主业、勇于创新的企业家精神，争天斗地、百折不挠的围涂精神，无不都是坚持勤学笃行、持之以恒的成果，都是学思践悟、"知行合一"的成果。

3. 从未来发展看，"明德尚贤、创变笃行"是推动上虞高质量发展

的不竭动力

城市精神作为城市崛起的"精神高地"和城市自身的"发动机"，书写的是城市的底蕴、城市的韵味、城市的品位，体现了一座城市对于自己所肩负的历史使命的高度自觉。在统筹世界百年未有之大变局和中华民族伟大复兴战略全局中，拥抱变化、变革重塑、创新求变，已成为上虞城市加快发展、再创辉煌的不竭动力。上虞始终以思想之新引领发展之变，保持高站位、大格局、大视野，跳出上虞看上虞，跳出上虞发展上虞，在聚力高质量发展、高水平融合、高品质生活、高效能治理上先行示范、走在前列。

城市精神是指一座城市在历史、文艺、民俗、社会经济等方面所具有的精神内涵。城市精神的形成依托城市的历史文脉和传统文化，在对地域文化的传承和超越中不断焕发出崭新生命力。城市精神是一座城市发展的动力之源、方向之舵、品位之衡。当前的上虞，正推进中国式现代化新征程上"勇当先行者、谱写新篇章"，以建设"青春之城"走好中国式现代化上虞高质量发展之路。在与时代同行中弘扬实践新时代上虞精神，对上虞打造"青春之城"、以创新制胜未来具有十分重要的意义。全域联动、全链运营、全民践行，上虞把城市精神品格化为每个市民精神成长的丰厚滋养，化为城市发展进步的不竭动力，以永葆不懈的追求，造就和遇见更好的未来。

一座城市从过去走到现在，其进阶历程可以浓缩到城市精神上来；而城市从现在走向未来，必然要依靠城市精神提供指引和智慧力量。历史文化特色的滋养使得城市精神代代传承，时代变化和历史方位又需要城市精神静中求变，与时代特征和时代要求相契合。城市精神是一座城市的灵魂，如何结合当地历史传承、地域文化、时代特色凝练总结，如何体现独特气质？新时代上虞精神"明德尚贤、创变笃行"是一个很好的范例。一座城市的精神，并不是凭空出现的，而是在城市的发展实践中逐步累积形成的。它的凝练产生集多方之智、塑上虞之形、凝上虞之神、铸上虞之魂，上虞精神的大讨论，碰撞思想火花、凝聚广泛共识，进一步强化市民作为城市"主人翁"的认同感、融入感和自豪感；它的丰富内涵蕴含优秀传统文化、富有时代气息、彰显地域特色、引领发展潮流，既根植历史又观照现实，更面向未来，体现了上虞历史文化传统、城市演进规律、人民群众的美好向往；它的弘扬实践内化于心、外化于行、知行合一、融之于城，流淌在上虞城市的大街小巷，融入市民的日常生活，写在每个人的脸上。凝炼城市精神不是要概括出一个容易记忆的口号，喊喊而已，而是重在建设、重在践行。

（二）打造上虞城市品牌"今在上虞·遇见未来"

2022 年 9 月上虞面向全球征集城市品牌口号，经过评审初选、网络投票、专题征询、专家评审等环节，2022 年 12 月上虞城市品牌正式发布，"今在上虞·遇见未来"（IN SHANGYU TO FUTURE）脱颖而出。该城市品牌创意源自上海博物馆镇馆之宝《晋王羲之上虞帖》，具有三个特点：独特性、时空性和开放性。

1. 独特性：书圣代言，独一无二

"今在上虞"是书圣王羲之所撰的《上虞帖》中的句子，既有书圣王羲之打卡代言的历史渊源，又蕴含重在当下的奋发姿态，立足当下放眼未来，它凝练着上虞对历史的传承、对时代的思考。晋永和十二年（公元 356 年），王羲之挥毫写下《上虞帖》，全帖共 7 行 58 字，是王羲之写给亲友的一封草书手札。该帖因有"今在上虞"之句而得名，宋徽宗赵佶题签为《晋王羲之上虞帖》。《上虞帖》（唐摹本）现收藏在上海博物馆，成为该馆的镇馆之宝，许多人到上海博物馆都直奔这件国宝而去。1600 多年前，书圣王羲之挥毫写下的"今在上虞"，宛如一颗皇冠上的明珠，至今熠熠生辉，正是上虞这座城市独一无二的形象代言。

2. 时空性：古今辉映，致敬未来

"今在上虞"寥寥四字，让历史文化与未来愿景融为一体，穿越时空，意蕴深远，展示着迥乎万变的场景，让人身临其境，寄托无限的遐想。"今"，既是今天，也是过去和未来。王羲之曾书"后之视今，亦犹今之视昔",从王羲之的今到当下的今,乃至到未来的今,任凭时空穿梭,岁月轮回,我们都在上虞。"今在上虞"之妙为"在",充满着动感和活力,它既是一种存在,也是一种呼唤,显示着一种生机勃发"活"的状态。"遇见未来"则表达期盼未来的美好愿景,符合上虞打造"青春之城"的城市定位,彰显了朝气蓬勃、近悦远来的城市品质。"遇见未来"见证着上虞人民对未来幸福生活的孜孜追求。随着城市从龙山时代走向曹娥江时代,进而挺进杭州湾时代,上虞"青春之城"的蓝图越来越全面清晰,城市发展的激情张力喷薄而出。

3. 开放性:海纳百川,成就精彩

作为彰显上虞城市品牌形象,"今在上虞"既是一个独一无二的文化符号,同时又是一个兼容并包的开放品牌。"今在上虞"前后可以包含着诸多"+":既可以是"产业在上虞""资源在上虞""文化在上虞""机会在上虞"等;也可以是"今在上虞创业""今在上虞度假""今在上虞结婚""今在上虞养老"等。今天的上虞,正在擦亮王羲之"今在上虞"四个大字,打响独一无二的城市品牌,建设朝气蓬勃、近悦远来的"青春之城",让上虞人民信心百倍、充满激情地"遇见未来"。"今在上虞·遇见未来"以穿越古今的张力、充满动感的活力、温馨无限的亲和力,必将吸引更多人来到上虞,成就精彩的人生。

城市品牌营销是一个不断演进的过程,山东旅游是最好的例子①。第一阶段是从著名的人文标识概括而来的资源营销,山东旅游最初打出了"一山一水一圣人"品牌口号,"一山"是指泰山,"一水"是指趵突泉,"一圣人"是指思想家、教育家孔子。目前很多地方仍然在宣传的"某某故里""某某之乡"就处于资源营销阶段。第二阶段是从当地文脉中提炼而成的文化营销,从 2007 年开始"好客山东"旅游品牌把文化营销做到了极致。"好客山东"的文化基因来自孔子"有朋自远方来,不亦乐乎?""好客山东"准确提炼和概括出山东鲜活的形象和深刻的文化内涵。第三阶段是从受众的利益价值出发,融合当地的文

---

① 应锋.绍兴城市旅游品牌的建构[N].中国旅游报,2010-03-05.

化基因，凝炼而成的情感营销，例如"成都，一座来了就不想离开的城市"品牌口号。城市品牌能否成功，取决在多大程度上打动了受众的情感，而这种打动关键于能否为受众提供其所寻求的情绪价值。王羲之书写"今在上虞·遇见未来"引发了穿越千年的激情和共鸣，彰显"人人出彩"的上虞城市魅力，让更多的人来到上虞"青春之城"，遇见更好的自己。因此，一个成功的城市品牌应该具备三种境界：语境的画面感、互动的体验感和情绪的共鸣感。

"今在上虞·遇见未来"城市品牌是让文化遗产活起来的范例。深入挖掘历史文化遗产蕴含的深厚价值，让收藏在博物馆里的文物、陈列在广阔大地上的遗产、书写在古籍里的文字都活起来，不断丰富社会文化滋养。习近平总书记倡导让文化遗产活起来，一个重要蕴含就是从精神资源角度对文化遗产进行再阐发、再挖掘和再转化，释放蕴藏的物质、精神和制度潜能，让文化遗产从典籍、考古、博物馆，从民间、大众以及历史中走出来，续写传统文化复兴的新篇章。《上虞帖》收藏于上海博物馆，收刻于《淳化阁帖》《澄清堂帖》《大观帖》等刻帖中，明詹景凤《东图玄览》、清安岐《墨缘汇观》著录。上虞通过打造"今在上虞·遇见未来"城市品牌，激活了《上虞帖》优越的文化基因，让王羲之洒脱率真的草书"今在上虞·遇见未来"穿越时空，赋能"青春之城"建设。2023 年 5 月 17 日，上虞一户外运动达人成功登上海拔 8 848.86 米的世界第一高峰珠穆朗玛峰，亮出了"今在上虞·遇见未来""青春之城 活力上虞"等宣传标语，将上虞城市品牌形象展示在世界最高峰，在世界之巅为家乡上虞打 Call。

"今在上虞·遇见未来"城市品牌是践行人文经济学的范例。习近平总书记在参加全国两会江苏代表团审议时指出："上有天堂下有苏杭，苏杭都是在经济发展上走在前列的城市。文化很发达的地方，经济照样走在前面。可以研究一下这里面的人文经济学。"这对研究人文经济学提出了要求，也为揭示中国式现代化发展中文化与经济、传统与现代、传承与创新、理论与实践的辩证关系指明了方向①。人文经济学的着力点是人文与经济的璧合，其最大创见与贡献不只是建构了"人文"或"有人文"的经济学，也不只是推动优秀传统文化的现代转型，而是实现了文化传承与经济发展的整合互动，从而形成推进中国式现代化的发展合力。人文经济学认为，文化不仅是一种精神现象，更是一种能够影响经济发展的重要力量。习近平总书记用"助推器""导航灯""黏合剂"来打比方，深刻阐述了文化力量与经济力量交融互动、融合发展的关系，形象地解析了其在经济社会发展各方面所起到的重要作用。"今在上虞·遇见未来"与"青春之城"一脉相承，上虞已经把"今在上虞·遇见未来"城市品牌具象化、矩阵化、品牌化，形成了城市品牌体系，直接带动经济社会的发展。例如以"今在上虞·遇见尚品"为主题打造了上虞农产品区域公用品牌"上虞尚品"，又如以"今在上虞·翠茗飘香"为主题推动"上虞翠茗"茶叶区域公用品牌建设，再如以"诗和远方·今在上虞"为主题推介上虞文旅品牌。此外，上虞"青春之城"建设朝气蓬勃日新月异，如今在上虞可以遇见卧龙未来工厂、竺可桢未来学校、南丰未来社区、丁宅未来乡村、上虞未来农场、上虞未来城等等。因此"今在上虞·遇见未来"不仅仅是城市品牌口号，已经成为提升人民群众幸福生活的"青春之城"美好场景。

三、"青春之城"的行为识别系统

行为识别系统是"青春之城"城市文化的中层，也是城市文化识别系统落地落实见行见效的重要环节，发挥城市文化的赋能作用。"青春之城"的行为识别系统以新时代上虞精神为引领，以塑造城市品牌为突破口，创新性地探索出了全民讨论、全域践行、全媒传播、全链运营的"四全模式"，构建"人人皆知"的城市品牌话语体系，建立"人人参与"的网络传播平台，彰显"人人出彩"的上虞城市魅力，全

---

① 刘洋.让经济融入人文 让人文浸润经济[N].解放日报，2024-05-11.

面建设朝气蓬勃、近悦远来的"青春之城"。

（一）以全民讨论构建话语体系

充实解读话语体系，组织社科界文史专家学者开展研讨诠释，多角度多维度多层面解读新时代上虞精神和城市品牌口号，撰写相关理论文章，固化理论研究成果，适时结集出版，不断丰富新时代上虞精神和城市品牌内涵。把传扬践行新时代上虞精神与贯彻落实党的二十大精神有机结合，通过理论学习中心组、"春晖大讲堂"、主题报告会、"虞声嘹亮"宣讲团及巡讲巡演等方式加强精神口号解读，确保入脑入心，营造全民氛围。举办青年理论宣讲大赛、理论宣讲走亲、理论知识对抗赛、基层巡讲等特色活动，持续打响"春晖大讲堂""虞声嘹亮"等理论武装工作品牌，2023年上虞有10位选手在省、市理论宣讲大赛中获奖，为历年之最。

结合城市外宣、招商推介、旅游节会、博览展销等活动开展城市品牌形象宣讲展示，以开放的姿态、开阔的视野、生动的话语传播上虞形象，讲好上虞故事。持续凝心聚力，鼓劲造势，在干部群众中组织开展"新时代上虞精神大家谈""我为上虞发展献一策"等主题活动。在干部教育培训中纳入新时代上虞精神和城市文化引领，安排相关课程内容。面向青少年群体传扬新时代上虞精神，在各中小学、在虞高校中，植入"新时代上虞精神""青春之城"等文化基因，开展德育美育、乡土研学、主题班（团）会等活动，让新时代上虞精神和城市品牌形象走进青年、面向未来。

（二）以全域践行彰显城市魅力

上虞在城市主出入口、主要公共场所、重要道路节点等市政建设中，充分考虑城市品牌形象的有机融入、显性落地。在"一江两岸"景观带、高铁站、汽车站、公交站、公园、广场等设置展示新时代上虞精神和城市品牌形象的标识标牌。在大型商超、酒店饭店、A级景区等外来人流量密集场所同步落实相关展示推介举措。在城市投资环境推介、招商引资政策汇编等使用城市品牌元素，对外彰显城市形象。在"曹娥江文化旅游节""四季仙果之旅"、风情街夜市等文旅招商推介活动中，融入上虞精神和城市品牌形象。

加快特色产业小镇、文创街区建设，引导社会资本围绕"今在上虞""上虞吉象"主题，投资建设酒店、民宿、文创文旅综合体等项目。发挥"互联网＋""文化＋"作用，加快"今在上虞""上虞吉象"等核心 IP 的转化活化，开发城市信物、诗路风物，发展城市品牌衍生文创产业。创作拍摄城市 IP 等元素的文化主题纪录片、动漫影视作品，启动"今在上虞·青春之城"全国大学生原创音乐大赛，与专业机构合作，编排推出舞台剧、音乐剧，让上虞品牌形象持续有声有色、破圈出彩。

城市歌曲是推介一座城市、带火一座城市的有效载体和流量密码。2024 年 4 月 30 日，由音乐人小阿七演唱的上虞城市歌曲《愿你越过人间山水长》正式发布，随后在各大社交平台上频频"出圈"。5 月 2 日小阿七空降上虞兴欣新材氧气吉象音乐节首次现场公开演唱，为"青春之城"代言，迅速掀起了传唱传播的热潮。歌曲以其深刻的内涵和动人的旋律将英台故里、白马湖、春晖中学、曹娥江、覆卮山等上虞人文地标写入歌词，串联起上虞城市的故事和坐标，青春励志、悦耳动听，寄托了共同的心灵归宿，演绎了一场青春和未来的碰撞，将"青春之城"的朝气和活力表达得淋漓尽致。《愿你越过人间山水长》符合上虞"青春之城"建设的气质与定位，具有很强的宣传引流功能，对打响城市品牌、塑造城市形象意义重大。上虞将通过全媒体造势、多场景植入、各群体传唱，推动歌曲传遍大街小巷、飞入千家万户，让上虞市民群众真切感受到"青春之歌"带来的精神力量。深入挖掘歌曲内涵，精心拍摄歌曲 MV，加强歌曲二次创作传播，充分彰显"青春之城"魅力风采，让更多人对上虞这座城市心生向往。加强与流量平台的合作推介，积极打造网络传播热点话题，发挥网红传播效应，实现歌曲与城市的双向奔赴，提升全网传播力影响力。

（三）以全媒传播建立传播平台

精心策划"上虞正青春"系列报道，开设"绘青春""塑青春""见青春""悦青春""展青春"五个栏目，让"青春之城"建设深入人心。在报纸、电视等本级传媒开设专题专栏，开展新时代上虞精神城市品牌系列解读、宣传。加强与省级以上主流媒体合作联动，策划集中宣推报道，构建起全覆盖、多层次、有重点的"央媒＋网络"宣传体系，不断放大新时代上虞精神和城市品牌传播效应。2023 年共有200 余家主流媒体来上虞采访报道，推出央视新闻联播报道 10 条，其他中央、省级权威媒体报道 800 余篇条，上虞深入实施"千万工程"经验被央视《新闻联播》头条刊播，有力宣传展示了上虞"青春之城"形象。

充分利用传媒、新媒、自媒等矩阵，与抖音、快手、喜马拉雅等平台合作，创新宣传载体、丰富宣传形式、优化宣传内容，策划"今在上虞·遇见未来"短视频大赛、"网络大 V 今在上虞"等系列网络传播活动。建成启用融媒体信息中心，上线"百观新闻"客户端3.0版，打造 10 万＋爆款产品 150 余个。实施网络传播"亿＋"计划，组建新媒体联盟，"今在上虞·遇见未来"微博话题全网阅读量破 1.1亿，2023 年话题累计阅读量超 6 亿。通过电视综艺节目、新媒体 Vlog等方式多渠道宣传推广，培育正能量网红，利用青年新生代扩大城市文化品牌知晓度、美誉度。坚持"能进尽进、内外联动"，把城市精神品牌全方位融入机关、企业、乡村、社区等公共空间，利用未来社区、文化礼堂、城市书房、农家书屋等阵地，全面展示新时代上虞精神和城市品牌形象。与高铁、地铁、民航和一线城市广告平台开展合作，进一步提升城市文化品牌对外传播力。

（四）以全链运营形成产业体系

按理念识别、行为识别、形象识别三个层次建立"青春之城"城市文化识别系统，将新时代上虞精神、城市品牌和 IP 形象体系化管理运营。以市场化思维成立上虞正青春文化传媒有限公司，负责开展"今在上虞·遇见未来"城市品牌和"上虞吉象"城市 IP 形象全产业链运营。注册"今在上虞"品牌商标，制定使用准入标准，规范城市品牌标识、标语使用，确保城市形象品牌统一、使用规范、展示多元。将城市文化识别系统全面融入城市景观、建筑设计之中，在城市重点区域、重点部位规划建设城市雕塑和景观性标识。在政府机关会场、政务服务办事大厅等公务场所和全区各类公务活动中使用、推介城市品牌标识，形成规范、统一、鲜明的城市品牌形象环境。

结合文明创建、城市推介、全域旅游等重点工作不同场景，组合多种宣传口号，制作公益广告，建设全域品牌信息平台。制定城市文化品牌产业发展规划和专项扶持政策，引导鼓励优秀企业、优质产品申请使用城市品牌商标，培育一批特色礼品和纪念品研发制造企业、基地，试水盲盒、表情包等应用场景，谋划数字化、虚拟人、元宇宙等概念的布局、开发。积极参与国内外专业展会和推广活动，选择重点城市和地区举办城市品牌主题文化、旅游、经贸等推介活动。

四、"青春之城"的视觉识别系统

城市视觉识别系统是每个城市的"名片"，是城市形象的代表，传递着一座城市独特的文化和精神。视觉识别系统是"青春之城"城市文化的外显，上虞以城市 LOGO、城市品牌口号和城市 IP 形象为核心元素，以天青色为标准色，形成城市视觉传播规范，发挥城市文化的塑形作用。

从城市美学出发，上虞选取天青色为"青春之城"视觉识别系统基本色，《说文解字》里写道："青，东方色也"，寓意着草木初生，万物成长。天青色正好对应蓬勃发展、蒸蒸日上的"青春之城"，昭示上虞美好的未来和无限的希望。视觉识别系统由基础和应用两部分组成。基础部分主要是上虞城市 LOGO、城市品牌标准字体和城市 IP 形象、标准色、辅助图形等基础设计要素及其规范使用形式。应用部分是基础部分在办公用品、"城市家具"、城市景观、城市主题宣传、新媒体推广等方面衍生应用物料设计的总和,彰显了"青春之城"独特形象。

2011 年 8 月上虞就启用城市 LOGO。LOGO 图形由字母"S、Y"交织变形的弧线和星星所组成,"S、Y"为"上虞"二字的拼音开头,图形框架体现了上虞的地域特点;字母"S"是"舜"的拼音开头,寓意上虞为虞舜的故乡。"弧线"象征开拓、开放、永恒、高速,表示上虞开拓创新、激情大气、追求卓越、与时俱进。上面的"弧线",犹如高速路,彰显上虞"九县通衢"的内涵。下面的"弧线",犹如海湾,体现上虞融入更开放的海洋经济;也犹如河流,象征上虞的母亲河曹娥江。右下角半圆环图案,蕴含"青瓷"之意,表示上虞是世界青瓷发源地之一;"星星",象征科技,突出上虞为全国科技工作先进县(市)、全国科普示范县(市)。标识以"绿、蓝"为主色,"绿色"代表虞南区域中的青山绿水,象征上虞自然、生态、宜居、活力;"蓝色"代表虞北区域中的蔚蓝大海,象征上虞畅通、高效、发展、和谐。

2022 年 12 月经过全球征集活动,"上虞吉象"被确定为上虞城市 IP 形象。"上虞吉象"由"虞小娥"和"吉象"组成,生动形象地表现了这座城市鲜明的文化符号。"虞小娥"从上虞历史中来,融合了中国传统女性至善至美、秀外慧中的美好形象,又兼具独立干练、自信果敢的新时代个性,这正是青春上虞所诠释的内核。"吉象"身采用越窑青瓷中的精品秘色瓷,身上采用吉祥纹饰和图腾,和头上的小鸟构成一幅象耕鸟耘的和谐景象;"吉象"也是一种精神符号,它是上虞人敦厚、朴实、勤劳、肯干的 IP 化身,彰显了上虞人的精神风貌,是奋进新征程的实干路径。

近年来,上虞通过城市 IP 形象的塑造,来展示城市文化精神,塑造青春城市风骨,引领市民文化认同,营造强大发展合力。城市 IP 形象是城市文化的外在表现,它把城市精神与城市品牌有机融合于具体可感的形象之中。"上虞吉象"通过多平台整合营销和文化活动推广,线上线下互动活动、创意市集等形式层出不穷,让市民和游客能够亲身参与和体验上虞城市的魅力。"上虞吉象"的形象迅速深入人心,成为年轻人追捧的焦点,各大媒体争相报道,市场青睐有加。2024 年 4

月第七届"玉猴奖"颁奖典礼盛大开幕,"上虞吉象"以其卓越的创意和商业价值,荣获"2024年度十大最具商业价值文旅IP"殊荣。"玉猴奖"被誉为"中国原创IP奥斯卡",自2016年起便引领着中国原创IP的潮流。

为全面建设"青春之城",积极开展"今在上虞·遇见未来"城市品牌、"上虞吉象"城市IP形象宣传推广行动,2024年3月上虞专门成立了正青春文化传媒有限公司。该公司以艺术创作为基础,以商业开发和文化融合为导向,致力于引领中国动漫城市IP冲击潮流、走向世界,以现代传播方式实现文旅变现。在专注动漫IP及文创内容的投资运营过程中,打通上下游产业链资源,构建出动漫创意与产业运营相融合的商业闭环。上虞将继续借助"上虞吉象"IP形象,深化文化内涵的挖掘,扩大国际交流合作。通过漫画制作、动画形象设计、版权代理、线上线下衍生品生产等一系列IP品牌产业链运作方式,结合丰富经验,打造更优质的动漫内容,实施精准市场营销宣传和品牌推广。通过"上虞吉象"IP形象,将上虞的文化魅力传播至世界各地,让世界共同感受"今在上虞·遇见未来"的独特城市魅力。

上虞的相关部门和单位也高度重视文化的作用,例如上虞人民医院构建"上医精诚"的医院文化识别系统,让文化建设与医院业务立体耦合,成为公立医院高质量发展的重要支点。

实践探索十四:

"上医精诚"文化建设助力医院高质量发展

上虞人民医院提炼"上医精诚"作为医院宗旨,构建了医院文化识别系统(HCIS),荣获首届公立医院高质量发展标杆实践案例特别奖。"上医"源自《黄帝内经》:"上医治未病,中医治欲病,下医治已病。"又出自孙思邈《备急千金要方》:"古之善为医者,上医医国,中医医人,下医医病。"[①]"精诚"是指医术精湛、医德高尚。

---

① 应锋,龚月江.高质量发展背景下某公立医院文化建设实践研究[J].中国医院,2023(02):76-79.

一、实践成效

（一）文化铸魂，筑起全体医务人员的精神坐标

"上医"源自中华医学经典，恰是上虞人民医院的简称，构筑了全体医务人员的精神坐标。医院连续推出"共同富裕、健康先行"和"健康直通车、上医零距离"两个大型义诊活动，受到《光明日报》和《人民日报》的发文点赞；医院文化建设助力医院高质量发展被《健康报》刊文推介。耳鼻喉科主任飞奔回院抢救病人的短视频被央视新闻、学习强国等全国120余家媒体争相报道，累计点击量2 000余万次。五年来，累计161人次获得市级及以上荣誉，229人次获区级荣誉。

（二）文化赋能，凝聚医院高质量发展的内生动力

文化战略实施以来，医院总体规模不断扩大，实际开放床位数由1 000张增至1 500张。完成国家胸痛中心（标准版）创建，肿瘤科入选浙江省临床重点专科建设项目库名单，消化内科为绍兴市级临床医学重点学科，检验学科为绍兴市级创新学科，心内科、骨科、泌尿外科为浙江省县级医学龙头学科。近两年14项新技术新项目先后应用于临床，18个重点监控术种进入全省前30位。在全省三级乙等医院中，RW≥2病例数排名第6位，三四类手术例数排名第6位，2.7万余名肿瘤患者纳入肿瘤诊治中心全流程管理。

（三）文化变革，引领医院管理方式的转型升级

现代医院管理的发展分经验管理、科学管理和文化管理三个阶段，其中文化管理是最高的境界。医院文化识别系统的建立，引领上虞人民医院从科学管理逐步迈向文化管理，这也是现代医院管理的发展趋势。医院先后被评为绍兴市"五星三名"示范医院、绍兴市五一劳动奖状、浙江省"院科两优 德医双强"公立医院、绍兴市先进基层党组织、绍兴市清廉建设成绩突出单位。

二、实践内容

（一）医院理念识别系统（HMI）

主要由医院价值观、党建品牌、形象定位、发展规划等组成。①提炼了"上医精诚"作为医院宗旨。②构建了"上医初心"的党建

品牌。③形象定位：建设以人民健康为中心、职工为核心的一家有温度的人文医院。④发展规划：建设成区域核心、政府放心、群众安心、职工舒心的浙东地区领先的现代化综合医院。

（二）医院质量识别系统（HQI）

主要由18项核心制度和医院等级评审制度等组成。①将18项制度提炼出要点，并进行图示化和形象化，设计制作《18项医疗核心制度图示手册》，基于手机开发了H5应用场景。②医院评审制度：根据浙江省综合医院等级评审标准，建立起一套全面、系统、科学的现代医院质量识别系统，注重PDCA管理思维的应用及持续质量改进。

（三）医院行为识别系统（HBI）

主要由内部行为和外部行为组成。①内部行为：围绕员工入职到退休全职业周期，围绕全年重要节点开展活动，营造"上医精诚"的文化氛围。②外部行为：由公益义诊、志愿服务、新媒体宣传等行为组成，塑造医院良好的形象，提升医院的综合竞争力。

（四）医院视觉识别系统（HVI）

主要由院徽、标准字体、IP形象、标准色彩及办公用品、标识系统组成。①院徽设计升级：以"上医精诚"为核心理念对院徽进行升级，选取鲁迅字体为医院名称标准字体。②IP形象：设计推出医院IP形象"上医天使"，上线"虞小医"的表情包，增强医院文化的传播力和感染力。③标准色彩：以上医蓝为主色调，整体色调稳重大气。④办公用品：以院徽和标准色彩为基础元素，统一设计办公用品和宣传物料。⑤标识系统：根据服务流程和患者的就诊习惯进行设计优化，增强医院文化的感染力。

三、实践亮点

（一）探索公立医院高质量发展新文化的路径

上虞人民医院以建院80周年为契机，建构了"上医精诚"的医院文化识别系统（见图5-2），将医院文化与制度流程、行为规范、物质环境融合贯穿，彰显了医疗卫生机构的个性，成为助推公立医院高质量发展的动力源。实践表明，建立科学规范的医院文化识别系统，有利于改变医院文化建设"各唱各调"的混沌状态，成为公立医院建设新文化借鉴的范式和路径。

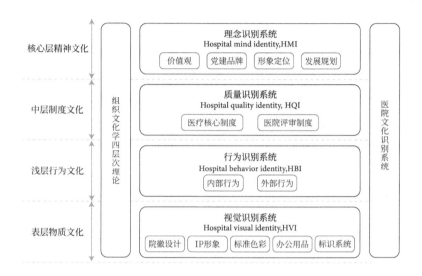

图5-2　医院文化识别系统（HCIS）框架图

（二）把握公立医院高质量发展新文化的方向

医院文化识别系统构建首先要坚持和加强党对公立医院文化的领导，始终把人民生命安全和身体健康放在首位，强化患者需求导向，扛起公立医院高质量发展的初心使命。提炼医院宗旨，凝聚起高质量发展的精神力量。医务人员是高质量发展的主力军，要全职业周期关心关爱医务人员，激发主观能动性和职业荣誉感。

（三）积极稳妥推进医院文化识别系统的建设

医院文化识别系统建设的顺利推进，并取得了良好的效果，得益于把握三项原则：一是迭代升级，不推倒重来。文化需要积淀与传承，如提炼了"上医精诚"作为医院宗旨，院训、形象定位、发展规划等延续不变。二是通俗易懂，不增加负担。策划设计18项核心制度图示手册和手机H5页面，制作文化识别系统的小视频，让繁杂难记的制度直观化、图像化、趣味化，受到了医务人员和广大患者的欢迎。三是融会贯通，不搞两层皮。让文化建设与医院业务立体耦合，与医院等级评审制度相结合，大力弘扬质量文化，推进医院文化内化于心、外化于行、固化于制，成为公立医院高质量发展的重要支点。

第三节　实施中华民族现代文明的上虞标识行动

中华民族现代文明是中华文明的现代形态，是中国式现代化创造的人类文明新形态。上虞深入推进"青春文化激活提能工程"，实施中华民族现代文明的上虞标识行动，充分激发地域特色文化中的青春基因，激活中华优秀传统文化的生命力，全面提升"青春之城"文化软实力。

一、传承创新发展地域特色文化

上虞坚持古为今用、守正创新、群众主体、开放融合四大原则，聚焦孝德、瓷源、东山、春晖等四大地域特色文化的传承创新发展，统筹打造大运河、虞舜、梁祝、红色、围涂、阳明等其他地域特色文化IP，推动"4＋X"文化体系项目化、品牌化、特色化发展，加快形成具有地域辨识度、全国影响力的中华民族现代文明上虞标识（见图5-3）。

坚持古为今用。溯源解码、全面激活上虞优越的地域文化基因，挖掘提炼、充分彰显蕴含其中的政治智慧、思想观念、人文精神、道德规范、治理经验，赋予新的时代内涵和时代价值，着力赓续优秀传统文化根脉，更好凝聚人民群众精神力量，全面发挥文化的引领和推动作用。

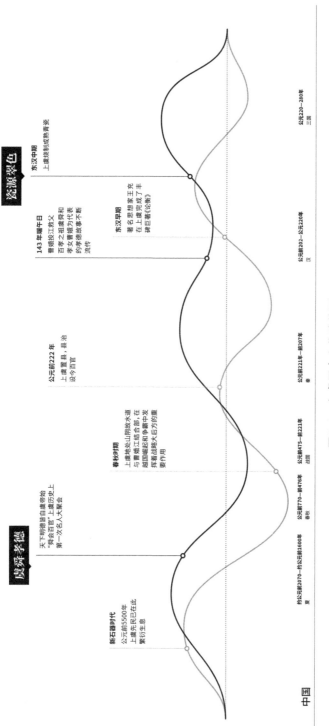

图5-3 上虞历史文化脉络图

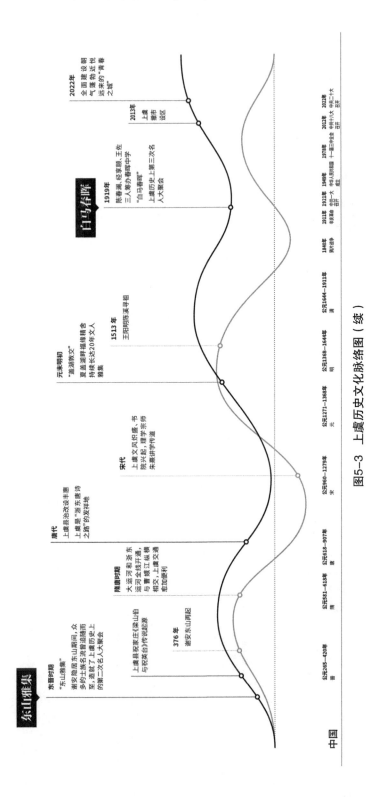

图5-3 上虞历史文化脉络图（续）

坚持守正创新。准确把握继承与发展的关系、传统与现代的衔接，全面推进新形势新变革下的地域文化传播形式和表达方式创新，拓展新的文化空间，创造新的文化形态，探索新的发展路径，推动地域文化展现时代新韵，更好满足群众对文化的新期待新需求。

坚持群众主体。以社会主义核心价值观为引领，以全生命周期、全年龄段的人的精神文化需求为导向，推动地域文化发展成果共建共享，促进人的全面发展和社会全面进步。尊重和发挥人民群众的主体作用和首创精神，释放每一个文化元素的潜力，激发全社会文化创新创造活力。

坚持开放融合。深入实施"文化＋"战略，统筹推进地域文化与上虞城市品牌、新时代上虞精神的融合传播，与旅游、影视、科技、农业、商贸等多种业态的融合发展，全面推动地域文化渗透城市肌理、融入生产生活，促进文化资源优势转化为城市竞争优势、产业发展优势。

二、打造"明德至善、孝行天下"孝德文化标识

上虞是中华孝德文化的重要发源地，历来孝风绵延、孝贤辈出，中国传统"二十四孝"男孝之首大舜、女孝之首曹娥奠定了上虞"孝德之源"的历史地位，是全国首个"中国孝德文化之乡"。上虞聚力践行社会主义核心价值观和新时代上虞精神，教育引导干部群众明大德、守公德、严私德，大力弘扬践行"小孝持家、中孝敬业、大孝爱国"的新时代孝德观，推动孝德文化内化于心、外化于行，凝聚全面建设"青春之城"的精神力量，争创浙江省孝德文化传承生态保护区。

（一）孝德基因浸润"青春之城"

20世纪90年代以来，上虞深入挖掘孝德文化的时代内涵，推动孝德文化建设与新时代精神文明建设、社会治理和城市产业发展有机结合，形成了一批具有上虞辨识度的孝德文化成果。上虞依托本地优厚的历史文化底蕴，举办"孝文化节"。从"孝德文化助力共同富裕座谈

会"到"孝德文化·两岸同行"影像采风活动，从单一的孝德文化延续到多元化的传承新画卷，从在本地范围内搭建"孝文化圈"到构建全球中华儿女崇德向善的"最大公约数"，孝德文化不仅以多姿之势融入民众生活，也逐步打响了上虞的孝文化品牌，在全社会掀起全民孝德风尚。

近年来，上虞依托本地优厚的历史文化底蕴，充分利用孝德文化资源禀赋，以"孝文化活动周"为平台载体，不断赋予孝德文化新时代内涵，积极擦亮孝德文化的"金字招牌"。放眼曹娥江两岸，上虞正将"孝"城的理念融入"青春之城"。如高标准建设孝德文化小镇、中华孝德园、上虞博物馆等城市文化地标；实施孝德文化显性工程，在曹娥江"一江两岸"系统建设孝德文化长廊，启动"七大门户"孝德文化创意设计，以孝命名路街，将孝德符号植入城乡公共空间。上虞在全国范围评选"新时代孝德人物"，聘任"孝德文化大使"，发布"上虞孝德之歌"，这不仅是致敬榜样、礼遇楷模，更是弘扬风尚、追光前行，进一步引导推动全社会知孝道、明孝礼、怀孝心、践孝行。

（二）着力打造"明德至善、孝行天下"孝德文化标识

当前，上虞正在加速"青春之城"建设，朝着青春之业、青春之景、青春之人、青春之韵等产城人文多维度发力。而在这张"青春"的蓝图中，绵延不绝的孝德、孝风是城市发展永恒不变的基底，其能让孝念、孝行成为整座城市的价值自觉、风尚自觉和社会自觉。

1. 建设孝德文化地标

上虞加快推进孝德文化小镇核心景区建设，统筹提升中华孝德园、博物馆、风情街、里直街等重要节点，抓好"曹娥里·十三弄"历史文化街区、曹娥江"黄金一号水道""吉象阁"文商旅综合体等项目的建设运营，深度融合休闲娱乐、观光购物、文创演艺等多元文旅业态，植入"灯绘曹娥"等孝德文化沉浸式体验式场景，致力打造"孝德传承地、江南不夜城"。

2. 塑造鲜明品牌形象

用好孝德文化基因解码成果，创作推出《大舜传》《千古孝女赵五娘》等文学戏曲和影视动漫作品，精心设计推广孝德文化研学游产品，打造成为全省青少年研学热门目的地。深化拓展孝德文化非遗民俗活动，结合海峡两岸公祭孝女曹娥典礼，以 IP 化、国际化、产业化的思路打响"孝文化系列活动"品牌。依托"慈善孝贤"五地联盟，定期联办孝德文化研讨交流展示等活动，全面提升孝德文化在全国范围内的影响力。

3. 涵育全民践行风尚

深入开展"孝亲敬老月"和"浙里新风 虞尚十礼"文明实践主题活动，全面推进"孝德文化进校园"工程，常态化举办孝涌诗路故事大赛和"新时代孝德人物""十佳孝星标兵"系列选树宣传，推动孝德之风代代相传。巩固壮大青联、青企协、新农人联盟、虞创联盟、青年志愿者协会等各类青年组织，拓展青年群体参与文明创建、基层治理、乡村振兴等平台渠道，充分发挥青年人在"青春之城"建设中的积极作用，传承弘扬新时代孝德观。优化养老助老服务体系，加快实现"孝德乐龄系列"和"晚晴餐厅"全域覆盖，打造助餐、文娱、居家养老等一体化为老服务场景，擦亮"孝德晚晴"品牌。

三、打造"千年匠心、古今和鸣"瓷源文化标识

上虞是成熟瓷器的发源地、早期越窑的中心产区，是全国遗存古窑址数量最多的县（市、区）之一，以曹娥江中游为中心的庞大越窑体系，烧造出了中国陶瓷史灿烂鼎盛的青瓷时代。上虞将锚定"瓷之源"总定位，以瓷源文化小镇为主板块，传承弘扬"敢为人先、精益求精"的工匠精神，统筹推进文、研、旅、产体系化发展，着力建设一站式研学目的地、体验创意聚集地，打造国际陶瓷艺术生态链、人文交往新中心，使"瓷之源"成为具有重大影响力和辨识度的顶流人文品牌。

（一）千年窑火映照"青春之城"

越窑青瓷被称为"母亲瓷"，上虞作为越窑青瓷的发源地，境内古窑址密布。2014年，上虞开始精心谋划培育创建瓷源文化小镇，规划面积3.2平方公里的瓷源文化小镇在自然和人文生态极佳的上浦镇大善小坞村起步。近十年的探索实践、精心建设，小镇从无形走向有形、从分散走向集聚，八大板块功能布局日益凸显，一个融合、共享、开放、时尚的特色小镇正在传承与创新中重获新生。"瓷源"有三层内涵，即瓷之源、陶瓷产业新技术之源、陶瓷工艺大师之源。为了做好"瓷之源"文章，打好"瓷之源"品牌，上虞积极与研究院、高校、企业等的合作，汇聚磅礴之力，赓续千年窑火①。

上虞追梦"瓷源"文化，传承创新不止，取得了阶段性成就。小仙坛窑址群、凤凰山窑址群被列为全国重点文物保护单位、禁山早期越窑遗址也被评为"2014年度全国十大考古新发现"。由上虞区政府与景德镇陶瓷大学、清华大学美术学院等许多艺术院校共建的多个艺术创作中心和学术交流中心已经成为集陶瓷研究、交流、制作和展示的文化综合体。2023年7月，全力打造的"青春之城"示范性区块标志性成果——上虞瓷源文化小镇艺术引领区正式开园。作为瓷之源的上虞，以"古有秘色瓷、今有上虞青"的雄心壮志着力推进青瓷文化的创造性转换与创新性发展。

（二）着力打造"千年匠心、古今和鸣"瓷源文化标识

上虞把作为瓷源文化小镇列入"青春之城"十大示范性区块之一。上虞正加快将瓷源文化小镇打造成集研究中心、艺术中心、仓储中心、文创中心、营销中心等为一体，提供做瓷、学史、展销等一站式服务，从而进一步传承优秀瓷源文化，讲好越窑青瓷故事，凸显上虞越窑青

---

① 绍兴上虞瓷源文化小镇开园［EB/OL］.新华网浙江，［2023-07-28］.http://zj.news.cn/20230728/ca0c06bf7d9c4957a38962aa6d351a67/c.html.

瓷在中国乃至全世界的地位，擦亮"瓷之源"品牌。通过传承和发扬青瓷文化，弘扬优秀的历史文化遗产，也为其赋予了新的时代内涵。

1. 做大做精瓷源文化小镇

优化完善瓷源文化小镇发展体制机制，统一管理运营瓷源文化小镇、凤凰山考古遗址公园、大善小坞村，有序推进文旅资源园区化整合开发，培育拓展研学游、文化创意、考古研究等泛文化泛旅游产业链。运用视觉景观建设理念和趣味交互数字技术，推进瓷源文化小镇"微改精提"，打造陶瓷艺术殿堂场景、沉浸式研学场景，争创国家级研学游营地。积极探索"陶瓷艺术家驻村""艺术社区"模式，加快建设大善小坞村青瓷创意特色街区。

2. 培优培强人才链产业链

建立青瓷行业协会，加强政策扶持，全力支持青瓷企业孵化、技艺人才培养和现代青瓷工艺标准化研究。实施窑火传承工程，以培育道术、技术、艺术、学术"四术"兼备的青瓷非遗传承人为目标，构建产教融合培育机制，推动青瓷核心技艺传承从大师中心向学校中心转移，扩大产业人才蓄水池。依托上虞青·现代国际陶艺中心、上虞陶瓷高等研究院，持续深化与景德镇陶瓷大学等国内外高校、专业机构的战略合作，加强与景德镇、龙泉、汝州等全国名窑的互动交流，招引落地一批著名企业、旗舰店、大师工作室、学生创作实践基地，加快推进新材料研发、产业孵化、文创设计，推动上虞青瓷产业集聚发展。

3. 物化活化瓷源文化基因

成立青瓷文化研究会，建立曹娥江流域越窑青瓷基因库，打造青瓷博物馆，推动青瓷窑遗址申报世界文化遗产，彰显"瓷之源"地位。出版长篇诗集《青瓷》，编著瓷源文化研学教材，探索开发中小学地方特色课程，打造"千年瓷都故事"为主题的旅游演艺项目，全面展示瓷源文化魅力。打造"上虞青"区域公用品牌，推出品牌 LOGO 和主题曲，制定发布品牌使用管理规范，举办"上虞窑"开窑活动，与故宫合作开展越窑青瓷巡展活动，不断提升"瓷之源"的对外知名度美誉度。

四、打造"山水诗源、大观担当"东山文化标识

东山因"风雅东山"与"东山再起"著世闻名，孕育了以谢安为代表的江左名士文化和以谢灵运为代表的中国山水诗诗赋文化，成为历代文人墨客的朝圣之地、"浙东唐诗之路"上的重要一站。上虞锚定打造"担当精神传承地""诗源风雅引领地"目标，活化名人文化资源，做精做亮大东山景区，全面彰显东山文化的历史价值、文化价值和审美价值，擦亮东山"名山圣地"金名片。

（一）东山文化赋能"青春之城"

上虞一直致力于东山文化挖掘培育。1991 年 6 月成立了上虞东山文化研究会，2022 年成立上虞区东山谢安文化研究会，2023 年成立绍兴市上虞区唐诗之路研究会。先后举办东山文化国际座谈会、谢安诞辰 1700 周年纪念活动、浙江省东山文化座谈会等。编辑印刷出版《历代名人咏东山》《〈东山志〉校点本》《东山文化丛书》《东山文选》《上虞与浙东唐诗之路》等。2023 年 1 月民间文学《谢安故事》被列入第六批省级非物质文化遗产代表性项目名录。

上虞投资开发浙东唐诗之路东山区域，主要打造"诗心自在"唐诗之路精华段（曹娥江水上游线）、"诗路明珠"魏晋风度核心景区、配套项目"三大组团"。目前，东山区块规划面积 47 平方公里，主要依托曹娥江"浙东唐诗之路"水上诗路和东山景区"山水诗源、唐诗名山"特色，通过优质资源创新利用和"三生"空间创意设计，将东山区块建设成为以"曹娥江东山一体、诗路明珠"和"文化圣地、精品景区"为主题的浙东唐诗之路龙头景区。民间投资热情高涨，春晖集团投资建设东山文旅综合体项目。

（二）着力打造"山水诗源、大观担当"的东山文化标识

上虞将以打造"诗源风雅引领地""担当精神传承地"为目标，以

东山为核心，联动东山湖、周边村落、瓷源文化小镇、曹娥江东山段等区块，建设大东山文化旅游区，推动文旅融合发展，推动东山文化创造性转化和创新性发展，努力擦亮东山文化金名片。

1. 激活东山文化内核

解码东山文化基因，提炼东山文化内核，全面系统做好东山历史文献、山水诗集的挖掘整理，活化彰显东山文化积淀和美学价值。适时举办具有全国影响力的东山文化主题活动，开发以东山谢氏为主题的动漫书籍、影视剧作品，具象化传播东山故事，树立东山人文精神标杆。立足汉晋气度、风雅美学，有机融合古迹、地名、文献、非遗等元素，精准规划打造一批景观项目，有序推进文化润景，全面提升东山文化能见度和感染力。

2. 提升东山主题景区

建立"规划一张图、建设一只口、管理一盘棋"的景区开发建设和运营管理机制，将大东山景区总体规划纳入区域国土空间规划体系，释放"一轴两翼"空间活力。加快周边古村落等优质资产收储改造，推进魏晋风雅古村（董家山村）建设，规划打造山水诗博物馆、东山湖美学度假区等重大项目，引入一批艺术名家工作室，逐步形成集展示、体验、消费于一体的特色文旅产业集聚区。

3. 引领汉晋风雅潮流

以汉晋文化的现代呈现和风雅美学的鲜活表达为导向，加快开发汉晋日用瓷等东山文化系列文创产品，全域探索打造一批风雅美学生活基地和体验点，打响"山水诗源风雅美学生活"品牌。依托浙东唐诗之路，串联整合区内东山、覆卮山、称山、桃花源等名山胜水和谢安、谢灵运、嵇康等名人资源，积极联动诗路沿线区（县、市），协同打造诗路精品游线，举办诗词大会、诗路雅集、汉晋秀场、国风打卡等风雅潮流活动，推出文化研学剧、成语故事历史小剧等演艺项目，进一步激活诗路文旅产业带。

五、打造"现代教育、人文日新"春晖文化标识

"百年春晖"名师云集、思想光华、人文闪耀，赢得了"北南开、南春晖"之美誉，是中国现代新教育和新文学的发源地之一。上虞锚定"教育之湖、人文之湖"总体定位，全面激活白马春晖的人文因子，聚力打造现代教育新高地、人文精神朝圣地、汇智聚力集贤地、市民休闲后花园，充分彰显"民国风、书香味、文艺范、年轻态"的独特气韵与时代风貌，成为近悦远来的高品质青春漫学湖区、文化郊野公园。

（一）百年春晖涵养"青春之城"

百年前，由上虞名贤陈春澜、经亨颐、王佐发起创立的春晖中学屹立在美丽的象山脚下。李叔同、夏丏尊、丰子恺、朱自清、朱光潜、匡互生等名家荟萃、英才云集，在春晖校园里激荡思想、传道授业，或泛舟白马湖上、吟诗作文，形成了文化史上独特的白马湖文化，谱写了中国教育史和中国现代文学史上异彩纷呈的篇章。

"白马春晖"是"青春之城"十大示范性区块之一。上虞推动白马春晖景区建设，规划面积约 1.8 平方公里，涵盖百年名校春晖中学、白马湖、春晖名人故居带等核心资源单体，山水秀丽、风景如画，打造集春晖文化体验、乡村文艺休闲、湿地观光游憩等功能于一体的春晖文化旅游地标，为游客带来立体沉浸式的文化盛宴。高起点打造文化文创品牌，实体化运作白马春晖研究院、春晖文化研究会，创新设立"白马湖散文奖""丰子恺漫画奖"等奖项，组建"白马湖文学院"、名人大师原创工作室，筹办白马春晖百年雅集纪念活动等，探索更富文艺气息的白马春晖"打开方式"。常态化举办文旅活动，激发白马春晖新活力，招引落地苦甜咖啡、春晖茶社、白马营地（亲子农场）等新型青春业态。白马湖"青春之湖""教育之湖""文化之湖"建设初见成效。

（二）着力打造"现代教育、人文日新"春晖文化标识

上虞坚持以文塑旅、以旅彰文，用足用好白马春晖文化元素和自然风光，统筹规划布局文旅项目，推动历史文脉和现代文明交相辉映，打造独特的文化意境和生态意境，着力彰显文化魅力，加快推动"青春之城"建设落地见效，出新出彩。

1. 擦亮名人文化标识

升级改造春晖中学校史馆、图书馆，实施逸夫楼新建工程和春晖名人故居带提升工程，适时复建一批春晖名人故居，创作推出"春晖之光"群贤图，进一步彰显"百年春晖"人文之光。统筹打造白马湖艺术村，引进落户一批名家大师和优秀青年作家工作室，加快布局白马书屋、当代学人书房群、书房民宿等文化业态。与《人民文学》杂志社、浙江省作家协会联办两年一届的"白马湖散文奖"，重振"白马湖文学流派"雄风。

2. 加强人文精神传播

依托春晖文化研究中心、春晖文化研究会，加强春晖文化的溯源研究、基因解码和研讨交流，创新阐释春晖文化的核心思想和新时代内涵，编撰出版《春晖集贤》等学术文集，切实提升春晖文化的传播力影响力。要进一步激发春晖人文精神，凝聚春晖校友力量，规划建设集人文学术交流、青年人才培养、教育成果展示等于一体的全球春晖校友中心；加快推进春晖校友创业园项目落地，建立春晖校友基金，为春晖学子创新创业、反哺家乡提供更优政策、营造更优环境。

3. 拓展文旅业态功能

围绕研学教育、文艺度假、郊野休闲三大核心功能，整体布局、片区推进、重点突破，实施白马春晖片区综合整治和基础设施提升工程，加快推进文创基地、露营基地、水上运动基地等板块建设，加强门户客厅、环湖交通（车、骑、步系统）、游船码头、民国风餐厅、旅游驿站、文旅集市等功能设施配套，全面提升白马春晖整体风貌，丰富文化旅游功能业态。加强白马春晖片区整体运营，设计推出春晖文

化系列文创、研学产品，组织户外露营、环湖健跑等文旅节会活动，吸引更多游客和市民群众打卡体验。

六、上虞文化标识的形塑与展望

中国式现代化赋予中华文明以现代力量，中华文明赋予中国式现代化以深厚底蕴。上虞正在实施中华民族现代文明上虞标识行动，把孝德、瓷源、东山、春晖四大地域特色文化打造成为上虞文化标识。文化标识具品牌化、个性化、可视化和易传播的特点，体现本区域的文化基因、文化发展脉络，是文化建设成就最直观的反映。文化标识是一座城市"精气神"的集中体现，展示着一个城市的历史文化，凝聚着一个城市的精神品格。文化标识之所以有足够的"流量"，成为一个城市的"打卡地"，是因为拥有独特的"灵魂和气质"①。

上虞把孝德、瓷源、东山、春晖四大地域特色文化打造成为文化标识，还可以在整体的精神主线和内在逻辑上进行综合提炼。同时要充分发挥比较优势，抓住文化标识建设中的特色亮点，打造"整体协调、和而不同"的标识体系。例如用新时代上虞精神"明德尚贤、创变笃行"形塑上虞文化标识，以"明德"引领"虞舜孝德"，以"尚贤"彰显"东山雅集"，以"创变"谱写"瓷源翠色"，以"笃行"辉映"白马春晖"。同时坚持古为今用、推陈出新，用现代化视角去诠释文化标识，从"产城人文"的维度将四大地域文化整合成为内在关联的中华民族现代文明上虞文化标识。此外，结合"今在上虞·遇见未来"的城市品牌，将"虞舜孝德""东山雅集""瓷源翠色""白马春晖"统称为"今在上虞"文化标识，实现传统与现代的有机衔接，赓续历史文脉，谱写当代华章。

文化标识作为区域文化形象要具有全局性、长期性和稳定性，以系统性思维整体布局，加强科学谋划、系统设计，循序渐进、久久为

---

① 朱珊,薛莉清.打造文化标识,为文化高质量发展设计"江苏方案"[J].江苏发展研究报告,2021(63).

功。在梳理上虞历史文化脉络的基础上，以新时代上虞精神“明德尚贤、创变笃行”为统领，以“虞舜孝德”“东山雅集”“瓷源翠色”“白马春晖”为载体，以“今在上虞·遇见未来”城市品牌为外显，三位一体品牌化立体化矩阵化打造，把文化标识打造成为中国式现代化上虞新篇章中最富魅力、最吸引人、最具辨识度的闪亮标识，为“青春之城”建设注入强大精神动能（见图5-4）。

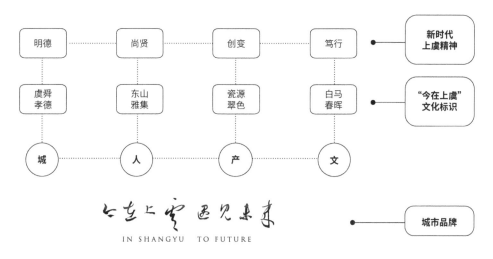

图5-4 中华现代文明上虞标识行动架构图

实践探索十五：

擦亮“瓷之源”金名片 打造上虞文旅新标杆

近年来，曹娥江旅游度假区坚持贯彻落实“八八战略”，聚焦高质量发展主题，聚力“1336”战略体系，盯紧盯牢“国家级旅游度假区”创建目标，深度挖掘上虞文旅特色资源，全面推动“文旅城”建设突围破圈、出新出彩，打造上虞文旅新标杆——瓷源文化小镇。

一、实践成效

上虞是越窑青瓷的发源地，境内古窑址密布，其中小仙坛窑址于2006年被国务院核定为全国重点文物保护单位，禁山窑址被评为2014年度全国十大考古新发现。上虞区委区政府从2014年起精心谋划培育创建瓷源文化小镇。2020年11月，瓷源文化小镇研学营地通过绍兴市级研学营地验收，成为上虞区第一个市级研学营地。2023年1月，瓷源文化小镇研学实践教育营地被评为"第三批浙江省中小学生研学实践教育基地"。此外，瓷源文化小镇艺术引领区还陆续被评为市级"闲置农房激活"优秀项目、市级职工疗休养基地、省级小微企业园。2023年7月，瓷源文化小镇正式开园。

二、实践内容

（一）精心谋划，积极推进"瓷之源"建设

作为越窑青瓷发源地的上虞，分布着很多古窑址。度假区根据区委区政府指示，做深"瓷之旅"文章"三步走"的实施战略，大力重塑"瓷之都"。在选址方面，综合考虑环境、人文等因素，选址于上浦镇大善小坞村，规划面积3.2平方公里，自然环境优美，拥有凤凰山窑址群、禁山窑址群等重要历史遗迹，具备多样化人文资源；在小镇规划方面，划分小镇功能布局八大板块，主要支撑项目包括艺术引领区板块、遗址公园板块、千亩大地景观板块等。总投资11亿元，目前累计完成8亿元。

（二）加快进程，按下瓷源小镇建设"快捷键"

艺术引领区位于瓷源文化小镇核心区块，占地159亩，建筑面积约13万平方米，目前已建成改造11个单体，主要有陶艺中心、美术馆、白明大师工作室、陶大研究院、艺创集盒、艺术家工坊、接待楼等，瓷源专班全体干部和施工单位倒排工作计划，巧妙安排时间，不浪费一分一秒，日夜兼程，鼓足干劲，确保各个项目"提速稳跑"。

（三）加大宣传，打响"瓷之源"品牌

利用小镇开园好时机，通过签订上虞青瓷的科技与文化研究战略合作协议，越窑青瓷人才培育联合办学战略合作意向协议、"瓷源文化小镇研学游"战略合作协议等，发布"瓷源文化小镇研学游"主题线路，举办第一届青年陶瓷艺术创意设计大赛颁奖等，加大瓷源文化小镇宣传，提高小镇知名度，打响小镇品牌。

三、实践亮点

（一）精准定位，创新改造思路

大善小坞村对外交通便捷，是越窑青瓷的起源地。村内窑址群数量多，保存完好，也是我国早期越窑的生产中心及制瓷技艺传播中心。艺术引领区项目所在地块为上凤集团厂区遗留约 20 年历史的工业园区，整体定位是打造以青瓷文化为基础，时尚艺术文化、亲子文化、传统民俗文化相融合的全域文化旅游创意产业小镇。

（二）因地制宜，盘活土地资源

上凤集团老厂区闲置多年，将工业用地通过退二进三调整用地性质之后，对上凤集团老厂区内 8 万多平方米的闲置工业厂房和办公楼从空间和功能上进行拆解，既解决土地要素制约，又推进城镇有机更新，实现了厂区的功能再生。瓷源文化小镇核心区艺术引领区就在这个闲置的工业老厂区中蝶变产生。

（三）整体规划，培育多元业态

优化瓷源文化小镇产业结构，探索多种经营模式。开展研学旅行业务，打造全国名瓷展销中心，发展零排放业态。2023 年共接待各类旅行团及考察团约 8 万人，其中入营研学学生 291 批约 3 万人。2023 年 7 月，全国名瓷展销中心正式开放运营，众多名品入驻。主产高端、定制产品，降低单位产值碳排放量。瓷源小镇招商主要面向创新型陶瓷企业，主要生产高端日用瓷、艺术瓷，并拓展高档私人订制业务，市场反馈良好。

第四节　构建“青春之城”文化发展格局

上虞聚焦孝德、瓷源、东山、春晖等四大地域特色文化的传承创新发展，统筹打造大运河、虞舜、梁祝、红色、围涂、阳明等其他地域特色文化 IP，推动“4＋X”文化体系创造性转化和创新性发展，增强上虞文化创新力，构建“各美其美、美美与共”文化发展格局，促进全域文化繁荣发展。

一、强化文化遗产保护利用

上虞坐拥大运河、浙东唐诗之路两条文化带，得天独厚的地理环境、丰厚绵长的历史文脉孕育形成了多元而鲜明的地域文化，共同构筑了上虞的文化内核与文化符号。

（一）让浙东运河焕发新风貌

浙东运河上虞段平面呈"Y"形自西向东分布，中间经曹娥江分隔，分为两个部分3段运河。第一段西线称"萧曹运河"，始自东关街道担山村入境上虞止于曹娥江，长约 10.7 公里。第二段南线称"四十里河"，始自梁湖堰流经丰惠镇，过通明堰，从永和镇安家渡村流入余姚，全长约 23 公里。第三段北线称"虞余运河"，在宋代作为四十里河的复线修建，西起上虞百官街道赵家村，东至驿亭镇五夫长坝，流入余姚接姚江，全长 15.7 公里。第一段和第三段于 2014 年 6 月被公布为世界文化遗产，第二段已纳入浙江省大运河保护规划，文保等级等同于省级文物保护单位。

近年来，上虞坚守"共抓大保护、不搞大开发"理念，以文化遗产、河道水系、生态环境保护为重点，以项目建设为抓手，全力推进浙东运河文化带建设。上虞进一步抓好遗产保护，加快推进运河文化挖掘保护和传承利用，完成沿线古遗址、桥、坝、闸、堰、井、寺、庙等各类文物遗存 149 处的梳理，收录运河沿线非物质文化遗产 30 余个。编制完成运河上虞段修缮方案和《虞余运河驿亭段保护区划内居民住宅有机更新导则》，确保运河风貌和沿线建筑聚落形态相对完整。调整水系保护区划范围，完成运河东关段修复和竺可桢故居、胡愈之故居、浙东新四军北撤会址、范康寿故居、叶天底故居等修缮布展，为运河活态保护注入更多文化基因。上虞围绕大运河国家文化公园建设部署要求，以"诗画曹娥江"全域文旅品牌为引领，以省级曹娥江旅游度假区为平台，扎实推进浙东运河沿线 8 个重点项目建设，总投资超 100 亿元。浙东运河（曹娥江）景观提升工程、虞东河湖综合整治工程全面完工;瓷源文化小镇、东山文旅综合体项目、老曹娥里直街项目建成运营。

上虞依托浙东运河良好的人文生态环境,加强文化遗产活化呈现,让古老大运河焕发时代新风貌。集聚建设上虞博物馆、中国孝德文化馆、上虞非遗展示馆、曹娥江艺术展厅、娥江书场、越剧和围棋大师工作室等文化场馆13个,打造形成一批具有运河特色的文化交流传播阵地,成为上虞文化交流传播的重要走廊。同时,以浙东运河为纽带,开辟风情街夜市、e游小镇青创市集、丰惠古镇集市,每年举办曹娥江马拉松赛和国际名校赛艇赛、龙舟赛等系列水上文体活动以及孝文化节、曹娥庙会、年糕节等地域传统文化民俗节会活动,开辟系列精品研学游线,向外界全面展示上虞城市、自然、历史、人文相互交融的独特风貌,促进了运河沿岸的文化繁荣发展。

上虞还将深度挖掘和汲取孝德、青瓷、春晖、梁祝等上虞地域特色文化,从"安全、生态、宜居、文化、富民、智慧"等六个维度,编制《浙东运河(上虞段)综合治理与保护利用概念性规划》,深入挖掘水文化的丰富内涵和时代价值,建设高品质沿河文化圈,重点打造东关运河文化走廊、曹娥运河历史文化街区、丰惠历史文化名镇、驿亭白马春晖精品游线等"一廊、一区、一镇、一线"四大节点,展现浙东运河古今魅力和江南水乡韵味。同时,进一步健全完善部门、属地协作保护、开发、利用和投入机制,形成全域联动、共建共享的工作格局。

(二)让梁祝文化经典永流传

"梁祝传说"是中国四大民间传说之一,为国家级非物质文化遗产,是中华文化的瑰宝。据唐代张读的《宣志室》记载:"英台,上虞祝氏女,伪为男装游学,与会稽梁山伯者,同肄业。山伯,字处仁。祝先归,二年山伯访之,方知其为女子,怅然如有所失。其告父母为聘,而祝氏已字(事)马氏子矣。山伯后为郭令,病死葬城西。祝适马氏,舟过墓所,风涛不能进。问知有山伯墓,祝登号锄,地忽自裂陷，祝氏遂并埋焉。"'梁祝传说"以提倡求知、崇尚爱情、歌颂生命生生不息的鲜明主题打动着人们的心灵，以曲折动人的情节、鲜明的人物性格、奇巧的故事结构而受到民众的喜爱。"梁祝传说"延续千年发展至今，已然成为中国独有的爱情符号，也走进了戏剧、音乐、舞蹈、电影等各种艺术领域。

上虞一直重视对梁祝文化的保护、传承和弘扬。2003年《民间传说——梁山伯与祝英台》邮票在上虞首发。2006年中国民间文艺家协会命名上虞为"中国英台之乡"。2011年9月，丰惠镇祝家庄"祝府"景区正式开园，有着祝府、玉水河、祝氏祖堂、井孔洞、药师寺、多宝塔等一系列自然人文遗迹。2016年，推出绍兴文化特色主题系列"梁祝"，制作"梁祝"手游、VR电视剧、全息影像舞台剧及虚拟现实亲子娱乐中心，将凭借金融＋IT的创新商业模式，推广大爱与美德的中华文化。2022年，祝家庄村与上虞e游小镇一家传媒公司联手打造"祝家庄·英台"IP，英台动漫形象、祝英台微信表情包、英台故里宣传片等相继出炉，还衍生出了玩偶、手办、丝巾等多种英台文创产品。

在上虞英台故里祝家庄村，利用梁祝IP，围绕"美丽乡村建设"要求和"全域景区化"目标定位，从打通水系经脉、优化道路系统、营造主题片区、创建特色景点四方面着手，进行"3A"重点村、精品村建设，相继打造了家宴聚贤、南塘闲情等多个景观节点，蝶变幸福乡村图景，开启"景区村庄时代"。《上虞曹娥江旅游度假区——祝家庄片区提升方案》已编制完成，内容包括梁祝主题园、祝府文化度假体验、梁祝婚庆创意园、梁祝学堂等10余个业态项目建设，集基础教育、人文旅游、文化科创、生态养生、运动休闲、健康养老等业态于一体，总投资额高达53.4亿元的"春风蝶语·英台故里"乡村版度假型未来社区正在形成。

二、推动文化高质量发展

上虞深入推进"青春文化激活提能工程"，加强文化的传承发展，不断激发文化创新创造活力，更高层次提升传统文化青春感、文化事业青春力，全面推动地域特色文化物化活化转化，加快建设高水平文化强区。

（一）文化传承发展再谱新篇

2023 年上虞高质量举办纪念谢晋诞辰 100 周年系列活动，谢晋青年电影盛典、谢晋诞辰 100 周年纪念暨“与时代同行”电影发展主题座谈会精彩出圈，全网传播量超 3 亿次，《谢晋不谢幕》在“浙江宣传”公众号刊登，活动信息被中宣部、浙江省委宣传部刊发。“越窑青瓷”非遗工坊入选浙江省首批非遗工坊名单，“上虞越窑青瓷专题展览”荣获浙江省十大精品展览，入选全省“非遗助力共同富裕”试点地区。《祝家庄里的年轻人》获第十五届浙江省戏剧节兰花奖并在中央歌剧院展演，《谢晋三部曲》《美人弄 1 号》创作出版。继续实施新时代文艺精品创优工程，推进地域文化题材精品创作，举办大运河文化视觉艺术展、“曹娥江”中国山水文明影像双年展等系列活动，全面展示地域文化魅力风采。积极融入长三角文化圈，精心组织曹娥江国际涂鸦周、大学生动态时装秀等长三角户外休闲旅游系列活动。

（二）公共文化服务提质增效

2023 年新建成 66 个“15 分钟品质文化生活圈”，新增 7 家五星级文化礼堂、城市书房 5 家、天香书吧 10 家、2 个文化驿站，上虞博物馆创成浙江省社科普及基地，天香楼书院获评首批浙江省“最美公共文化空间”，谢晋故里·乡村电影博物馆入选浙江省五星级乡村博物馆，曹娥江艺术展厅成为上虞文艺新地标。精心组织“上虞·正青春”系列活动，动态时装秀、舞蹈展演、电竞赛火爆出圈。下沉文艺展览、文艺赋美、阳光文化、艺心联百村等群众文化文艺活动 750 余场次，有效满足市民群众精神文化生活需求。加快建设“书香上虞”，不断深化“悦读·越青春”全民阅读主题活动。创新打造“无界阅读之城”“博物馆之夜”“青春文艺＋”“上虞有戏大舞台”等特色公共文化活动品牌，实现地域文化创新融合传播。

（三）提升传统文化青春感

深挖宋韵文化、阳明文化等上虞基因，推进省级"王充与浙学"研究基地建设，深入开展文化基因解码、理论走心和社科研读工程，充分发掘孝德、青瓷、东山、春晖等文化的时代价值，不断丰富时代内涵。深化地域传统文化的传承弘扬与活化转化，深入践行"明德尚贤、创变笃行"新时代上虞精神，塑造青春城市风骨，打响"今在上虞·遇见未来"城市品牌口号。开展"上虞吉象"城市IP形象等宣传推广行动，打响"浙里新风·虞尚十里"等文明实践特色品牌，积极组织青年群体参与城市精神宣讲活动。推动上虞文化多元出海，开发"青年码"等数智平台，充分展示充满时代感、正能量、向上向善、蓬勃活力的上虞城市形象。

三、拓展文化产业发展路径

上虞依托"一廊两带四平台"和文化产业政策，实施文化产业倍增、提质计划，加强文旅深度融合高质量发展，推动地域特色文化市场化、产业化发展，加快招引一批有青春味、创新力的优质文产项目，拓展文化产业发展路径。

（一）扎实推进"文旅＋城市"工作

"文旅＋城市"是发展文化新质生产力的重要支撑，是提升城市品质的关键一招，是加快文旅深度融合发展的有效抓手。上虞聚焦"青春之城"主战略，坚持以文塑旅、以旅彰文，积极拓展文旅融合新思路、打造消费新场景、激发发展新动能，全面加快重大项目、重点区块破题推进，以文旅大融合绘就城市发展新封面。上虞锚定目标、聚焦重点，把"文旅＋城市"作为经济工作的重要载体全力推进，坚持创建国家级全域旅游示范区、国家级旅游度假区"双创"战略不动摇，以务实高效的载体举措全力织好"文化＋经济"双面绣，加快打造具有上虞辨识度的标志性成果。以精品意识创新性打造重点区域，精心打造"一江一山一湖三小镇"（曹娥江、东山、皂李湖，瓷源小镇、孝德小镇、丰惠古镇），深度策划跨界农商文旅产业链，坚持点面统筹、市场化推动，多谋划打造爆款项目、节会活动和精品线路，进一步提升文旅品牌的穿透力、影响力和扩散力。着力拓展深挖长三角旅游市场，加强与头部平台、文旅人才、网红达人的对接合作，常态化开展文旅推介，加快推动"青春之城"出圈出彩。

曹娥江"一江两岸"，前瞻布局消费业态和沉浸式场景，做好"水上、岸上、天上、山上"联动文章。"曹娥里·十三弄"历史文化街区，将再现老曹娥"九井十三弄、十桥水纵横"的繁华景象。整个街区围绕"孝""家"两大主题，建成后的 3.4 万方商业空间将设置 175 家商铺。同时设计"灯绘曹娥"主题夜秀，营造"典、谜、诗、书、戏、市"六大主题夜间演艺场景，计划 2025 年初开街，旨在打造成为独具本土文化的夜生活集聚地。

东山文旅产业，主要对浙东唐诗之路东山区域开发建设。东山景区作为"山水诗源和唐诗名山"的重要特色景区，是浙东唐诗之路的重要节点，是"大东山景区"的核心区域，是两谢文化的发源之地。通过对桃花渡、雅会广场、舜母山、太康湖景区入口的提升改造，美化了东山景区的环境，提升了景区的整体形象。

皂李湖为省级旅游度假区的核心区块，目前已累计投入近 100 亿元实施皂李湖村整村征迁项目、优化基础配套和景观环境提升。围绕"休闲之湖、科创之湖"整体定位，紧盯重大文旅项目招引。此外，皂李湖壹号地块酒店计划 2024 年年底前完成主体建设，小红书露营基地项目计划 2024 年 10 月正式运营。

瓷源小镇打造以青瓷文化为基础，时尚艺术文化、亲子文化、传统民俗文化相融合的全域文化旅游创意产业小镇。上虞优化瓷源文化小镇产业结构，探索多种经营模式，开展研学旅行业务，打造全国名瓷展销中心，发展零排放业态。

孝德文化小镇是上虞"青春之城"建设十大示范性区块之一，小镇基础设施配套、萧绍海塘（曹娥段）及里直街有机更新、浙东运河（曹娥段）综合整治工程、上虞博物馆等项目已完成建设，黄金一号水道项目完工，"曹娥里·十三弄"历史文化街区、"吉象阁"文商旅综合体在建项目加速推进，着力打造"孝德传承地、江南不夜城"，实现孝德文化小镇创新蝶变。

丰惠古镇大力开展老街业态招引，成功引入传统美食、网红餐饮、非遗特色等"吃喝玩乐游"商铺，开出全区首家上虞尚品虞南旗舰店。高规格举办古城元宵节、三溪梅花节、全国大学生广告艺术大赛、古城青春周、"国庆趣丰惠"等特色节会赛事活动；高质量推动千年古城复兴行动，完成孔庙区块大成殿修缮、古城美化亮化工程、古城数字化改造等，马力全开推进孔庙（学宫）修复工程，一体化打造孔庙区块儒学文化综合体。

（二）发展影视文化产业

近年来，上虞高度重视发展影视产业，以省级特色小镇e游小镇为平台，完成《上虞区影视全产业链发展可行性研究》编制，入选第二批省级广播电视和网络视听产业基地（园区）培育对象。出台促进文化产业发展、提升发展e游小镇等政策意见，培育引进了一批影视企业，制作发行了一批优秀影视作品。上虞山水秀丽、风景优美，拥有优渥的全域文旅资源，覆卮山景区和曹娥江"一江两岸"、浙东运河等景观都是优质的影视资源，依托e游小镇产业平台和优美的拍摄环境，用好"谢晋IP"建设影视产业基地项目，放大"谢晋青年电影扶持计划"品牌效应，大力推进全域影视文化产业发展。成立全域影视服务专班和专业服务机构，制定出台上虞影视产业专项政策，健全完善影视全产业链配套服务体系，落地推进知马影视一体化影视拍摄基地、影视数创谷等重大项目建设，努力打造成为长三角影视产业新兴基地，实现上虞文化和影视产业的双向奔赴。

（三）推进"赛事之城"建设

2024 年 1 月上虞获浙江省首批"赛事集聚县"称号。上虞每年承办、举办省级以上大型赛事 20 余场次，特别是围绕曹娥江这一文化金名片，积极打造曹娥江半程马拉松赛、中外名校赛艇挑战赛、国际龙舟大奖赛、国际围棋大师（精英）赛等，将上虞的城市景观、文化积淀和体育品牌赛事有机结合起来，形成了富有上虞特色的赛事品牌体系。通过持续引进和打造高规格、高水平赛事，赛事集聚效应在上虞日益显现。上虞目前每年开展各级各类体育赛事活动近 300 场次，参与人群约 30 万人次，拉动消费 18 000 余万元。上虞将以建设"赛事之城"为目标，持续提升现有品牌赛事影响力，引进更多优质体育赛事资源，争取更多全国性文体旅节会赛事落户。加快推进曹娥江文化艺术中心地标项目建设，利用"一江两岸"自然环境、文化场馆、体育设施，常态化引进举办全国性水上体育赛事活动和动漫游侠会、氧气音乐节、主题音乐会、青年文化季等青春文化活动。不断满足社会群众多元体育需求，营造青年运动健身氛围，以"健康型社会"凝聚活力青年，以赛事带动文化产业蓬勃发展，让城市更具青春活力、更有蓬勃生机、更显时尚品质，进一步提升城市知名度与美誉度。

实践探索十六：

塑造谢晋故里 IP　赋能乡村特色发展

谢塘镇是著名电影导演、共和国"改革先锋"谢晋的故乡，二十年来，谢塘镇深入践行"八八战略"，坚持"谢晋故里"IP 孵化，按照乡村景区化、产业数字化、运营专业化的思路推进晋生星片场建设运行，推动农文旅融合发展，走出了一条"八八战略"总领下的乡村振兴特色路子。

一、实践成效

谢塘镇发挥党的核心引领作用，持续擦亮"谢晋故里"品牌，盘整晋生等村域特有资源，开展乡村 IP 价值输出，开发文旅业态，推进农文融合，探索数字产业，发展美丽经济，开启名人故里乡村蝶变之路，"谢晋故里"IP加持乡村振兴，成为共富先行的金钥匙，累计吸引游客40万以上。二十年发展，晋生村实现村庄面貌大焕新、文旅融合大发展、乡村治理大跃升，先后被评为省美丽乡村特色精品村、省3A级景区村、省乡村振兴示范村、省未来乡村、浙江省"红色根脉"强基示范村等。2023年村经营性收入186万元，农民人均可支配收入6.8万元，分别为2003年的28.6倍、12.6倍。

二、实践内容

乡村景区化，让名人故里有看头。一是打造特色精致景区。围绕谢晋故居和附近的老粮站，启动谢晋电影文化植入，从影视特色吸睛出发，引进上海电影集团专业团队精心设计改造，打造了集谢晋电影艺术馆、谢晋片场、1923摄影棚、电影研学馆等于一体的乡村文旅综合体，链接周边的谢晋故居、数字梨园等节点，穿点成线、连片成景。同时，借力上影集团和文化策划公司，研究提出乡村景区具象IP"谢晋故里·晋生星片场"，线上线下全面推广，并邀请上影知名演员担任形象代言人，一举爆红。二是开发影视主题产品。乡村景区光有看的点还不行，得有新玩法、与众不同。推出"谢晋故里·邀您入戏"系列产品，为年轻人设计沉浸式剧本杀，为老年人提供电影场景换装体验，春秋季推出星空露营活动，针对中小学生开发"我做导演拍电影"等研学课程，动态更新文旅产品，使不同对象的游客有不一样的体验，并口口相传、自愿做星片场的推介者，同时申请加入中国电影博物馆联盟和上海电影博物馆分馆，扩大在长三角的影响力和影视圈知名度。三是做引培育影视产业。通过影视特色景区建设，利用星片场核心区以及周边旧厂房等原有建筑，活化利用打造影视拍摄、影视制作、影视会展等空入进驻拍摄，促成电影的实景化创意旅游模式。

产业数字化，推动农文旅融合。一是建设数字梨园。翠冠梨是谢塘镇的特色农产品，在谢晋故居边上就有连片种植梨园1 000亩。发动农户对全村梨产业进行改造升级，与省农科院合作引进翠冠、翠玉、秋月等新品种，运用物联网技术建成500亩"数字梨园"，并将影视文化融入梨园节点，注册"虞生优梨"公共品牌，建立"梨农合联＋农户"模式，与电商公司、水果连锁企业等合作建立村级统收服务点，培植"梨小二"自主电商品牌，拓宽线上线下销售渠道，短短几年翠冠梨收购价格从每斤 0.4 元提升到每斤 4 元。二是拓展数字产业。加速推进农文旅融合发展，成功引进浙江哈工智新农业科技有限公司，投资建设"鱼菜共生"数字农业项目，发展立体式种养结合、智能管理的高效农业，并植入了观光体验功能。引进国内知名地理信息企业千寻位置建设无人农机研发测试基地，成为全国农机无人驾驶鉴定基地。基于晋生星片场的影视元素，吸引短视频团队、网红达人、直播客等进驻创作，发展网红流量经济。三是推动农文融合。改造升级游客服务中心，把电影主题空间和"梨园十景"、水乡慢街、数字农业观光园等串联融合起来，配套露营基地、乡村大食堂、电影咖啡馆、乡村书屋等休闲场所，打造人人体验影视梦、春赏千亩梨花、夏品蜜汁翠梨等多融合乡村旅游场景。

运营专业化，实现乡村 IP 价值输出。一是引进专业团队运营。邀请具备业态开发、产品整合和市场开拓能力的专业运营团队进驻，组建文旅运营公司，实现一体化、专业化、特色化的运营管理，让专业的人干专业的事，并明确利益分配机制，最大程度激发运营方主观能动性，积极拓展乡村旅游的客源市场，实现共赢发展。二是举办主题活动引流。注重突出谢晋故里的文化特色、星片场的影视特色、虞生优梨的果业特色，常态化举办梨花节、开摘节、乡村电影节、周末星乐夜场等主题节会活动，针对特定群体推出三八节、儿童节、端午节等主题活动，吸引人流、集聚人气。三是拓展 IP 品牌输出。打造"晋生出品"品牌词，设计推出特有卡通形象"星仔"，制作专用包装，销售翠冠梨、本地非遗五香干、农家糕点，与知名休闲用品企业合作开发具有独特韵味的文创产品、旅游产品，推向线上线下客户端，乡村IP 实现了多元价值输出。

三、实践亮点

乡村发展，特色资源挖掘是关键，一招激活带来无限可能，开发运营 IP 更可有效赋能。谢塘镇充分挖掘了本地特有的名人文化资源、特色农产品资源和闲置的物理空间资源，通过塑造开发"谢晋故里·晋生星片场"乡村 IP，放大名人效应，整合融合各类资源，以商业化的经营思路开拓特色业态和延伸产业，把这些资源变身为乡村特色产品、转化为美丽经济，实现活力提升、效益倍增，走出了一条农文旅融合发展的乡村振兴之路。

实践探索十七：

建设影视数创高地　培育上虞青春产业

上虞 e 游小镇于 2016 年 1 月被列入浙江省级特色小镇创建名单，2019 年 9 月正式命名为省级特色小镇，主要培育以游戏、动漫、影视为主的数字经济产业。2022 年以来，e 游小镇进一步拓展影视赛道，谋划实施 e 游 PARK 创意产业园、绍兴影视数字创谷等系列项目，全力推进上虞影视产业集聚发展。

一、实践成效

自入围省级广播电视和网络视听产业基地（园区）培育名单以来，e 游小镇紧抓微短剧发展机遇期，将影视（短视频）企业作为招引重点，持续壮大影视产业，探索影旅联动发展路径，促进影视产业与数字技术深度融合，打造优越的"硬设施＋软环境"，影视产业发展实现"二次突破"，为上虞这座以工业撑起区域经济脊梁的城市增添了青春色彩。

二、实践内容

（一）构建影视全产业链

明确现代题材网络剧、网络电影、微短剧等产业发展重点方向，引进培育秀合传媒、超元域科技等影视全产业链公司，ASK 动画、不仅文化等行业头部企业。引进孵化未蓝文化等 IP 创作公司 5 家，弋戈美趣等后期制作公司 16 家，满仓满谷等宣发企业 8 家，知马影视等影视服务公司 8 家，漫有引力等影视衍生品企业 15 家，初步构建起覆盖影视拍摄、后期制作、宣传营销等各环节的影视全产业链体系。截至目前,小镇已产出代表性院线电影、网络大电影、网剧等各类影视作品55部。超元域科技出品制作悬疑电影《搬山道人之落天荒》获腾讯视频S+最高评级,播放量破200万,累计分账票房破1 500万;盛世青春出品制作微短剧《张震讲故事》,获腾讯S级评级,播放量破150万;平西府文化与腾讯合作出品《中国动画百年史》《剧说民国服饰》《宋朝生活图鉴》等多部知识系列视频;秀合传媒出品4部院线电影、22部网剧霸榜各大平台,微短剧《暮色心迹》单周点击破亿、腾讯视频同类排名第二,《二郎神之深海蛟龙》定档暑期院线。

(二)建强产业基础配套

以辅助产业为目标,全方面投资配套e游公共技术平台动捕房、配音室、3D裸眼影幕、VR沉浸式设备等基础设施设备,为《星骸骑士》《御甲凌云志》等多类型影视作品提供技术优化基础;发布e游影视数字港,提供影视及制作基地的超高速私网、大数据传输与储存以及金融服务,实现小镇企业全覆盖;开设全国唯一一条直通好莱坞6大制作公司的专线,实现海量影片数据的实时传输和特效制作跨国协同。门户客厅三期区域,e游PARK创意产业园(一期)项目蓄势启航,将充分提升小镇影视产业配套水平,支撑上虞影视产业发展。打造以影视拍摄为核心,集产业孵化、影视文旅、影视服务于一体的"一站式影视文化产业基地",门户客厅"鸿午影视基地"完成建设,已吸引20多个微短剧剧组拍摄,《天上的星星不说话》等6部精品短剧在基地取景。数字影视制作基地项目正加快推进,初步设计及预算已报批,完成施工图设计。绍兴影视数创谷项目计划未来投资20亿元,布局影视拍摄区、影视特色街、数字产业区,形成多业态支撑的综合基地,带动影视产业全面提升。

(三)打造全能服务矩阵

持续强化平台能级,加入浙江省广播电视和网络视听产业基地(园区)联盟,任首届理事单位,成功列入"浙江省大视听产业发展项目库(2024)"头部项目,争取省广电局设立"e游小镇网络影视剧审查中心",争取创建"国家级广播电视和网络视听产业基地",助力影视产业资源共享。不断强化政策支持，小镇 2.0 版政策从影视作品制作、播出、授权、获奖等层面为企业提供专项政策保障，累计奖励作品 23 部。针对影视产业发展趋势动态，会同区文广旅游局做优上虞影视产业政策，形成《上虞区促进影视产业发展的若干政策》。举办"文化赋能 e 富行动" e 游小镇合伙人走进乡镇系列活动，组织影视动漫代表企业先后走进谢塘、长塘、上浦等十几个乡镇，开展上虞全域外景拍摄基地规划考察，沉浸式体验上虞优质生态文旅资源。依托数字美术产教融合基地，承办绍兴市动画制作员职业技能竞赛，首次将短视频剪辑作为实操科目，吸引 188 位选手报名参加，充分激发上虞青年培养影视剪辑技能的热情。

三、实践亮点

作为上虞数字经济产业优质平台，e 游小镇始终致力于发挥自身优势，盘活现有资源，为企业与乡镇搭建沟通合作平台，将企业创作活水引入上虞本土优质文旅产业，探寻文化赋能、影旅融合发展新路径。尤其是在影视产业上，"e 游小镇＋乡镇"模式获企业大力支持，小镇影视企业将上虞山水风光带上大荧幕，由此带火了很多"打卡点"。

一方面，探索全域取景发展模式。构建产业落地在"e 游小镇"、外景拍摄在度假区（乡镇、街道）的产业联动体系，并进行生动实践。2022 年秀合传媒与岭南乡顺利签约"半山伴山"项目，2024 年网剧《等风也等你》杀青，该剧融入越剧、青瓷、梁祝等元素，讲述"半山伴山"民宿经营、"岭南村"乡村振兴故事，展现乡村群像正能量。目前小镇影视企业累计已有 11 部影视作品在上虞取景拍摄，其中《灵魂医师》上线后各平台话题词阅读量破 1 亿。随着绍兴影视数创谷项目的推进，全链布局、多元场景的完善，小镇将进一步助力上虞影视产业全域发展、影旅融合。

另一方面，启动"文化赋能促共富揭榜挂帅"项目，实施"镇街部门发榜，小镇企业揭榜"的文创供需对接模式，鼓励企业打造植根于优秀传统文化的影视 IP 作品，《"红漫娥江"共富共治全域党建联盟动画视频》等首批 7 个项目入围。与北京大学影视戏剧研究中心研讨传统文化 IP 共同开发，促成弋戈美趣、未蓝文化等企业与北京大学达成合作意向。未蓝文化探索设计"虞舜""梁祝"等具有上虞特色的动漫 IP 形象，并运用于动画作品，成功登陆央视少儿频道。

实践探索十八：
打造文旅消费新场景　激活"青春之城"夜经济

自 2019 年 8 月 2 日起，上虞区每周五晚上在文化旅游风情街及中华孝德园景区内外举办"夜游风情街"文化旅游风情街夜市活动，全力打造集美食、娱乐、文创、旅游于一体的多元夜间消费平台。

一、实践成效

近年来，风情街夜市作为上虞夜间经济新地标，不仅点亮了普通百姓的夜间生活，也帮助百姓增收创收。目前风情街夜市每期流量达 1.5 万余人次、线下销售额超过 50 万元、线上销售额超过 100 万元。通过联动节庆和直播带货，夜市也逐步走出了一条节庆活动乡镇城区共办、协作活动区内区外同行、直播带货线上线下联动的新道路，并带动了百万元的实际消费。200 多个展位里有一大半是非物质文化遗产和特色民俗技艺，夜市活动已成功打通民众与非遗技艺的"最后一公里"。

二、实践内容

（一）精心开市

精心选址风情街夜市，选址于多次举办上虞区旅游商品博览会、"双十一"系列活动的风情街，联动周边国家 4A 级旅游景区——中华孝德园、全国重点文保单位——曹娥庙、上虞博物馆等上虞城市文化地标群，不仅考虑到游客夜间消费需求，同时兼顾全天候的文旅体验，为游客提供一站式文旅消费体验和服务。同时开市之前就制订并出台了《文化旅游风情街夜市管理实施细则》，从参展申报、经营规范、管理规范等方面进行了明确规定，为风情街夜市的有序运行提供了有力依据和保障。

（二）文化润市

文化旅游风情街夜市坚持以"文化夜市"为主题，一方面与现有的岭南山居馆、耕读下管馆、野藤葡萄馆等各个展馆联动，努力把展览打造成文化空间和精神空间，打造上虞地域文化记忆。另一方面依托顾氏越窑、顺天行收藏馆、新农人联盟馆等为代表的农创、文创展馆和商铺，展销茶叶、杨梅、樱桃、五彩米等农特产品，以及青瓷、竹编、锡壶剪纸、叶雕等非遗产品，赓续千年历史文脉，打造历史文化保护传承典范。此外，风情街夜市亮相的具有"上虞印记"文创产品多达 50 多种，着力呈现富有文化底蕴和人文积淀的经济新形态。

（三）业态旺市

文化旅游风情街夜市按照文创、非遗、美食、特产、潮品等五大市集，把好摊位准入筛选关，侧重吸引兼具文化底蕴和地域特色的展摊入驻风情街夜市。目前除了夹塘大糕、崧厦臭豆腐、道墟蒸羊肉等上虞特色传统小吃和独具上虞本地特色的文创产品、农创产品、四季仙果以外，还把周边县市区的特色农产品和工艺品吸纳进来，如嵊州根雕、嵊州小笼包、绍兴剪纸等纷纷亮相风情街夜市，丰富了夜市消费供给，深受广大游客的喜爱。目前，已形成了区域特色明显的"周边非遗、特产"展区，同时吸引了众多绍兴、杭州、上海等外地消费者。

（四）文艺美市

实施"文艺星火赋美"工程，让艺术展演常态化进入风情街夜市，让夜市更具城市风情和文艺气息。持续推出内容丰富、形式新颖的各类主题活动，如举办诗歌朗诵、小型音乐会、现场快闪活动、节日特色小游戏互动、戏剧表演等，场地按照"依托一个主舞台、若干个小舞台以及处处是舞台"的原则，让每位游客在寓游于玩中沉浸式感受传统文化的时代魅力与洗礼。同时依托景区内水幕电影系统，组织水幕电影展相关活动，每期播放具有代表性的影视作品和上虞文旅宣传片，进一步丰富游客的夜游体验，共同见证上虞这座城市的文化新活力和生命力。

三、实践亮点

（一）消费创业齐带动

夜市集聚了一群志同道合的创客青年，创建了"新农人联盟"。这些青年农创客并非单纯的商贩，更多的是有技艺的传承人、有理想的青年群体，他们互相交流、互相促进，共同传承和弘扬上虞青年创新创业的进取精神，新农人联盟农创客群体也因此得到时任省长袁家军的鼓励肯定。

（二）宣传品牌齐推动

夜市筛选了一批重点培育对象赴外地参加各类推介会，带领"2023上海·上虞周""虞"等特色主题展走进上海豫园，其精心挑选的展铺和展演，在上海呈现一场精彩的文旅盛宴。通过宣传推介，提高了夜市品牌的知名度和影响力，也进一步激发了风情街夜市的活力。

（三）农旅融合齐共富

夜市拓宽了一部分群众就业致富的新路子，一些人已受惠于夜市平台，以夜市为基点搭建销售点，持续扩大经营规模，在闹市区也开设了店面。夜市的运营不仅带动了乡村农特产品销售，更是推动了客户、农户两端供需和信息的有效对接，寄送订购、上门预订等已成为推动乡村共富的助力。各部门也依托夜市持续加大乡村共富政策宣传，为推动政策落实营造良好环境。风情街夜市正一步一个脚印，让乡村共同富裕的梦想照进现实。

第五节　打造人文经济学的上虞样本

人文经济共生共荣，人文因为经济加持而焕发无限生命力，经济因为注入人文含量而具有更高价值。上虞认真把握新时代人文经济学的丰富内涵，努力创造符合时代特征、彰显上虞特质的新文化，积极探索以人为中心、以文化为基础、以人文价值为导向的新发展形态，不断扩大文化影响力，打造人文经济发展的上虞样本（见图5-5）。

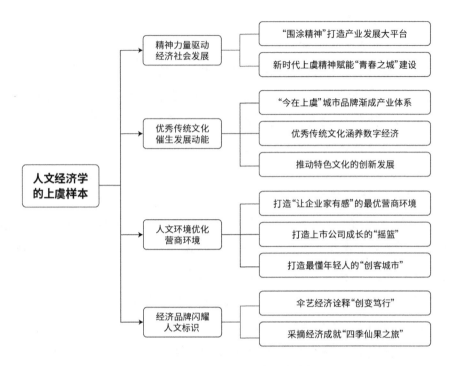

图5-5　人文经济学的上虞样本路径图

一、精神力量驱动经济社会发展

精神的力量是无穷的，蕴含着推动经济高质量发展的澎湃动能。厚重的历史文化赋予了一座城市独特的精神力量。从"围涂精神"到新时代上虞精神，不折不挠、创变笃行等优秀精神品质成为上虞高质量发展的不竭动力。

（一）"围涂精神"打造产业发展大平台

人类的历史就是一部抗击灾难史，而一部波澜壮阔、可歌可泣的围涂史，就是上虞人民在抗击洪灾和海灾过程中值得回忆和骄傲的奋斗史、拼搏史、创业史①。昔日的曹娥江入海处，受涌潮顶托形成大片

---

① 郑志勋.沧海桑田 海涂丰碑[EB/OL].浙江日报，[2018-12-18].https://baijiahao.baidu.com/s?id=1620189754325478839.

滩涂。潮水不停冲刷着两岸，威胁着老百姓的生命安全。自 1969 年 12 月 14 日上虞人在寒风中挑土筑塘决战六九丘围涂工程那一天起，上虞围涂从人拉肩扛的人海大战到机械化的专业围垦，从高滩地围垦向深海造田，史诗般地历经近半个世纪，久久为功，最终围成海涂 15 丘，拓展土地空间 34 万亩。上虞百万围垦者在广袤的虞北海涂上，付出了常人难以想象的努力，为上虞经济社会发展拓展了巨大宝贵空间。沧海桑田的上虞海涂，是一代又一代上虞人民的辛勤创造；幅员广袤的上虞海涂，更是承载着上虞新时代发展崛起的希望。数十年治江围涂实践，几代人的奋斗，凝结成了"尊重科学、艰苦奋斗、团结拼搏、不折不挠"的"围涂精神"。四十多年间，当昔日浊浪排空、芦草灭顶的滩涂中崛起一块又一块广袤的绿洲时，上虞人民与大自然抗争的"围涂精神"丰碑也就矗立了起来。

正是"尊重科学、艰苦奋斗、团结拼搏、不折不挠"的"围涂精神"铸就了现在的杭州湾上虞经济技术开发区，成为上虞角力大湾区时代的制胜平台。从旷野滩涂到高楼林立，从围垦荒地到产业新城，从杭州湾精细化工园区到国家级经济技术开发区……历经 20 余载，在"围涂精神"的激励下，杭州湾上虞经开区踔厉奋发，实现了从无到有、从小到大、从弱到强，在赶超跨越中书写出一个个新传奇，成就一个个新辉煌，先进制造业发展高地加速崛起。

杭州湾上虞经开区迈出的每一步，都是"围涂精神"的真实再现，也是巨大的能级跳跃：1998 年成立，2013 年升格为国家级经开区，2016 年产值跃上"千亿"层级，2019 年开浙江省先河，实现跨区域实质性整合……经过几番"连级跳"，杭州湾上虞经开区规划面积达到 175 平方公里。截至 2023 年底，"经济主战场"杭州湾上虞经开区新赛道新产业新项目加快布局发展，规上产值、工业税收占全区比重均超 75%，经济总量突破 2 400 亿元。在不断跃升中，杭州湾上虞经开区锚定高质量发展与高水平开放，勇毅前行开辟新天地。围绕产业链精准招商，推进产业链上下游协同，杭州湾上虞经开区产业从"点上开花"到"链上成景"，一个个"百亿级""千亿级"产业加速形成，再造一个"万亩千亿"产业集群的号角铿锵。杭州湾上虞经开区积极"接轨大上海、融入长三角",抓住全球产业链重塑的历史机遇,拓展国际合作空间,在"走出去"与"请进来"间加速产业集群化,绘就"打造世界级先进制造业基地"新蓝图。

(二)新时代上虞精神赋能"青春之城"建设

城市精神,是城市崛起的"精神高地",也是城市自身的"发动机"。它所书写的,是城市的底蕴、城市的韵味、城市的品位,也是一座城市对于自己所肩负的历史使命的高度自觉。面对新时代新形势新任务,城市精神被赋予了新的内涵和使命,提炼出"明德尚贤、创变笃行"的上虞精神。新时代上虞精神是"青春之城"建设总战略的最好注释、最有力彰显,对于建设"青春之城"有很大的激励作用,体现了上虞历史文化传统、城市演进规律、人民群众的美好向往。"明德尚贤、创变笃行"赋能"青春之城"全面焕发创新之力、现代之美、青春之光。

"明德尚贤、创变笃行"的新时代上虞精神所表达的思想观念、道德规范、精神气质,是对城市历史文化的融合和传承,将厚植城市发展。"明德"是上虞独具特质的精神品格。"尚贤"则强化了上虞对人才的渴望和追求。"创变"深化上虞人民守正创新的历史传承。"笃行"是上虞人民始终保持的良好秉性,千百年来,勤劳勇敢的上虞人民在这块古老的土地脚踏实地、辛勤开拓耕作,赞誉了上虞人民勤恳务实的精神品德。

创变笃行担使命,图强争先谱新篇。构成一座城市的全部魅力,在于一座城市的精神品格,它虽是无形的,却比有形的物质设施影响更深远、更广泛。经济的迅速发展,可以使城市变得强大;而城市精神的厚植涵养,则必将使城市变得更美好。"明德尚贤、创变笃行"新时代上虞精神为"青春之城"建设注入强大精神动力。上虞深入实施三个"一号工程",扎实开展"三个年"活动,落细落实"五个十大"主抓手,扎实走好中国式现代化上虞高质量发展之路。上虞树立"大抓项目、大抓科创、大抓产业”的鲜明导向，以“项目之进、科创之进、产业之进”，大力发展新质生产力，夯实“青春之城”的硬核支撑。把重大项目建设作为推动高质量发展的“主引擎”，全力推动项目建设提速增效。全力争抢推进项目大招商，快马加鞭跑出项目建设“加速度”，以科技创新引领现代化产业体系建设。坚持“四链融合”，率先在全省推进教育科技人才“三位一体”高质量示范区建设，深化政企校协同共建科创平台。上虞创变笃行、敢为善为、勇毅前行，朝着全面建设“青春之城”阔步挺进，展现出青春之业、青春之景、青春之人、青春之韵等产城人文景多方面发展的可喜局面，在新时代新征程中攻坚破难、蹄疾步稳，奋力谱写中国式现代化上虞新篇章。

二、优秀传统文化催生发展动能

人文经济学是文化与经济相互交融、共进互动、融合发展的一种良性发展方式，把文化优势源源不断转化为经济优势、发展胜势。上虞激活传承优越的文化基因，推动优秀传统文化的创造性转化和创新性发展，形成了独具魅力的文化生产力。

（一）“今在上虞”城市品牌渐成产业体系

“今在上虞”源自王羲之挥毫写下的《上虞帖》，现为上海博物馆的镇馆之宝。上虞传承激活优越的文化基因，精心打造了“今在上虞·遇见未来”的城市品牌，让书圣墨宝穿越千年而熠熠生辉，成为“青春之城”独具魅力的“金字招牌”。上虞还把“今在上虞·遇见未来”的城市品牌具象化、矩阵化、品牌化，打造城市品牌产业体系，把文化的厚度转化为产业的高度，直接带动经济社会的发展，让“金字招牌”成色更足。

上虞以“今在上虞·遇见未来”为城市品牌产业体系的核心，以王羲之草书“今在上虞”字体，注册了全品类商标，成立正青春文化传媒有限公司负责城市品牌和IP形象运营，以“今在上虞”为名的城市推介、人才招引、旅游节会等活动已逐渐系列化。上虞还以“今在上虞"城市品牌为原点，衍生打造城市品牌产业体系，形成多层次立体化"今在上虞"城市品牌矩阵。例如以"今在上虞 遇见尚品"为主题打造"上虞尚品"农产品区域公用品牌；以"今在上虞·翠茗飘香"为主题打造"上虞翠茗"茶叶区域公用品牌；以"诗和远方·今在上虞"为主题的打造上虞文旅品牌等。

2023 年 6 月"上虞尚品"农产品区域公用品牌正式亮相，品牌口号为"今在上虞·遇见尚品"口号，结合了"今在上虞·遇见未来"城市品牌口号，表明上虞农产品是青春之城的活力滋味，可以带给消费者上好的、时尚的农品新体验。从品牌正式发布，到品牌协会成立，从首家展示展销中心开业，到走出上虞，落地杭州、上海，迈出了坚实步伐。"上虞尚品"建立了"1＋1＋3＋N"品牌营销体系，吸引游客 50 余万人次，带动优质农产品溢价 25%，品牌产值达 3 亿元。上虞还以"今在上虞·翠茗飘香"为主题，发布"上虞翠茗"茶叶区域公用品牌，启用寓意"三茶"统筹全新 LOGO。2023 年"上虞翠茗"茶叶区域公用品牌带动茶叶总产值增长 13.3%。

（二）优秀传统文化涵养数字经济

数字为文化赋能，文化为数字增值，数字文化丰富了城市的文化内涵和张力，提高了文化产业的附加值。"禹与诸侯会事迄，因相虞乐，故曰上虞。"[1]，上虞是一座具有泛娱乐历史文化特质的千年古城。位于曹娥江畔的上虞 e 游小镇，北接古老的杭甬运河，深耕优秀传统文化，用创造性形式来表达当地文化，也让悠久的传统文化有了更多的"打开方式"。近年来，上虞以"打造长三角数字文化创意产业中心"为目标，依托浙江省特色小镇发展重大战略及培育专业泛娱乐平台的相关优势，以超前规划设计理念建设产城融合特质小镇，e 游小镇基本形成以影视、动漫、游戏、视听阅读为核心的数字文化创意产业集群和软件开发、大数据、物联网等信息技术产业。

---

① 郦道元著，陈桥驿校证. 水经注校证［M］. 北京：中华书局，2013.

　　e游小镇共集聚创客 11 000 余人，引进数字文化企业 809 家，培育规上企业 38 家，培育国家级高新技术企业 19 家，科技型中小企业 40 家，"文漫影游"骨干企业突破百家，游戏骨干企业 39 家，动漫骨干企业 42 家，影视制作骨干企业 37 家。2023 年数字经济总产出 127 亿元，累计有效投资达 73.5 亿元，税收收入达 6.56 亿元。

　　e游小镇"绍兴影视数字创谷"的项目正蓄势待发。该项目依托上虞良好的区位和影视产业链，按照差异发展、数字引领、多元场景、全域联动的基本思路，主要拍摄以特效数字制作影片以及网络电视剧、微短剧等，着力打造影旅游融合、全产业链发展的新型影视产业基地。项目总投资超 20 亿元，计划建设影视文化产业总部、摄影棚和综合拍摄楼、影视文旅拍摄商业街、影视演艺和影视服务综合体，将进一步提升影视作品制作品质，实现文影旅融合发展。

　　根据《上虞未来城战略规划》，e游小镇将聚焦"文漫影游"产业特色元素，结合新一代数字技术发展，全方位推进数字文娱产业向 AI 大模型、元宇宙等产业链升级，打造成为国内知名的县域元宇宙和人工智能应用场景试验区；在 AI 大模型、元宇宙、数字孪生等领域建设一批重点实验室、工程研究中心等，到 2027 年数字经济新业态产值/营收规模达到 100 亿元。

（三）推动特色文化的创新发展

　　为了更好地践行新时代人文经济学，上虞已将全域 1 362 平方公里作为一个大花园，形成了"守正创新、活化转化"的文旅融合发展总体思路。所谓"守正创新"，即推动孝德、瓷源、春晖等地域特色文化实现创造性转化、创新性发展；"活化转化"，即活化文化资源、转化文化形态，运用科技手段将"沉睡"的文化资源全景式展现。上虞将加快推进"一江一山一湖三小镇"（曹娥江、东山、皂李湖，瓷源小镇、孝德小镇、丰惠古镇）文旅片区建设，既有统筹规划，又有差异定位，以千万级核心大景区的标准、跨界融合的理念、物化活化转化的要求，谋划建设运营一批可参与可体验的项目场景。

上虞还积极拓展文旅融合新思路、打造消费新场景、激发发展新动能，深入实施以城市 IP 为核心的文旅品牌创建行动，坚持内容侧和传播侧双向发力，打造具有强大牵引力和辐射力的金字招牌。围绕提升"文旅＋城市"价值、生命力，抓好文旅和四季仙果、教育体育等领域的资源整合、业态嵌合，以"吃喝玩乐"新场景新业态延伸产业链、创造新价值，实现"流量"转化为"增量"的良性循环。2023 年上虞举办文化旅游活动 50 余场次，引流游客超 200 万人次；全年共接待游客 461 万人次，实现旅游总收入 65.8 亿元。获评"省夜间经济特色城市""全国文旅融合实践区""四季仙果之旅"列入浙江省文旅 IP。

青春度是城市文旅融合的富矿。大景区、小众旅游地乃至各种艺术潮玩空间，年轻人的热捧最容易引发聚集效应，人气聚集到一定程度，就会触动流量爆发，催生网红产品、爆款文旅项目。2024 年"五一"小长假，上虞兴欣氧气吉象音乐节盛大开幕，吸引了来自全国各地的数万名年轻乐迷来上虞打卡。上虞打破常规跨界玩法，以一张门票畅游六大景区，用"音乐＋"延伸领域，在氧气音乐节的引领下，"出去玩＋看演出"的火热氛围持续"燃爆"整个假期，衍生出诸多文旅消费新场景。据全域客流监测平台的数据，5 月 1—2 日，上虞共接待游客 24.65 万人次，较去年同比增长 77.34%；其中接待一日游游客 11.63 万人次，同比增长 52.62%；接待过夜游客 13.02 万人次，同比增长 107.99%；实现旅游总收入 2.59 亿元，同比增长 30.15%。

三、人文环境优化营商环境

高品质的人文环境是营商环境的软实力，彰显着一座城市的活力和魅力，也是营商环境中最基本、最深沉、最持久的力量。上虞以文化人、以文润商，打造有温度、有速度、有力度的营商环境，让营商环境软实力成为经济高质量发展硬支撑。

（一）打造"让企业家有感"的最优营商环境

上虞以全面建设"青春之城"为主战略，始终坚持以文化人、以文润商，以最优人文环境赋能经济社会高质量发展。深入实施营商环境优化提升"一号改革工程"，突出"对标国际一流、锚定区域领先"目标定位，积极开展营商环境优化提升"158X"行动，全面提升政务环境、法治环境、市场环境、经济生态环境、人文环境，努力打造"办事效率最高、创业成本最低、创新生态最好、生活环境最优、干部作风最实"的营商环境最优区。

一流的人文关怀营造一流的营商环境，一流的营商环境造就一流的企业。上虞致力打造"让企业家有感"的最优营商环境，打造有温度、有速度、有力度的营商环境，让营商环境软实力成为经济高质量发展硬支撑。2023年6月，上虞召开企业家大会，大会不设主席台，让企业家"走红毯""坐C位""唱主角"。上虞坚持企业都是"一家人"理念；坚持"两手抓"：一手抓"服务解难、雪中送炭"、一手抓"赋能助力、锦上添花"；坚持"三尊重"：充分尊重企业家、尊重投资者、尊重纳税人；坚持"四做到"：对企业做到随叫随到、不叫不到、说到做到、服务周到；营造"五氛围"：尊商、重商、亲商、爱商、诚商，与企业同频共振，打造创业最便利、创新最友好的"创客城市"。坚持"'亲'而有度、'清'而有为""无事不扰、有求必应""马上就办、办就办好""企业至上、服务至上"，让企业家有更多尊荣感、舒适感、获得感、成就感。

营商环境优化提升"一号改革工程"实施以来，上虞构建"三个一"机制，奋力打造营商环境最优区，新增省级以上改革试点20个，营商环境改革相关工作获省领导批示肯定7项。上虞《探索新材料中试项目全周期管理 有效破解科技成果转化中试环节"断链"难题》和《青春新市民"乐居乐业"增值服务改革》入选浙江省营商环境优化提升"最佳实践案例"，成为全省唯一有2个项目入选省改革突破奖的县市区。

好的营商环境吸引着企业、资金、人流、物流"纷至沓来"。一项项独具上虞特色的改革创新，成为其营商环境一个个鲜明标签，旨在打造"更舒心"的政务环境、"更省心"的市场环境、"更安心"的法治环境、"更贴心"的经济生态环境、"更暖心"的人文环境。上虞瞄准北上广深等城市，主攻新材料、高端装备制造等主导产业，大力推进驻点招商、节会招商、上门招商。2023年引进10亿元以上项目14个，其中100亿元以上2个、单年招引落地数历史最多，实到外资2.7亿美元、绍兴市第一，成为浙江省"招大引强"十强县（市、区）。

（二）打造上市公司成长的"摇篮"

资本市场是金融体系的重要组成部分，也是推动区域经济转型、产业发展的"加速器"。上虞优秀的人文环境、一流的营商环境、扎实的产业基础成为上市公司成长的"摇篮"。上虞目前有20家上市公司，上交所主板6家、深交所主板7家、创业板7家，二级市场总市值约2 900亿元，占绍兴全市的近40%。资本市场"上虞板块"已成为区域经济高质量发展的金名片。

近年来，上虞先后实施上市公司引领产业发展示范区建设、迭代升级"凤凰行动"计划，成功跻身区域性股权市场浙江创新试点首批试点县（市、区）、拟上市公司口碑声誉评价工作试点，资本市场活力涌动。2023年9月区域性股权市场创新试点上虞培育站揭牌，浙江省股权交易中心上虞"凤舞娥江板"正式开板。此举进一步完善上虞拟上市企业梯队库，对做大做强做特资本市场"上虞板块"产生深远影响。

秉持"上市优先"理念，上虞坚定实施"凤凰行动"2.0版，大力推进股改上市。按照"报会辅导一批、规范股改一批、上市意向一批"的总体思路，建立百家上市挂牌源头企业动态培育库，持续做大做强资本市场"上虞板块"。制定出台《上虞区深入实施促进经济高质量发展"凤凰行动"计划》，出台鼓励企业规范化股改、上市挂牌、募投项目落地等一系列政策意见。积极探索"孵化加速器＋产业园＋基金"培育模式，推进基金投资项目产业园建设，致力于把产业园打造成为培育新兴产业和科创上市企业的"摇篮"①。

杭州湾先进智造全球路演中心是上虞资本市场对接展示窗口，常态化开展路演展示、资本对话、落户嫁接、资源对接等活动，致力打造成为上虞金融服务、人才服务的创新平台。三年来开展各类上市交流、项目路演、资本对接活动140余次，向区内各类经济发展平台对接创业项目超40个，引进落户项目2个，对接落实投融资近5 000万元。

上虞全力打造上市公司高质量发展先行区，以上市企业、龙头企业为牵引，形成了具有区域辨识度的产业集群，为区域经济发展开疆拓土。推动上市企业项目回归，引导符合区域发展规划的上市公司募投项目、并购孵化或重组整合后的产业项目落户上虞，上市公司回归落地或募投本地化项目超过30个，总投资突破百亿元。通过资本市场实现产业"腾笼换鸟"，为全面振兴实体经济夯实了基础。

上虞还积极支持上市公司建设创新联合体，实施规上工业企业研发机构全覆盖，推动上市公司引领带动产业数字化、智能化发展，已建立市级创新联合体3家、省级企业研究院31家。

（三）打造最懂年轻人的"创客城市"

上虞是一座底蕴深厚的人文之城，也是一方创新创业的发展热土。上虞发布了"创客城市"计划，实施"十百千万"创客工程，包括出台十大创业扶持政策、建设百万平方米创客空间、新增千家以上创客企业、集聚万名以上创客群体，向全球发布"招贤令"等，全面建设创业最便利、创新最友好的"创客城市"。上虞还成立了"虞创联盟"，包括商创客、农创客、文创客、数创客等在内的396名在虞创客成为首批成员。

为了成为最懂创客、最懂年轻人的"创客城市"，上虞量身定制了

---

① 孙良，刘金平.越观察 | 上虞为何能成为上市企业的"摇篮"？[EB/OL].浙江在线，[2023-12-29].https://sx.zjol.com.cn/yw18581/202312/t20231229_26548781.shtml.

租金减免、专项补助、融资贷款等"创业无忧"十条特色政策。提供全免或者最高 18 万的场地租金补助和最高 20 万元的一次性装修补助，解创客场地之忧。提供"零元入住"青春公寓、专购房源、先租后购等可同时享受的安居优惠政策，解创客住房之忧。推出最高 30 万元、3 年贴息的"虞创贷"，设立创客专属基金和人才险，切实降低创业失败风险，解创客资金之忧。提供营收奖励、评优奖励、吸纳员工奖励；设置创客积分，享受人才房票上浮等升级优惠，发展越快奖励补助越多，助创客成长无忧。

上虞全面布局"全链式"创客空间体系，构筑"一个虞创带、两大虞创谷、多个虞创集聚区"的"1＋2＋N"虞创空间体系，涵盖科创、数创、商创、农创、文创集聚，计划建设超 100 万方的创客空间。目前，上虞在创业资源条件相对成熟的曹娥街道鸿雁未来社区，开展"零创湾"试点，打造场地租金"零费用"、注册登记"零跑腿"、水电成本"零支出"、培训交流"零距离"的"零元创业"上虞样板，实现青年来虞创业的"最低成本"。

上虞还推出"创业无忧"十项增值服务，深化"创业一件事"集成改革，实现创客事项"线上通办"。在企业综合服务中心和人力资源产业园设立"创客服务"专窗，为创客提供更多便利。上虞还聘请创业导师，成立创业帮扶团和虞创联盟，定期举办青年沙龙、创客论坛等交流活动。

"最懂年轻人、最懂人才"是上虞的不懈追求。"创客城市"的建设进一步释放了上虞"既要吸引人、更要成就人"的强烈信号。上虞的人才政策力度极具竞争力，2023 年兑现超 4.3 亿元人才资金，吸引了一大批创客青年来到上虞、留在上虞、爱上上虞。

四、经济品牌闪耀人文标识

文化赋能经济，经济焕新文化。人文经济学是文化与经济的双向奔赴，也是文化经济化、经济文化化双向贯通。上虞伞艺经济、采摘经济等在文化的浸润下发展壮大，形成了独特的人文标识，闪耀着灿烂的人文之光。

（一）伞艺经济诠释"创变笃行"

"全球 3 把伞，一把崧厦造。"上虞崧厦街道作为"中国伞城"，创建伞艺特色小镇，拥有 1 400 余家制伞企业、18 个伞业专业村，年产各类成品伞 6 亿把，年产值规模超百亿元，成为目前国内最大的伞业制造基地，产品出口欧盟、美国等 140 多个国家和地区。

"创变"出自创新而高于创新，面对新业态新经济，拥抱变化、变革重塑、创新求变，已成为上虞伞艺经济再创辉煌的不竭动力。"笃行"反映了如今上虞咬定主业、勇于创新的企业家精神和知行合一、持之以恒的奋斗精神。随着户外露营产业的兴起，崧厦街道主动抢占露营经济新风口，凭借着深厚的产业基础和创新能力，从一把小雨伞走向大户外，在激烈的市场浪潮中搏击争先。崧厦伞业年产值 150 亿元，拥有露营产品相关企业超过 260 家，年产值突破 50 亿元，产品远销海内外。2024 年 4 月，中国轻工业联合会和中国日用杂品工业协会发文，授予崧厦街道"中国露营产品产业基地·崧厦"称号，并继续授予崧厦街道"中国伞城·崧厦"称号。两项"国字号"荣誉的获得，是对崧厦伞业拓展赛道转型升级的高度认可。为了扶持该产业发展，崧厦街道计划通过策划包装和市场化运作，增加并突出露营产品内容，加大宣传推广力度，如青春万帐·国际露营大会崧厦站被列入未来五年规划中。

此外，"电商直播＋短视频推广"作为近年来最为火爆的互联网新模式，获得了很高人气。从传统的线下销售，到"线上＋线下"全域营销，也是崧厦伞业数字化转型升级的"突围"方式之一。崧厦现有 4 个淘宝村、7 个省级电商专业村，有 437 家企业开展电商直播、跨境电商销售，国内线上市场占有率达 65%，创成中国伞城数字贸易现代服务业省级创新发展区。

(二) 采摘经济成就"四季仙果之旅"

上虞自然生态多元、文化底蕴深厚、土壤资源优越、水果品种丰富，形成了以覆卮山樱桃、二都杨梅、野藤葡萄、舜阳红心猕猴桃等 4 大水果品牌为引领，桑果、草莓、黄花梨、水蜜桃等四季水果为补充的水果采摘经济。2010 年以来，上虞在已有鲜果采摘的基础上，开始培育以水果为核心，农家乐和旅游景区为依托，集鲜果采摘、农家体验、休闲旅游的"四季仙果之旅"品牌。通过总体策划规划、政策引导支持、公共基础配套、品牌市场营销、管理服务支持等活动，为农民"种果、卖果"搭建系统平台，解决农民的后顾之忧。

"四季仙果之旅"品牌建设促使上虞水果种植业的加快转型，各种水果基地实现从小到大、从粗放到规范、从生产型到休闲型的转变。在做精特色优势产业过程中，注重延伸水果产业链、拓展价值链。向前研发水果新品种及"四季仙果"的观赏产品，推出樱（桃）花节、（青）梅花节等，向后拓展水果深加工和文化创意，开发杨梅酒、桑果酒、葡萄酒等延伸产品。同时，与其他特色农产品横向联动，带动茶叶、竹笋、干菜、家禽、年糕、豆腐干等农副产品及以此为依托的家庭型、农庄型农家乐，促进农产品销售[1]。

"四季仙果之旅"不仅促进上虞农业产业转型升级，还撬动旅游业逐渐从单一观光型向休闲、体验、康养等多功能复合型转变，形成"一镇一景、一镇一特、百花齐放"的区域旅游特色。先后培育了 1 个国家 4A 级旅游景区和 4 个国家 3A 级旅游景区，建成"四季仙果之旅"星级基地 74 家，其中省 AA 级采摘旅游体验基地 15 家。2010 年以来，上虞"四季仙果之旅"已累计吸纳游客 6 559.4 万余人次，带动旅游直接收入 553.9 亿余元[2]。2023 年"四季仙果"实现线上线下销售额 3 000 余万元，全产业链产值达 11.2 亿元。

---

① 顾利民."四季仙果之旅"推动共同富裕的上虞实践[N].中国旅游报,2022-04-08.
② 沈华军.绍兴市上虞区:擦亮"四季仙果之旅"金名片[J].今日浙江,2022(19).

　　"四季仙果"在上虞不仅是一张旅游名片，一个区域品牌，更是一种发展模式。通过多年努力，从低散的采摘经济到知名的文旅 IP，上虞"四季仙果之旅"品牌享誉省内外，成为长三角地区一个休闲旅游好去处。上虞也因此赢得"全国休闲农业与乡村旅游示范县""浙江年度最具吸引力旅游新业态奖""浙江省名牌产品"（"四季仙果之旅"品牌）等诸多荣誉。

第六章

"上善虞治"："青春之城"建设的治理之策

党的二十届三中全会指出，进一步全面深化改革的总目标是继续完善和发展中国特色社会主义制度，推进国家治理体系和治理能力现代化。① 国家治理现代化是中国式现代化的基本组成部分，习近平总书记要求浙江在推进基层治理体系和治理能力现代化上创造更多经验②。治理现代化是"青春之城"建设题中之义，"青春之城"的治理是善治，这不仅契合国家层面的社会治理要求，也契合上虞历史人文，还契合上虞的现实实践。因此"上善虞治"，从历史中走来，也将引领未来。

---

① 中国共产党第二十届中央委员会第三次全体会议公报[EB/OL].新华网，[2024-07-18]. http://www.news.cn/politics/leaders/20240718/a41ada3016874e358d5064bba05eba98/c.html.
② 始终干在实处走在前列勇立潮头 奋力谱写中国式现代化浙江新篇章[N].人民日报,2023-09-26.

第一节 "上善虞治"与"青春之城"建设

郡县治则天下安，国家治理现代化必须抓好基层治理现代化这项基础性工作。本书认为上虞在推进基层治理现代化进程中应充分激活虞舜"德治"和王充"法治"的文化基因，融入"上善治水"①的治理智慧，打造"上善虞治"的县域善治品牌，积极探索基层治理新模式，激发基层治理内生动力，坚持以基层善治夯实"青春之城"建设根基，以善治之力推动"青春之城"高质量发展。

一、"上善虞治"的历史基因

"善治"是国家或者社会治理的一种理想状态，是每个国家或政府在现阶段以及未来很长一段时间内需要努力追求的目标。俞可平认为，"善治"包含了对中国传统善政善治概念的借用②。现代治理和善治理论虽引介于西方，但治理和善治思想在中国的历史源远流长，尧舜的治世思考、大禹的治水智慧、王充的治国之道，都成为"上善虞治"深厚的历史基因。

（一）尧舜"德礼教化"的治世思想

上虞和舜有着深厚渊源。无论是郦道元《水经注》引《晋太康三年地记》"舜避丹朱於此"，还是上虞保存下来最早的县志明代万历年间编纂的《新修上虞县志》"由帝舜封支庶得名"两种说法，上虞跟舜都有密切关联。《史记·五帝本纪》云：天下明德皆自虞舜始。这表明自尧舜时期就有以德治世的思考，尧舜禹三代禅让的上古"大同"时代，为后代理想的治世树立了一个至高典范。

《尚书》③有载，舜告诫十二州君长"食哉惟时"，只有衣食是百姓

---

① 熊春锦,校注.老子德道经[M].北京:国际文化出版公司,2019.
② 俞可平.治理与善治[M].北京:社会科学文献出版社,2000:8.
③ 王世舜,王翠叶译注.尚书[M].北京:中华书局,2012.

的根本，要注重历法、重视生产；对待臣民要"柔远能迩，惇德允元"，安抚远方的臣民、爱护近处的臣民，德行深厚、取信于人，才能做到"蛮夷率服"；看到"黎民阻饥"，鼓励官员"播时五谷"，教导百姓种植庄稼；看到"百姓不亲，五品不逊"，指示官员"敬敷五教，在宽"，对民众进行五常教育，宽厚推行；看到"蛮夷猾夏，寇贼奸宄"，外族作乱、为祸边境，开导官员"五刑有服，惟明克允"，只有刑罚明察，才能聚拢民心……从他们的"事迹"中，看到了"以民为本"的施政思想，看到了"天下为公"的大同治世。在儒家的笔下，关于尧、舜口耳相传的"上古传说"也成为开训后人的"先贤圣迹"。

孔子从舜身上看到了"孝"对稳定社会、教化人民的重要性，把孝道作为伦理道德的核心，作为"仁"的基础，孝道即虞舜之道。在孔子学说的基础上，孟子指出尧舜之道是实行"仁政"的"王道"，明确提出"民为贵，社稷次之，君为轻"的观点，这是尧舜之道和孟子思想最光辉的一页。从此，"堪比尧舜"成为后世每一位君王的执政标杆，"致君尧舜"也成为儒生们毕生敬奉的信条，"君施教以治理"的德礼教化确立为最为基本的治理方式。

(二) 大禹"疏顺导滞"的上善智慧

"治"字的本义，是水名。篆书的"治"字，是治水的象形，有治水、整治之义。中华民族的先贤圣哲，早在五千年前就在与生命之水和自然之水的交融中领悟到治理的真谛。相传大禹之父九年治水不成，禹改"围堵障"为"疏顺导滞"的方法，因势利导平息了水患。相传"大禹治水住夏盖山"，登临山顶，观察潮汐，治理水患，疏浚了溪。了溪，后称剡溪，为今天上虞曹娥江的上游。从 4000 年前"禹疏了溪"，到东汉的马臻开筑鉴湖，从晋时的贺循凿运河，到明朝的汤绍恩建三江闸，再到现在曹娥江大闸的建造、曹娥江引水工程，从一个侧面看，一部上虞史就是治水史，正是在与水患的斗争中蕴含了治理的深邃智慧。

"治理"符合水之性，通过顺着事物天然具备的文理而整治，顺应其本身的能量动势趋向进行正向性的疏导，随圆就方，直能就曲，从而引导事物顺应先天客观规律而归正，这就是治理①。《道德经》有言，"上善治水，水善利万物而有静"②，最善不过水，水最公平，且公正，没有任何偏心；不管环境如何变化，静水总是平的，以水为准。以此喻人，在治理过程中要公平公正，清正廉洁，没有偏心，不与民争的崇高境界，可谓"善治"。

（三）王充"礼法合治"的治国之道

在上虞历史中，东汉时期的王充是一个非常重要的人物。上虞充分挖掘王充法治文化思想的现代价值，弘扬其先进法治思想和理念，理解其独特创造、思想精髓，助推平安上虞、法治上虞建设。王充的思想集中体现在《论衡》八十五篇，二十余万言中，其中在《论衡·非韩篇》中写下的一番问答，可以作为洞察王充治世思想的重要线索。儒家虽然极力推崇礼治、德治，但在其思想中蕴含着"礼法合治"的萌芽。孔子"道之以政，齐之以刑，民免而无耻；道之以德，齐之以礼，有耻且格"，可以说是"礼法合治"思想的基石，后董仲舒"礼法合治、德主刑辅"的思想被确立为官方正统思想并封为圭臬。

篇中王充以"魏文式段干木之闾，秦兵为之不至，非法度之功"的质疑，通过解释"法度之功"，阐述了他对法度的基本理解。王充的法度包含了两个层面：秦式法度与魏式法度。秦式法度即"强国之法度"，主要通过严刑峻法，实现富国强兵；魏式法度即"弱国之法度"，主要是德礼仁义，其功能在于道德感召。在王充看来，这两种法度都不足以表达治国的完整内涵，因为它们各有所短。"治国之道，所养有二：一曰养德，二曰养力。养德者，养名高之人，以示能敬贤；养力者，养气力之士，以明能用兵。此所谓文武张设，德力具足者也，事或可以德怀，或可以力摧。外以德自立，内以力自备。慕德者不战而

---

① 熊春锦.东方治理学[M].北京：中央编译出版社,2016.
② 熊春锦,校注.老子德道经[M].北京：国际文化出版公司,2019.

服，犯德者畏兵而却。……夫德不可独任以治国，力不可直任以御敌也。……两者偏驳，各有不足。"① 完整的治国之道应当"德力具足"，应当是德与力的结合。无疑王充的思想有着"礼法合治"的深刻烙印。正如习近平总书记所言，"我国历来就有德刑相辅、儒法并用的思想。法是他律，德是自律，需要二者并用。如果人人都能自觉进行道德约束，违法的事情就会大大减少，遵守法律也就会有更深厚的基础。"②

上虞的先贤圣哲的思想蕴含了深邃的治理智慧火花，包含了许多可供现代善治理论及实践发展借鉴的内容。其一，法律是善治的基础，《韩非子》有述"其法通乎人情，关乎治理也。""夫治法之至明者，任数不任人。是以有术之国，不用誉则毋适，境内必治，任数也。"论证了通过"法"与"术"、刑赏分明而治，达到政理之"势"的必要性，也彰显了中华法治文明的深厚底蕴。其二，安民是善治的根本，《汉书》记述了"奉顺天德，治国安民之本"，《淮南子》有"为治之本，务在安民"。其三，和谐是善治的目标，《尚书·尧典》："身修而家齐，家齐而国治，国治而天下平。古之人君能行之者，莫如帝尧。书曰：克明俊德，以亲九族。九族既睦，平章百姓，百姓昭明，协和万邦。"

二、"上善虞治"的现实基础

讲国家治理现代化，必然要着眼于现代化，从现代化的角度加以审视。如果离开现代化，国家治理就根本讲不清楚③。党的十八届三中全会提出推进国家治理现代化，可以理解为"在中国共产党领导下，形成政府、企业、社会组织和公民多主体共同治理，形成'一元主导、多方参与、协同治理、交互作用'的基本格局和体系结构，并且提升相关主体的治理能力"④。这意味着"从传统国家向现代国家转变过程

① 邱锋，常孙昊田，译注.论衡[M].北京：中华书局，2024.
② 十八大以来重要文献选编(上)[M].北京：中央文献出版社，2014：722.
③ 杜飞进.中国现代化的一个全新维度——论国家治理体系和治理能力现代化[J].社会科学研究，2014(05).
④ 王浦劬.国家治理现代化：理论策论[M].北京：人民出版社，2016：150.

中，多主体共同规范权力运行及维护社会公共秩序而形成和建构的一套制度规则、治理工具及执行能力"①，其核心诉求在于实现政府管理形态的根本性变化，此即走向"善治"。党的十九大报告强调以良法促进发展、保障善治，这说明中国最高领导层已正式将善治当作了中国政治发展的理想目标②。新时代治理现代化须坚定不移地以善治为旨归，着眼于重塑国家—市场—社会三者关系，恰如吉登斯所言，"只要以上三者中有一者居于支配地位，社会秩序、民主和正义就不可能发展起来。一个多元社会若想维持，他们之间的平衡必不可少"③，善治要求形成政府与民间、公共部门与私人部门之间的合作与互动④。审视改革开放以来政府管理形态，我国社会管理体制改革经历了从社会管控到社会管理再到社会治理的转变。

社会管控主阶段要是指从党的十一届三中全会到十四大之前。此阶段总体上以党和政府为中心、政府包揽一切的全能型社会管理体制并没有实质性变革，社会管控的特征非常明显。"大政府、弱社会"的社会格局非常明显，政府在国家与社会的权力分配格局中占据着绝对的主导地位。1978 年改革开放后，为了适应经济社会发展，开始放弃全能型社会管理体制。从 20 世纪 80 年代中期开始，国家开始向社会分权，农村基层村民自治与城市基层居民自治成为国家向社会分权的重要方式。

社会管理阶段主要是指从党的十四大到党的十八大。经济转轨带来了社会转型，政治、市场和社会加速分离，政府在公共服务和社会管理中的职责日趋弱化，致使社会化公共服务的供应严重短缺，对我国的社会管理提出了挑战。随后党的十四届三中全会出现了"加强政府的社会管理职能"的表述，1998 年《关于国务院机构改革方案的说

---

① 薛澜,李宇环.走向国家治理现代化的政府职能转变:系统思维改革取向[J].政治学研究,2014(05).

② 俞可平.中国的治理改革(1978—2018)[J].武汉大学学报,2018(03).

③ [英]安东尼·吉登斯.第三条道路及其批评[M].许家豪,译.北京:中共中央党校出版社,2002;57.

④ 俞可平.治理和善治引论[J].马克思主义与现实,1999(05).

明》中，再次出现了社会管理一词，随后社会管理一词频繁出现在党和政府的文件中，党的十六大报告明确将社会管理作为政府的四项主要职能之一，党的十六届四中全会明确提出，党的十七大重申，建立健全"党委领导、政府负责、社会协同、公众参与"的社会管理格局。这一阶段社会管理创新全面展开，多元治理理念也不断提出，为实现社会管理向社会治理的转变奠定了一定基础。但由于政府的权力没有得到有效约束和转移，政府与社会自治力量关系失衡，造成"政社"难以分开、政府职能定位模糊，"大政府、弱社会"的格局没有实质改变①。

社会治理阶段是指从党的十八大召开至今。这一时期市场经济进程诱发体制性摩擦加剧，传统"高压维稳"惯性思维主导下的"刚性社会"已经处于超负荷运转状态，社会治理体制改革需要向纵深推进。党的十八届三中全会明确提出了创新社会治理体制、提高社会治理水平的新要求，这是中国共产党成立以来在党的正式文件中第一次提出社会治理概念。党的十九大报告中指出："打造共建共治共享的社会治理格局。加强社会治理制度建设，完善党委领导、政府负责、社会协同、公众参与、法治保障的社会治理体制，提高社会治理社会化、法治化、智能化、专业化水平。"② 这表达了在社会领域全面推进国家、社会、市场之间合作共治的基本理念，体现了国家嵌入与社会自治的有机统一，表明了当前中国的社会管理正发生从"大政府、弱社会"向"强政府、大社会"的实质性转变，这意味着社会治理深度创新获得了广阔发展空间。

这种转变对治理现代化提出了基本要求：其一治理不是一套规则，也不是一种活动，而是一个过程；其二治理不是控制，而是协调；其三治理既涉及公共部门，也包括私人部门；其四治理不是一种正式的

---

① 范逢春.改革开放以来的社会治理创新：一个伟大进程[J].学术前沿,2019(03)：66-73.

② 习近平.决胜全面建成小康社会 夺取新时代中国特色社会主义伟大胜利——在中国共产党第十九次全国代表大会上的报告[EB/OL].新华网,[2017-10-27].http://www.xinhuanet.com/politics/2017-10/27/c_1121867529.htm.

制度，而是持续的互动行为"①。

上虞持续推动以"简政放权""放管服"为主旨的行政审批改革，推进平安建设社会综合治理，以服务型政府建设增强社会治理功能，以多元主体治理结构推动社会治理创新，以社会组织培育提升社会自治能力，以民生发展体制机制促进社会治理创新，以城乡基层社区治理作为社会治理创新的落脚点，推动了社会治理制度持续变革，促进了社会治理实践重大创新。所有这些举措指向善治，为"上善虞治"夯实最关键的基础。

三、"青春之城"建设的善治实践

正是基于深厚的历史文化基因和实践的现实转向，"青春之城"建设应探索善治的上虞实践——"上善虞治"。

（一）"上善虞治"的内涵

"善治"就是"政府与社会、政府与公民、政府与市场对公共事务的互动合作管理，是国家与公民社会的一种宽容为本、合而不同、合而共生的互促互进关系，是两者关系的最佳状态"，其实质"是国家公共权力与公民基本权利的和谐互动，发展趋向是国家公共权力向公民社会的个人基本权利转移，即还权于民，权为民所用"②。就是"以法治国"和"以德治国"有机结合的为人民服务的政府管理运作机制，真正做到：有严明的法律、高尚的道德、清廉的官员、高效的机制合作管理、优良的服务的政府治理结构，是政府与公民对公共生活的合作管理，是政治国家与公民社会的一种新型协调关系，是两者的最佳状态③。

"上善虞治"作为国家治理现代化的县域探索，是党领导人民对国

---

① The Commission on Global Governance. Our Global Neighbourhood：the Report of the Commission on Global Governance[M].Oxford University Press，1995.

② 吴兴军.政府善治视阈下的公民问责[J].科学社会主义，2009(03).

③ 俞可平.治理与善治[M].北京：社会科学文献出版社，2000：8-9.

家和社会"善"的治理在基层的具体实践，这个"善"体现在治理主体、治理目的、治理方式、治理结果等四个不同层面[①]：

就治理主体而言，善治是"善者治理"。作为治理主体，无论政府、非政府组织或是私人企业都应具有合法性。尤其是发挥元治理功能的政府，更应是温良、公正的治理者，是值得公众信赖的合格治理者。

就治理目的而言，善治是"善意治理"。治理的本意是服务，没有服务的治理就没有存在的必要。从根本上讲，政府治理的出发点，是让公众享有更充分的公共物品，享有更高满足度的公共管理，从而实现社会公众福利的最大化。

就治理结果而言，善治是"善态治理"。这是一种境界，是一种多元治理、和谐治理的社会形态，虽然矛盾与冲突仍会频繁出现，却能最大限度地被社会所包容、被制度所接收、被机制所化解。

就治理方式而言，善治是"善于治理"。它不是政府统包统揽的治理，更不是权力压制、单向施恩，而是建立在契约基础上的合作。治理的过程，是多中心良性互动的过程，是政府不断回应公众需求的过程（见图6-1）。

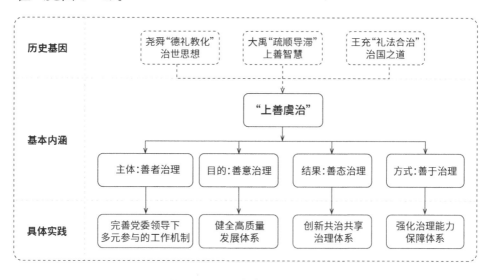

图6-1 "上善虞治"构架图

---

① 陈广胜.走向善治[M].杭州:浙江大学出版社,2007:2.

（二）"上善虞治"的实践布局

县在中国延续了 2000 多年的历史，展现了一种超稳定的存在形式[①]。习近平总书记高度重视县域在国家发展和治理中的作用，指出："在我们党的组织结构和国家政权结构中，县一级处在承上启下的关键环节，是发展经济、保障民生、维护稳定、促进国家长治久安的重要基础。"[②] 可以说县域治理是国家治理的基础，是推进国家治理体系和治理能力现代化的重要一环，是国家治理现代化在县域层面的落实和体现。

随着国家治理体系和治理能力现代化的不断推进，我国县域治理已进入全面转型的新时期，在推动县域经济高质量发展、促进城乡融合发展和扎实推进共同富裕等方面发挥着不可替代的基础性作用。上虞"青春之城"建设中的治理，要从县域治理权限、职责特点和实践需要出发，顺应时代变革的新趋势，回应人民的新期盼，突出落实国家治理的关键性举措、引领县域治理的创新性机制、支撑高质量发展的牵动性载体，推动实现更高质量的发展，对县域治理关键领域和环节作出重点部署，把制度优势转化为治理效能，构建"上善虞治"基本布局，重点完善健全"四大体系"：完善党委领导工作机制、健全高质量发展制度体系、创新共建共治共享基层社会治理体系和强化治理能力保障体系，走出一条具有时代特征、地域特色的县域治理现代化路子。

完善党委领导工作机制，培育公众信赖善者治理主体。以党建引领县域治理，充分发挥党委统筹兼顾、协调各方的领导作用，加强对社会治理的领导，及时研究解决重大社会治理问题，协调监督实施的作用，调动各部门、各单位参与社会治理的积极性，充分发挥基层党组织战斗堡垒的作用，从区域统筹、协调、共建、共享等各方面构建

---

① 郭和平.县级管理学[M].济南：山东人民出版社，1988：19.
② 习近平谈治国理政（第二卷）[M].北京：外文出版社，2017：140.

党组织主导的基层社会治理新格局。

健全高质量发展制度体系，优化社会福利善意治理目的。 锚定"创新深化、改革攻坚、开放提升"三条主跑道，聚力三个"一号工程"，推动政府职能转变，推进实施政务服务增值化改革，推进放管服改革，释放内生发展动能和市场活力，推动县域高质量发展。

创新共建共治共享基层社会治理体系，实现和谐包容善态治理结果。 立足实际，系统谋划基层治理现代化具体路径，通过全面落实常态化除险保安机制，加强重大风险闭环管控，推动基层社会治理模式创新等系列举措，加快形成全方位防风险、全领域保平安、全过程护稳定、全要素促发展的基层社会治理格局，全面提升基层社会治理现代化水平。

强化治理能力保障体系，回应公众需求善于治理方式。 不断补齐结构性功能性短板，全面推进干部队伍专业化建设，加快培养造就一支敢担当、善创变、勇笃行的高素质干部队伍，为对标"两个先行""五个率先"，全面建设"青春之城"，走好中国式现代化上虞高质量发展之路提供有力保障。

第二节　善者治理：完善党委领导的多元治理工作机制

党的二十大报告指出，要推进以党建引领基层治理，持续整顿软弱涣散基层党组织，把基层党组织建设成为有效实现党的领导的坚强战斗堡垒[①]。习近平总书记指出，要创新社会治理体制，把资源、服务、管理放到基层，把基层治理同基层党建结合起来[②]。"上善虞治"就主体而言，强调"善者治理"，党委政府要发挥元治理功能，真正成为温良公正，值得公众信赖的合格治理者。上虞要加强党建引领县域治理，充分发挥党委统筹兼顾、协调各方的领导作用，加强对社会治

① 习近平.高举中国特色社会主义伟大旗帜 为全面建设社会主义现代化国家而团结奋斗——在中国共产党第二十次全国代表大会上的报告[M].北京:人民出版社,2022:67.

② 光明日报评论员.以党建引领基层治理创新[N].光明日报,2018-12-13.

理的领导，及时研究解决重大社会治理问题，协调监督实施的作用，充分发挥基层党组织战斗堡垒的作用，动员政府、企业、社会组织、公众等各方面的力量，形成各类参与主体相辅相成的治理体系，汇聚起社会治理多元协同的合力。

一、统筹协调推进"青春之城"建设

为统筹推进"青春之城"建设，上虞系统制定实施"1336"战略体系："1"即实施"青春之城"建设主战略，"3"即实施数字经济创新提质"一号发展工程"、营商环境优化提升"一号改革工程"、"地瓜经济"提能升级"一号开放工程"，"3"即实施项目攻坚提速年、科创赋能提质年、全域党建提升年"三个年"活动，"6"即实施市场信心提振、扩大有效投资、改革创新赋能、城市能级提升、人文生态促进、民生福祉增进"六大行动"。

（一）构建组织领导机制

成立"青春之城"建设工作领导小组，由区委区政府主要领导和分管领导负责，区直各部门单位、乡镇街道主要负责人为领导小组成员，建立相应工作推进机制，明确责任分工，按照实现路径推动"青春之城"建设从理论向实践转化，形成上下联动、统一高效的运行机制。领导小组下设办公室和六个建设小组。领导小组办公室负责执行领导小组的决策部署，加强顶层设计和统筹协调，建立常态化沟通协调、工作推进、多维分析、考核奖惩等机制，切实发挥好决策参谋、综合协调等作用，推动各项工作全面落实。六个建设小组（青春产业、青春人才、青春社会、青春文化、青春环境、青春党建）牵头本领域"青春之城"建设重大任务、重点工作、重要项目谋划、组织和实施的统筹工作。

（二）强化系统推进机制

坚持系统观念，加强统筹协调，推动工作项目化、项目清单化、清单责任化,紧扣政策、项目、活动三大重要抓手,制定例会推进机制、清单管理机制、工作统筹机制,推动"青春之城"建设各项举措落到实处。健全完善资源统筹、信息共享和协调合作,打破部门单位间职能壁垒,合力破解建设中的痛点堵点难点问题,形成齐抓共管、一体推进的良好格局。为推进重大项目制定"八大机制":项目谋划生成机制、项目前期推进机制、部门协同推进机制、滞后困难项目破题解难机制、项目投产达产奖励机制、区领导包联协调推进机制、资源要素和队伍保障机制、重大项目管理督考核机制。

(三)健全要素保障机制

聚焦科创赋能、能级提升、产业提效,突出扶优扶强扶新导向,形成以创新为核心的要素保障体系,全力推进优质核心项目落地。积极拓宽融资渠道,向上争取专项支持,对内盘活存量资产,鼓励社会资本参与。各职能部门单位围绕建设目标各司其职,开辟项目"绿色通道",提升建设效能。

(四)创新宣传发动机制

集合媒体、网络、广告等平台,打造多元化立体化宣传矩阵,采取专栏报道、评论综述、专题访谈等形式,加大对"青春之城"建设宣传,形成强大舆论声势,鼓励引导党员干部群众参与其中,掀起各层级积极建设"青春之城"的热潮。强化外部智力支撑,发挥决策咨询委、第三方智库等作用,开门问策、集思广益,不断夯实理论支持和决策支撑。强化典型宣传,及时总结提炼"青春之城"建设的经验做法和特色典型,大力宣传"青春之城"建设先进典型、先进事迹,充分发挥示范引领作用。加强对外宣传,持续唱响上虞"好声音",组织开展理论研究、专业论坛等活动,加强上虞城市品牌营销,不断提升上虞"青春之城"品牌力、影响力。

（五）建立闭环考核机制

将"青春之城"建设纳入全区发展规划和年度重点工作，整合区委、区政府、人大政协和纪检组织等力量，建立大督查工作机制，围绕"青春之城"主题，综合采取明察与暗访、定时与不定时相结合的方式开展督查，强化全过程结果运用。围绕系统指标体系形成"青春之城"建设质效评价指数，开展中期监测和年度评估，对重点项目、重大任务开展挂图作战，定期通过信息公开平台进行公布通报晒比，适时开展亮晒比拼活动，营造比学赶超工作氛围。将"青春之城"建设工作作为年度工作目标责任制考核的重点内容，围绕重点指标完成及项目建设、场景打造、改革突破等内容开展考核，并作为干部激励的重要依据。

二、青春党建护航"青春之城"建设

青春党建是"青春之城"的政治核心和根本保证，是凝聚青年群体、培育青年党员、发挥先锋模范作用的有力抓手。近年来，上虞聚焦"铸魂""夯基""育人"，实施青春党建聚势提质工程，着眼强化党建统领，抓实抓深青年工作，深化"红色根脉强基工程"，变革重塑党建工作体系，有效激发基层党组织和广大党员干部的青春活力，为图强争先全面建设"青春之城"、走深走实中国式现代化上虞高质量发展之路提供坚强组织保障。

（一）立根铸魂锚定青春航向

上虞将学习贯彻习近平新时代中国特色社会主义思想作为"青春党建"的永恒课题，旗帜鲜明强化党的政治建设。一是高质量启动主题教育，开展党的二十大精神学习贯彻和"沿着总书记的足迹学思想"系列活动，把主题教育与全面建设"青春之城"主战略紧密结合，开展"立足岗位作贡献"、护航亚运"五亮五争先""学习身边榜样"等活动，引导青年党员干部以实际行动增强捍卫"两个确立"、坚决做到

"两个维护"的思想根基和行动自觉。二是高标准抓实理论学习，全面深化青年理论学习提升工程，依托虞商学堂、红色革命教育基地等载体全面培养青年党员先知先觉、先思先悟的先锋意识，发挥理论学习中心组龙头作用，扎实开展青年干部学习教育，组织开展"思想领航青春阅读"等系列活动，举办"追光思想之炬逐梦青春之城"青年理论宣讲大赛，进一步提升"虞声嘹亮"理论宣讲品牌知名度。三是高水平凝聚青年力量，深入实施"虞青向上"品牌建设工程，加快推进青年发展型县域试点建设，大力实施校地联动"合伙人"、青年社团"培育师"、青年英才"摆人"等青春计划，举办之江科创百人会青年夜话、全区青年社团展演、"青春万帐"露营节等主题活动，常态化运营区级青年之家"青椒聚院"，依托"e游红色联盟"吸纳党外青年人士，最大程度凝聚青年、团结青年。

（二）固本强基建强青春堡垒

坚持以增强党组织政治功能和组织功能为重点，推动各领域党建齐头并进、突围破圈。一是深化运用"千万工程"经验，发挥党组织在乡村振兴中的领导作用，做深做实党建联建，完善强村公司、"飞地报团"、山海协作等模式，筹集专项资金建立"凤凰领航·共富同行"基金，建设"共富工坊""红色根脉"强基示范乡镇（街道）、示范村（社区）。二是以建设共治、乐享、颐养、善育、青创、有礼等"6大幸福图景"为重点，推进"上统下分、强街优社""强社惠民"集成等改革试点任务，全面开展省首批现代社区创建，打造"睦邻社·青春之城"现代社区。深入推进党建引领社区、业委会、物业三方协同共治行动，创新三方协商议事"五个一"机制、"三方八项公约"、小区资金统一智慧化监管等举措，着力打造"枫桥经验"城市版，相关做法得到省委、市委主要领导批示肯定，多个社区获评省首批现代社区，南丰社区、城市之星小区被列入深化党建引领基层治理打造新时代"枫桥经验"城市版暨省现代社区建设领导小组办公室主任会议考察参观点位。三是扎实推进两新党建"双融双强"工程，聚焦服务保障三个"一号工程"，新选派上百名退职领导干部担任驻企党建指导员，深化开展"双组团·双提升"助企服务活动，全面实施青春党组织标准化创建，突出抓好"万亩千亿"产业链党建，率先出台"未来工厂"党建十二条，以高质量党建助力构建"企—链—群"协同发展，全市两新党建服务保障三个"一号工程"工作推进会在上虞召开。四是变革创新党组织设置模式，聚焦小微园区、众创空间、商圈楼宇和高校研究院等青年集聚领域，不断加强组织建设，全方位构建一核引领、多元参与、融合善治的工作体系。统筹建设"虞商之家"民营企业综合服务平台，推进新生代企业家"青蓝传承"接续培养。抓好青年领域清廉建设，统筹推进机关、学校、企业、医院、站所、社会组织等各领域清廉单元建设，推动清廉建设全线共进、全域共建，绘就新时代"虞舜清风图"。

（三）赋能增效锻造青春队伍

发挥各级党员干部在推进青春党建中的关键作用，一体强化力量支撑。一是探索优秀年轻干部提级管理、递进培养、动态储备、一线历练等机制，实施新一轮名校优生集聚计划，开展中层干部制度性常态化交流，加速年轻干部培育。全区从县乡机关选调生、高层次党政储备人才等群体中提级培养年轻干部，建立人选储备库，分经济金融等专题举办"青春领航 赋能共进"年轻干部专业能力提升培训班，与上海财经大学等开展教学合作开设特色课程，基本覆盖年轻干部。二是建强"虞青书记"领雁方阵，巩固村社组织换届"回头看"成果，加大优秀年轻村社书记培育力度，举办"8090"虞青书记示范培训班、农村优秀青年人才擂台赛，多名8090后书记获评新年度省市担当作为好支书。三是引导建功立业，发动青年党员围绕基层治理、垃圾分类、文明城市创建等进行实践比拼，深入开展村社干部赛作风比争先意识、赛发展比增收实绩、赛项目比建设进度、赛服务比群众满意、赛帮扶比联建成效等"五赛五比"活动，营造比学赶超浓厚氛围。四是加大在高知群体、社会组织中发展年轻党员力度，积极搭建青年党员实战建功平台,采取争先赛、实绩比拼、示范岗(先锋岗)创建等形式,在不同领域推动青年党员亮身份、争先进,引领带动青年群体共建"青春之城"。五是落实严管厚爱,创设"青廉平台"强化年轻干部教育管理,推动完善年轻干部培养、选拔、使用的全过程全链条全方位监督管理闭环,引导年轻干部扣好廉洁从政"第一粒扣子"。

第三节 善意治理:健全高质量发展制度体系

党的二十大提出,高质量发展是全面建设社会主义现代化国家的首要任务[①]。发展是党执政兴国的第一要务,高质量发展是全面建设社会主义现代化国家的首要任务。推动高质量发展,既是保持经济持续健康发展的必然要求,也是适应我国社会主要矛盾变化和全面建成小康社会、全面建设社会主义现代化国家的必然要求,更是遵循经济发展规律的必然要求。"上善虞治"就目的而言,强调"善意治理"。从根本上讲,政府治理的出发点,是让公众享有更充分的公共物品,实现社会公众福利的最大化。走好中国式现代化上虞高质量发展之路,归根结底就是要健全高质量发展体制机制保障。

一、营商环境优化提升

营商环境是市场主体生存和发展的基础,好的营商环境,对资本、技术、人才、企业家都具有强大的"磁吸"效应。上虞改革开放40多年走过的道路,就是一条在不断克服困难中前进的改革创新之路,就是一段"发展出题目,改革做文章"的历程。当前,上虞在改革发展新的关口,以思想再解放、改革再攻坚,推动干部敢为、地方敢闯、企业敢干、群众敢首创,把上虞干部群众在改革中"敢"和"干"的劲头进一步调动起来,"闯"和"创"的精神进一步激发出来,通过改

---

① 习近平.高举中国特色社会主义伟大旗帜 为全面建设社会主义现代化国家而团结奋斗——在中国共产党第二十次全国代表大会上的报告[M].北京:人民出版社,2022.

革杀出一条血路、蹚出一条新路。

(一)推进营商环境改革

上虞区委积极呼应省委省政府营商环境"一号改革工程"决策部署,更高水平、更大力度推进营商环境集成改革,扎扎实实为企业减负降本、解决问题,持续激发市场主体活力和社会创造力,提出了优化营商环境"158X"行动(即围绕"打造营商环境最优区"目标,全面提升政务环境、法治环境、市场环境、经济生态环境、人文环境,大力实施"八大专项行动",探索开展"X项微改革"),致力把上虞打造成为"办事效率最高、创业成本最低、创新生态最好、生活环境最优、干部作风最实"的市场化、法治化、国际化的一流营商环境。

(二)深化政务服务改革

大力实施营商环境"一号改革工程",深化"最多跑一次"改革,推动政务服务"智办、快办、好办、易办",实现标准型社区便民中心全覆盖,推进便民服务高频事项下沉镇街村社。深化营商环境观察员制度和政企服务直通车机制,全面落实省"8+4"、市"1+9"稳进提质系列政策,探索打造涉企事项"极简审批""智慧审批",推进电子营业执照和电子证照互通共享应用,优化富余排污权指标租赁机制,建立知识产权保护"直通车"和"红黑名单"制度,全力打造营商环境最优区。深入推进数字化改革,注重实战实效、强化多跨协同、推动制度重塑,谋划实施和迭代升级行业产业大脑、危化品监管"一件事"等特色场景应用,打造具有上虞辨识度的最佳应用。推进"平安共同体"建设,常态化推进扫黑除恶,严厉打击各类经济犯罪,完善多元、快速的纠纷化解机制,构建"亲""清"新型政商关系,强化政府与企业家常态化沟通联系,提升城市包容度,激发企业青春活力。推动改革突破,力促营商环境优化赋能。出台全国首个《中试项目全周期管理办法》,成功破解中试项目管理无据可依、安全环保监管、流程多时间长等三大难题,项目审批时间从 18 个月缩短至 4 个月。打造创业最便利创新最友好的"创客城市"。全面落实《中共中央国务院关于促进民营经济发展壮大的意见》，推动便捷服务到增值服务的全面跃升。加快 24 小时不打烊自助服务扩面提标，完善"虞快办"政务服务专车，深化"创业一件事"等重大改革，推进企业综合服务中心建设，持续推动政务服务内容增值、流程增值、时间增值、信息增值、政策增值。

（三）打造利益共享机制

为进一步优化全区产业布局，推进产业集群集约发展，强化招商引资的支撑作用，促进招商引资项目在全区范围内有效流转，实现招商资源优化配置和招商成果共享，上虞出台《招商引资项目跨区域利益共享办法（试行）》，明确规定上虞区重点培育的新材料、现代医药、高端装备、电子信息及半导体、新能源产业，以及属于"链长制"明确的特定区域的重点制造业发展产业等制造产业，"一江两岸"楼宇经济及高端生产性服务业，一二三产融合的现代农业等产业，通过建立项目流转和招商地、落户地成果共享机制，促进全区招商资源共享，鼓励项目合理流转和向产业规划区集聚，避免项目流失和区域过度竞争，着力形成全区招商"一盘棋"工作格局。

二、政务服务增值化改革

深化放管服改革、优化营商环境日益成为推动政府职能转变、释放内生发展动能和市场活力的"先手棋"。上虞深入贯彻落实浙江省委书记易炼红来虞调研时提出的"要推动营商环境从便捷服务向增值服务转变"指示精神，以政务服务增值化改革为牵引性抓手，聚焦内容增值、流程增值、时间增值、信息增值、政策增值，围绕"面向小微、多跨协同、高频普惠"三个标准，立体式打好"虞快办"系列增值化政务服务组合拳，纵深推进营商环境优化提升"一号改革工程"。

（一）全力抓好改革卡位争先文章

锚定营商环境最优区目标，结合省营商环境条例宣贯、区"民营经济31条"推进，深入实施未来产业社区建设、"创客城市"培育建设等18项专项行动，坚持边改革边实践、边研究边总结，人力资源服务行业治理、规范养犬、新材料产业链增值赋能、共享仓储、人力资源增值服务等5项经验做法在省《竞跑者》刊发，数量并列全市第一。

（二）全力抓好五大环境优化文章

紧盯政务服务重点环境关键领域，研究制定政务服务水平专项提升工作方案，大力打造"虞快办·越满意"政务服务品牌；聚焦法治是最好的营商环境，全市推广建筑领域反不正当竞争数字检察模型；围绕促进市场公平竞争，全国推广社会公平竞争环境观察员单位制度首创经验；主攻产业全链条法治关键堵点，迭代优化爱企行动方案；立足构建亲清政商关系，开展新生代企业家的政治事业"双传承"培训。

（三）全力抓好平台提质增效文章

上虞区企业综合服务中心新馆落成启用，在原有便民服务中心基础上进一步优化升级，把企业综合服务中心打造成全省政务服务增值化改革典范目标。中心通过制度创新、数字赋能双轮驱动，对政务服务体制机制、组织架构、方式流程、手段工具进行的变革性重塑，以更加集成、系统、高效的政务服务为企业发展提供全方位的支持和帮助，全力以赴推动经济社会高质量发展。企业综合服务中心坚持统筹联动、系统集成，实现全面全方位服务，推动涉企服务从"多头分散"转变为"一站集成"，实现"一窗受理、一次办成"，持续打响"虞快办"政务服务品牌。强化用户思维、数字赋能，做到高效便捷办理，深化政务服务"一网通办"和高频事项"全区通办"，围绕关键环节，创新企业全周期、产业全链条服务模式，打造订制化、套餐式"一类事"高效简便服务场景。回应企业诉求、协调解难，提供更多增值服务，不断弘扬设立全国首个便民服务中心的服务创新精神，与时俱进深化秉承，努力建立以企业获得感和满意度为核心的评价体系，推动改革不断深化。真正让上虞的营商环境不仅"办事不用求人、办事依法依规、办事便捷高效、办事暖心爽心"，而且更有增值效应，降低企业成本、减轻企业负担。另外在全省较早提出企服中心向属地平台延伸的增值改革工作思路，初步形成"1＋2＋X"服务体系，在区级企服中心设立"1＋5＋1"服务专区，提供"一站式、集成式"综合服务；推动杭州湾经开区、e游小镇及崧厦、汤浦等依托现有服务功能设施、根据特色产业需求建设服务分中心（驿站）。

（四）全力抓好服务事项迭代文章

一方面，按照"边使用边完善"原则，开展增值服务事项全面梳理，在全量纳入省级指导目录事项基础上，结合上虞产业特色，梳理完善区级增值服务事项清单，推动各板块责任单位做好服务指南及流程图汇编，确保企业能够一图读懂。另一方面，围绕企业全生命周期、产业全链条，在企业"一件事"基础上，梳理形成创客服务、外事服务、项目竣工验收、企业合规经营指导、金融授信、新材料产业服务、伞业来料加工服务、童装产业服务等特色"一类事"，同时加快推进思维导图编制和服务场景建设。

（五）全力抓好问题闭环解决文章

健全制度体系，为全方位、全流程落实工作链和责任链，出台企服中心运行机制、"企呼我应"涉企问题高效闭环解决工作规程等制度，全面承接绍兴市"企呼我应"平台，搭建"虞快办"特色专车。强化三侧协同，整合撬动社会侧力量，推动建立"益企来"营商环境促进会，形成督帮一体协同推进机制，统筹纪委监委、督考、政研、组织等单位职能，强化涉企问题督办和责任追究。完善督帮机制，探索在企服中心打造"虞快督"服务专区，围绕各板块服务内容，梳理形成政务服务增值化改革领域容错清单，更大范围、更深层次调动和保护广大干部工作积极性创造性，改进和提高为企服务水平。

实践探索十九：

推进公安政务服务"跨省通办" 助力打造便捷高效营商环境

近年来，绍兴市公安局上虞区分局认真贯彻落实营商环境"一号改革工程"的部署要求，聚力聚焦"青春之城"建设主战略，坚持把推进政务服务"跨省通办"作为便民利企、优化营商环境的重要内容，为区域一体化高质量发展增添新引擎、打造新范例。

一、实践成效

以数字化改革为牵引，落实政务服务一体化建设要求，统筹推进户籍、出入境、车驾管等与群众生活、企业生产密切相关的异地办事需求，2021年率先试点长三角区域新生儿落户业务出生地就近办理，有效打破长三角地区户籍业务省域边界，并积极推动向其他公安政务服务领域拓展，实现出入境证件"全国通办"、驾驶证"全国通考"、机动车"全国通检"，11项高频户政业务"全国通办"和"长三角通办"。2024年以来，累计办理户口迁移、身份证申领换领、驾驶证异地考试等"跨省通办"业务6 055笔，办事群众首访满意度达99.81%，为打造最优质营商区提供有力支撑。

二、实践内容

（一）聚焦顺畅规范完善工作体系

把推进公安政务服务"跨省通办"作为优化提升政务环境有效载体，强化跨警种、部门协同联动，加大政策、数据、系统等支持力度，确保业务无差别受理、同标准办理。对公安归口的政务服务"跨省通办"事项逐一"把脉问诊"，逐条"精简瘦身"，梳理户政、车驾管、出入境等跨省通办事项33项，向社会公布事项及办理材料，让办事企业和群众看得明白、让工作人员心中有数。推行"互联网＋监管"，通过政务服务分析研判、行政审批等业务系统，加强对"跨省通办"业务事中事后监管，开展定期检查抽次，及时预警提醒超期件，有效防止监管真空。结合"一窗通办、一网通办"要求，每季度开展窗口工作人员"跨省通办"业务培训，开展复杂个案分析和系统实操演练，提高"跨省通办"服务能力和水平。

（二）聚焦多方联动实施精准对接

紧密警医联动，加强与上虞区妇保医院对接，第一时间掌握全部在上虞生育的外地孕妇信息，推送新生儿落户"跨省通办"业务，并由辖区派出所一对一服务，确保新生儿不用回老家就能办好户口。今年来，办理新生儿落户"跨省通办"109 人，让新居民更有归属感。紧密警学联动，发动全区中小学、幼儿园，共为 539 名未满 16 周岁新居民子女异地首次申领身份证，最大限度减少人员跨省流动和来回奔波，保障企业正常生产秩序。开辟绿色通道，对因差旅、各类涉外商务事项等急需办理临时居民身份证、护照等"跨省通办"事项的，开启快速通道，应急办件，需要上级审批、出件的，第一时间沟通，助力企业拓市场、抢订单、稳生产。

（三）聚焦便捷高效织密服务网络

大力推广"一窗通办"服务模式，在全区镇街便民服务中心、绍兴银行及邮政网点设立"跨省通办"窗口，推动通办服务向基层延伸，打造 15 分钟便民利企服务圈，让群众一站办、就地办。2024 年以来，373 个代办点已累计办理各类"跨省通办"业务 68 笔。依托全国一体化政务服务 2.0 平台、长三角政务服务"一窗通办"、浙里办 App 等数字平台，将 15 个民生高频"跨省通办"事项下放到社区民警"警务 E 背包"，通过"音视频、可信身份认证、电子签章"等技术，实现数字赋能，即时解决群众和企业的办事需求，目前网办率达始终保持在 90% 以上。扎实开展"办不成事"窗口建设，协调解决企业群众在办理公安政务事项时遇到的常规办事流程无法办成的急事、难事、新事，通过上门帮办、难事协办、急事急办等兜底性措施，化解疑难问题 39 件，努力提升企业群众办事体验。

三、实践亮点

改革紧跟民意走，警务紧贴民生转。深化公安政务服务改革的落脚点和根本目的，就是要让改革成果惠及人民群众，不断提高人民群众的获得感、幸福感、安全感。近年来，上虞公安分局认真贯彻落实省、市深化"放管服"改革决策部署，坚持把推进政务服务"跨省通办"作为便民利企、优化营商环境的重要内容，以数字化改革为牵引，统筹推进"一网通办""全省通办""跨省通办"，企业和群众异地办越来越便捷。

第四节　善态治理：完善共建共治共享基层社会治理体系

党的二十届三中全会提出，坚持和发展新时代"枫桥经验"，健全党组织领导的自治、法治、德治相结合的城乡基层治理体系，完善共建共治共享的社会治理制度①。"上善虞治"就结果而言，强调"善态治理"。这是一种境界，是一种多元治理、和谐治理的社会形态。上虞推进社会治理中着眼完善共建共治共享基层社会治理体系，全面提升基层社会治理现代化水平。

一、探索新时代"枫桥经验"城市版实践

上虞以党建引领三方协同共治行动为抓手，积极探索"支部建在小区、力量聚在一线、服务优在身边、矛盾化在基层"为主要内容的新时代"枫桥经验"城市版，形成了党组织统筹领导、业委会和物业协同配合、党员群众互联互动的工作格局，探索具有"青春之城"辨识度的城市基层治理。

（一）坚持到边到底，建强组织体系"一张网"

发挥区现代社区建设领导小组"指挥大脑"作用，区委书记带头领办项目，组建由建设、民政、执法等单位骨干组成的工作专班，集

---

① 中共中央关于进一步全面深化改革 推进中国式现代化的决定[EB/OL].新华网,[2024-07-21].http://www.news.cn/politics/20240721/cec09ea2bde840dfb99331c48ab5523a/c.html.

中攻坚 4 方面 42 项重点难点问题。深化"上统下分、强街优社"改革，建立街道党工委月度联席会商、社区物业管理服务工作专项述职考评、业主委员会重大事项向社区请示报告等制度，研究会商三方协同共治工作重大问题。抓实小区（网格）党支部"五个有"规范化建设，全面推行业委会成员"三优先""十不能"任职资格条件把关。

（二）坚持共建共治，建优运行管理"一条链"

制定推行三方"八项公约"，建立日常事务一桌协商等"五个一"机制，推动矛盾就地化解。组建物业行业党委，推行信用等级评定，通过党组织引领让物业企业成为群众贴心管家。设立小区资金监管账户，依托"虞城红领"平台，实现公共收益全流程智慧监管。聚合执法、消防等力量，创设网格议事日等矛调载体，推行"入住第一课进小区""巡回法庭进小区"等"四进小区"常态机制，实现小区矛盾纠纷在源头化解。

（三）坚持增值增效，盘好惠民服务"一本账"

无偿让渡国有闲置房产 25 处 2.7 万平方米充实到社区，推动 224 个小区党群服务驿站提档升级，以资源增值促进服务提质。健全社工动态选聘制度，全面推行社区包联干部制度，发挥"管理网格、协调三方、服务群众"作用。深化"强社惠民"改革，全面实行"社账街管"制度，成立"强社公司"，为三方开展惠民服务提供保障。

（四）坚持协同协作，拧成多元治理"一股绳"

做实社区"大党委"制，建立健全议事决策、清单销号、固定活动、考评激励等社区党组织兼职委员作用，发挥四项机制，推动共建单位带头投入社区治理。成立社会组织专项发展资金，实施"和美墙心连心""新居民子女照护"等微公益创投项目，提升社会组织参与度。深化在职党员"组团报到、服务社区"，开展最美快递小哥、网约车司机等先进选树，带动 6 700 余名社区党员、4 800 余名新业态新就业群体参与小区治理。

二、打造"四不出村"工作法赋能乡村治理

上虞以全域提升基层治理现代化为目标，谢塘镇坚持和发展新时代"枫桥经验"，积极打造以"群众办事不出村、矛盾调处不出村、文化共享不出村、增收致富不出村"为主要内容的新时代"四不出村"工作法，突出服务、问题、功能、品牌四个导向，整合平台资源，扩容工作队伍，强化服务质量，群众满意度进一步提升，基层基础进一步巩固。

（一）突出服务导向，健全服务体系，实现群众办事不出村

紧紧围绕服务这个宗旨，按照一批标准办事事项、一个舒适办事场所、一套联动办事流程、一支高效办事队伍、一系列科学管理制度的"五个一"工作要求，建设"一站式"村级便民服务中心规范化平台，分批实现自助服务终端全覆盖。围绕自助服务类、咨询答复类两类基础事项，打造一般事项村级便民服务中心"现场办"、复杂事项限时"承诺办"、困难群众服务等特殊事项红色代办员"上门办"的"三件两类"立体式办事服务模式。实施便民服务"党建＋"，扩容红色"跑小二"队伍，发挥年轻党员和农村社区专职工作者队伍力量。

（二）突出问题导向，提升调解质效，实现矛盾调处不出村

紧紧围绕调解这个关键，建立一网巡查、一站调解、一体处置的多层次、多领域矛盾调处模式，加快推进矛盾调处化解体系建设，构建社会矛盾纠纷调处化解中心和基层信访矛盾调处品牌工作室，建设"基层社会治理四平台"升级版，规范提升"全科网格"建设。

（三）突出功能导向，培育文化阵地，实现文化共享不出村

紧紧围绕共享这个核心，推进文化礼堂和新时代文明实践站规范化建设，深入挖掘群众文化潜力，加强行政村之间的文艺文化交流，

厚植乡村文化土壤。注重乡风文明培育，整合志愿者服务团队，有计划、分片区、成规模地开展志愿服务活动。推进公共文化提质，按照"一村一礼堂""一村一品"的建设目标，加快推进基层公共文化阵地建设和村级特色文化队伍建设，挖掘提升充满浓厚乡土气息的谢塘特色本土文化和文化活动。

（四）突出品牌导向，拓宽销售渠道，实现增收致富不出村

紧紧围绕增收目标，立足村级资源，增强村集体经济造血功能，开展村庄经营项目建设，建设美丽乡村精品示范村，大力发展新时代乡村美丽经济，带动农民创业致富。因村制宜建设一条美丽经济带，整合各村产业文化特色、美丽庭院示范带、"虞生优＋"系列农产品等资源，把美丽庭院建设与生态旅游、民宿经营、产业挖掘等乡村经济发展有机结合，推动美丽经济发展。

三、深化打造"警网共同体"

上虞聚焦提升网格这一最小作战单元主防战力，全域部署深化打造"警网共同体"，抓前端、破症结、治未病，着力推动"主防警务"和"网格综治"融合共生，扎实构建"党建引领、人民主体，警网一体、村级主防"治安防控新格局。

（一）集成化融合，着力推动主防力量由"虚"向"实"转变

从建强警网"两端"和"三方"力量入手，集成融合网格主防力量，让一线有生力量真正"聚起来"。一是破解村社主防工作难找"主事人"的问题。在村社专职网格员中明确政法联络员，承接落到村级层面的主防等政法综治工作，解决了原有村治保委员缺位后工作落地到村社"有形无实"问题。二是破解派出所警力"融不进"的问题。明确在原有网格力量"1＋3＋N"体系上，在网格"1"中增加网格警长，在"3"中增加网格警员，推动实现村级主防网格警长主导、网格员主抓，切实扭转原先警网各治一域、警力单线下沉的现状。三是破

解群防群治力量"难成拳"的问题。建强网格党组织，推动网格警力兼职村社党组织副书记、网格党组织委员等，实行党员包联农户制度，着力提升包联干部、三师三员、"两代表一委员"、志愿者等"N"力量的组织性，增进联系度和紧密度。

（二）体系化闭环，着力推动问题解决由"表"及"里"转变

构建体系化的业务流程、信息流转闭环机制，着力提升信息感知、前端预警、一线处置的能力，让最小作战单元有效"防起来"。一是破解网格主防"干什么"的问题。按照"平时主防、急时主战"思路，围绕网格内警情、访情、社情、舆情，细化明确网格警长 6 类职责，网格员 9 类职责，固化形成权责明确、边界清晰的行动指南，并根据阶段性特点，做好防溺水、执行一件事等专项工作。二是破解风险信息"精准报"的问题。镇街层面实行风险信息"三色标定"，网格警力与网格员每日对接，每周三下沉网格进行会商分析，明确涉及敏感人事物的风险信息直报网格警长（员），打消了网格员原先通过平台系统报送"留痕"的顾虑。三是破解前端处置"权威性"的问题。制定网格、村级、镇级"分级快响"闭环处置流程，依托警网融合后公安自带的权威性，纠纷调处、现场处置等"反复性"大大减少，小事在网格解决的实效性不断显现。

（三）实战化指挥，着力推动平急转换由"松"趋"紧"转变

聚焦平急一体，明确平急转换机制，切实以工作的确定性来应对风险的不确定性，让网格前端实战力扎实"强起来"。一是破解平时"由谁主导"的问题。按照"组织建体系、政法管业务"思路，平时实行镇级层面网格党组织建设、网格力量调配"一张图"，业务推进、协调联动"一张网"双向互促共进，重在以防为主，凝聚更多力量防范风险变量。二是破解急时"谁来指挥"的问题。面对急难险重等事件状态，明确"急时由公安指挥"的应急调度机制，依托"一网格一队伍清单"，统筹网格力量、社会力量开展应急快响处置，有效避免无人

指挥、多头调度的可能性。三是破解平急"如何转换"的问题。平时，根据上级要求和主防工作规律性特点，以预警单、警示单的方式阶段性发布预警信息，让网格力量主动关注、主动参与；急时，发挥网格员距离近、情况清、人员熟的优势，听从网格警长指挥调度、抓好协同处置。

（四）精准化激励，着力推动干事动力由"外"而"内"转变

多层面制定出台支撑和保障措施，充分调动网格员、网格警长（员）的积极性、能动性，让内生动力真正"激发起来"。一是破解"能干事而怕干事"的问题。制定出台针对网格警长和网格员的"双向一体"评价办法，采取"正向激励＋负面倒逼"相结合方式，差异化"以奖代补"，杜绝"干多干少、干好干差一个样"。二是破解"会干事而怕误事"的问题。对标区持续提升干部执行力的办法要求，坚持赏罚分明、辩证对待，制定出台支撑和保障警网深度融合的若干意见，建立多元警种支援、杜绝民警职责让渡、网格员容错免责等机制，打好"组合拳"、压减"无用功"。三是破解"想干事而难成事"的问题。注重警网融合战力常态化提升，构建岗前培训、专业培训、应急培训等主防能力养成体系，加强以练促战、强兵励警，全力锻造一支拉得出、打得响、战得赢的网格铁军。

四、提升平安共同体建设

上虞在继续深入开展"平安学校""平安家庭"等系列平安创建基础上，创新推行"平安共同体"建设。平安共同体建设是集多种平安要素于一体的区块平安创建综合体，采取"6＋N"模式，每个共同体包含平安医院、平安学校、平安餐饮、平安家庭、平安企业、平安公路六大平安要素和其他要素，着力实现共同体内要素共融，优势互补，以"大整合"理念为引领，将力量、方法、路径有机整合，突出全区块联动、全链条覆盖、集成化创建、契约化共建，达成"无隐患单元"，以"夯实平安基础、统筹多方资源、深化平安联创"为重点，打

造系列平安建设的升级版，一站式解决基层治理一揽子问题，共同推动平安创建工作提质增效。

（一）建设责任共担

构建一个"邻里相亲，守望相助"大格局，在镇级层面，成立"平安共同体"建设领导小组，由乡镇街道、杭州湾综管办分管领导担任组长，共同体内有作为、有权威、有能力的党员担任副组长，平安共同体成员单位担任组员，负责传达上级精神，协调各方力量，指导开展工作；抽调精干力量，负责"平安共同体"建设工作，推动各项工作落实落地。

（二）平安标准共知

通过张贴一张平安标准公示清单、组织一场平安知识业务培训、开展一次应急处置实战演练等方式，全面提升平安共同体内容成员单位对反恐怖基础工作、社会治安安全、生产安全和消防安全、食品药品安全、生态环境安全、预防和应对突发公共安全事件、基层社会治理等平安创建标准的理解认识，形成平安标准"个个知晓"、平安创建"优质高效"的良好局面。

（三）重要问题共商

平安共同体内成员单位要密切沟通联系，强化协调合作，通过定期或者不定期的线上交流、线下座谈等方式互通平安创建中的重要情况、重大信息，要积极分享优秀经验、典型做法，要主动把平安创建问题难题、漏洞短板拿到台面上来，共同商讨工作方案，共同研究整改措施，集思广益出谋划策，群策群力解决问题。

（四）安全风险共防

按照"隐患自查、问题自纠"的模式，"平安共同体"成员单位抽调骨干力量，联合专职网格员，组建一支不少于 6 人的巡防巡查小分队，由乡镇街道统一指导，统一装备，统一培训，在"平安共同体"内积极开展治安巡逻联防、安全隐患检查、涉稳风险排查、安全防范宣传、矛盾纠纷化解、重大活动安保等活动，做到每周一巡逻、每月一检查、每季一排查。对各类活动开展过程建立台账、存档备案。

（五）问题隐患共治

对上级检查、自查自纠、交叉互查中发现的问题隐患，制成问题清单在"平安共同体"内进行公示，明确隐患点位、问题程度、责任人员、整改措施。完成期间，各成员单位间相互帮助、互相监督，共同推动问题隐患完成整改，合力确保按期完成任务。责任单位要定期报告整改进度，在整改完成后及时提请核查销号。

（六）突发事件共处

"平安共同体"成员单位牢固树立"大安全、大统筹、大应急"理念，建立健全突发事件应急处置预案，合力打造一支"拿得出、用得上、打得赢"的消防应急处置队伍，强化应急演练，科学处置流程，形成点线面结合、平战一体的应急力量部署态势，积极应对突发事件，快速反应、妥善处置。

五、探索广泛参与的基层治理模式

党的十九大报告提出，有事好商量，众人的事情由众人商量，是人民民主的真谛。上虞坚持"众人的事情由众人商量"，在各级党组织领导下，重心下移、权力下放、资源下沉，不断优化基层治理的组织力量、专业力量、自治力量，广泛凝聚起推进新时代基层治理的强大力量。

（一）推动青年助力基层治理

促进青年有序参与政治建言，激发青年参政议政内生动力。坚持加强对广大青年的思想政治建设，筑牢青年群体政治安全和政治意识底线，大力号召青年代表就国家大政方针和地区发展规划发表见解。邀请相关专家学者对青年代表展开一系列的讲座培训，激发青年代表参政议政的热情。畅通参政建言渠道，建立上虞青年参与基层协商民主制度机制，如召开重大公共决策协商会、座谈会，及开展重点调研课题等，视情况邀请相关行业青年代表、青年精英代表参加，倾听青年的意愿心声，使政府决策更加科学而理性。健全青年工作议事机制，完善青年与人大代表、政协委员"面对面"联系机制，开展"请你来协商——汇聚青年之力 共筑青春之城"协商活动，召唤青年才俊为"青春之城"建设建言献策，在实践中提高青年政治参与能力。

促进青年创新方式服务综治。鼓励青年参与社区和基层服务管理基本事务，以青春社区为引领，建立社区青年积分制形成社区服务，"青年当家"品牌推动在城市小区非专职社区干部的青年担任"楼长""网格员""业委会代表"，培养一批青年"和事老""老娘舅"。充分发挥青年自身创新优势，鼓励青年群体积极创新理念，应用新技术，探索推进需求快速响应、供需精准匹配、服务规范透明、资源高效配置的社会治理及服务新模式。发掘青年群体在网络舆论治理中的独特作用，遴选吸纳有广泛影响力、有正面积极社会形象的青年骨干，影响带动广大青年积极参与网络舆论引导。青年助力平安上虞建设，鼓励青年群体争当反邪教先锋、遵纪守法好公民、风险预警员、平安上虞参与者，坚决反对邪教和各类违法犯罪行为。深入推进"平安青虞"品牌和区矛调中心"青春益站"青少年信访调解平台，推动青年助力基层治理和社会和谐稳定。

（二）探索社会组织助力提升营商环境

上虞区内企业家及致力于推动上虞营商环境建设的社会人士自愿自发组成的社会组织——"益企来"营商环境促进会，该组织围绕"促进"这个核心功能，推动政企沟通协调机制常态化、长效化，助力营商环境全面提升，更好服务经济社会高质量发展。

通过"益企来"营商环境促进会，传递党委政府决策部署，深入企业一线，把企业的改革呼声、利益诉求反映上来，做好上情下达和下情上传工作，当好政府与企业的桥梁纽带。分行业、分领域收集营商环境存在的问题和建设性意见，并依托区企服中心，进行涉企问题流转交办，推动高效闭环解决，促进纾困解难服务提质提效。打破地域、行业限制，加强会员企业的联谊交流和信息资源共享，为企业提供信息参考、交流培训、咨询、经贸洽谈等服务，打造合作共事、抱团发展的"朋友圈"。组织企业对镇街及职能部门改进工作作风、优化营商环境的履职情况进行评价，协调各相关职能部门指导企业开展清廉建设，帮助健全反腐败内控机制，促进政企关系"亲而有度""清而有为"。

实践探索二十：

上虞区迭代提升平安共同体建设　以高质效平安护航高质量发展

近年来，上虞区深入学习贯彻落实习近平总书记关于平安建设的重要论述和考察浙江重要讲话精神，坚持以共建共治共享为导向，迭代提升平安共同体建设，形成了一大批特色鲜明、亮点突出的平安共创示范区块，为建设更高水平、更高质量的平安上虞拓展了全新路径、搭建了重要载体。

一、实践成效

经过三轮（2020—2022）建设，全区已建成 71 个平安共同体，覆盖重点场所 4 万余家、居民 62 万余人，基本实现核心区域全覆盖。2023 年，上虞区迭代提升平安共同体的建设标准、工作任务、运行机制，打造 21 个标杆式平安共同体，相关做法获《法制日报》《政法要情专报》《法治参考》等刊登，并获《央视频》连续 1 小时直播报道。2023 年，全区刑事治安警情同比下降 16.2%，生产安全事故数同比下降 16.7%，群众安全感满意度保持在 99.3% 以上，以高质效平安护航区域高质量发展。

二、实践内容

（一）聚最强合力，强化共建链条

一是有效整合资源。以"大整合"理念为引领，将22家行业主管部门和29个平安要素的力量、方法、路径有机整合，实现平安建设资源由"物理整合"为"化学聚合"，打造系列平安建设的升级版。二是聚焦合力共建。实施"一区、三核、六共"建设模式，以"夯实平安基础、统筹多方资源、深化平安联创"为重点，突出全区块联动、全链条覆盖、集成化创建、契约化共建，达成"无隐患单元"。三是加强协同赋能。建立"责任共担、标准共知、问题共商、风险共防、隐患共治、事件共处"六大运行机制，打通壁垒，联系互动。如"南丰平安共同体"，将辖区警务站、社区便民服务站、矛盾纠纷调解室、平安法治之家、红色物业等纳入一体化管理，一站式解决平安建设一揽子问题。

（二）激最大活力，提升共治效能

一是引导公众参与。培育基层治理品牌工作室，补位基层公共服务供求缺口。如"江滨平安共同体"吸纳退休干部、社团组织、志愿者、物业等多方力量参与平安建设，将"三师三员"等力量注入平安共同体。二是汇聚网格合力。积极构建"村（社区）—网格—微网格（楼栋）"基层社会治理体系，统筹部门站所、社会组织、志愿者等多方力量下沉网格，落实"1＋3＋N"网格治理团队。建立健全"网格吹哨、部门报到"工作机制，实现平安共同体内重点场所一次检查、全身体检。三是强化数字赋能。在平安共同体中全面推广重点场所网格管理平台等数字化应用，实现重点场所隐患检查反馈快速、职责清晰、整改及时。目前已入库重点场所4.1万余家，主动发现整改各类问题隐患1.8万余个。

（三）构最佳辨识，打造共享样本

一是在特色打造上做文章。如"蒲天盖地平安共同体"针对区域内新居民多的特点，设立新居民服务中心，集成公安户籍、社保、医保等520项高频事项业务，并通过各种渠道实时更新发布招工就业推介信息、租房信息、平安宣传信息等，以心留"新"。二是在资源共享上下功夫。抽调平安共同体内各单位精干力量，用活人才资源，如

"舜湖平安共同体"内的星鹏集团主动提供场地、设施、人员，与所在村联合组建"11＋7"志愿消防队，成功打造"共用共享、协同作战"的"星鹏微型消防站"。三是在服务群众上花力气。组建应急队伍，形成点面结合、平战一体的应急力量部署态势。如"金渔湾平安共同体"结合城市社区特点，打造智慧感知指挥、矛盾纠纷化解、平安志愿服务等全链条处置功能区，常年入驻"点亮一盏灯""四驱救援队"等社会组织，做到全时空响应、全方位服务。

三、实践亮点

在平安共同体三年建设基础上，牢牢抓住基层基础这一本源，强化乡镇街道重点区块平安建设的责任定位和体制保障，进一步破解平安建设碎片化难题，迭代提升平安共同体的建设标准、工作任务、运行机制，不断激活内在动力、优化治理结构、完善治理制度，积极构建人人有责、人人尽责、人人享有的基层社会治理共同体，为全面建设"青春之城"、走好中国式现代化上虞高质量发展之路夯实社会治理的基石。

第五节　善于治理：强化治理能力保障体系

党的二十大强调要增强干部推动高质量发展本领、服务群众本领、防范化解风险本领①。习近平总书记对干部提升能力本领提出一系列新的要求，强调要提升党员、干部特别是领导干部政治能力、思维能力、实践能力，提高科学谋划工作、解决实际问题、抓好工作落实能力等。"上善虞治"就方式而言，强调"善于治理"。它不是政府统包统揽的治理，更不是权力压制、单向施恩，而是政府不断回应公众需求的过程。这就要求广大党员干部要自觉把握新的历史方位和大局大势，主动提高识变之智、求变之勇、应变之能，为更好担负起新时代新征程

---

① 习近平.高举中国特色社会主义伟大旗帜　为全面建设社会主义现代化国家而团结奋斗——在中国共产党第二十次全国代表大会上的报告[M].北京：人民出版社，2022.

赋予的新使命新任务提供能力保障。

一、深化"红色根脉强基工程"

党的二十大报告中提出，全党要把青年工作作为战略性工作来抓①。上虞着眼强化党建统领，围绕引领青年、凝聚青年，深化"红色根脉强基工程"，变革重塑党建工作体系，推动实现党建工作铸强"青春之魂"、凝聚"青春之人"、进驻"青春之地"、善作"青春之举"、集合"青春之智"、展现"青春之力"，着力打造一批有辨识度和影响力的"青春党建"金名片，更好服务保障"青春之城"建设。

（一）推动干部队伍"后继有人"

全面实施优秀年轻干部加速培育行动，着眼下一次换届领导班子建设需要，优化年轻干部梯队储备，实施"双百"引育计划，用三年时间新引进百名高层次党政储备人才；深化同浙江大学、同济大学、上海交通大学等高校合作，每年柔性引进一批博士生、青年教师到党政机关挂职。开展百名源头干部接续培养计划，组织优秀年轻干部专项调研，充实完善300名左右为常数的优秀年轻干部库和源头干部库，定期举办专题培训，选派100名左右年轻干部参加多形式实践锻炼，推进机关国企双向挂职锻炼，加大中层干部交流力度，持续激发干部队伍活力。

建强"虞青书记"领雁方阵。加强基层党组织书记"头雁"队伍建设，推进村社党组织书记雏鹰培育计划，加大从"虞青书记"群体中选拔各级兴村治社名师、担当作为好支书力度，抓好社区工作者队伍建设，通过压担锻炼、靶向培养、常态轮训、晒比争先等形式，致力提升村社干部在推进数字化改革、共同富裕场景打造、现代社区建设等现代化建设新能力，为好支书团队补充新鲜血液。持续巩固村社

---

① 习近平.高举中国特色社会主义伟大旗帜　为全面建设社会主义现代化国家而团结奋斗——在中国共产党第二十次全国代表大会上的报告[M].北京：人民出版社，2022.

换届"回头看"成果，从严执行村社干部歇职教育、容错免责、届中调整等各项制度，用好"浙里兴村共富"平台，以村社干部规范履职推动村社组织高质量运行。

（二）保持党员队伍生机活力

严把发展党员入口关，推动发展计划、重点对象、指标分配等与领域特点、群体分布、事业需要相适应，注重在数字化改革、乡村振兴、常态化疫情防控等中心工作中发展培养党员，加大在高知群体、青年干部、新业态新就业群体中发展党员力度，优化党员队伍整体结构。实施在职党员"双重管理"、村社党员"设岗管理"、流动党员"双向管理"和困难党员"关爱管理"等分类教育管理模式，每年开展党员"大轮训"，有效提升队伍活力，展现党员队伍青春风采。

（三）激发干部争先创优内生动力

深入推进"六比六争先、勇当排头兵"作风建设深化提升专项行动，开展干事创业实绩季度擂台赛，引导激励各层面党员干部以赛比促实干、以实干促发展。围绕提升干部塑造变革能力，持续优化区级普遍培训、乡镇兜底培训、部门抓系统行业培训的干部培训大格局，以"现代化建设能力"和"五大关键能力"提升为重点，分层分类开展专业培训，拓展干部视野格局，改善专业知识结构，着力解决方法短路、知识短缺、能力短板等问题。健全落实"传帮带"干部培养机制，有序推进干部多领域、多岗位交流历练，拓宽专业领域，提升专业能力。开展心理关爱行动，与浙江大学共建"干部心理健康研究基地"，组织干部进行心理健康测评，持续开展容错纠错澄清正名工作，推动"两个担当"良性互动。

（四）严密监督管理体系

注重加强对年轻党员干部的监督管理，针对年轻党员干部成长发展各阶段，有针对性地加强纪律规矩教育，确保扣好"第一个扣子"。

纵深推进干部监督"耳聪目明"工程，驰而不息纠"四风"、树新风，紧盯苗头性、倾向性问题，加强对年轻干部、党员的监督管理。抓好青年领域清廉建设，统筹推进清廉机关、清廉村居、清廉学校、清廉医院、清廉国企、清廉民企、清廉交通、清廉文化等单元建设，探索推进清廉站所、清廉工程、清廉家庭建设，推动清廉单元建设向最小颗粒度深化细化。

二、实施"六比六争先"专项行动

上虞以引导激励全区党员干部以实干实绩为导向，深入开展"六比六争先、勇当排头兵"作风建设深化提升专项行动，推动全区党员干部转变作风、培树新风，切实增强前列意识、创新意识、发展意识、责任意识，形成担当尽责、狠抓落实、奋勇争先的浓厚氛围。"六比六争先"具体内容：一比站位格局，争当忠诚履职先锋；二比担当作为，争当干事创业先锋；三比效能口碑，争当为民服务先锋；四比业绩贡献，争当唯实唯先先锋；五比过硬本领，争当变革创新先锋；六比修身自律，争当清正廉洁先锋。专项行动聚焦当前急需解决的问题，以不松劲的定力、反复抓的韧劲、钉钉子的精神把作风建设进行到底，以作风大转变、效能大提升推动经济社会大发展。

（一）检视突出问题

在各级党员干部特别是领导干部中组织一次专项检视，通过自己找、相互提、上级点、群众评等方式，立体检视是否存在"混日子"的躺平心态、"怕担责"的滑头心态、"推着动"的懈怠心态、"跟不上"的恐慌心态、"没规矩"的任性心态等"五种心态"和其他作风建设突出问题，对照省委巡视"回头看"反馈问题及《作风建设专题片》反映问题的整改落实，对标"两个先行""五个率先"排头兵要求，对表年初各项目标任务和半年度各项指标预考核情况，找差距知不足、定目标明举措，形成问题清单、目标清单、整改清单，找准比拼方向，明确下半年工作发力点和主攻点，推动各项工作整体提升。

（二）问效正风肃纪

严治享乐奢靡之风，紧盯中秋、国庆等重要时间节点，聚焦违规收送礼品礼金、违规吃喝、酒驾醉驾等易发频发的享乐奢靡突出问题开展专项整治，落实"四风"问题快查快办协作机制和酒驾醉驾"五个一律"工作要求，对顶风违纪行为严肃查处、予以痛击，对隐形变异现象精准发现、有效破解。严查不守纪律规矩之人，以较真、叫板、较劲的决心和意志，对形式主义、官僚主义穷追猛打，紧盯"不落实的事"，倒查"不落实的人"，对不担当、不作为、慢作为、假作为等行为从严问责，对政商交往中吃拿卡要和利用职权谋利等违纪违法行为严肃查处，对典型问题一律通报曝光，持续推动党风政风向善向好。强化发文统筹，精简文件数量，提高文件质量，加强会议管理，清理整合相关政务 App、工作群，规范村社组织工作事务、机制牌子和证明事项，切实减轻基层负担。坚持"三个区分开来"，完善容错免责机制，常态化做好澄清正名工作，严肃查处诬告陷害行为，为关键时刻敢于决策、大胆履职、攻坚克难、主动揽责的干部撑腰鼓劲，更好地以组织担当激励干部担当。

（三）提升能力素质

围绕提升干部塑造变革能力，持续优化区级普遍培训、乡镇兜底培训、部门抓系统行业培训的干部培训大格局，以"现代化建设能力"和"五大关键能力"（系统思维、创新能力、品牌意识、美学素养、应急能力）提升为重点，分层分类开展专业培训，拓展干部视野格局，改善专业知识结构，着力解决方法短路、知识短缺、能力短板等问题。健全落实"传帮带"干部培养机制，深入实施"青苗成长"导师帮带计划，有序推进干部多领域、多岗位交流，有针对性选派优秀年轻干部到重点项目、上级部门、发达地区挂职锻炼，推动干部多岗历练，拓宽专业领域，提升专业能力。

三、持续提升干部执行力

上虞区委区政府在"青春之城"建设切实强化各级党员干部宗旨意识、责任意识、担当意识，持续提升干部执行力。

（一）树立鲜明用人导向

健全落实"四个坚持、八个不"选贤任能机制，树立"重实干、重实绩、重评价"的鲜明用人导向，加大担当作为干部选任力度，注重在区委区政府重点工作攻坚克难中比作为、看效果，对于勇于担当、善于担当的干部，敢于打破常规，破除隐形台阶，及时选拔到领导岗位上，真正让有为者有位、能干者能上、优秀者优先。

突出基层一线导向，干部调整配备时向乡镇（街道）倾斜，提拔领导干部原则上从具有乡镇（街道）工作或重点工作、重大项目等锻炼经历的干部中选任，每年抽调优秀年轻干部到重点工程、征地拆迁等一线，让基层一线成为培养选拔干部的主阵地，推动形成干部主动到一线担当、干部从一线选拔的良性机制。

（二）加大正向激励力度

健全完善及时奖励机制，按照及时性、有效性原则，对在区委区政府重点工作攻坚克难中做出显著成绩和突出贡献的单位和干部个人予以通报表扬、嘉奖、记三等功等荣誉。及时奖励原则上每季度开展一次，特殊情况"一事一奖"。开展"担当作为好干部""人民满意公务员""最美公务员"等推荐选树，加强担当作为好干部示范引领。

发挥公务员职级和事业人员管理岗位等级晋升正向激励作用，探索设置公务员职级职数和事业人员管理岗位等级职数周转池，对承担任务重、成绩突出的单位和综合考核先进单位，允许申请使用单位预留职数实行职级等级晋升，每年拿出一定数量的周转职数开展激励晋升。

（三）加大反向约束力度

严惩懒政怠政行为，强化精准追责问责。单独或综合运用多种追责问责方式，对单位采取责令限期整改、责令书面检查、通报批评、责令向区委常委会说明情况、组织调整（改组、解散）等方式；对个人采取警示谈话、批评教育、责令书面检查、诫勉、组织调整或组织处理（对失职失责、危害较重、不适宜担任现职的，应当根据情况采取停职检查、调整职务、责令辞职、免职、降职等措施）、党纪政务处分、移送司法机关追究法律责任等方式。

坚持全面客观调查原则，准确区分责任类型、厘清责任边界，既要调查问题发生原因和责任，也要调查所在单位全面从严治党责任落实情况。

探索推行不适宜担任现职干部"反向提名"，完善不适宜担任现职、不担当不作为的具体情形，优化工作程序，及时采取组织措施，动真碰硬调整不担当不作为干部，让能者上、庸者下、劣者汰成为常态。

（四）加强干部考核评价

加强干部日常考核，围绕省市和区委区政府中心工作，综合运用听取意见、实地走访、明察暗访等方式，考准考实干部日常履职尽责情况；注重在急难险重任务推进一线和专项工作专班中开展专项考核，及时了解干部工作作风和现实担当情况。

完善年度综合考核，进一步强化考人与考事相结合，根据不同单位职责职能和不同区域发展定位、资源禀赋、阶段性重点工作，完善差异化、可比较的考核评价指标体系，突出对区委区政府各项决策部署贯彻执行情况以及生态文明、乡村振兴、产业发展、项目建设、招商引资等重点目标任务完成情况考核。践行"以人民为中心"理念，加大基层满意度在考核中的权重，拉开单位间考核差距，强化考核结果分析运用，作为干部选拔任用重要依据，杜绝"干多干少、干好干差一个样"现象。

（五）营造干事创业氛围

强化正反典型教育，搭建多形式图强争先晾晒平台，大力宣传担当作为干事创业的正面典型事迹，充分发挥榜样的示范引领作用，激发干部荣誉感、使命感和责任感。注重以案促改，定期通报曝光不担当不作为的典型案例，督促引导各级干部以案为鉴、自省自纠。

深化落实"三个区分开来"要求，健全容错纠错机制，完善容错裁定规则，细化重点领域容错清单，明确容错的条件、程序和有关要求，重点加强对在贯彻落实上级决策部署中攻坚克难、在推动高质量发展中大胆探索创新、在急难险重一线冲锋陷阵、在解决历史遗留问题时敢于担当干部的容错。严格执行《绍兴市上虞区履职风险报备和防控工作实施办法（试行）》，鼓励干部大胆放开手脚。提升澄清正名质效，强化举报甄别核查，及时为受到不实反映的干部澄清正名、消除影响，坚决打击诬告陷害行为。

四、落实政治监督"九个双"工作机制

上虞深入贯彻落实习近平总书记关于加强对"一把手"和领导班子监督的重要论述精神，突出"关键少数"，聚焦主体责任落实、政治监督、巡察整改等重点领域，创新推行"双报告、双检查、双约谈""双汇报、双考核、双评估""双反馈、双表态、双整改"九个双机制，全面压实党委和领导干部管党治党政治责任，督促带好班子、管好队伍、抓好落实，做到守土有责、守土担责、守土尽责。

"双报告、双检查、双约谈"机制压实管党治党责任。"双报告"即每年由部分单位党组织和纪检监察机构向区纪委全会报告"两个责任"落实情况，并接受区纪委委员评议；"双检查"即年中由区纪委监委班子成员带队，年底由相关区领导带队，分别对履行全面从严治党主体责任情况开展监督检查；"双约谈"即对落实管党治党责任不到位的党组织及纪检监察组织负责人同步约谈。

"双汇报、双考核、双评估"机制提升政治监督质效。"双汇报"即由职能部门汇报工作开展情况，牵头纪检监察机构汇报监督开展情况；"双考核"即将工作开展情况分别纳入对职能部门和纪检监察机构的年度考核；"双评估"即通过不同维度分别对职能部门和纪检监察机构工作情况进行评议，评议结果作为考量政治监督成效的重要指标。

"双反馈、双表态、双整改"机制做实巡察整改文章。"双反馈"即巡察发现问题向被巡察单位党组织和分管（挂联）区领导同步反馈；"双表态"即要求被巡察单位党组织主要负责人和分管（挂联）区领导在巡察反馈会议上，分别对落实整改责任进行表态；"双整改"即落实巡察整改"绍兴九条"，全省率先构建巡察整改质效评估体系，督促巡察反馈问题和面上共性问题同步整改。相关做法被编入全省市县巡察工作先进经验。

五、打造清廉建设高地样板区

上虞始终牢记习近平总书记在浙江工作期间到上虞视察调研时提出的"为官就是要清清白白、老老实实"的殷殷嘱托，一以贯之推进全面从严治党，在打造新时代清廉建设高地中争做样板示范。

（一）坚持扎根铸魂，落细落实管党治党政治责任

牢固树立政治建设首位意识，扎牢坚决捍卫"两个确立"、坚决做到"两个维护"的上虞根脉，展现重大决策部署落地的上虞实干，锻造政治过硬、担当作为的上虞铁军，持续巩固风清气正的良好政治生态。

1. 践行"两个维护"，构建常态长效落实机制

把深学细悟习近平新时代中国特色社会主义思想作为最大政治任务，持续深化以"第一议题"学习、"第一精神"宣贯、"第一课程"教育、"第一课题"研究为重点的"第一"系列思想深化监督制度，以最大力度推动党的创新理论在上虞扎根铸魂。深化落实"八八战略"，健全完善习近平总书记对上虞工作重要指示批示精神"四张清单"机

制，创新以主体责任落实、巡视巡察联动、"七张问题清单"管控、问题整改动态跟踪、成效评估群众评议等为重点环节的政治监督链式闭环，积极打造更有辨识度、更具示范性的体制机制新成果。

2. 牢记"国之大者"，坚决贯彻重大决策部署

坚持把思想和行动统一到习近平总书记重要讲话精神和党中央重大决策部署上来，坚持国家所需、上虞所能、群众所盼、未来所向，健全完善专班化、项目化、联动化、常态化监督护航机制，确保"总书记有号令、中央和上级有部署，上虞见行动见实效"。围绕省第十五次党代会精神，聚焦"两个先行"奋斗目标、"8个高地"具体目标、"10个着力"主要任务等，开展重大项目投资、减税降费稳企、民生就业保障等重点领域专项精准监督行动，以强有力的举措确保各项重大决策部署在上虞落地生根、开花结果。

3. 突出"关键少数"，营造干事创业良好氛围

突出"一把手"和领导班子监督，落实落细"五张责任清单"和22项配套制度，深化管党治党"双报告""双检查""双约谈"和巡察问题"双反馈""双表态""双整改"机制，落实领导干部"黄牌警告、红牌罚下"制度，健全完善"四责协同"机制，形成横向联动、纵向一体"责任闭环"。强化干部教育、培养、选拔、使用的全过程全链条全方位监督闭环，以"三个区分开来"健全容错纠错机制，推进"两个担当"良性互动，全面打造政治素质更硬、担当意识更强、干事动力更足、作风建设更优的上虞干部铁军。

（二）坚持严的基调，全力保障经济稳进提质发展

聚焦高质量发展、竞争力提升、现代化先行和共同富裕示范，打好系统治理腐败、规范政商关系、纠治"四风"问题组合拳，不断夯实产业壮大、企业成长、市场繁荣压舱石，进一步释放经济内生动力、创新创业活力。

1. 一体推进"三不"长效机制，夯实高质量发展根基

始终保持反腐败高压态势，以全周期管理方式一体推进不敢腐、不能腐、不想腐，聚焦园区、金融、国企等重点领域和招商引资、土地出让、工程招投标等重点环节，加大对隐性腐败、新型腐败查处惩处力度，以持续推进反腐败斗争汇集推动经济发展的强大正能量。坚持系统施治、标本兼治，完善风险排查、线索起底、督导检查、案件查办、警示教育、制度建设等流程闭环，完善反腐防线前移体系，推动以案促改、以案促建、以案促治。

2. 大力构建"亲清"政商关系，维护高质量发展秩序

严格落实"五个严禁"和38条负面清单，建立防止政商交往利益冲突机制和"亲清"政商关系评价机制，实施领导干部亲属投资经商等"五项报告制度"，创新开展清廉民企评比创建活动，支持引导资本规范健康发展。健全完善政商交往正面清单、负面清单、倡导清单"三张清单"，常态化开展"三驻三服务"活动，打响"虞快办·越满意"特色品牌，打造全省营商环境最优区。

3. 持续开展"四风"纠治行动，优化高质量发展生态

严格持续落实中央八项规定精神，建立健全"四风"问题联督联查联防机制，依托"室组地"联动开展"点穴式"监督，坚决纠治遇事"躺平""微笑不服务"等企业反响强烈的作风问题，锲而不舍纠治"四风"。坚持纠树并举、破立并重，大力弘扬新时代新风正气，开展民营经济领域"除陋习、树新风"上虞行动，迭代实施"服务＋监督"民营经济高质量发展护航计划，形成党风政风与社风民风良性互动的生动局面。

（三）坚持人民至上，加快塑造基层监督鲜活样板

坚持实事求是为人民服务，把监督融入区域治理、部门治理、行业治理、基层治理和单位治理，推动监督下沉落地、融入民生，不断提升人民群众幸福感、安全感、获得感。

1. 整治突出问题，打好除险保安攻坚战

聚焦安全生产、金融系统等重点领域，完善监督前端靶向监督派单、监督中端联动式力量落实、监督末端分色质效评估闭环工作体系，优化监督检查、线索排查、联合督查"三查"模式，有效防范化解各类"黑天鹅""灰犀牛"事件，坚决守牢不发生重特大事故的底线。坚持初信初访和积案化解两手齐抓，建立健全重复举报"动态清零"机制，完善实名检举控告受理环节见面反馈、调查环节见面反馈、答复环节见面反馈"三见面三反馈"制度，推动办信质效提升，始终确保社会面稳定。

2. 规范权力运行，创新基层治理新模式

坚持问题导向、目标导向，深化片区协作和"室组地"联动等工作机制，用好村级监察工作联络站，激活基层监督"神经末梢"。坚持从"小切口"入手带动大问题解决，织密基层监督网络，以看得见、摸得着的变化回应群众关切，推动解决群众反映强烈的"微腐败"和不正之风，通过剖析个案，抓住共性问题、多发问题，提升监督效能，促进基层治理。

3. 推进民生优享，提升人民群众满意度

建立专项监督新机制，紧盯民生领域政策落实，创新开展沉浸式、调研式监督，建立落实教育医疗、养老社保、生态环保、食品药品安全等"一域一清单"整治模式，坚决清除阻碍政策红利直抵基层、发展红利惠及群众的"绊脚石"，在推动群众急难愁盼中兜牢民生底线。建立群众监督新组织，运用特约监察员队伍、村务监督委员会（监察工作联络站）和民营企业的纪检组织等三支"编外"监督队伍，深化"4＋3"党风政风日常监督组织体系，合力打造风清气正、山清水秀的基层政治生态。

（四）坚持守正创新，着力提升清廉上虞建设质量

深化运用战略思维、系统思维、协同思维、创新思维，彰显廉德文化魅力，强化数字变革能力，加快建设更高水平的清廉上虞。

1. 擦亮品牌，增强廉德文化"浸润度"

实施廉德文化建设三年行动计划，打造以春晖文化、东山文化、围涂文化为特色的"虞舜清风"示范带，开展"清白泉、娥江颂"等主题系列活动，持续擦亮"中国廉德文化之乡"金字招牌。一体推进"7+5+N"清廉建设体系，探索建立清廉上虞建设指标评价体系，构建清廉建设责任共同体，推进清廉示范最小单元建设，提升清廉建设的纵深度、覆盖面。

2. 变革重塑，提升清廉建设"数智力"

建强"大脑中枢""神经末梢"，以工程领域、开发区领域、教育领域、国企房产领域等省级试点为突破口，全面推进公权力大数据监督应用建设，提升运用大数据探知、监测、消减行权异常和腐败问题的能力，构筑权力运行"数字篱笆"。深化运用大数据监督成果，在红色预警处置、数字采集标准化等方面积极破题，提升数据治理能力，实现信息资源价值开发的联动效应和乘数效应，为清廉建设注入更多"数智力"。

3. 协同贯通，构建全域监督"廉立方"

深入建设"四个规范化"，持续推进纪检机构改革，进一步构建高效协同的审查调查、监督检查工作机制，深化片区协作和联动机制，把规范化建设先发优势转化为基层监督治理有效胜势，推动"四项监督"更好良性互动。创新建设"纪委+"融督联动模式，坚持以党内监督为主导，促进人大监督、民主监督、行政监督、司法监督、审计监督、财会监督、统计监督、群众监督、舆论监督有机贯通、相互协调，形成大监督合力，共同推进清廉上虞建设。

实践探索二十一：

强化"虞舜清风"廉洁文化建设　筑牢"不想腐"思想堤坝

廉洁是社会主义政治文化的鲜明底色。近年来，上虞区纪委监委深入贯彻落实习近平总书记关于"三不腐"一体推进的重要论述精神，坚持以"八八战略"为指引，推动新时代廉洁文化建设走深走实，创成全国首个"中国廉德文化之乡"。

一、实践成效

凝练"虞舜清风"廉洁文化品牌，开展王充清廉思想课题研究并申报国家社科基金课题，串联 33 个廉洁文化教育阵地，打造 3 条特色鲜明的清风廉路，成功举办"清白泉·娥江颂""今在上虞 纪法同行"等各类清廉主题文化活动及赛事等，探索全周期廉洁文化教育，全面构建以品牌引领、多维支撑、全域覆盖的廉洁文化建设体系，不断筑牢"不想腐"的思想堤坝。

二、实践内容

（一）深挖厚植，实施有耦合度的基因解码

推动廉脉梳理走深走实。深化由孝及廉，从明德始祖舜帝廉洁品质中凝练出"虞舜清风"廉洁文化品牌，融入"今在上虞·遇见未来"城市大品牌，引领廉洁文化建设。完成王充清廉思想课题研究并申报国家社科基金课题。整合古圣先贤、清官廉吏嘉言懿行，编撰出版《上虞清廉文化》，为打造廉洁文化高地奠定坚实基础。推动阵地建设有形有质。将廉洁文化因子有机融入名人故居、红色遗迹、诗路景观等，开辟中华孝德园、王充清廉思想展厅、孟尝纪念馆、清风光影馆等廉洁文化教育阵地，创成市级廉洁文化教育基地 3 家，推动廉洁文化有址可寻、有物可感。如大东山清风馆 2021 年开馆至今已接纳参观学习者 20 万余人次，入选浙江省百个精品廉洁文化阵地。推动文化供给可观可感。推进廉洁文化价值弘扬、服务供给、创作宣贯、教育实践和集成展示。成功举办"清白泉·娥江颂"清廉主题文化活动，首届中国（上虞）廉德文化座谈会等活动及主题赛事、展览，打造廉洁文化 IP 形象"廉卫士亮亮"，推广"亮亮说纪"等微动漫视频，创作《合浦还珠》等清廉剧目，累计巡演巡讲 200 余场次。

（二）统筹融合，打造有辨识度的清风廉路

注重与地域特色融合：突出"一镇一品""一村一特"，打造各具特色的廉洁文化子品牌。如谢塘镇"梨花廉韵"，小越街道"纸剪廉花"，长塘镇"竹韵清风"，岭南乡"石上清风"等；注重与单元建设融合：将廉洁文化建设纳入清廉单元建设重要考核指标，在评定清廉单位示范点时充分考量廉洁文化挖掘提炼和作用发挥程度，培育形成了一批示范引领的清廉单元建设标杆，创有省级以上示范点 12 家；注重与农商文旅融合：依托虞南丰富的山水资源，以清廉文化为侧重，打造"诗画清风线"；依托虞中丰富地红色资源和白马春晖文化，以清廉学校为侧重，打造"红色清风线"；依托虞北世纪围涂战的历史资源，以清廉民企、清廉村居为侧重，打造"共富清风线"。3条特色鲜明的清风廉路，串联了全区优质的文旅资源，融合了纪检监察特有元素，推动游客在"一路廉风"中既赏"风景"又悟"风清"。

（三）全域覆盖，开展有浸润度的廉洁教育

扣好人生第一粒扣子：把清廉元素渗透到校园环境布置、课程设计等多个环节，打造多维立体的廉洁文化育人环境。如丰惠镇小以名贤孟尝"合浦还珠"故事为主线，组织学生踏访还珠村、孟尝亭等点位追寻清廉印记。上虞中学以"五岗五星 崇清敬廉"品牌创建为抓手，将廉洁教育渗透融合到日常教学中。创成省级清廉学校示范校4所，市级清廉学校示范校14所；上好家庭第一堂课程：会同区妇联推动廉洁自律、廉洁修身、廉洁治家的家庭家教家风建设，制定出台《上虞区"清廉家庭"建设实施意见》，带动全区广大家庭牢固树立新时代家庭观，以家庭"细胞"清廉促进社会"肌体"健康；把好纪法第一道关口：开展"今在上虞 纪法同行"党纪法规学习教育活动，通过"虞舜清风"纪法宣讲、"以案释法"警示教育、"纪法同行"知识竞赛等六大活动载体，切实增强全区党员领导干部的纪法意识，营造"学纪法、懂纪法、守纪法"的良好氛围。

三、实践亮点

以丰富的地域特色文化和廉洁文化为依托，积极开展廉洁文化基因解码，推动廉洁文化创造性发展、创新性转化。以上虞特色文化为主线，打破"各自为阵"的工作格局，将散落各地的廉洁文化资源统筹整合，形成了3条特色鲜明、内容丰富、可看可学的清风廉路，通过"廉珠成串"推动"虞舜清风"品牌传播力持续扩大。将廉洁文化融入廉洁教育，构建全周期廉洁教育体系，以多样形式、多样内容切实加强党员领导干部和社会各界的廉洁教育，推动廉洁思想进入千家万户。

第七章

"青春之城" 建设的
方法论探索

"郡县治，天下安。"中国式现代化建设离不开县域的实践探索。上虞提出"青春之城"建设主战略以来，从理论、实践、制度等层面，进行了系统谋划和全面实践，提供了浙江"勇当先行者、谱写新篇章"的上虞方案。本书在全方位展示"青春之城"建设的创新实践路径基础上，进一步提炼了"青春之城"县域探索的上虞方法论，推动理论与实践融合共进，为全国各地中国式现代化建设提供"先行者的方法论"借鉴。

第一节　系统观念：确立多向高维的现代化目标

系统观念作为习近平新时代中国特色社会主义思想世界观和方法论的重要内容，"为前瞻性思考、全局性谋划、整体性推进党和国家各项事业提供科学思想方法"①。这一观念是以解决复杂系统问题为导向、以系统整体论为理论基础、以系统方法论为核心的一种应用系统思维范式，具有重要的实践价值②。推进中国式现代化需要统筹兼顾、系统谋划、整体推进。同样，"青春之城"建设也需要统筹兼顾、系统谋划、整体推进，不断提高战略思维、历史思维、辩证思维、系统思维、创新思维、法治思维、底线思维能力，以现代化的视野、高品质的追求、先行者的担当谋划推进各项工作。

一、开展"青春之城"建设的前瞻性思考

前瞻性是系统观念的重要特性，要求将历史、现实和未来贯通起来，将近期、中期和远期目标统筹起来，为系统的平稳有序发展保驾护航。开展"青春之城"建设的前瞻性思考，需要以战略眼光审视全局，立足现在放眼未来，认清机遇与挑战，准确分析有利条件和不利环境，未雨绸缪系统谋划，赢得发展的主动权。

未来城市的竞争是人口的竞争，是人才的竞争，更是产业活力和科技实力的竞争。这些年上虞综合竞争能力显著提升，高质量发展走在省市前列，同时上虞也处于"爬坡过坎、赶超跃升"的关键时期，人口红利、用地能耗、环境容量等核心资源对发展的制约日益凸显，区域竞争也日趋激烈，不进则退。现代化的核心是人的现代化，高质量发展的核心是创新。经过深入调研论证，上虞决定实施"青春之城"建设主战略，以青春产业蝶变提档工程、青春人才赋能提级工程、青

---

① 习近平.高举中国特色社会主义伟大旗帜　为全面建设社会主义现代化国家而团结奋斗——在中国共产党第二十次全国代表大会上的报告[M].北京：人民出版社，2022.
② 范冬萍.系统观念的方法论价值和实践意义[J].人民论坛，2023(16)：82-86.

春社会强基提效工程、青春文化激活提能工程、青春环境优化提升工程、青春党建聚势提质工程为主载体。

面对机遇与挑战，产业规模和质量决定了留人的数量和人才的档次。上虞把实施青春产业蝶变提档工程作为"青春之城"六大工程的首位工程来抓，坚持"以产兴城、以业留人"，持续提升上虞的产业能级，实施先进制造业强区"1215"专项行动，构建"4＋4"现代化产业体系。目前上虞已经拥有龙盛、卧龙、晶盛机电等一批具有行业竞争力和国际影响力的龙头骨干企业，其中境内上市企业20家。

当前正处于重要的战略机遇期，面对人口老龄化、产业动能转化、城市更新、文化活化等新的发展趋势，上虞进行前瞻性战略布局，以排头兵姿态全面开启"青春之城"建设主战略，不仅在经济上实现跨越式发展，而且在政治、文化、社会、生态文明等多个领域全方位的改革创新。上虞"青春之城"建设主要目标是打造中国青春城市发展样板区、长三角"新智造"协同创新示范区、大湾区美好生活引领区，到2026年上虞城市气质、城市活力、城市温度、城市颜值在长三角区县市中脱颖而出，对青年的吸引力、凝聚力、承载力有效增强，GDP达到1 500亿元，一般公共预算收入达到120亿元以上，创新创业、宜居乐居、时尚活力、大爱有为的"青春之城"基本建成，取得更多突破性进展、标志性成果。未来，上虞必将在中国式现代化的道路上走得更远，展现出更加璀璨的光芒。

二、推进"青春之城"建设的全局性谋划

"不谋全局者，不足谋一域。"所谓全局性谋划，是指着眼事物发展的全过程，从全局出发全面、系统、整体地分析和研究问题，统筹谋划、统一思想、综合施策。党的二十大擘画了全面建设社会主义现代化国家、以中国式现代化全面推进中华民族伟大复兴的宏伟蓝图。习近平总书记赋予浙江"中国式现代化的先行者"新定位、"奋力谱写中国式现代化浙江新篇章"新使命。浙江省委坚持以习近平新时代中国特色社会主义思想为指导，深入学习贯彻习近平总书记考察浙江重

要讲话精神，持续推动"八八战略"走深走实，在推进共同富裕和中国式现代化建设中发挥示范引领作用。绍兴市委提出"五创图强、四进争先"，持续推动"八八战略"走深走实，谱写新时代胆剑篇。

"八八战略"是浙江坚持一张蓝图绘到底、一以贯之二十年，始终走在前列、未来继续走向辉煌的必由之路、成功之道、制胜之法。在新征程，浙江仍然要坚持"八八战略"管根本、管全局、管长远的统领地位，持续推动"八八战略"走深走实的战略方向、战略定力，创造性贯彻落实、创新性转化发展，一步一个脚印把总书记为浙江倾情擘画的宏伟蓝图变成美好现实。① 习近平总书记在浙江工作期间和到党中央后，先后29次到绍兴考察调研，其中有3次亲临上虞考察调研，作出了一系列重要指示批示，为上虞各项工作提供了全方位指引。

上虞从全局出发全面、系统、整体地分析和研究问题，充分运用好"八八战略"蕴含的系统论、优势论、重点论，把各项工作放到以中国式现代化全面推进中华民族伟大复兴的宏大场景中谋划推进，与时俱进优化完善新战略新路径新举措。在综合研判大局大势的基础上，上虞提出了"青春之城"建设的主战略，以此引领推动高质量发展、竞争力提升、现代化先行。"全面建设'青春之城'，走深走实中国式现代化上虞高质量发展之路"，与习近平总书记赋予浙江"中国式现代化的先行者"新定位、"奋力谱写中国式现代化浙江新篇章"新使命高度契合。上虞以实际行动书写中国式现代化的新篇章，让"青春之城"不再只是一个概念，而是一个人人向往、人人可见的真实存在。

站在未来看现在，立足全局看一域，上虞把"青春之城"建设放到全市、全省乃至全国的发展大局中统筹谋划，从区县层面统筹推进现代化建设的理论创新、实践创新、制度创新、文化创新。上虞全面贯彻落实中央和省委、市委决策部署，持续提出"1336"战略体系落地落实，进一步突出重点、落细落实、放大优势，在走深走实中国式

---

① 易炼红.深入学习贯彻习近平总书记考察浙江重要讲话精神 在奋力推进中国式现代化新征程上勇当先行者谱写新篇章[J].政策瞭望，2023(11):04-11.

现代化上虞高质量发展之路上取得更多标志性成果、提供更强示范性引领。

三、加快"青春之城"建设的整体性推进

整体性推进是系统观念的一种重要方法，旨在强调推进各项工作应突出整体性，注重政策和制度的相互衔接，在统筹兼顾中实现协同发展，在扬长避短中提升整体效能。为促进"青春之城"建设体系化、项目化、场景化、责任化，明确"青春之城"战略体系和建设路径，形成顶层谋划、统筹推进、全域竞跑的良好态势，上虞专门编制"青春之城"思维导图。

"青春之城"思维导图分战略体系、建设路径两张图。在编制过程中，遵循以下原则：一是坚持顶层设计与实施落地相结合。既围绕"顶层设计"，贯彻落实中央省市重大决策部署，特别是对准重点跑道，谋全局、定方向；又围绕"实施落地"，明确可行性、时序性，特别发挥各部门、各属地的主体作用，明确区块、明确项目、明确任务、明确责任。二是坚持存量梳理与增量谋划相结合。既系统梳理近年来制定实施的计划规划和重要举措，固化已形成的好做法、好机制、好载体；又注重增量工作的谋划，围绕"青春之城"建设，形成新举措、新场景、新品牌、新制度。三是坚持长远规划和近期计划相结合。既立足上虞长远发展，谋划全局性、长远性的战略规划，实施引领性、标志性的重大项目；又注重远近结合，谋划推动一批投入少、见效快的工作场景，实施一批切口小、带动好的发展行动。四是坚持实践探索与理论总结相结合。既围绕"青春之城"主战略的思路、理念、政策，不断探索形成工作载体、项目、场景等，推动工作具象化落实；又总结提炼好经验好做法，形成具有上虞辨识度的理论成果、政策制度，推动形成实践指导理论再到实践的螺旋式上升通道。

战略体系 1.0 是"青春之城"建设的"总纲领"，从理论层面阐述了"为什么建""建什么""怎么建""怎么保障"等问题。具体围绕"五个体系"展开：一是逻辑体系，重点围绕"为什么"，从政治逻辑、

价值逻辑、历史逻辑、实践逻辑四个维度，说明"青春之城"建设的重要意义；二是目标体系，重点围绕"是什么"，阐述战略定位、推进步骤、发展特征、主要指标等内容；三是工作体系，重点围绕"怎么干"，从年度工作、阶段任务两个维度进行阐述，年度任务重点围绕"1336"年度重点，阶段任务重点围绕"六大青春工程"，梳理工作目标、工作重点和特色品牌工作；四是平台体系，重点围绕"哪里干"，明确了重点区位、发展定位、核心任务等方面内容；五是保障体系重点，围绕"如何推进落地"，从组织保障、队伍保障、项目保障、机制保障、宣传保障等方面，更好推动"青春之城"主战略落实落地。

建设路径 1.0 是"青春之城"建设的"施工图"，从工作层面阐述了需要推进打造的重点区块、重点项目、重点场景、重点行动和重大成果。主要体现在"五个十大"：十大示范性区块、十大引领性项目、十大特色化场景、十大青春化行动、十大标志性成果。"五个十大"是内核相通、路径相连、互为推动的有机整体，"示范性区块"是方向，"引领性项目"是抓手，"特色化场景"是底座，"青春化行动"是切口，"标志性成果"是赛道，五位一体构成了"青春之城"的建设路径和落实体系。上虞还研究制定了 81 个评价指标，体系化项目化清单化抓好落实。

上虞编制的"青春之城"战略体系和建设路径两张思维导图，本质上是将"青春之城"从战略蓝图转化为战术行动、转化为项目场景的过程。"青春之城"推进之初，一定程度存在"上热下温"、谋划缺主动缺新意缺增量等问题。思维导图的起草编制过程，是发动各条线、各属地对"青春之城"再认识、再深化、再具体的过程，站在全面系统的高度，把"青春之城"战略变成一个个可以落地的场景、项目和品牌，变成既管当前又管长远的规划、政策和制度。通过思维导图形式，进一步明确"青春之城"建设的工作体系、项目体系和责任体系，更好形成聚合效应、传播效应、品牌效应，加快推动"青春之城"建设落地见效出新出彩。

第二节　问题导向：树立有解优解的现代化思维

问题是时代的声音，回答并指导解决问题是理论的根本任务。问题导向就是要在创造性和创新性思维中，寻求解决问题、破解难题的"最优解"。坚持问题导向，就是要秉持有解思维，直面实践遇到的新问题、改革发展稳定存在的深层次问题、人民群众急难愁盼问题，不断提出真正解决问题的新理念新思路新办法。就"青春之城"建设而言，坚持问题导向就是要不断回答好时代之问、实践之问、人民之问，坚持以时代变革为基本导向，以实践要求为根本遵循，以满足人民的根本需要为内在要求。

一、直面"青春之城"建设的时代新挑战

中国共产党坚持用马克思主义观察时代、把握时代、引领时代，不断推进马克思主义中国化时代化，把马克思主义基本原理同中国具体实际相结合、同中华优秀传统文化相结合。习近平在《之江新语》中曾引用马克思的经典论述，"问题就是公开的、无畏的、左右一切个人的时代声音。问题就是时代的口号，是它表现自己精神状态的最实际的呼声"，并强调"每个时代总有属于它自己的问题，只要科学地认识、准确地把握、正确地解决这些问题，就能把我们的社会不断推向前进"[①]。

在二次城市化、区域一体化、交通便捷化的共同作用下，同构化发展似乎是城市竞争中的必经之路。今天的城市和城镇化发展必须站在更高的历史维度与战略维度给予审视，每一座中国城市都面临着未来前途命运会怎样的灵魂之问。城市随着生产的集中、劳动力的聚集而迅速扩张，唯有以资源争夺的方式才能获取发展优势。其中，人口不仅承担着劳动者角色，而且作为一种特殊的资源影响城市发展。优

---

① 习近平.之江新语[M].杭州:浙江人民出版社,2007.

质人才的稀缺资源是城市经济发展、产业升级不可或缺的要素，投资人才就是投资未来。为了面对一线城市虹吸效应带来的挑战，上虞实施青春人才赋能提级工程，发布了"创客城市"计划，向全球发布"招贤令"，让"最懂年轻人、最懂人才"成为"青春之城"的不懈追求。

面对区县层面人才"引不进、留不住"的新挑战，如何让上虞成为近悦远来的人才高地？上虞的答案是建设创业最便利、创新最友好的"创客城市"。上虞围绕"年轻人喜欢什么，我们就提供什么""人才需要什么，我们就提供什么""创业成功的关键因素是什么，我们就提供什么"这三个方面，千方百计谋对策、想招数、抓落地，让上虞真正成为青年人创业创新的"首选之地"、不得不爱的城市。上虞实施"十百千万"创客工程，出台十大创业扶持政策，构建"创客城市"新优势；建设百万平方创客空间，打造"创客城市"新地标；新增千家以上创客企业，塑造"创客城市"新引擎；集聚万名以上创客群体，焕发"创客城市"新活力。上虞成立了"虞创联盟"，通过联盟将散落在各个领域、各个地方的创客用线上、线下的方式集聚起来，打造集资源共享、优势互补、交流合作等功能于一体的开放式平台，通过广泛联络创业青年，积极对接各类创业要素，助力万千创客创新创业、逐梦奋斗。上虞还组建创业帮扶团，更好地发挥"新农联盟""青椒聚院"等各类社会组织与平台的作用。选树一批创客典型，形成"大创客"带"小创客"、"老创客"带"新创客"的局面，让创客走得更好、更远。

创客联盟的成立，增加社会组织的凝聚力建设，打造一批标杆社团，加大社会侧建设和治理力度，是上虞中国式现代化建设的新方向。上虞打响"创客城市"品牌，孕育蓬勃发展"新引擎"，以"最低成本"构筑创业创新孵化新优势，以"最小风险"激发创客勇往直前新动力，以"最优服务"打造创客安心安业强磁场，全力打造"来无忧、业无忧、居无忧"的创业就业环境。2023年上虞新增市场主体1.45万家。

上虞把人才作为全面建设朝气蓬勃、近悦远来"青春之城"的最强驱动、最强引擎，与全球英才共享机遇、共筑梦想、共赢未来，形成了城市与人才相互成就、相得益彰的生动格局。聚焦外地大学生"怎么引"、上虞籍大学生"怎么回"、本地大学生"怎么留"，大力实施青年大学生引留倍增计划，深化上虞籍大学生联系服务"六个一"机制，吸引更多人才来虞创业就业，不断优化人口结构，为"青春之城"提供人才支撑。通过"引、育、留"人才政策，上虞各层次人才加速集聚，人才集聚高地加快形成。2023年，上虞新增国家级引才计划人才全职到岗10人，省级引才计划人才全职到岗5人；新增就业大学生2.6万人，其中博士201人，新增高技能人才3 969人，同比增长124%，人才竞争力指数位居绍兴市第一；累计兑现人才政策资金4.3亿元，整体政策力度及兑现资金位居绍兴市第一。

二、化解"青春之城"建设的发展新难题

问题是实践的呼唤。真正的问题从来不是凭空捏造的，而是源于实践。正是基于实践活动的种种现实及其不断改善的客观要求，实践成为问题产生的源头活水。实践既然为问题提供具体内容，人们认识问题和解决问题也必须以实践为根本遵循。新时代新征程，中国社会主义现代化建设的稳步推进就是当前中国社会的最大实际，坚持问题导向的具体内容就是围绕实现中国式现代化而展开，深入回答新征程上一系列重大实践课题[①]。

进入高质量发展新阶段，浙江发展亦面临着新的"成长的烦恼"，进入了又一个爬坡过坎的关键期，面临着资源要素缺乏、发展动能减弱、发展空间受限、发展不平衡不充分等"四大难题"。这既是浙江的问题挑战，也是上虞面临的问题挑战，必须运用"八八战略"蕴含的辩证观，善于把握优势、努力补齐短板，善于历史地、全面地、辩证地思考问题，深入挖掘优势、尽快把劣势转化为优势，将先发优势变

---

① 林颐.把握坚持问题导向方法论的三重逻辑[J].思想理论教育导刊,2023(10):59-66.

成可持续的优势，寻求解决问题、破解难题的"最优解"。

面对发展动能减弱的新难题，以化工起步的杭州湾上虞经开区，不断推动产业从粗放式向精细化发展，但要进一步转型升级仍面临诸多困难。如何在产业转型中培育新的发展动能？这不仅是摆在杭州湾上虞经开区面前的挑战，同时也是其实现动能转换的历史机遇①。应时而变，思变则通。在"战略机遇"与"发展瓶颈"的碰撞下，杭州湾上虞经开区不再局限于化工行业内部调整，而是勇于"破冰"，开辟新材料产业新赛道。

驰骋新材料产业新赛道，澎湃上虞发展新动能。以杭州湾上虞经开区为主要载体的上虞先进高分子材料产业平台，成功列入浙江省第三批"万亩千亿"新产业平台培育名单。从谈"化"色变到逐"新"而行，杭州湾上虞经开区产业实现"轻盈转身"。然而，在万亩空间实现千亿产值并非易事，接近翻番的产值增量从何而来？产业链与创新链的深度融合是上虞先进高分子材料产业平台建设提质提速的关键所在。在全国首创的"链长制"提出时，杭州湾上虞经开区进一步对标，绘制招商"鱼骨图"，以一往无前的冲劲拓展产业版图，吸引更多上下游企业在这里集聚。将科技创新的"关键变量"转化为产业发展的"最大增量"，是杭州湾上虞经开区打造"万亩千亿"新产业平台的关键一招。杭州湾上虞经开区倾力打造了集"项目孵化＋产品研发＋交流展示＋检测检验＋专业服务"于一体的科技创新综合体——产业协同创新中心，吸引了中国科学院新材料产业技术创新研究院、天津大学浙江研究院（绍兴）、浙江工业大学上虞研究院、先进高分子材料院士港湾等创新机构和平台入驻。上虞已经集聚新材料规模以上企业139家，相关上市挂牌企业15家。2023年，该产业实现工业总产值1 043.7亿元，同比增长20.6%，占全区比重达48.7%，产业韧劲与活力不断提升。

---

① 洪丽敏,齐思.何以"万亩千亿"?杭州湾上虞经开区"成材记"[EB/OL].中国商报,[2023-11-23].https://baijiahao.baidu.com/s?id=1783346727405700551&wfr=spider&for=pc.

对标高质量发展的要求,作为经济发展的重要阵地,上虞乡镇街道工业园区也面临着发展空间受限、发展不平衡不充分等难题。这些工业园区多数以原乡镇工业较集中区域为雏形发展起来,存在环境和服务配套功能较差、优质项目少、人才资源少、科创活力低等诸多问题。上虞创新成立曹娥江经济开发区,将12个镇街9大园区整合提升成为一个省级经济开发区,统筹整合实现产业转型升级。曹娥江经济开发区挑起蝶变跃升的重担,聚焦低效企业整治提升、存量用地有机更新、产业载体能级提升,打出一套工业全域治理"组合拳",扎实推进新一轮制造业"腾笼换鸟、凤凰涅槃"攻坚行动,加快推动数字经济、平台经济、商贸经济、边界经济四大特色经济融合发展,着力打造以装备制造、都市产业和新材料应用为主导的"3+1"现代产业体系,并通过空间集约、企业培育、平台建设、开放创新、产业赋能和品牌提升,加快产业高端要素集聚,全方位融入长三角一体化和浙江大湾区建设,成为助力全区迈向共同富裕的高能级平台,以排头兵姿态全面开启"青春之城"建设,奋力走好高质量发展之路。

2023年曹娥江经开区实现规上工业总产值499.3亿元,同比增长1.2%;规上工业增加值114.5亿元,同比增长7.1%;固定资产投资144亿元,同比增长30%;财政收入51.6亿元,同比增长30.1%。曹娥江经开区通过"腾笼换鸟、凤凰涅槃",化解了乡镇街道工业园区发展空间受限、发展不平衡不充分的难题,开启了经济高质量发展的优选之路,成长为上虞"十四五"时期重点打造的两大高能级平台之一,推动上虞制造业形成"两翼齐飞"的高质量发展格局。

三、破解"青春之城"建设的现实新问题

坚持问题导向的价值关怀在于以人民为中心,解决人民群众在实际生活中遇到的问题,满足人民群众对美好生活的追求。坚持问题导向绝不能机械地对待"问题",更不能"无中生有"刻意制造问题,而是要真心实意满足人民群众的根本需要,在凝结人民群众智慧的基础上解决问题,创造更美好的生活。

上虞地形呈现南高北低势态，北部水网平原城镇工业经济发达，南部低山丘陵地区经济相对落后。全面"青春之城"建设，要解决好收入差距、城乡差距、地区差距三大问题，着力促进全体人民共同富裕[①]。近年来，上虞创新实施区内"山海协作"，开展虞南、虞北结对帮扶行动，实施项目共建、产业拉动、资金反哺、配套共享等十大举措，系统性增强内生动力。山海协作，不仅为"山"的发展提供了新引擎，也为"海"的拓展创造了新空间。如向海的盖北镇珠海村与面山的长塘镇广陵村联建物业项目，由杭州湾上虞经开区央企中化蓝天整幢租赁用于职工宿舍，每年产生收益90万元。岭南乡泰岳村绿茶生产基地项目、章镇镇未来产业社区建设项目、永和镇丰永休闲产业园蓝领共享公寓建设项目等一批区内"山海协作"重点项目陆续落成。

上虞围绕推进共同富裕先行示范的目标要求，在更大维度、更广范围、更实成效上加大"山海协作"的创新实践，促进山海两地加快取得更大进步、实现更快发展、结出更多硕果，全力打造新时代"山海协作"示范样本。例如上虞探索以"共富联盟"为抓手，谋划建设一批"片区共富联盟""村社共富联盟""产业共富联盟"，打进一步打造"山海协作升级版"。

当前随着老年人口的不断增加，老人的照料、护理和医疗救治等问题日益突出，而目前大部分养老机构又难以提供专业化的医护服务。2022年8月以来，上虞以丰惠镇为试点开展镇域医养结合健康服务综合改革，针对老年人群康养需求，探索建立线上线下相融合的健康服务新模式。为探索医养结合家庭病床"健康管家"服务模式，上虞康复医院针对低保孤寡、行动不便、独居、失能等情形为主的符合建床指征服务对象的患病老人推出家庭病床服务，通过开展"云查房"、上门送医送药、专业康复指导等，科学评估患者病情变化，并实行家庭病床和住院治疗模式动态转换。不同于传统住院模式，家庭病床实行

---

① 孙良.越观察："山海协作"这首曲子，上虞怎么谱？[EB/OL].浙江日报，[2023-10-30].https://baijiahao.baidu.com/s?id=1781162898773499896.

家床入住"一次申请"、医防服务"一团包干"、急救需求"一键快响"的高效能管理运行机制。家庭病床可以实现医保支付"居家报销",且没有起付线,床日费用远远低于常规住院费用,可以让患者享受更加优质便捷、精准可及的健康服务,真正实现"老有所医、老有所养"。截至 2024 年 1 月,上虞全区家庭病床已累计建床 433 张,由 29 个团队的 152 名医务人员负责患者的日常医疗健康卫生服务,先后开展远程"云查房"4.57 万余人次,上门巡床查房服务 9 212 人次,患者对家庭病床"健康管家"服务满意率达 100%。

第三节 守正创新:打造创变笃行的现代化图景

守正创新者进,知常明变者赢。只有坚持守正,才能不迷失方向、不犯颠覆性错误;只有坚持创新,才能把握时代、引领时代。守正创新,体现了人的实践活动过程中客观规律性与主体能动性的辩证统一,意味着主体在坚守历史规律的客观性的基础上,展开具有创造性的中国式现代化实践。上虞秉持"明德尚贤、创变笃行"新时代精神,锚定"青春之城"发展新坐标,永葆"图更强、争一流、敢首创"的闯劲,坚持守正创新,激发城市创新活力,以先行者姿态打造创变笃行的现代化图景。

一、培育"青春之城"建设的新质生产力新动能

新一轮科技革命和产业变革深入发展,以人工智能、区块链、量子通信等为代表的新技术广泛应用,正在不断催生新产业、新赛道。作为县域城市,如何在新的赛道上下好先手棋、塑造新优势,积极破解土地、能耗、环境容量等核心资源制约,走出一条高质量发展之路,这是迫切需要解决的问题。2023 年中央经济工作会议指出,要以科技创新推动产业创新,特别是以颠覆性技术和前沿技术催生新产业、新模式、新动能,发展新质生产力。作为率先在全省推进教育科技人才"三位一体"高质量示范区建设的县区,上虞秉持"科创+产业""科

创即产业"的理念，着力构建"雨林式"创新体系，向科技创新要"新质生产力"，统筹抓好传统产业转型升级，全面布局战略性新兴产业和未来产业，构建产业链、创新链、学科链、人才链"四链融合"产业发展生态。

发展新质生产力，科技创新是核心驱动力。上虞把谋划建设重大科创平台摆在突出位置，打造"硬核聚焦、动能强劲"的创新平台体系。高质量建设曹娥江科创走廊，快构建"曹娥江实验室＋在虞高校及高校研究院＋企业研究院＋创新联合体"的区域创新体系。按照"一个支柱产业对接一所知名大学优质学科共建一个产业研究院"的思路，上虞与复旦大学、浙江大学、天津大学等知名高校达成全面战略合作，共建复旦曹娥江创新中心、竺可桢研究院等一批科创平台。科创平台实现了从"夯基垒台"到"立柱架梁"的转变，科创主体实现了从"重点突破"到"花开满园"的转变，科创生态实现了从"苗圃园林"到"热带雨林"的转变。

近年来，上虞坚持先进制造业与现代服务业"两轮驱动"、传统产业改造提升与新兴产业培育发展"两手齐抓"、大平台重塑与特色化平台重构"两翼齐飞"，上虞始终牢记习近平总书记"打造先进制造业基地"的殷殷嘱托，坚持"实体兴区、制造强区"当家地位，对准省"415X"和市"4151"产业集群布局，深入推进先进制造业强区"1215"专项行动，主抓"科创＋产业""链主带动＋集群培育""人才＋项目"，扎实推进新型工业化，打造环杭州湾产业带先进制造业基地和具有国际竞争力的先进制造业基地。上虞建立产业链"首席科学家"机制，聘请5名院士担任精细化工、高端新材料及应用、生物医药等五大产业链首席科学家。精细化工产业集群、集成电路产业集群分别入选省"415X"产业集群核心区、协同区。

战略性新兴产业、未来产业，是构建现代化产业体系的关键，也是发展新质生产力的主阵地。上虞出台《关于培育建设上虞区"4＋4"现代化产业体系的行动方案（2024—2027）》，持续向高攀升、向新进军、向数图强、向绿转型，立足大湾区核心位置、融杭联甬接沪发展，持续擦亮集群金名片、全面推进数实融合，加快构建以新质生产力为核心的"4＋4"现代化产业体系，大力发展先进材料、智能装备、生命健康、数智经济为主的新兴产业，抢先布局储能与氢能、精准医疗、低空经济、元宇宙四大未来产业，以"数智生才、新向未来"开辟上虞高质量发展新路径，建"新质之城"促"青春之城"，奋力谱写新时代胆剑篇，打造全国培育发展新质生产力的先行地。

二、打造"青春之城"建设的人文经济学新样本

习近平总书记非常重视文化与经济的交融互动、融合发展。早在2005 年 8 月 12 日，时任浙江省委书记习近平在浙江日报《之江新语》专栏《文化是灵魂》一文中这样写道："文化的力量，或者我们称之为构成综合竞争力的文化软实力，总是'润物细无声'地融入经济力量、政治力量、社会力量之中，成为经济发展的'助推器'、政治文明的'导航灯'、社会和谐的'黏合剂'。"2006 年 10 月 30 日，习近平总书记在《之江新语》中就富有前瞻性地写道："所谓文化经济是对文化经济化和经济文化化的统称，其实质是文化与经济的交融互动、融合发展。"[①] 这些重要论述表明，在人类历史发展过程中，文化与经济始终是相辅相成、相互作用的。经济发展为文化发展提供了物质基础，文化发展则赋予经济发展深厚的人文价值。

人文经济学作为新时代发展新范式，是习近平经济思想和习近平文化思想的实践运用，是认识中国式现代化的一把钥匙。践行新时代人文经济学，就是在中国式现代化道路中厚植人文底色，在人文与经济的良性互动中迈向高质量发展。在习近平新时代中国特色社会主义思想中，从"文化经济"到"人文经济"的发展，是从浙江等地发展上的省域经验，上升为"中国式现代化是物质文明和精神文明相协调的现代化"的治国理论的升华。

绍兴与苏州、杭州同样都是历史文化名城，同样都在经济发展上

---

① 习近平.之江新语[M].杭州:浙江人民出版社,2007.

走在前列。人文经济学和文化经济的理论同样适用于绍兴,同样适用于上虞。上虞以青春文化激活提能工程为载体,激活、传承优越的文化基因,充分提升文化软实力,更好发挥文化对经济发展的反作用力,推动经济社会发展,发展新时代的人文经济学。"青春之城"建设也为新时代人文经济学研究提供了鲜活的上虞样本,主要体现在以下路径:精神力量驱动经济社会发展、优秀传统文化催生发展动能、人文环境优化营商环境、经济品牌闪耀人文标识。

一是精神力量驱动经济社会发展。精神的力量是无穷的,蕴含着推动经济社会高质量发展的澎湃动能。"尊重科学、艰苦奋斗、团结拼搏、不折不挠"的"围涂精神"铸就了现在的杭州湾上虞经济技术开发区,成为上虞角力大湾区时代的制胜平台。在"青春之城"建设中,提炼出"明德尚贤、创变笃行"的上虞精神,成为推动城市发展的不竭动力,在新时代新征程中攻坚破难、蹄疾步稳。

二是优秀传统文化催生发展动能。上虞激活传承优越的文化基因,推动优秀传统文化的创造性转化和创新性发展,形成了独具魅力的文化生产力。上虞把"今在上虞·遇见未来"的城市品牌具象化、矩阵化、品牌化,形成多层次立体化"今在上虞"城市品牌产业矩阵,整合了农产品区域公用品牌、茶叶区域公用品牌、上虞文旅品牌等,直接带动经济社会的发展。上虞e游小镇深耕优秀传统文化,基本形成以影视、动漫、游戏、视听阅读为核心的数字文化创意产业集群和软件开发、大数据、物联网等信息技术产业,预计到2027年数字经济新业态产值/营收规模达到100亿元。上虞将全域1 362平方公里作为一个大花园,以"守正创新、活化转化"的思路推动文旅融合发展。深入实施"文旅+城市"战略,延伸产业链、创造新价值,实现"流量"转化为"增量"的良性循环。

三是人文环境优化营商环境。高品质的人文环境是营商环境的软实力,是营商环境中最基本、最深沉、最持久的力量。上虞以文化人、以文润商,打造"让企业家有感"的最优营商环境,让营商环境软实力成为经济高质量发展硬支撑。上虞优秀的人文环境、一流的营商环境、扎实的产业基础成为上市公司成长的"摇篮"。目前已有上市公司 20家，二级市场总市值约2 900亿元，占绍兴全市的近40%，资本市场"上虞板块"已成为区域经济高质量发展的金名片。上虞既是一座底蕴深厚的人文之城，也是一方创新创业的发展热土。上虞发布了"创客城市"计划，实施"十百千万"创客工程，全面建设创业最便利、创新最友好的"创客城市"。还成立了"虞创联盟"，打造集资源共享、优势互补、交流合作等功能于一体的开放式平台，通过广泛联络创业青年，积极对接各类创业要素，助力万千创客创新创业、逐梦奋斗。

四是经济品牌闪耀人文标识。人文经济学是文化与经济的双向奔赴，也是文化经济化、经济文化化双向贯通。上虞伞艺经济、采摘经济等在文化的浸润下发展壮大，形成了独特的人文标识。伞艺经济生动诠释"创变笃行"精神品质，随着户外露营产业的兴起，主动抢占露营经济新风口，凭借着深厚的产业基础和创新能力，从一把小雨伞走向大户外，在激烈的市场浪潮中搏击争先。从传统的线下销售，到"线上＋线下"全域营销，也是伞艺经济数字化转型升级的"突围"方式之一。上虞在鲜果采摘的基础上，培育了以水果为核心，农家乐和旅游景区为依托，集鲜果采摘、农家体验、休闲旅游的"四季仙果之旅"品牌，入选浙江文旅IP。

三、勾勒"青春之城"建设的"未来城市"新形态

2014年英国政府科学办公室最早提出"未来城市"（Future City）概念①，旨在应对气候变化、技术变革、地缘政治变化、老龄化、社会不平等、资源危机等风险，并认为"未来城市"融合了智慧城市（smart city）、生态城市（eco city）、紧凑城市（compact city）、弹性城市（resilientcity）、宜居城市（liveable city）、创新城市

---

① Whatare Future Cities? Origins，Meanings and Uses[R].UK：Government Office for Science，2014.

(innnovative city)、人文城市（humanistic city）等多方面内涵①。此后，不同国际机构或组织从不同视角、路径对"未来城市"进行了一系列探讨。联合国人居环境署认为"未来城市"是包容、安全、韧性和可持续、智慧、以人为本的城市。

党的二十大报告指出，实施城市更新行动，加强城市基础设施建设，打造宜居、韧性、智慧城市②。近年来，互联网、人工智能等新一代信息技术在我国的蓬勃发展，以及生态文明理念的深入人心，激发了"未来城市"热，不少地方逐渐认识到运用新技术、新理念推动城市建设规划治理创新的重要性，相关实践为推动经济增长、促进创新、创造高品质生活空间、提高城市运行效率产生了积极正向作用，也为推进新型城镇化形成了重要支撑。从未来社区到未来乡村，"未来"系列已经成为时下最热的城市发展理念。

从我国的实际看，"未来城市"是全面贯彻新发展理念，以人民对美好生活的向往为目标，融生态、文化、创新、智慧、善治于一体，并因人的需求变化而与时俱进的"生命体"。我国"未来城市"建设和国外同处在起步期，有望成为中国的又一张新名片。"未来城市"在推动经济增长、促进创新、创造高品质生活空间、提高城市运行效率、探索中国特色城市规划建设理论中的意义重大③。例如，杭州以绿色未来、人文未来、创新未来、智慧未来和善治未来五个维度为出发点，启动了湘湖·三江汇未来城市先行实践区建设。

全面"青春之城"建设，就是要锻造以创新驱动为内核的发展主动能，形成具有强大吸引力、创新力、竞争力、扩张力、影响力的"未来城市"发展新形态，让城市的人口结构、人才结构、产业结构、动力结构更加青春、更富力量，共同建设"来者心动、观者心悦、居

---

① Report to the President：Technology and the Future of Cities[R].UK：Executive Office of the President，2016.

② 习近平.高举中国特色社会主义伟大旗帜 为全面建设社会主义现代化国家而团结奋斗——在中国共产党第二十次全国代表大会上的报告[M].北京：人民出版社，2022年.

③ 刘保奎，张舰.我国城镇化进程中的"未来城市"实践与建议[J].城市治理，2020(3)：8-13.

者心怡"的"未来城市"。

未来城是"青春之城"建设主战略的先行区、引领区、示范区。上虞紧抓长三角产业外溢、资本外溢的窗口期，以优势论和重点论的理念，扎实推动未来城建设。未来城是展示上虞现代化、青春化的城市会客厅，是引领产业向未来、大发展的动力源，是实现城市引进人、成就人的大舞台，更是引领城市未来发展、融入长三角一体化的重要战略空间。

上虞以打造宜居、韧性、智慧城市为目标，顺应长三角区域一体化发展和绍兴"融杭联甬接沪"的战略部署，以未来城为先行实践区探索"未来城市"建设，从上虞未来城的破势出彩可以看到"未来城市"发展形态。

"青春之城"是幸福宜居的"未来城市"。上虞全域建设未来社区，全面提升城市生活品质，打造共同富裕现代化基本单元和人民幸福美好家园。推动"产城人文景"深度融合，大力建设未来产业社区，体现生产、生活、生态'三生融合'和创新、创业、创投"三创结合"。以发展新产业、建设新家园、培育新主体为路径建设未来乡村，持续推动"千万工程"走深走实，全域打造新时代和美虞村的靓丽风景。

"青春之城"是成就梦想的"未来城市"。创业最便利、创新最友好，让创客敢想、让创意发芽、让创业不孤独、让创新有生态，实现青年与城市的"双向奔赴"，上虞"创客城市"未来可期。通过"青春之城"建设，上虞营造出"人人出彩"的城市氛围，打造"人人都有人生出彩机会、人人都能有序参与治理、人人都能享有品质生活、人人都能切实感受温度、人人都能拥有归属认同"的幸福城市，增强归属感、幸福感和成就感的城市共情体验。

"青春之城"是智慧可感的"未来城市"。通过精细化、智慧化的城市服务，增强人民生活的幸福感与获得感。探索发展数字城市、智慧城市的新路径，大力发展智能驾驶、无人物流、数字孪生技术、元宇宙，推广零碳建筑、超低能耗绿色建筑、建筑用电智慧管理体系。未来的"青春之城"满足人们对科技和创新的无限追求，在这里遇到城市最美好的模样，打造青春时尚、多元交互、智慧可感的未来场景①。

"青春之城"是绿色生态的"未来城市"。坚持"绿水青山就是金山银山"理念，以片区化景区化品牌化推动虞南山区绿色高质量发展。持续打造以"一江两岸"为轴线的城市核心风貌区，筑实蓝绿交融、多元渗透的城市基底，"河畅水清、岸绿景美、人水和谐"的生态画卷缓缓铺开，构建"江城一体"的现代生态城市新形象，打造生态为基、城乡共生、人与自然和谐的"生命共同体"。

"未来城市"建设没有标准答案，需要不断探索实践、迭代升级。今在上虞，遇见未来。上虞以"青春之城"建设，探索城市发展的进化论，勾勒了"未来城市"发展的一种新形态。

---

① 张卉卉,张 燕.上虞未来城:逐梦未来 蓄势起航[N].浙江日报,2024-03-27.

结　语

勇当中国式现代化先行者
谱写"青春之城"新篇章

习近平总书记亲自擘画"八八战略"这一省域发展的全面规划和顶层设计，开启了浙江干在实处、走在前列、勇立潮头的辉煌历程，推动浙江发生了全方位、系统性、深层次精彩蝶变。党的十八大以来，习近平总书记先后6次考察调研浙江，对浙江作出一系列重要指示批示。从"努力成为新时代全面展示中国特色社会主义制度优越性的重要窗口"的新目标，到高质量发展建设共同富裕示范区的光荣使命，特别是赋予浙江"中国式现代化的先行者"新定位和"奋力谱写中国式现代化浙江新篇章"新使命，将浙江发展提升到前所未有的高度。

上虞"青春之城"建设是浙江及绍兴中国式现代化先行实践的一个缩影。绍兴市上虞区坚持一体贯通学习习近平新时代中国特色社会主义思想，全面贯彻习近平总书记考察浙江重要讲话和考察绍兴重要指示的精神实质，用心领会、用情感悟、用力践行蕴含其中的丰富内涵、精髓要义和实践要求，深入把握习近平总书记在浙江工作期间对上虞工作重要指示精神的丰富内涵，进一步放大格局视野、找准方位坐标，充分运用好"八八战略"蕴含的系统论、优势论、重点论，坚定"青春之城"建设主战略不动摇，在奋进中国式现代化新征程上"勇当先行者、谱写新篇章"。

近年来，上虞综合竞争能力显著提升，高质量发展走在前列。与此同时，上虞也处于"爬坡过坎、赶超跃升"的关键时期，面临新的"成长的烦恼"，不进则退。所有"时"与"势"的交集，能看到"青春之城"建设对于这座城市的重要分量。上虞以"青春之城"建设为主战略，进一步打开思想空间、认知空间、发展空间，加快转变发展方式、破除发展瓶颈，把蕴藏在这座城市中的青春力量焕发出来，全面提升城市能级品质和活力魅力，着力锻造以创新驱动为内核的发展主动能，形成产业与科创深度融合、互为促进的发展新格局。

"青春之城"建设带来的每一个变化，无不回响着逐梦前行的铿锵足音。2023年上虞综合实力跃居全国百强区第29位，比上一年上升4位，首次挺进全国"30强"。2023年上虞蝉联浙江"科技创新鼎"，夺取首批"浙江制造天工鼎"，获浙江省"招大引强"十强县（市、区），夺取"大禹鼎"银鼎、"清源杯",获评浙江省夜间经济特色城市、数字贸易示范区,医养结合"健康管家"服务工作入选浙江共同富裕实践观察点……这一份份沉甸甸的"上虞答卷",夯实了高质量发展的基础,全面建设朝气蓬勃、近悦远来"青春之城"的步履愈发坚实。

城市是人类文明的摇篮。亚里士多德说过:"人们为了生活而聚集到城市,为了生活得更美好而居留于城市。"一部城市发展史就是一部人类对"理想城市"不停追逐的历史。自农业时代以来,无论是柏拉图的《理想国》,抑或是托马斯·莫尔的《乌托邦》;无论是霍华德的"田园城市",抑或是勒·柯布西耶的"光辉城市";再无论是西周"周王城营国"和春秋时期"管子营城",抑或是现代中国城市规划思想的演进,人类对未来理想城市的探索从未停止①。

习近平总书记指出:"青春孕育无限希望,青年创造美好明天。一个民族只有寄望青春、永葆青春、才能兴旺发达。"② 作为古老的县、年轻的区,上虞从历史深处走来,向着美好未来奔去,从来不缺敢于造梦追梦圆梦的青春气息和通江达海勇立时代潮头的奋斗基因。那么,到底什么是青春之城? 也许每个人心中都有不一样的答案。

无奋斗,不青春。奋斗者,正青春! 上虞建设"青春之城"的美丽图景已经徐徐展开:

既有都市繁华,也有山水诗画。"北都市""南花园""一江两岸三城多片区"的空间布局,就是一座天然的山水公园城市。从北到南,出则山清水秀、天地宽广,入则人间烟火、幸福宜居。在这里,想动想静、想快想慢、想忙想闲,总能找到一个安放心灵的好去处。

既有辉煌事业,也有舒坦生活。在这里,"奋斗"和"享乐"不再是矛盾词,而是并联词。人们既可以肆意挥洒汗水争取"牛奶面包",也可以随意静下心来享受"诗和远方"。

---

① 张京祥,张勤,皇甫佳群,等.未来城市及其规划探索的"杭州样本"[J].城市规划,2020,44(02):77-86.

② 习近平.在庆祝中国共产主义青年团成立100周年大会上的讲话[EB/OL].新华网,[2022-05-10].http://www.xinhuanet.com/politics/2022-05/10/c_1128636343.htm.

　　既有时尚潮流，也有烟火气息。在这里，人们能体验到最时尚、最潮流、最酷玩的音乐、运动，也能在街头巷尾、家长里短，感受人间烟火气。

　　既有大城路网，也有小城通达。上海、杭州、宁波等大城市都在1小时通勤圈内，随时都可以去。在这里，没有堵车，更不会堵心，距离刚刚好、出门刚刚好、生活刚刚好。

　　既有小家和睦，也有大爱无疆。这是一座人与城心心相印、双向奔赴的城市，家庭和顺、邻里守望、充满温情。上虞建设"青春之城"，就是中国式现代化在区县层面的一个美好呈现。

　　"明德尚贤、创变笃行"，构筑了新时代上虞人民精神力量的鲜亮底色。"今在上虞·遇见未来"，是古老的县与青春的城碰撞出的独特活力。拥江而立、向湾而兴，"一江两岸"既是上虞城市的繁华之源，又是城市发展的大势所在。作为全国青年发展型县域试点，上虞厚积薄发、乘势而起，以排头兵姿态全面建设"青春之城"，在曹娥江畔奋力擘画高质量发展新图景，加快建设成为人们心生向往、人生出彩、情感归属的梦想之城、奋斗之城、温暖之城。

　　党的二十大擘画了全面建设社会主义现代化国家的宏伟蓝图，确立了以中国式现代化全面推进强国建设、民族复兴伟业的中心任务。党的二十届三中全会号召"全党全军全国各族人民要更加紧密地团结在以习近平同志为核心的党中央周围，高举改革开放旗帜，凝心聚力、奋发进取，为全面建成社会主义现代化强国、实现第二个百年奋斗目标，以中国式现代化全面推进中华民族伟大复兴而努力奋斗。"[①] 中华民族是历史悠久、饱经沧桑的古老民族，更是自强不息、朝气蓬勃的青春民族。千百年来，青春的力量，青春的涌动，青春的创造，始终是推动中华民族勇毅前行、屹立于世界民族之林的磅礴力量![②] 在中华

---

　　① 中国共产党第二十届中央委员会第三次全体会议公报[EB/OL].新华网，[2024-07-18]. http://www.news.cn/politics/leaders/20240718/a41ada3016874e358d5064bba05eba98/c.html.

　　② 习近平.在庆祝中国共产主义青年团成立100周年大会上的讲话[EB/OL].新华网，[2022-05-10]. http://www.xinhuanet.com/politics/2022-05/10/c_1128636343.htm.

民族伟大复兴的新征程上，在中国式现代化的赶考路上，期待涌现更多的"青春之城"，建设朝气蓬勃的青春之中国！

参考文献

专著

[1] 列宁选集：第四卷[M].北京：人民出版社,1995.

[2] 列宁全集：第十四卷[M].北京：人民出版社,1988.

[3] 毛泽东年谱(1949—1976)：第三卷[M].北京：中央文献出版社,2013.

[4] 习近平.高举中国特色社会主义伟大旗帜 为全面建设社会主义现代化国家而团结奋斗——在中国共产党第二十次全国代表大会上的报告[M].北京：人民出版社,2022.

[5] 习近平谈治国理政(第二卷)[M].北京：外文出版社,2017.

[6] 十八大以来重要文献选编(上)[M].北京：中央文献出版社,2014.

[7] 习近平.之江新语[M].杭州：浙江人民出版社,2007.

[8] 郦道元著,陈桥驿校证.水经注校证[M].北京：中华书局,2013.

[9] 俞可平.治理与善治[M].北京：社会科学文献出版社,2000.

[10] 陈广胜.走向善治[M].杭州：浙江大学出版社,2007.

[11] 王浦劬.国家治理现代化：理论策论[M].北京：人民出版社,2016.

[12] 熊春锦.东方治理学[M].北京：中央编译出版社,2016.

[13] 王世舜、王翠叶译注.尚书[M].北京：中华书局,2012.

[14] 邱锋,常孙昊田,译注.论衡[M].北京：中华书局,2024.

[15] 熊春锦,校注.老子德道经[M].北京：国际文化出版公司,2019.

[16] 郭和平.县级管理学[M].济南：山东人民出版社,1988.

[17] LIBBY PORTER, KATE SHAW. Whose urban renaissance? ［M］. London： Routledge,2009.

[18] The Commission on Global Governance.Our Global Neighbourhood：the Report of the Commission on Global Governance[M].Oxford：Oxford University Press,1995.

译著

[1] ［美］刘易思·芒福德.城市发展史：起源、演变和前景[M].倪文彦,宋俊岭,译.北京：中国建筑工业出版社,1989.

[2] ［美］刘易思·芒福德.城市文化[M].宋俊岭,等译.北京：中国建筑工业出版社,2009.

［3］［美］阿伦·拉奥.硅谷百年史(1900－2013)[M].第二版.闫景立,等译.北京:人民邮电出版社,2016.

［4］［美］查理德·利汉.文学中的城市[M].吴子枫,译.上海:上海人民出版社,2021.

［5］［日］大前研一.低欲望社会[M].姜建强,译.上海:上海译文出版社,2018.

［6］［英］安东尼·吉登斯.第三条道路及其批评[M].许家豪,译.北京:中共中央党校出版社,2002.

期刊论文

［1］习近平.国家中长期经济社会发展战略若干重大问题[J].求是,2020(21):4-10.

［2］杜飞进.中国现代化的一个全新维度——论国家治理体系和治理能力现代化[J].社会科学研究,2014(05).

［3］俞可平.中国的治理改革(1978—2018)[J].武汉大学学报,2018(03).

［4］俞可平.治理和善治引论[J].马克思主义与现实,1999(05).

［5］易炼红.深入学习贯彻习近平总书记考察浙江重要讲话精神 在奋力推进中国式现代化新征程上勇当先行者谱写新篇章[J].政策瞭望,2023(11):04-11.

［6］代玉启,刘妍."八八战略":中国式现代化理论的先行探索[J].浙江社会科学,2023(06):4-11+156.

［7］魏涛,何显明."八八战略":中国式现代化的省域先行实践[J].浙江学刊,2023(04):5-15.

［8］范逢春.改革开放以来的社会治理创新:一个伟大进程[J].学术前沿,2019(03):66-73

［9］林颐.把握坚持问题导向方法论的三重逻辑[J].思想理论教育导刊,2023(10):59-66.

［10］孙久文,蒋治.高质量建设青年发展型城市的科学内涵与战略构想[J].西安交通大学学报(社会科学版),2022,4(06):1-9.

［11］朱峰,章佳琪,蚁伊妮.发达国家青年友好型城市的兴起之因、评价之策及经验启示[J].青年学报,2019(02):71-76.

［12］闫臻.青年友好型城市的理论内涵、功能特征及其指标体系建构[J].中国青年研究,2022(05):5-12.

［13］聂伟,蔡培鹏.让城市对青年发展更友好:社会质量对青年获得感的影响研究[J].中国青年研究,2021(03):53-60+119.

［14］杨锋,邢立强,刘春青,等.ISO 37120 城市可持续发展指标体系国际标准解读[J].中国经贸导刊,2014(29):24-27+38.

［15］"国际青年发展指数"联合课题组.国际青年发展指数报告 2021[J].中国青年研究,2021(12):4-14.

［16］朱峰."新一线城市"青年友好型城市政策创新研究[J].中国青年研究,2018(06):78-85.

[17] 徐振强,汪静如,马效,等.基于国内外经验构建青年发展型城市指标体系[J].中国名城,2022,36(06):3-9.

[18] 闫臻.青年友好型城市的理论内涵、功能特征及其指标体系建构[J].中国青年研究,2022(05):5-12.

[19] 邓希泉,李伟娟.目标评估与完善策略:中国特色青年发展政策体系研究[J].中国青年社会科学,2022,41(03):46-54.

[20] 谢素军.青年与城市高质量发展的实践路径探索[J].北京青年研究,2023(2):106-112.

[21] 索贵彬,孟晓萱,李佳荟.城市青年发展指数评价及空间特征分析[J].北京城市学院学报,2022(04):18-24.

[22] 李芬,高向东.青年友好型城市视角下创新要素发展与引进策略[J].就业与保障,2023(10):27-30.

[23] 徐振强,房伯南,刘景,等.青年发展型城市试点实施路径研究[J].中国名城,2022,36(03):8-15.

[24] 郑敏,刘凡熙.中国式现代化的逻辑理路及经验启示[J].理论探讨,2023(01):102-107.

[25] 倪延年.《新青年》杂志三次转变与共产党新闻事业起源标志[J].现代传播(中国传媒大学学报),2021,43(08):29-35+61.

[26] 应锋,龚月江.高质量发展背景下某公立医院文化建设实践研究[J].中国医院,2023(02):76-79.

[27] 郝宇青.基层治理的中国式现代化道路探析[J].北京联合大学学报(人文社会科学版),2023,21(01):1-7.

[28] 洪君.说"新质生产力"[J].当代电力文化,2023(09):10.

[29] 王英杰,田敬瑜.从三个方面深入领会和把握"新质生产力"[J].共产党员(河北),2023(19):32-33.

[30] 李晓华.新质生产力的主要特征与形成机制[J].人民论坛,2023(21):15-17.

[31] 周文,许凌云.论新质生产力:内涵特征与重要着力点[J].改革,2023(10):1-13.

[32] 张林,蒲清平.新质生产力的内涵特征、理论创新与价值意蕴[J].重庆大学学报(社会科学版),2023,29(06):137-148.

[33] 乔榛,徐宏鑫.生产力历史演进中的新质生产力地位与功能[J].福建师范大学学报(哲学社会科学版),2024(01):34-43+168.

[34] 姚树洁,张小倩.新质生产力的时代内涵、战略价值与实现路径[J].重庆大学学报(社会科学版),2024,30(01):112-128.

[35] 徐政,郑霖豪,程梦瑶.新质生产力赋能高质量发展的内在逻辑与实践构想[J].当代经济研究,2023(11):51-58.

[36] 李从容,郝乐桐,谷亚旭.科技服务机构集聚特征及影响因素分析[J].决策咨询,2023(06):79-87+91.

[37] 洪银兴.发展新质生产力建设现代化产业体系[J].当代经济研究,2024(02):7-9.

[38] 陈竹萌.品牌战略驱动型区域传统产业振兴模式研究[J].包装工程,2023,44(02):372-379+395.

[39] 王宇.以新促质:战略性新兴产业与未来产业的有效培育[J].人民论坛,2024(02):32-35.

[40] 圈点|发力总部经济[J].浙江经济,2023(11):5.

[41] 王蒙徽.实施城市更新行动[J].城市勘测,2021(01):5-7.

[42] 阳建强,孙丽萍,朱雨溪.城市存量土地更新的动力机制研究[J].西部人居环境学刊,2024,39(01):1-7.

[43] 于晓凡.城市更新进程中存量用地再开发的空间模式与创新路径研究[J].新型城镇化,2023(09):120-123.

[44] 葛顺明.将绿色发展理念融入城市更新[J].城市开发,2024(02):104-105.

[45] 王军.新时代老城更新的系统方法探索[J].中国名城,2021,35(10):1-12.

[46] 牛磊.全面践行人民城市理念[J].党课参考,2024(02):62-77.

[47] 吴炳怀.我国城市更新理论与实践的回顾分析及发展建议[J].城市研究,1999(5):46-48.

[48] 舒波.国土空间规划体系背景下的城市空间更新研究[J].城市建筑空间,2023,30(2):118-119.

[49] 张杰,李晓春.优化城市空间布局 推动城市更新高质量发展[J].智能建筑与智慧城市,2023(1):6.

[50] 宋兵,杨沛然,沈洁,等.城市更新与未来社区——人本化、生态化、数字化[J].建设科技,2022(13):35-39+43.

[51] 龚建华."内卷"视域下人民生活品质提升实现路径研究[J].黑龙江社会科学,2023(1):74-80.

[52] 韩志明,李春生.城市精细化管理的精细化运作——基于文本和实践的描述性分析[J].理论与改革,2021(03):118-129+156.

[53] 张建波,孔斌,王梦璐,等.城乡风貌样板区建设的实践与思考——以浙江省湖州市南浔区顿塘南岸样板区为例[J].中国勘察设计,2022(10):91-95.

[54] 张晓东,王琬惠.基于文化建设的城市品牌视觉形象系统研究[J].北京印刷学院学报,2023(5).

[55] 朱珊,薛莉清.打造文化标识,为文化高质量发展设计"江苏方案"[J].江苏发展研究报告,2021(63).

[56] 沈华军.绍兴市上虞区:擦亮"四季仙果之旅"金名片[J].今日浙江,2022(19).

[57] 薛澜,李宇环.走向国家治理现代化的政府职能转变:系统思维改革取向[J].政治学研究,2014(05).

[58] 吴兴军.政府善治视阈下的公民问责[J].科学社会主义,2009(03).

[59] 范冬萍.系统观念的方法论价值和实践意义[J].人民论坛,2023(16):82-86.

[60] 刘保奎,张舰.我国城镇化进程中的"未来城市"实践与建议[J].城市治理,2020(3):8-13.

[61] 张京祥,张勤,皇甫佳群,等.未来城市及其规划探索的"杭州样本"[J].城市规划,2020,44(02):77-86.

[62] CUSHING D F. Youth master plans as potential roadmaps to creating child- and youth-friendly cities[J].Planning practice & research,2016(2).

[63] LIANG, KEMING. The AIER college destinations index[J].Economic education bulletin,2009.

[64] HENNIG S. Child-and youth-friendly cities:How does and can crowdmapping support their development? [J].Articulo – revue de sciences humaines,2019.

[65] DEWANTORO R P , FITRIATI R. Policy formulation analysis of youth friendly city:Policy studies of ministry of youth and sports and the city government of bandung[J].Journal of strategic and global studies,2021.

[66] ZHOU D,KAUTONEN M,WANG H,et al. How to interact with knowledge-intensive business services:a multiple case study of small and medium manufacturing enterprises in china[J].Journal of management & organization,2017,23(2):297-318.

[67] Keith N S. Rebuilding American cities:the challenge of urban redevelopment[J].The American scholar,1954,23(3):341-352.

[68] VERMEIJDEN B E N. Dutch urban renewal transformation of the policy discourse 1960—2000[J]. Journal of housing and the built environment,2001,16(2):203-232.

[69] KNIGHTS C. Urhan regeneration:a theological perspective from the west end of newcastle-up-on-Tyne[J]. The Expository Times,2008,119(5):217-225.

重要报纸

[1] 习近平.牢牢把握在国家发展大局中的战略定位 奋力开创黑龙江高质量发展新局面[N].人民日报,2023-09-09.

[2] 中央经济工作会议在北京举行[N].人民日报,2023-12-13.

[3] 正确理解和大力推进中国式现代化[N].人民日报,2023-02-08.

[4] 始终干在实处走在前列勇立潮头 奋力谱写中国式现代化浙江新篇章[N].人民日报,2023-09-26.

[5] 浙江绍兴上虞:优化基本养老服务体系 描绘颐养新图景[N].人民日报,2023-09-25.

[6] 杜飞进.把握发展新质生产力和形成新型生产关系的辩证法(深入学习贯彻习近平新时代中国特色社会主义思想)[N].人民日报,2024-06-25.

［7］黄庆畅,金正波,刘博通,等.因地制宜发展新质生产力[N].人民日报,2024 - 03 - 07.

［8］杜尚泽,潘俊强.总书记关注的这个题目,有中国的未来[N].人民日报,2023 - 07 - 10.

［9］杜飞进.科学把握抢位发展与错位发展的辩证法[N].光明日报,2024 - 06 - 14.

［10］光明日报评论员.以党建引领基层治理创新[N].光明日报,2018 - 12 - 13.

［11］王海燕,茅冠隽.从三个维度把握城市更新内涵[N].解放日报,2024 - 01 - 26.

［12］刘洋.让经济融入人文 让人文浸润经济[N].解放日报,2024 - 05 - 11.

［13］杜娟.让城市更新更显人文底蕴[N].社会科学报,2023 - 06 - 29.

［14］赵义良.中国式现代化的新意蕴[N].中国社会科学报,2023 - 02 - 13.

［15］中国伦理学会慈孝文化专业委员会.新时代孝德文化传承之"上虞经验"[N].中国社会科学报,2020 - 08 - 28.

［16］臧峰宇."第二个结合"与建设中华民族现代文明[N].北京日报,2023 - 11 - 20.

［17］应锋.绍兴城市旅游品牌的建构[N].中国旅游报,2010 - 03 - 05.

［18］顾利民."四季仙果之旅"推动共同富裕的上虞实践[N].中国旅游报,2022 - 04 - 08.

［19］张卉卉,张燕.上虞未来城:逐梦未来 蓄势起航[N].浙江日报,2024 - 03 - 27.

［20］Whatare Future Cities? Origins，Meanings and Uses[R].UK：Government Office for Science,2014.

［21］Report to the President：Technology and the Future of Cities[R].UK：Executive Office of the President,2016.

网络资料

［1］习近平.决胜全面建成小康社会 夺取新时代中国特色社会主义伟大胜利——在中国共产党第十九次全国代表大会上的报告[EB/OL].新华网,［2017 - 10 - 27］.http://www.xinhuanet.com/politics/2017-10/27/c_1121867529.htm.

［2］(现场实录)习近平.在庆祝中国共产主义青年团成立 100 周年大会上的讲话[EB/OL].新华网,［2022 - 05 - 10］. http://www.xinhuanet.com/politics/2022-05/10/c_1128636343.htm.

［3］中国共产党第二十届中央委员会第三次全体会议公报[EB/OL].新华网,［2024 - 07 - 18］.http://www.news.cn/politics/leaders/20240718/a41ada3016874e358d5064bba05eba98/c.html.

［4］习近平.关于《中共中央关于进一步全面深化改革、推进中国式现代化的决定》的说明[EB/OL].新华网,［2024 - 07 - 21］. http://www.news.cn/politics/leaders/20240721/ded6316ad77344cf9a2a454 63ec1288b/c.html.

［5］中共中央关于进一步全面深化改革 推进中国式现代化的决定[EB/OL].新华网,［2024 - 07 - 21］. http://www.news.cn/politics/20240721/cec09ea2bde840dfb99331c48ab5523a/c.html.

［6］习近平在深圳经济特区建立40周年庆祝大会上的讲话［EB/OL］.光明网，［2020－10－14］.https://m.gmw.cn/baijia/2020-10/15/34269019.html.

［7］习近平.践行新发展理念深化改革开放 加快建设现代化国际大都市［EB/OL］.新华网，［2017－03－05］.http://www.xinhuanet.com/politics/2017lh/2017-03/05/c_1120572151.htm.

［8］新华社.习近平在浙江考察时强调 始终干在实处走在前列勇立潮头 奋力谱写中国式现代化浙江新篇章 返京途中在山东枣庄考察［EB/OL］.新华网，［2023－09－25］.http://www.news.cn/politics/leaders/2023/09/25/c_1129884094.htm.

［9］新华社.习近平在中共中央政治局第十一次集体学习时强调 加快发展新质生产力 扎实推进高质量发展［EB/OL］.新华网，［2024－02－01］.https://www.gov.cn/yaowen/liebiao/202402/content_6929446.htm.

［10］新华社.浙江最年轻市辖区缘何"人口十年涨一倍"［EB/OL］.新华网，［2023－11－03］.http://csj.news.cn/2023-11/03/c_1310748616.htm.

［11］新华社.中共中央 国务院关于实施乡村振兴战略的意见［EB/OL］.新华网，［2018－02－04］.http://www.xinhuanet.com/politics/2018-02/04/c_1122366449.htm.

［12］绍兴上虞瓷源文化小镇开园［EB/OL］.新华网浙江，［2023－07－28］.http://zj.news.cn/20230728/ca0c06bf7d9c4957a38962 aa6d351a67/c.html.

［13］中央城市工作会议在北京举行［EB/OL］.人民网，［2015－12－23］.http://politics.people.com.cn/n1/2015/1223/c1024-27963140.html.

［14］王广华.坚定不移走好人与自然和谐共生的中国式现代化之路［EB/OL］.光明网，［2023－06－20］.https://m.gmw.cn/toutiao/2023-06/20/content_1303412086.html.

［15］国家统计局.中华人民共和国2023年国民经济和社会发展统计公报［EB/OL］.国家统计局，［2024－02－29］.https://www.stats.gov.cn/sj/zxfb/202402/t20240228_1947915.html.

［16］青年发展统计监测数据［EB/OL］.中国共青团网.https://www.gqt.org.cn/xxgk/qnfz/202209/t20220921_789722.htm.

［17］郑志勋.沧海桑田 海涂丰碑［EB/OL］.浙江日报，［2018－12－18］.https://baijiahao.baidu.com/s? id＝1620189754325478839.

［18］孙良，刘金平.越观察｜上虞为何能成为上市企业的"摇篮"？［EB/OL］.浙江在线，［2023－12－29］.https://sx.zjol.com.cn/yw18581/202312/t20231229_26548781.shtml.

［19］孙良.越观察："山海协作"这首曲，上虞怎么谱？［EB/OL］.浙江日报，［2023－10－30］.https://baijiahao.baidu.com/s? id＝1781162898773499896.

［20］Parks and recreation facilities master plan 2019—2038［EB/OL］.City of Toronto，2017. https://www.toronto.ca/legdocs/mmis/2017/ex/bgrd/backgroundfile-107775.

会议论文

[1] 刘丹丽,魏水芸.加拿大青年友好型城市建设经验及启示[C].人民城市,规划赋能——2022中国城市规划年会论文集(11城乡治理与政策研究),2023.

[2] 刘明杨,田向阳,黄千杜.青年友好型城市发展评价指标体系构建与应用——以珠海市为例[C].面向高质量发展的空间治理——2021中国城市规划年会论文集(05城市规划新技术应用),2021:10.

[3] 胥睿,许寒冰,刘俊宇.人民城市理念下的城市更新重点与路径探析[C].人民城市,规划赋能——2023中国城市规划年会论文集(02城市更新),2023.

[4] 葛军阳,段宁,胡荣煌,等.基于转型发展的长沙城市空间布局优化探索[C].共享与品质——2018中国城市规划年会论文集(11城市总体规划),2018:10.

[5] 陈群元,解成,李燕.长沙老城区有机更新的规划策略研究[C].城市有机更新与精细化治理,2023:12.

[6] INTERNATIONAL B. New life for cities around the world, international handbook on urban renewal[C]. International seminar on urban renewal,1959.

索　引

后　记

　　党的二十大报告擘画了以中国式现代化全面推进中华民族伟大复兴的宏伟蓝图，明确了新时代推进中国式现代化的时间表、路线图、任务书。全国各地党委政府纷纷结合实际，开启了中国式现代化的实践与探索。地处长三角金南翼的绍兴上虞，提出了建设朝气蓬勃、近悦远来的"青春之城"主战略，以此推进中国式现代化，成为一道靓丽的风景线。

　　2022 年 11 月我有幸受聘担任上虞城市发展顾问，作为一名社科学者，一直在关注"青春之城"建设：像上虞这样一个近百万人口的区县，怎样推进中国式现代化？怎样走出一条能够破解新的"成长的烦恼"、能够不断塑造发展新动能新优势新格局、能够不断推动共同富裕走深走实的高质量发展之路？经过一年多时间的观察，我发现上虞的"青春之城"建设不只是一个口号、一个目标，而是一系列富有成效的改革创新，展现了中国式现代化县域实践的新形态。"青春之城"建设高度契合浙江"勇当先行者、谱写新篇章"的新定位新使命，紧扣绍兴"谱写新时代胆剑篇"的重大使命。其中有许多做法非常值得研究与借鉴，于是我便萌发了撰写《"青春之城"——中国式现代化的上虞探索》的想法，试图从理论、实践和方法论三个层面对上虞的中国式现代化探索进行系统的研究与阐释。

　　经过一年多的努力，在如期完成书稿之际，欣逢党的二十届三中全会胜利召开，这是又一次具有里程碑意义的会议。全会对今后一个时期以中国式现代化全面推进强国建设、实现民族复兴伟业做出了战略部署，为全国上下进一步全面深化改革凝聚了共识，汇聚起更加磅薄的前进力量，也为新时代上虞的"青春之城"建设指明了方向。

抚卷回眸，不免感慨万千。上虞创造性地提出"青春之城"建设的战略体系，就是在区县层面统筹推进中国式现代化的理论创新、实践创新、制度创新、文化创新，从理论付诸实践、实践形成制度、制度再上升到理论，形成螺旋式不断深化、演进和迭代升级的过程，这是党的二十届三中全会精神在基层的先行探索。"青春之城"建设以上虞"通江达海、勇立潮头"的改革基因和"与时俱进、追梦圆梦"的青春气息，彰显了"明德尚贤、创变笃行"的城市精神，描绘了"今在上虞、遇见未来"的美好蓝图。

诚然，要从中国式现代化的宏大视角对一个区县的实践探索进行全面解构和学理阐释，无疑是一次挑战。这里首先要感谢上虞区委、区政府的高度重视；感谢上虞区委宣传部、区社科联、区委改革办等有关单位的大力支持，提供了素材和实践探索案例，为书稿撰写奠定了坚实的基础。

非常幸运的是，在书稿的撰写过程中始终得到了光明日报社原总编辑杜飞进和浙江省委宣传部原常务副部长胡坚两位前辈的提携与指导。杜飞进总编辑还专程到上虞调研，为书稿架构提纲挈领，胡坚部长提出了很多卓有见地的指导意见。两位前辈还亲自作序，极大地提升了拙著的分量和影响力！

本书的撰写还得到了绍兴市委宣传部、市社科联、市委改革办、市委党史研究室、市政务服务办等部门领导的关心与支持；得到了绍兴文理学院和元培学院领导的指导帮助。

本书的撰写与出版对我而言，是一次理论与实践融合共进的学术之旅。杜坤林、戴大新、刘孟达、叶访春、马健等专家给予了指

术之旅。杜坤林、戴大新、刘孟达、叶访春、马健等专家给予了指导帮助，章越松教授审读了书稿并提出了宝贵的修改意见，顾世明、陈秋强、顾利民、罗兰芬等上虞专家给予了无私帮助，张烨、程昕、陈一斌老师帮助整理资料和制作图表，柳敏老师承担了大量事务性工作，出版社编辑提文静老师倾注了大量心血。此外，还有许多前辈同行及亲朋好友给予了我鼓励支持。在书稿撰写中，还借鉴参考了大量的文献资料及报道。在此一并致谢！

　　书籍的生命是被阅读唤醒的。真诚地致敬所有读者，感谢您和我一起走进"青春之城"。受限于学识水平，书中难免会有纰漏、错误，请各位专家予以包涵指正。

　　今在上虞，遇见未来。青春之城，未来已来！

应 锋

2024 年 7 月 28 日